世界一楽しい株の授業

初めてでも大丈夫！

TBLアカデミー代表
ジョン・シュウギョウ

ソシム

はじめに

「定番のテクニック」を今の時代にあった形でお届けします！

投資関連の著者としてデビューして8年近くの時間が経ちました。8年間、おかげさまで初の著作は多くの支持をいただき、今でも投資部門のトップ10に居続けています。10年近くの歳月が流れるにつれて、世界は激変し、人類はパンデミックという未曾有の事態に直面、われわれの生活は後戻りのできない変化を経験しました。しかし、**大事な人を守る、人間としての尊厳を重んじるなど、人としての基本はいつまでも変わらない**ことでしょう。

投資にも同じことが言えます。時代を反映して投資の環境・スキルは激しく変化しますが、いつの時代にも共通する、変わらない基盤というのは存在します。投資の基本的な知識と考え方というものです。

私自身も、デビュー当時のトレードと現在を比較すると驚くほど変化しています。それと同時に、驚くほど変わらずに守り続ける鉄則というのもあります。それはこれからも変わらないと信じています。

これが、「一生もののテクニック」です！

本書はまさしく、この変化と考え方を反映した株式投資の入門書です。守る部分はもう一度しっかり整理して強調する、変化の多かった投資のスキルはきちんとアップデートして、それに基づく実践の方法までを案内する、これが本書の道筋です。そして、強い投資家になっているあなたに会うのを最終のゴールとしています。

難しいことを言っているようですが、心配しないでください。「わかりやすさ」「実践的」という2つのキーワードでは世界一を自負しています。

本書は、「株式投資の経験がまったくない」「経験

を持っているもののうまく利益が出せない」投資家を対象に、3つの成長プロセスを経て成長するように構成されています。

プロセス❶

「**株をはじめる私**」では、**いつの時代にも変わらない投資の基礎知識を身につけていただきます。**

オリエンから1日目までをマスターすることによって、「**正しい基礎知識**」という不変のブロックを手に入れることができます。このブロックの素晴らしいところは株式投資のみならず、すべての投資においての基盤になってくれるということです。

プロセス❷

「**株で負けない私**」にあたる2日目から8日目では、**時代にあわせて変化してきた投資のスキルを、身につけていただきます。**これが「**5つの戦略**」というつ目のブロックです。投資家が行うべき行動を5つの戦略というフレームワークで整理しました。フレームワークという難しい言葉が出てきても心配しないでください。「考えの土台」という意味で、複雑なものごとを整理してくれる枠組みです。ここまでのプロセスを経てブロック2つを自分の中に積みあげるだけでも、どんなことが起きても揺らがなくなります。しかし、肝心なのは実践、理論を頭の中にいくら積んでいても実際のトレードに生かすことができない、利益をあげられないと意味がありません。**あなたがやりたいのは知識を積みあげることではなく、その知識でいかに利益を得るかです。**

違いますか？

プロセス❸

そこで最後となる9日目で、「**実践**」のブロックを積みあげるとともに「**株で勝てる私**」に成長していきます。これが最後のプロセス、私が会いたいあなたの姿です。

これであなたの中に3つの強靭なブロックでできた柱が立ち、勝てる投資家に変貌していきます。

お値段以上を手に入れてください！

本書を手に取ったあなたをサポートするために、**強力な特典もたっぷり準備**しました。まず、ここで説明した3つの成長プロセスとブロックをさらに詳しく説明した読者特典を「Chapter S」として用意しました。PDFでダウンロードできるので、どのデバイスでも読むことができます。本の構成と基本的な考え方をわかりやすく説明しているので、オリエンの最後に載っているリンクを参照してぜひダウンロードしてください。

もうひとつ、書籍の内容は誰にでもわかるように書くように努力しましたが、どうしても文字では伝え切れないところがあるのも事実です。そこで、さらにわかりやすくするために、読者限定の「**特典動画**」を読者特典サイトに準備しました。特典サイトには動画のみならず、便利なトレードチェックシートはもちろん、本では触れていない投資関連のトピックスなど、投資初心者を応援する便利グッズをたくさん用意しています。しかも、すべてが無料。本書を手にするだけですべて手に入ります。

ぜひ**特典サイトにアクセスして、読者登録をして本の「お値段以上」を楽しんでください。**

いかがですか、ワクワクしてきましたか？　待つ必要はありません！

さあ、早速スタートしましょう！

ジョン・シュウギョウ

Contents

Contents

Chapter 4

4日目

「株で負けない私」のためにトレンドを理解する

Chapter 5

5日目

株を買うタイミングを覚える

Contents

8日目 買ってもいい銘柄、買うべき銘柄の選び方

Contents

Chapter 9

株の投資力の鍛え方

9日目

株の取引は
月曜日から金曜日まで、
9:00 ～ 15:00
(11:30 ～ 12:30を除く)
にできます！
※祝日はお休み

Chapter

0

正しい常識を身につける

01 個人投資家が持っている常識は非常識

今回取れた利益を上乗せして、次の取引の利益を大きくしていくのが株式投資の基本です。私は儲かったのでこれ1回でいいという人は別に何の問題もありませんが、そういう人はそもそも本書を読んでいないと思います。大切なのは、自分のやった取引が再現できるかどうかです。再現できない人は、あっという間に、資金を全部なくして市場から撤退していきます。そうならないためにも、「常識」と思われている「非常識」を見直していきます。

勝っても負けても、再現できるような取引を心がける

今すぐ友だちに電話をかけ、「これから株式投資をはじめようとするけど、どうすれば儲かる？」と聞いてみてください。1番多い反応は「株で儲かるわけないだろう」、その次に多いのは、経験がまったくないにも関わらず株式投資の「常識」を一生懸命説明してくれるパターンです。セミナーで私が質問しても、大方の答えは決まっています。

「儲かっている会社を選べば上がるでしょう？」

「株というのは安いときに買って、高くなったら売るものだ」

おそらく入門の段階で本書を手にしているあなたも、この2つを株式投資の常識だと思っているはずです。しかし、残念なことにこの考え方を持ち込んだところで、株式投資で利益をあげることはできません。裏返していえば、8割の人が常識だと思ってこの行動を繰り返しているから損をしているわけです。まず、私の経験も含めて、常識だと思われている代表的な3つのワナについてどこが間違っているのか、明らかにします。

株式投資は、何を買えばいいかわかればいい

「この人は株式投資で利益が出ているらしい。しかも、投資家に教えているプロだ」と、偶然出会った人が私のことを知ると、ほぼ100％の人が次のような質問をしてきます。

「先生、明日から何を買えばいいですか？」

「余計な説明はいらないから買う銘柄だけ教えてください！」

あなたも心の片隅ではそう思っているかもしれません。本を読むとか、勉強するのは面倒なので、「毎日買う銘柄をラインで送ってくれないかな」と思ったことはありませんか。わかります、その気持ち。私もまったく同じ気持ちだったし、それが間違った考えだと気づくには結構な時間がかかりました。しかし、あなたにはその無駄な時間をかけてほしくない。なので、わざわざ頁を割いて説明しています。

しかも、この気持ちは世界共通ですね。世界のどこでセミナーをしても、日本語で聞くか、英語で聞くかの違いだけで、みんながこの質問をしてきます。

では逆に、私から質問してみましょう。

「私が買う銘柄を教えたら、あなたは儲ける自信がありますか？」

いろいろな答えがあると思いますが、現実はそんなに甘くありません。実際に買う銘柄を教えても、結果は散々たるものです。それは実績としても証明されています。

「いや、難しいですね。教えていただいたにも関わらず勝てませんね」

買う銘柄まで教えたのにどうして損するのか？

答えは「**銘柄がポイントではない**」ということです。

投資家が陥るワナ❶

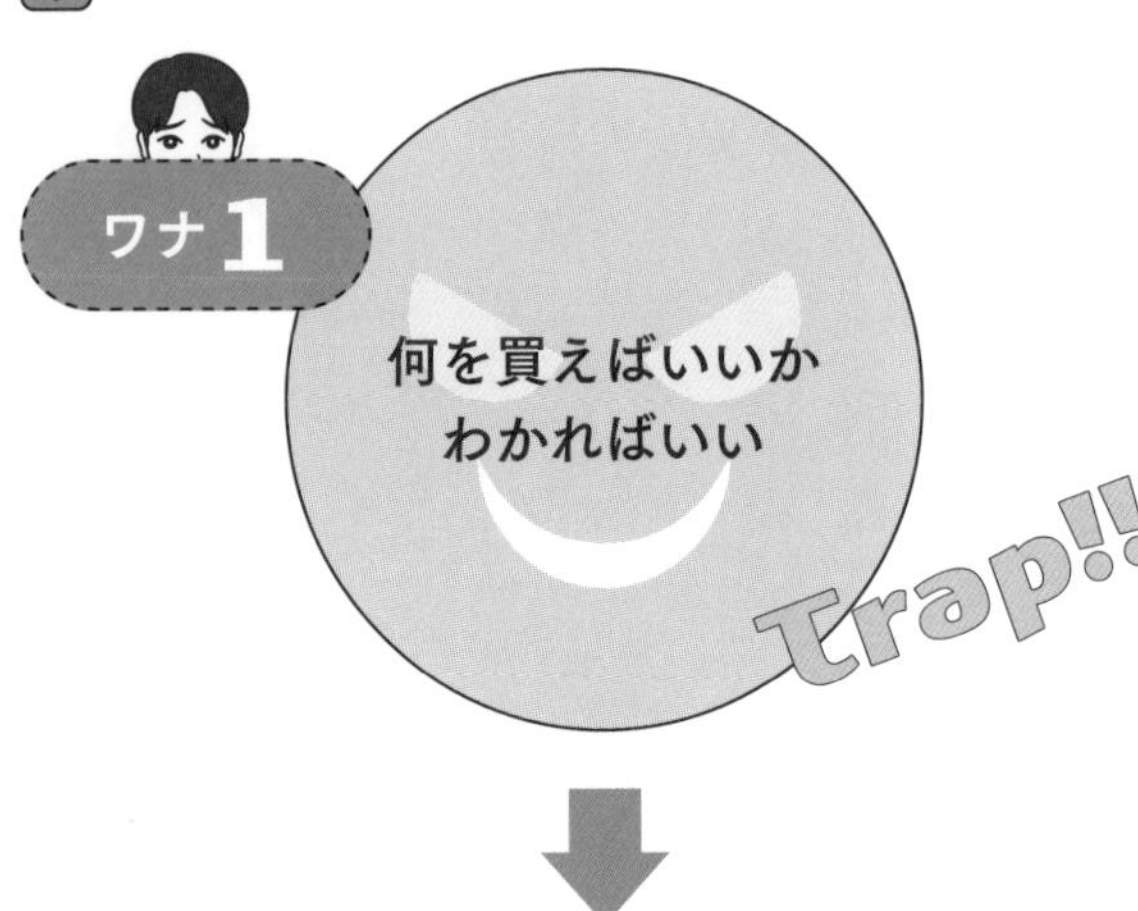

「いつ買って、いつ売ればいいのか？」
が正しい考え方

教えたのに損をしたという人に、どうしてかと理由を聞くと、答えは決まっています。

「**買うのは買ったものの、いつ売ればいいのかがわからないんですよ**」

売りだけではありません。「何」を買えばいいかわかっても、明日から買っていいのか、1カ月後に買っていいのかがわからない。たとえ上手に買って利益が乗ってきたとしても、どこで利益を確定して自分のお金にしたらいいのかがわからないというのです。

ワナからの脱出！①

「何を買えばいいのかがわかれば利益になる」というのは大きな間違いであり、スタートラインではありません。「**いつ買って、いつ売ればいいのか？**」これが正しい質問で、スタートラインになるべきことです。

ワナ2 会社が儲かっていれば上がるでしょう

このワナも、一般常識として幅広く受け入れられている考え方です。**会社ががんばって利益を出せば株価はとにかく上がると考えがち**ですが、これも大きな間違いのひとつです。

儲かっている会社の株が上がるのが事実だとすると、世の中に株式投資で負ける人はいなくなるでしょう。素晴らしい検索ツール（投資ではスクリーニングツールと呼びます）がいくらでもあるので、業績が伸びている会社だけを選別して、その株をすべて買う、これだけでいいはずです。しかし、なぜかそうはいきません。

ひとつ注意してほしいのは、**「利益の出ている会社の株価が必ず上がるとはかぎらない」**ということです。

業績が絶好調で過去最高益を更新したのに、株価が下がり続けることはたくさんあります。逆に業績は全然ダメだけど、株価は上がり続けることもあります。では、逆行現象とも呼べるこの2つのことはどうして起きるのでしょうか？

投資家が陥るワナ ❷

利益の出ている会社の株価が必ず上がるとはかぎらない。投資家の心理が決める

ワナからの脱出！②

それは投資家の心理を反映した2つの原因に分けることができます。その2つとは「**❶事前予想に対する結果**」と「**❷投資家が考えるトレンド**」です。

❶事前予想に対する結果

まず事前予想に対する結果とは、業績発表の前に各情報媒体で発表される「**事前の予想に対して、実際の結果がそれを上回ったか、下回ったかに左右されやすい**」ということです。たとえば、会社Aは今期500億円の利益を達成すると市場で予想されていたのに、実際は490億円の利益だったとします。490億円という立派な利益をつくり出したのにも関わらず、「予想に届かなかったことに失望した売りが多くなり株価は下落」することも起こり得ます。

一方、会社Bは200億円の赤字が予想されていたけれど、150億円ですんだという結果になると、逆に株価が上昇することがあります。

A社としては、がんばって利益を出したのに市場では評価してくれないと不満が募ることになりますが、投資家心理としては売りに動いてしまうことはしかたがありません。

❷投資家が考えるトレンド

これは、投資家がその会社の株価をどのように見ていたかに関わることです。業績発表がある前から、下がっていく傾向が強いと投資家が判断した会社の株は、好業績の発表で一時的に上がっても、しばらくすると元の傾向に戻ってしまうことがよくあります。この下がっていく傾向を「**トレンド**」といい、大きな流れで見ると、「日々の動きより株価の動きが上に向いている、または下に向いているなどの方向」を意味します。業績が発表される前から下がっていくトレンドだった場合は、「どうせ上がっても、1から2日の間にまた下がるだろう」と思う投資家が多くなり、なかなか買いが進まずに上昇が続かないことになります。

つまり、**「業績が上がるから株価が上がるという機械的な考え方は成立せず、投資家心理が動きを決定する」**ということを覚えてください。

ワナ3 安くなったら買って、高くなったら売る

これは最もよくいわれる投資の定石みたいなものです。株式もひとつの物なので、安くなったら買って高くなったら売る、これは一見あたりまえのことのように思えます。しかし、投資のプロはこれとは反対のことをします。「5日連続下げたのでそろそろ上がるだろう」と初心

投資家が陥るワナ❸

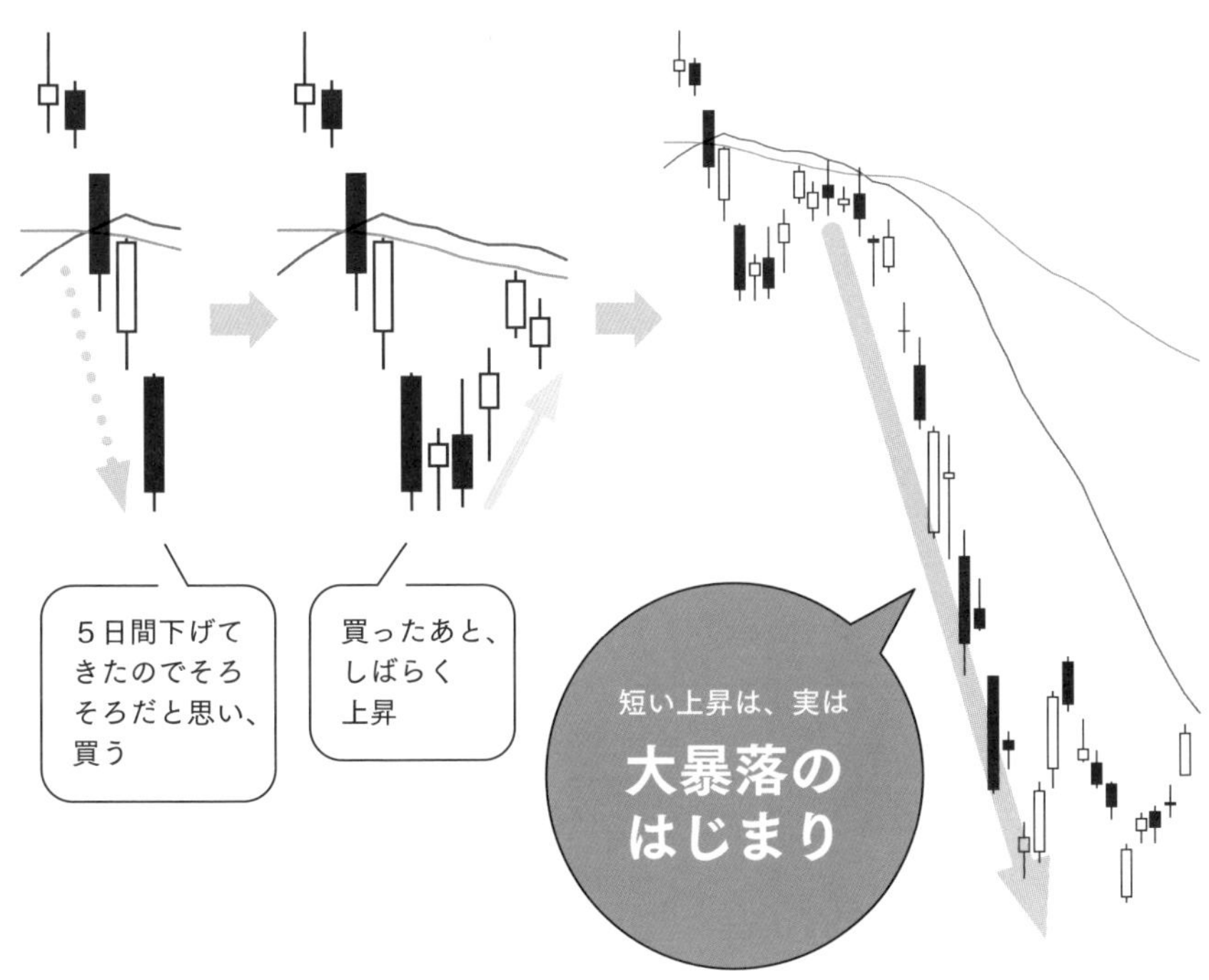

者は買ってしまいますが、そのような場面でプロが買うことは絶対にありません。しばらく下げたあと少し上げてきたというのは、むしろそのあとからはじまる大暴落の前兆にすぎないことが多いからです。

前頁のチャートを見てください。しばらく下げてきて、そろそろかと思って買っています。これが個人投資家の考え方です。しかも悪いことにその後、数日間勢いよく上昇します。やった成功だ！　と思っていたら、あっという間に前回の下げより激しい大暴落を起こします。あとから見るとそこは上昇ではなく大暴落の入口にすぎなかったことがわかります。

大暴落の入口というのはあとからわかることですが、プロはどうして事前にわかるのでしょうか？　簡単にいってしまえば、3日目以降でお話しするテクニカル分析がちゃんとできているからです。

では、**なぜプロが反対のことをするのかというと、「株価の大きな流れに乗って抵抗なしに利益を取るため」**です。これから上昇トレンドが発生する場合は、下がってきた流れから一転して上昇をはじめます。下降の流れが変わり、これから上げはじめるというサインを確認して、はじめて買います。底値より高くなったと判断したこのタイミングが、プロが買うタイミングです。

買ったあと、高くなる間は上昇が続くことになるので、「高くなったら売る」のではなくそのまま持って利益を大きくしていきます。そして上昇の流れが変わり、これから下げはじめるというサインを確認して、はじめて売りに出して利益を確定させます。

つまり、プロの行動は「**高くなりはじめたら買い、安くなりはじめたら売る**」です。初心者が考えることはまったく逆の動きですが、要は**流れの変化（サイン）を見落とさない**ということです。この考え方に賛同できないという人は、次の質問に答えられるか考えてみてください。

「安くなったら買うとは、何をもって安くなったと決めるのか？」
「高くなったら売るとは、どこまで上がったら高いと決めるのか？」

この2つの質問に明快に答えられなければ、今あなたが持っている安くなる、高くなるという基準は、自分基準でしかありません。今の段階で、初心者のあなたが自分基準にしたがって行動してはいけません。実際の取引でも必ず1回考えてみてください。

「**今現在の株価が高いと判断できるのか？ もっと高くならないと確信できるのか？**」

では、高くなったら買うという基準はどうやって決めたらいいのでしょうか。その基準は下記です。

これに尽きます。

初心者が陥りやすいワナについて、その問題点と正しい考え方を理解することができましたか？

1日目からは、本格的に利益を得るためにより基本的な考え方を理解するようにしましょう。

高くなったら買うという基準

1. 高くなりはじめて、上昇がはじまることを確認したら買う！
2. 安くなりはじめて、上昇の勢いがなくなったことを確認してから売る！

Note

ここから学ぶ3つのブロック

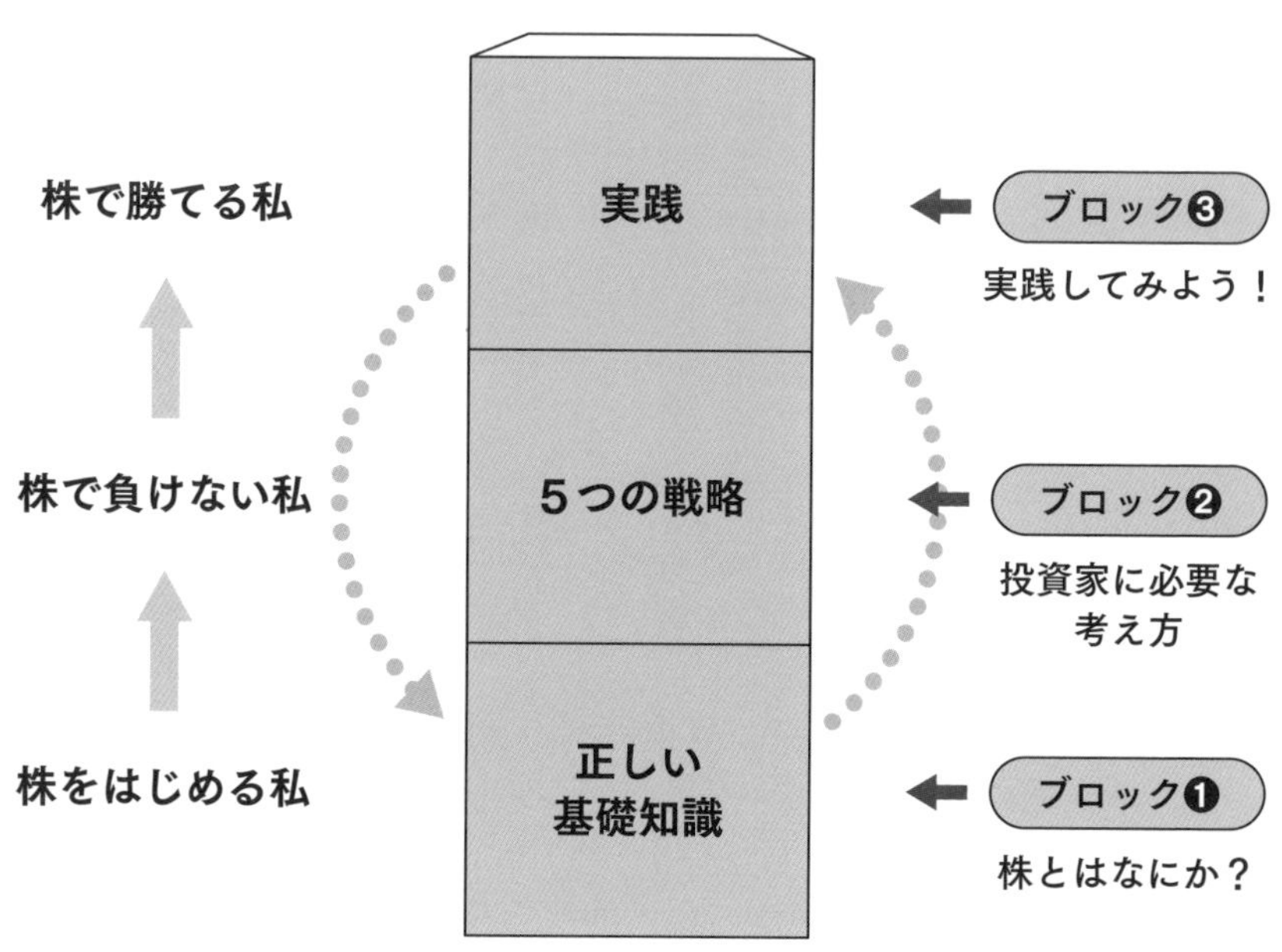

ここから学ぶ
3つのブロックについて
ちゃんと理解しておいてほしいので、
あなたが、「株式投資」を
はじめて勉強するなら、ここで
「読者特典PDF」をダウンロードして
読むことをお勧めします。
もし、あなたが株式投資の
経験者だったとしても
ぜひ読んでから
先に進みましょう！

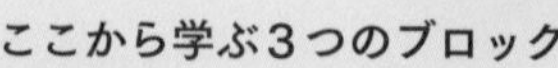

http://www.tbladvisory.com/members/register/booklecture1/

Chapter

1

そもそも株ってなに？株式投資ってなに？

01

1日目の❶-1 「株」「株式投資」をちゃんと理解しておこう

オリエン 1日目 の内容は、実はあとからじわじわとくる話も含まれています。すべての基本になる部分なので、ここをしっかり理解していないと「負けない投資家」にはなれません。本書を読み進めてよくわからないと思ったら、必ず読者特典の「Chapter S」と オリエン を読み直してから 1日目 に戻ってきてください。1日目 では株式投資の基本にあたる、「そもそも株とは？株式投資とは？」を明確にしていきます。

株ってなに？

まず、株ってなに？ から。

そんなあたりまえの質問が本当に必要？ と思うかもしれませんが、株の取引をやったことがある人でも「株式とはなにか？」という問いに、明快に答えられない人がたくさんいます。ここでしっかりインプットしてしまいましょう！

株とは、企業（以下、株式会社）の資本の構成単位で、正確には株式会社が発行する「出資証券」のことです。出資証券をわかりやすくいうと、❶その企業にお金を出したことを証明する文書のことで、出資した金額に応じて、間接的にその企業の経営に参加することを意味します。

それに対して、企業に対してお金を貸したことを

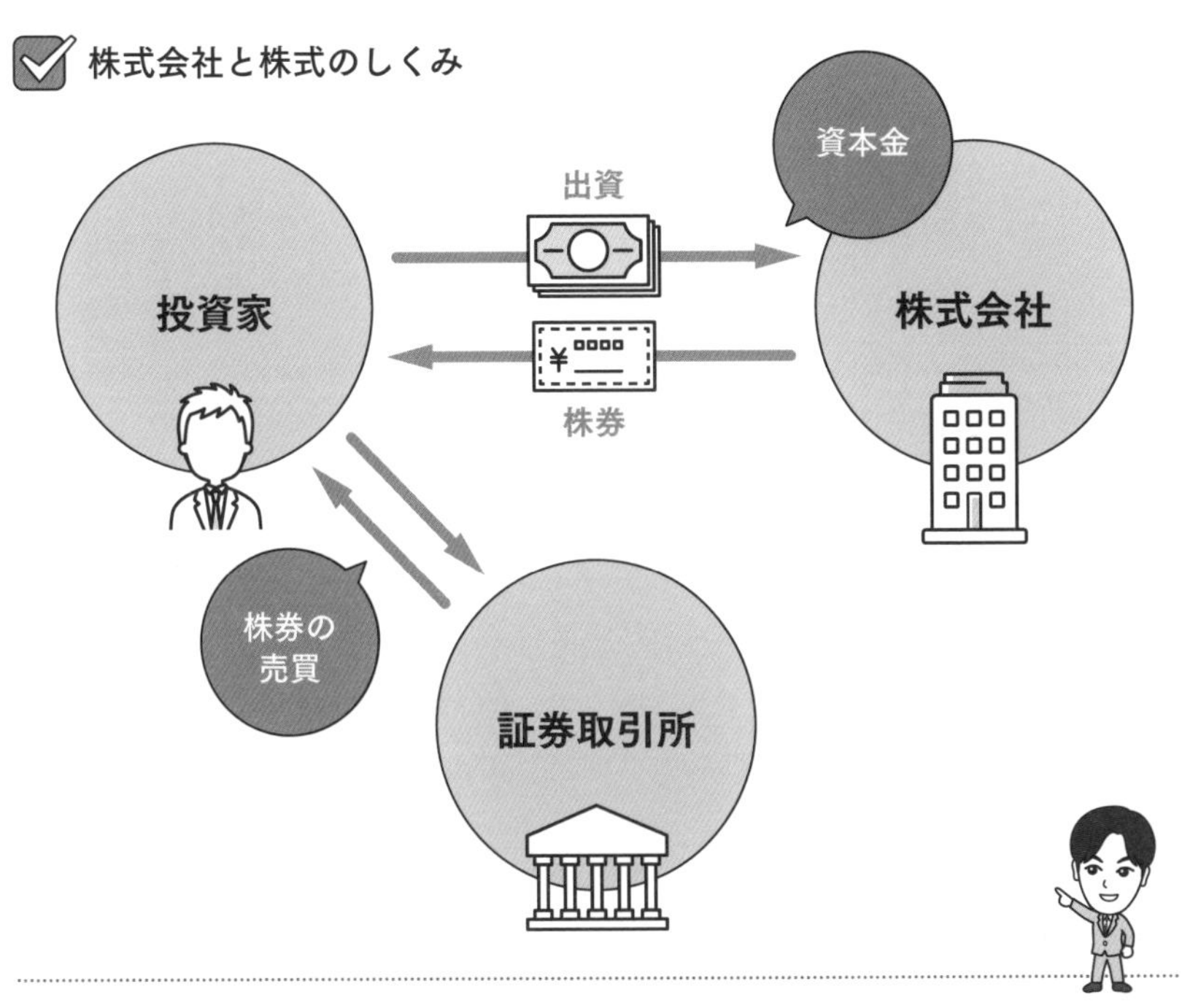

表す文書を「**借用証券**」といいます。企業は借用証券の所有者、つまり債権者に対して返済義務があります。社債がその代表的な例です。

株式のもうひとつの特徴は、**❷公共の場に流通させて、手軽に取引できる**ようにしていることです。

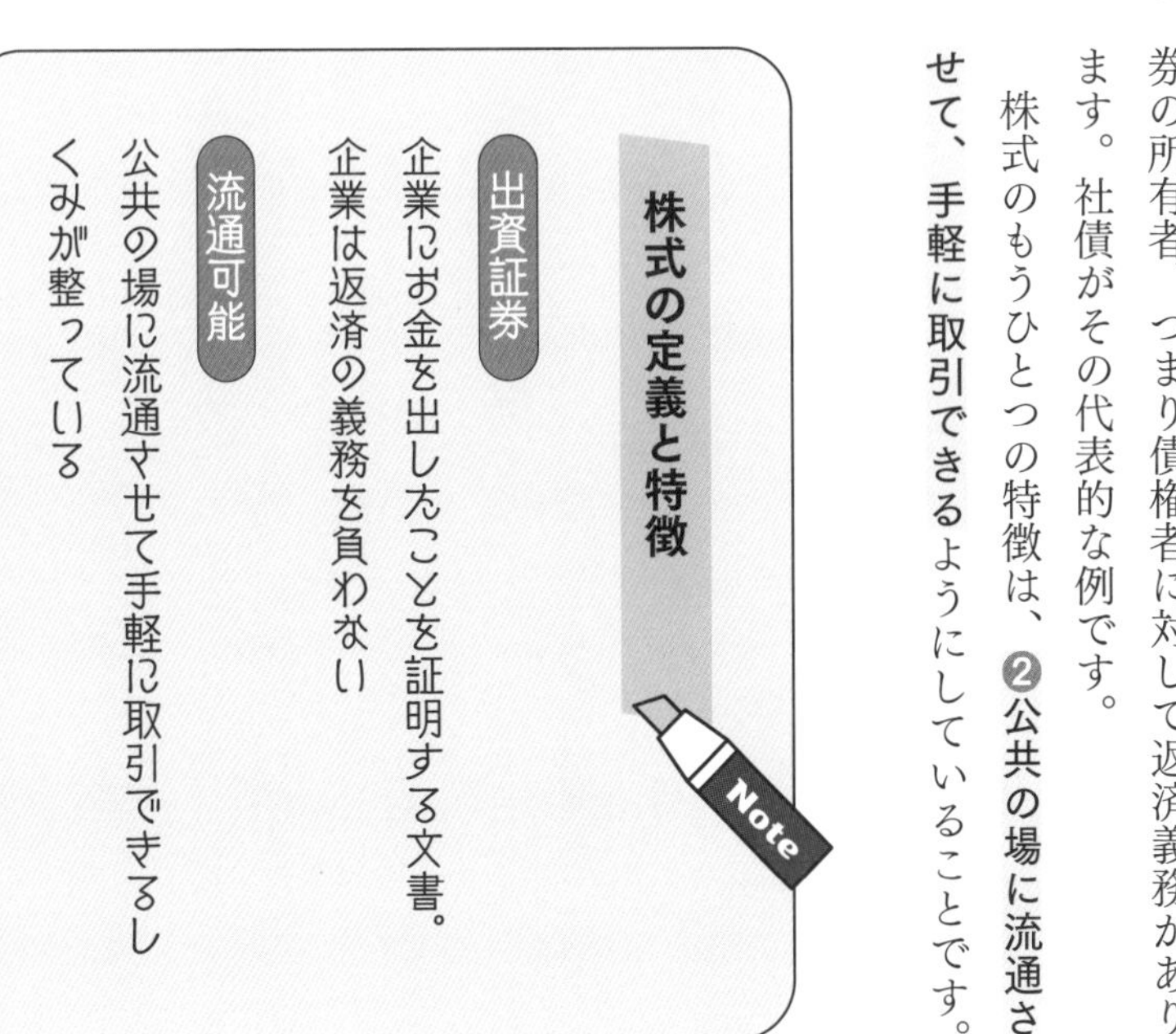

株式が取引される公共の場を「**株式市場**」といい、株は株式市場で公正に決められた値段で取引されています。ここで大事なのは株式市場といっても、スーパーや商店街のように物理的な店舗や市場が存在するわけではないということです。実際の取引は、証券会社に株式売買の仲介をお願いして、ほとんどがインターネット上で行われます。昔は紙だった株券も現在は電子化され、物理的な株券を目にすることはできません。会社が倒産してしまうと株は「紙屑」といわれますが、これも近い将来には死語になるかもしれませんね。

株式ってなに？　と聞かれたら、これくらい答えられれば十分です。

株式投資ってなに？

株式については十分理解できました。ここからは、株に投資をする「株式投資」とはなにか、「株式投資に対する正しい考え方」とはなにかについてお話しします。

株式投資は、「株という金融商品に自分の資金を投入し、リスクを受け入れることで利益を得ることを目的とする行為」です。少し長くて見慣れない言葉が並んでいるので、難しく感じるかもしれませんが、ゆっくり、わかりやすく説明するので心配しないでください。大事な部分は、**「リスクを受け入れる」というのを明確に認識する必要がある**ということです。

日々多くの個人投資家に接して指導をしていますが、投資について歪んだ考え方を持っている人があまりにも多いことに驚きます。投資のスキルを学ぶ前に、まず正しい考え方をインプットすることがすべてのスタートになるので、株式投資の経験がある人も絶対に読んでください。

株式投資はコインの両面を受け入れる

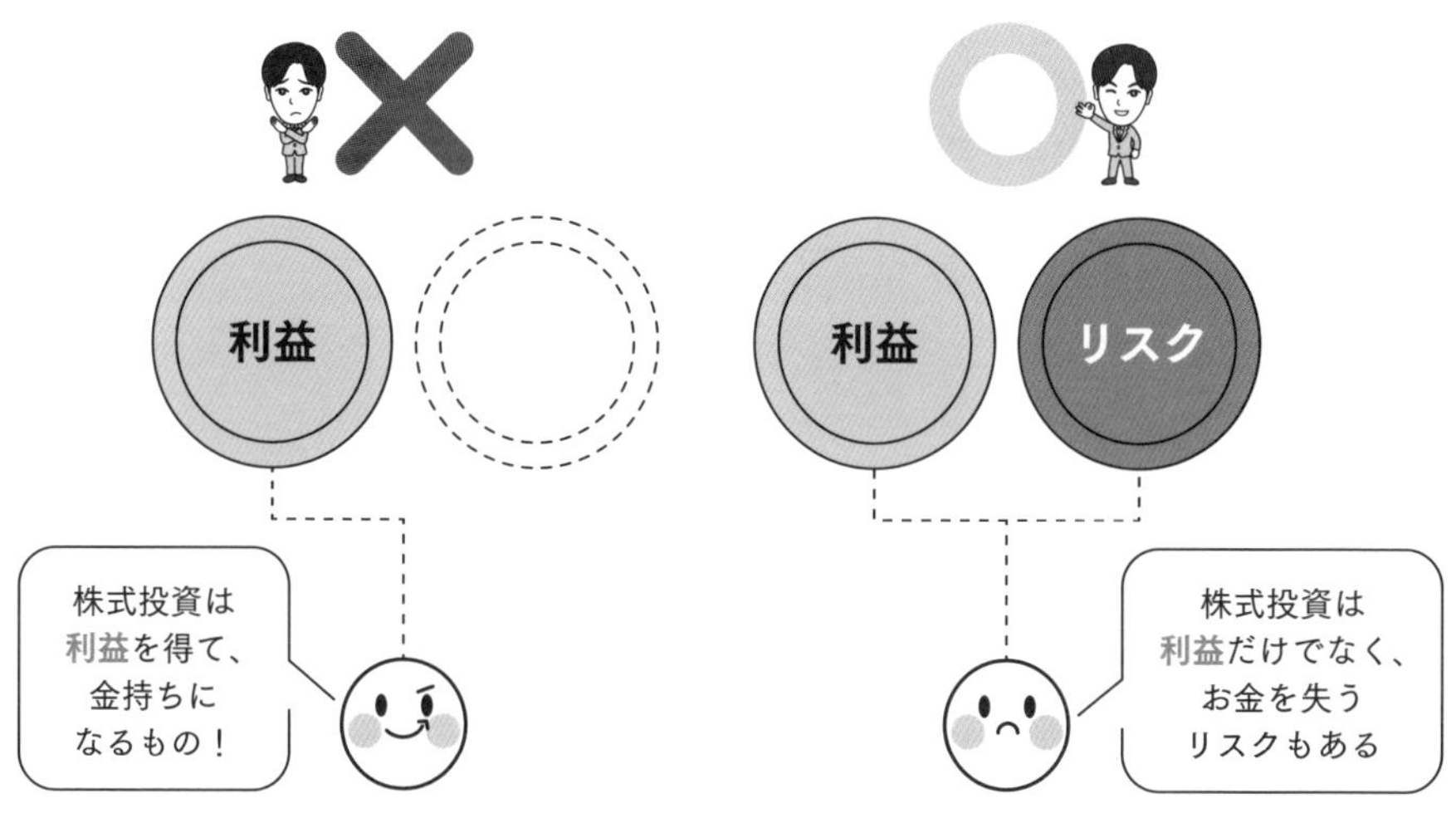

利益
利益
リスク
株式投資は利益を得て、金持ちになるもの！
株式投資は利益だけでなく、お金を失うリスクもある
利益だけを見るのはコインの片面だけを見ること
リスクを認識して受け入れることが株式投資

【株式投資に対する正しい考え方】間違った2つの考え方からの教訓

正しい考え方を理解するために、まず、世の中に広まっている間違った考え方を観察するのが早道の場合もあります。株式投資に対する間違った考え方は、次の2つのパターンに分かれます。それは、「**カジノ型**」と「**愛着型**」です。なんのことだかタイトルだけではわかりにくいですが、読めばなるほどと理解できるはずです。

「カジノ型」から抜けられなければ、投資はやめておいたほうがいい

まず注意すべき考え方は「カジノ型」です。株式投資というと、ラスベガスのカジノか、パチンコ屋の音が聞こえてくる人がたくさんいます。一つひとつの株（銘柄といいます）をそれぞれスロットマシンと考え、「運よくあたるマシンに座れば一攫千金

も夢じゃないけれど、運が悪ければ持っている資金をすべて失ってしまう」という考え方です。一か八かです。

ひと言でいうと、これは投資ではなく「ギャンブル」か「投機」という考え方です。この考え方を正すつもりのない人は、そもそも投資をするのではなく、ギャンブルをやるべきです。そして、ギャンブルの本を買ったほうがいいでしょう。

ギャンブルと投資の最も大きな差は、「利益と損失に対する考え方」です。

ギャンブルの場合、大きな金額を使わせて、たまに小さい利益を返すことで中毒にさせていきます。その小さい利益を得る快感を味わってしまうと、**自分でも絶対に勝てないゲームだとわかっていながら、やめられなくなるしくみ**にはまってしまい、大きな金額を失うことになるのです。周りに「ギャンブル好きだけど立派な家を建て、家族なかよし、幸せに暮らしている」人がどのくらいいますか？　そっちに興味がありますか？　なら、その人に弟子入りするか、その人が書いた攻略本を読んで腕を磨きましょう。

一方、**投資の場合、小さい損失が発生することを認めたうえで（これを、リスクを許容するといいます）、全体の利益を大きくして勝つことを目的としている**ので、少しずつでも資金を増やすことができます。考え方はギャンブルとは真逆ですね。

「愛着型」は健全だけど、投資ではない

次は愛着型です。この会社が好きなので、株を買うことで応援したいという考え方です。健全な考え方だし、心温まる話です。しかしこの考え方も投資とはいいません。言葉どおり「応援」と「投資」はまったく別物です。一種のファンクラブに入っていると考えるのがいいですね。

誤解してほしくないのは、この考え方を否定する

わけではないということです。ただ、投資とは違うんだということを認識してください。先ほどお話ししたとおり、投資の目的は「**自分の資金を投じ、リスクを受け入れ利益を得ること**」です。その会社が好きで株をずっと保有し、株の価格が下がって含み損（保有している株式が損失になっている状態）を抱えていたとしても喜んでいられる、これは愛着であり応援です。投資をする以上、「利益をあげる」ことが目的であることを忘れないでください。

私はトヨタとソニーという会社とその商品が好きなので、株式投資で利益を得て、トヨタの車に乗っているし、世界中どこへ行くときもソニーのノイズキャンセリングヘッドホンは欠かせません。これは「投資を通じた応援」といえるでしょう。

Note

今すぐ見直すべき株式投資の考え方

カジノ型

株式投資は一か八かのギャンブル

➡リスクを受け入れることで利益を得ることを目的とする

愛着型

会社を応援したいので、ずっと持つ

➡愛着と投資は根本的に異なる。投資の利益で応援する方法もある！

02

1日目の❶-2

株式投資で得られること

投資の目的が明確に理解できたので、株式投資で得られることについてお話しします。

ここでは直接的に得られるものと、間接的に得られるものという基準で分けて、より具体的にわかるようにします。

株式投資で直接的に得られるモノってなんだ？

株式投資を通じて得られるものには、直接的なものと間接的なものとがあります。直接的なものについては、次頁の表を見てください。直接的❶から直接的❹まで、あなたがある銘柄を買うことで手に入れたいものが大体書かれていませんか？　配当金、株主優待に加えて、売却益。ついでにその会社の経営にも関われるなら言うことなしですね！

あなたの目標もこの4つのどこかに収まるはずですが、実は株式をはじめてからわかることもあります。それが間接的に得られるものです。

株式投資で直接的に得られる４つのもの

直接的❶ 「配当金」を受け取る	株式会社はビジネス活動を通して利益を創出する。得られた利益は、さらなる事業の発展のために再投資するか、株主に還元する形で分配される。この分配されるお金のことを「**配当金**」といい、保有する株数に応じて株主が指定した口座に入金される 
直接的❷ 「株主優待」が得られる	株主優待とは、株を保有してくれている「**株主たちへの感謝の気持ちとして企業側が送るサービスや物品のこと**」。これは義務ではなく、優待の内容も会社の事業内容によってさまざま。意外と知られていないことだが、株主優待は全世界でも日本だけで実施されている珍しい制度。「おもてなし」という日本特有の心遣いから起因するもので、外国では「優待を送るコスト分を配当金に上乗せして、現金で支払う」という、いかにも合理的な考え方をしている
直接的❸ 「経営」に参加する	株主は定期・不定期に開催される「**株主総会に出席し、意思を表明することによってその企業の経営に参加する**」ことができる。意思決定に与える影響度は、1人1票ではなく、保有する株数によって決まるので、多く保有すればするほど決定権が大きくなる経済原理が働く。多くの株式を保有しているということは、それだけ多くの資金を企業に提供したことを意味するので、決定権がその分大きくなるのは当然のこと。投票だけでなく、経営内容に疑問があれば質疑応答をして、場合によっては経営陣の交代を要求することもできる。特にこの動きは近年益々強くなっていて、「**アクティビスト（ものいう株主）**」という言葉も活発に使われるようになっている
直接的❹ 経株の値上がりによる「売却益」が期待できる	上場された株は日々株式市場で取引されていて、需要と供給によって株価が変化します。その株を買いたい人が増えれば株価は上がり、売りたい人が増えると自然に値段が下がるシンプルな構造。保有する株式が買った値段より値上がりし、今すぐ売却したら利益になる状態を「**含み益**」という。実際に売却すると利益の金額が確定し、値上がりした分が自分の利益になる。株式投資の多くの目的は、この「**値段の変化による利益の獲得**」にあり、本書も主にここに焦点をあてている

株式投資で間接的に得られるモノのほうが価値がある？

このように、投資に参加する前から目に見えるメリットもありますが、やってみないとわからない間接的なメリットもあります。

投資の経験を積み重ねていくと、実はこちらのほうが大きいという人も少なくありません。

では、間接的に得られるものを下表に挙げてみます。

株式投資で間接的に得られる２つのもの

間接的❶ 「関心分野」が次から次へと広がる	株式投資をはじめる人から１番多く聞かれる質問は、「株をどのように選べばいいのか」という、至極あたりまえのこと。米国、日本をはじめとする東南アジア市場など、全世界の個人投資家を指導する立場からできるアドバイスは、「**まずは自分の国、関心のある会社または産業から**」。「日本の人なら、まず東京株式市場で、日頃AIに興味があるならAI、IT関連の会社から」といったはじめ方。理由は、母国語のほうが情報を集めやすいし、なじみのある会社からはじめたほうが関心を持って観察し続けやすいから。英語が苦手なのにいきなりニューヨーク市場に飛び込み、Wall Street Journal でなじみの薄い会社の情報とニュースを集めるというのは無理な話。そして利益が出るようになってくると、自然と関心分野がAI関連からIT、半導体、電気・家電量販店関連へと広がり、コロナウィルスへの対応でバイオ・製薬関連が注目を集めているのでそちらもといったように、**普段気にしたことのない分野まで触手を伸ばし、知識の幅も広がっていく**
間接的❷ 「世界の経済」に興味を持つことでさらに視野が広がる	あえて誤解を恐れずに言うと、主婦が為替相場の動向をチェックし、昨夜のニューヨーク株式市場による日本市場への影響を考えることはあまりないはず。しかし投資アカデミーに参加している主婦には、驚くべき変貌を遂げる人がたまに現れる。入門の段階では、為替レートが１ドル100円から101円になることが円高なのか円安なのかも区別できなかったのに（ちなみに円安が正解）、直近の為替動向による輸出産業への影響と関連企業への影響まで分析するようになり、日銀総裁の記者会見内容をチェックして見解を述べるようになる。そういう人は、驚くべきことに顔つきまで変わってきて、「格好よくなった」と感じさせてくれる。今の時代は日本の株式市場とはいえ、世界の動きに影響され株価が動くことが普通。株式投資をはじめたことで、今まで興味がなかった世界の経済ニュースに真剣に取り組み、視野を広げるなんて素敵なことが起きる。ぜひその楽しさを味わってほしい

「経済がわからない」からこそやるべし

株式のことも、株式投資のこともわかったから、株式投資をはじめたいけれど、経済のことがわからないので手が出ない！　というのもよく聞く話です。前頁表で紹介したように、投資は経済がわからないからこそはじめるべきでもあります。

ＮＨＫの社会ニュースは一生懸命聞くけれど、アナウンサーが「為替と株式市場の動きです」と言った瞬間、リモコンでチャンネルを回してしまう。これが普通の人の反応です。しかし、投資をはじめると逆にその部分だけが耳に入るようになります。「市場の動きです」というコメントとともに、掃除機の電源を切るというエピソードを話してくれた主婦投資家もいるほどです。

そして、世界経済の動きや日本経済との関係にドンドン興味がわいてきて、関連するニュースが流れ込んでくるようになります。そうこうしているうちに、いつの間にか経済に詳しくなっている自分を発見して、うれしくなったりするものです。

「世界や経済のことがわからないからこそ、投資をはじめるべきだ」と断言します。そして、**「経済的にも精神的にも豊かになっていく自分」**を感じてください。

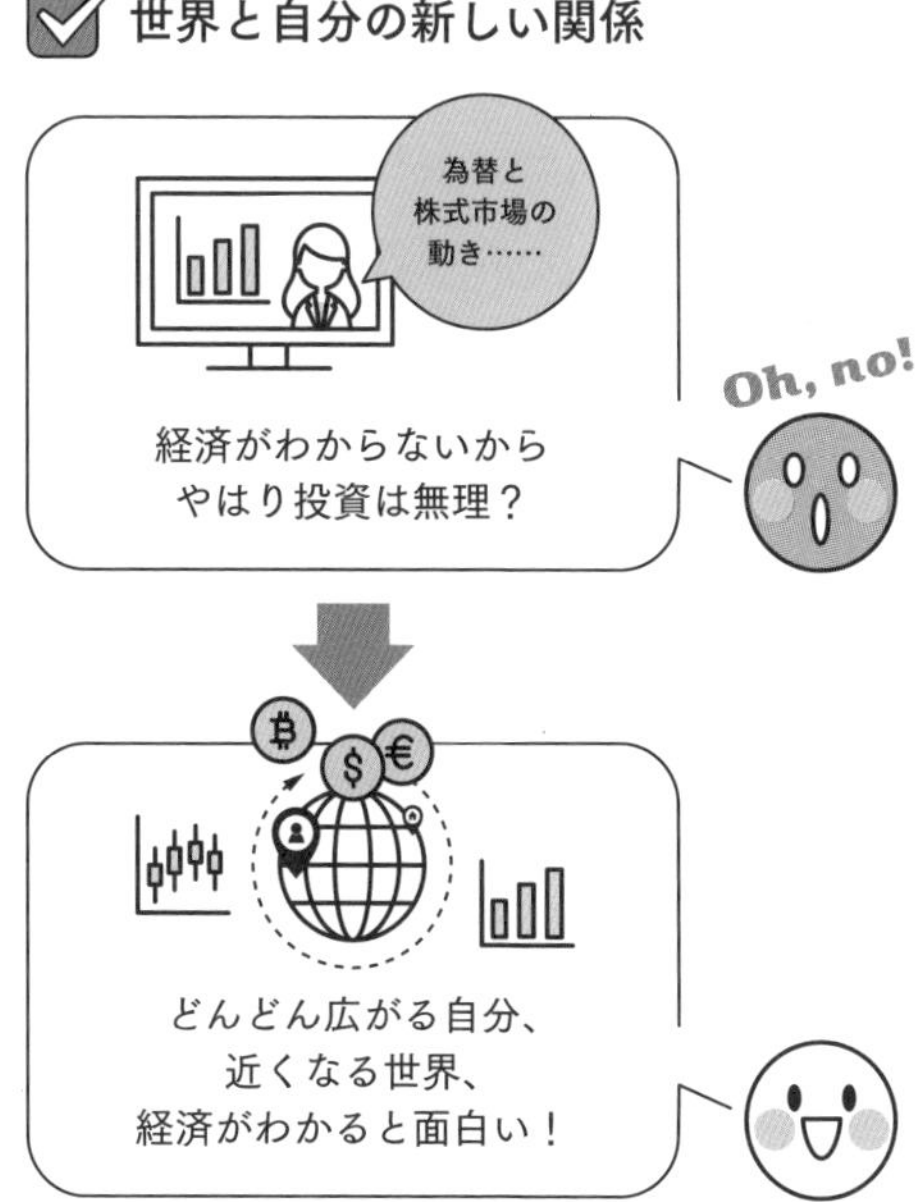

03

1日目の❶-3

株価は誰が決めるの？

株式投資で得られるメリットを直接・間接的な面から考えてみました。いかがでしたか？　これだけ株式投資が魅力的だということ、知っていましたか？

基本のキは身についたので、次は株式投資をする際に利益を得るための知識を覚えていきましょう。

まずは、投資家が最も気にする株価がどのように決まって、どうしたら売買が成立するのかをお話ししていきます。

株価は、実は投資家の心理で決まる

株価は経済学の最も基本的な原則、「**需要と供給によって決定**」されます。なんだ、そんな簡単なことならわざわざ説明する必要ないでしょと思うかもしれませんが、一般的な原則とは決定的な違いがあります。

その違いは、「**投資家の心理が需要と供給を動かしている**」ということです。経済学の教科書に載っているような、数量が変化するから価格も変化するという機械的な原則ではなく、「**多くの投資家が上がると思った株は実際の業績などに関係なく上がる、逆に多くの投資家が下がると思った株式は業績がどれだけよくても下がっていく**」ということです。

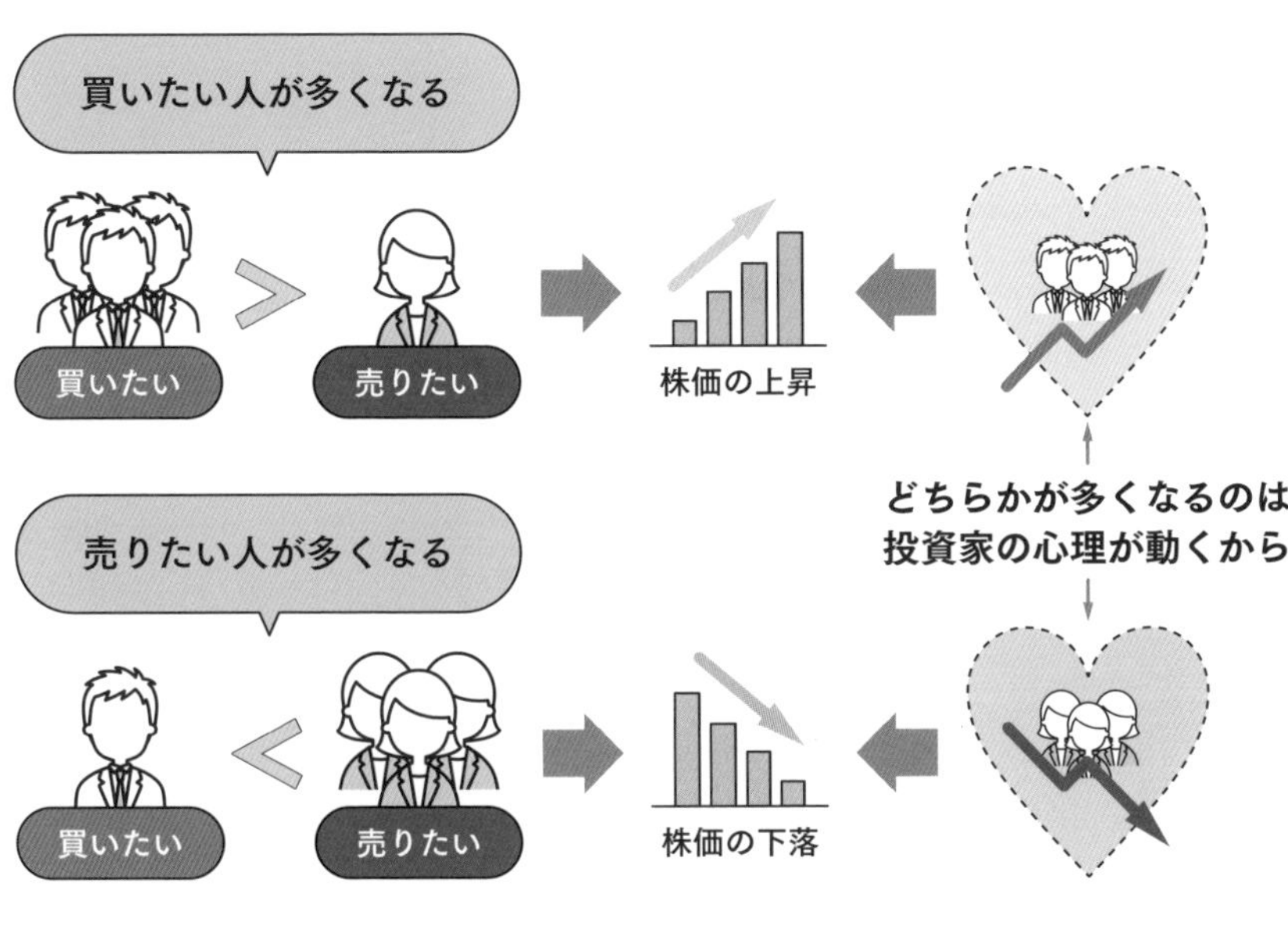

つまり「業績がいいからきっと上がる」と考える投資家が多いので、需要が集まり株価が上がるのであって、「業績がいいから株価を押し上げるという初級経済学的な考え方は成立しない」ということです。

誰かを好きになるときを思い出してみてください。最初からひと目ぼれすることもありますが、相手が自分に好感を持ってくれていることから恋がはじまることもあります。自分に好感を持っているとわかったから、こちらも相手のいいところを無意識に探しはじめます。これは心理学の研究結果としても証明されていることです。そして周りがどんなことを言おうがドンドン好きになっていきます。

株に置き換えると、気になった株のいいところを無意識に探しはじめ、ドンドン好きになってしまうということです。これは一般的な株の本や常識とはかなり異なることなので、しっかり覚えておいてください。

株式取引のしくみ

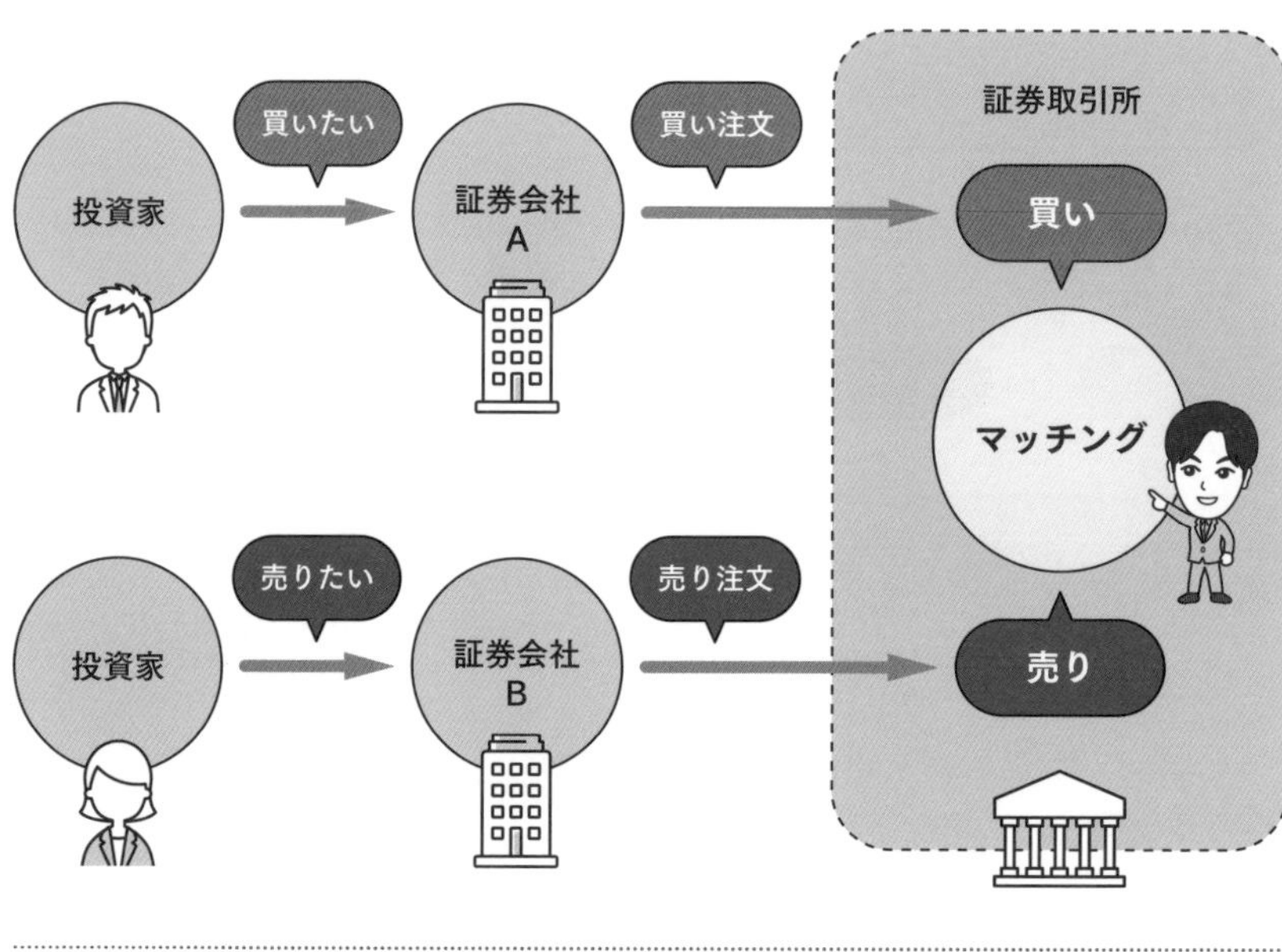

株価はどこで決まるかというと、業績が上がるからではなく、あなたのように上がると思って買いたい人たちと下がると思って売りたい人たちが均衡するところ、つまりバランスで決まります。

「多くの人が上がると思うから上がる、下がると思うから下がる」です。

注文しても買えるとはかぎらない

あとで詳しくお話ししますが、**「株は証券取引所に集まった注文の中で、売りたい価格帯の数量と買いたい価格帯の数量が一致したとき、売買が成立」**します。わかりやすくするために、ある銘柄の実際の注文の状況を見ながら考えてみましょう。証券会社の取引ツールで見られる次頁のような株価と数量の情報を**「株価の板（いた）」**と呼びます。

板は各証券会社を通じて出された注文が、証券取引所に集まった状況を表すテーブルです。見方は簡単で、この株は現在100株単位で売買され（売買数量が100単位になっている）、5860円で買いたい注文が200株入っている（❶）、それに対して5880円で売りたい注文が500株入っている（❷）状況を表しています。どちらかが譲って相手の条件にあわせるか、新たな買い注文が5880円に入るか、5860円で売り注文が入ってこないかぎり、この状況は変わりません。

あなたがこの株をどうしても買いたいとします。そこで今の状況の中間をとって、5870円で買い注文を出します。次の瞬間、急に5880円で取引が成立（これを専門用語で**約定**（やくじょう）といいます）して、その後も5890円、5900円とどんどん株価が上昇していきます。5870円で買ったあと値段が上がるのを見てラッキーと思っていたら、あなたの保有株式欄は空欄になったままです。先ほど出した注文も未成立の状態で残ったままです。さて、何が起こったのでしょうか？

株価の板

日本電子 5,870
6951 東証 15:00

売数量	値段	買数量
	成行	
93,000	OVER	
8,000	5,970	
8,500	5,960	
11,400	5,950	
7,100	5,940	
800	5,930	
4,500	5,920	
2,400	5,910	
1,400	5,900	
600	5,890	
❷ 500	5,880	
	5,860	200 ❶
	5,850	5,400
	5,840	6,300
	5,830	9,600
	5,820	7,900
	5,810	2,600
	5,800	10,000
	5,790	1,200
	5,780	4,800
	5,770	6,200
	UNDER	92,400

株価は「2つの原則」で決まる

実は、株価が決まるには覚えておくべき2つの原則があります。これがわからないので、なんで私の株はないの？　と怒ってしまうのです。

原則❶　価格優先の原則

2人の投資家が同時に買い注文を出したとします。Aさんは５８９０円で買う注文、Bさんは５８７０円で買う注文だとすると、まったく同じ時間に注文が到達したとしてもAさんの注文が優先されます。**買い注文は、値段の高い注文が値段の安い注文よりも優先**します。**売り注文は、値段の安い注文が値段の高い注文よりも優先**します。

これが「価格優先の原則」です。ひとつ、用語を覚えましょう。「この値段で売りたい、買いたい」と出した値段を「**呼値**（よびね）」と呼びます。

先ほどの例だと、あなたが５８７０円の呼値で買い注文を出したのに、誰かが５８８０円の呼値で買い注文を出したらその注文が優先されてしまい、まず５８８０円で買いが成立するということです。売りたい人は少しでも高い値段を提示する人に売りたいので、これはあたりまえの話ですね。株式を買ったのにどうしても安く売りたいという人はいませんよね。

原則❷　時間優先の原則

今度は注文の値段が同じ場合を考えてみましょう。つまり、Aさん、Bさんとも５８８０円で５００株ずつ買い注文したとしましょう。ただ、Aさんの注文のほうがわずかに早く届きました。「５８８０円で売り注文は５００株が出ているので、なかよく２５０株ずつね」と人間らしい配分をしてくれるかというと、注文を処理するシステムは容赦なくAさんに５００株すべてを渡してしまいます。

同じ値段で注文をした場合、**取引所が受けつけた時間が早い注文が遅い注文に優先**します。これが「時間優先の原則」です。

以上の2つの原則から、5870円で注文を出して5900円まで上昇しても、上がっていく途中で自分の注文が成立せず、取り残されてしまう可能性があります。上がっていったのに自分の注文が拾われなかったと怒る前に、この2つの原則が働いていることを覚えておいてください。

Note

株価決定の原則

価格優先の原則

同時に注文が入った場合は価格が優先される。買い注文は高い買値、売り注文は安い売値が優先される

時間優先の原則

同じ価格で注文が入った場合は、注文が早かったほうが優先される

1日目の②-1

株はどこで買えるの？

株価が決まる原理について理解できましたか？　では次の質問です。株式市場というのは実際の店舗を持つ物理的な市場ではなく、目には見えない市場といいました。そもそも、株はどこで買うことができるのでしょうか？

株はスーパーでは買えません

高校生に経済や株式に関する講義をするとき、ある学生の話が今でも蘇ります。その学生は「株を買いたいなら、その会社に訪問して株を購入する」と思い込んでいたのです。つまり、ソニーの株が買いたいならソニー本社を訪れて、「100株ください」と注文すると思っていたわけです。

「学生さん？　じゃ、100円負けとくよ、1株多めにつけとくね！」といった微笑ましい光景が浮かんで、悪くはないですね。話が面白かったので広げてみました。「じゃあ、証券会社は？」と聞くと、「証券会社はいろいろな会社の株をそろえていて、店舗に入ると株がずらっと並んでいる」とのこと。なんともかわいらしい発想ですが、実は大人でも初心者のときはこれと変わらないレベルの感覚の人がたくさんいます。

初心者向けのセミナーで「株はどこでどうやって買えますか？」という質問をすると、同じような奇想天外な答えが返ってくることがあります。いくら初心者とはいえ、証券会社くらい知っているだろうと思っていると大間違い！　実は意外と知らない人が多いのです。

株を発行している会社に買いにいくという答えはまだかわいいほうで、東南アジアのあるセミナーでは、「イオン？」という答えで会場が爆笑でした。イオンは積極的に東南アジアで店舗を展開しているので、起こり得るエピソードでもありますね。結論から言います。

「株はスーパーでは買えません！」（あたりまえか）。

その会社に行って、株をくださいといっても買えません。では、株はどこで買って、どこで売れるのか、売買のプロセスはどうなっているのかを見ていきましょう。

株は証券会社を通じて買います

個人投資家は、**「証券会社に株式売買のための口座を開き、注文を出すことで株の売買をします」**。わかりやすくいえば、株は、スーパーではなく証券会社で買えるということです。

各証券会社に集まった個人の注文情報が送られてきて、実際に株が売買されるのが**「証券取引所」**です。注文情報が集計され、需要と供給が一致するところで売買が成立します。まとめると、**証券会社は厳密にいうと売買の仲介をして、実際の取引は証券取引所のシステム上で行われます。**

取引所で売買されるのは、基準を満たして取引所

上場審査とIPO

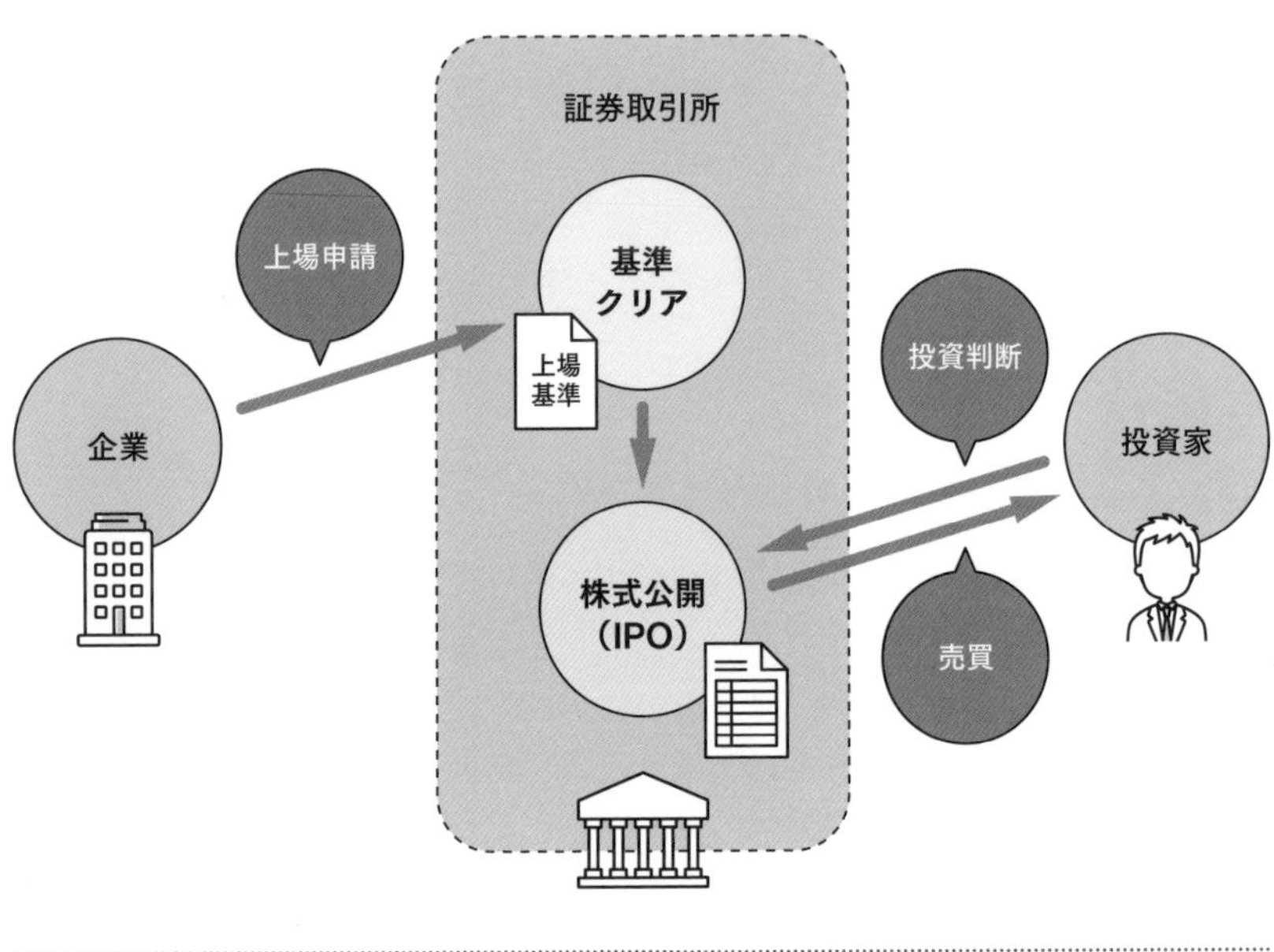

の審査に合格した会社の株だけです。証券取引所で売買できるようになることを「**上場**」「**株式公開**」または「**IPO**：Initial Public Offering＝新規公開株）」と呼びます。**取引所の基準を満たす「上場企業」は、信頼性のある会社というひとつのステータス**にもなります。

このように各証券会社に出された注文を、取引所に集中させて売買を行う取引を「**取引所取引**」といいます。それに対して、証券会社と個人が直接数量と値段を決定する取引を「**店頭取引**」または「**取引所外取引**」といいます。

ではどうして、わざわざ注文を1度証券取引所に集めてから取引をするなどと面倒なステップを踏むのでしょうか？　その理由は2つです。

証券取引所の役割❶

誰にでも不自由なく「取引を円滑」にする

物の売買と一緒で、株を売る場合も当然買ってくれる人がいないと売買は成り立ちません。証券取引所がないと、取引相手を探すだけでも大変な時間と費用がかかってしまいます。毎日朝9時に東京の茅場町に集まって、自分の株を買ってくれる人を探すという場面を想像してみてください。その人を見つけるだけでも1日が終わってしまいますよね？ 株式の売買注文を取引所に集中させることで、売買相手を探しやすくすることができ、取引の効率が円滑になります。

証券取引所の役割❷

すべての人に「公正な価格」を実現する

物の価格は、市場への参加者が多くなればなるほど公正な価格になりやすいものです。訪問販売業者に「あなただけの特別な価格ですよ」と言われたとき、それはどれだけ信頼できる情報なのでしょうか。実際には比較対象がないので調べようがないはずです。「多くの需要と供給を取引所に集中させることで、価格の公正さを保ちやすくする」のも取引所取引の重要な役割です。

「店頭取引」では公正な価格は実現しない

取引所取引に対して店頭取引の場合、**「物の価格、手数料などが業者と投資家の間で任意で設定されるため、公正さに関する保障はない」**ことになります。

店頭取引の代表的な例がFXでした。手数料やスプレッドと呼ばれるFX業者の利益幅は各社が自由に決めていたので、すべての人に「公正な価格」というわけにはいきません。ただし、店頭取引が中心だったFXにも規制が入り、2005年から取引所

店頭取引と取引所取引（FXの例）

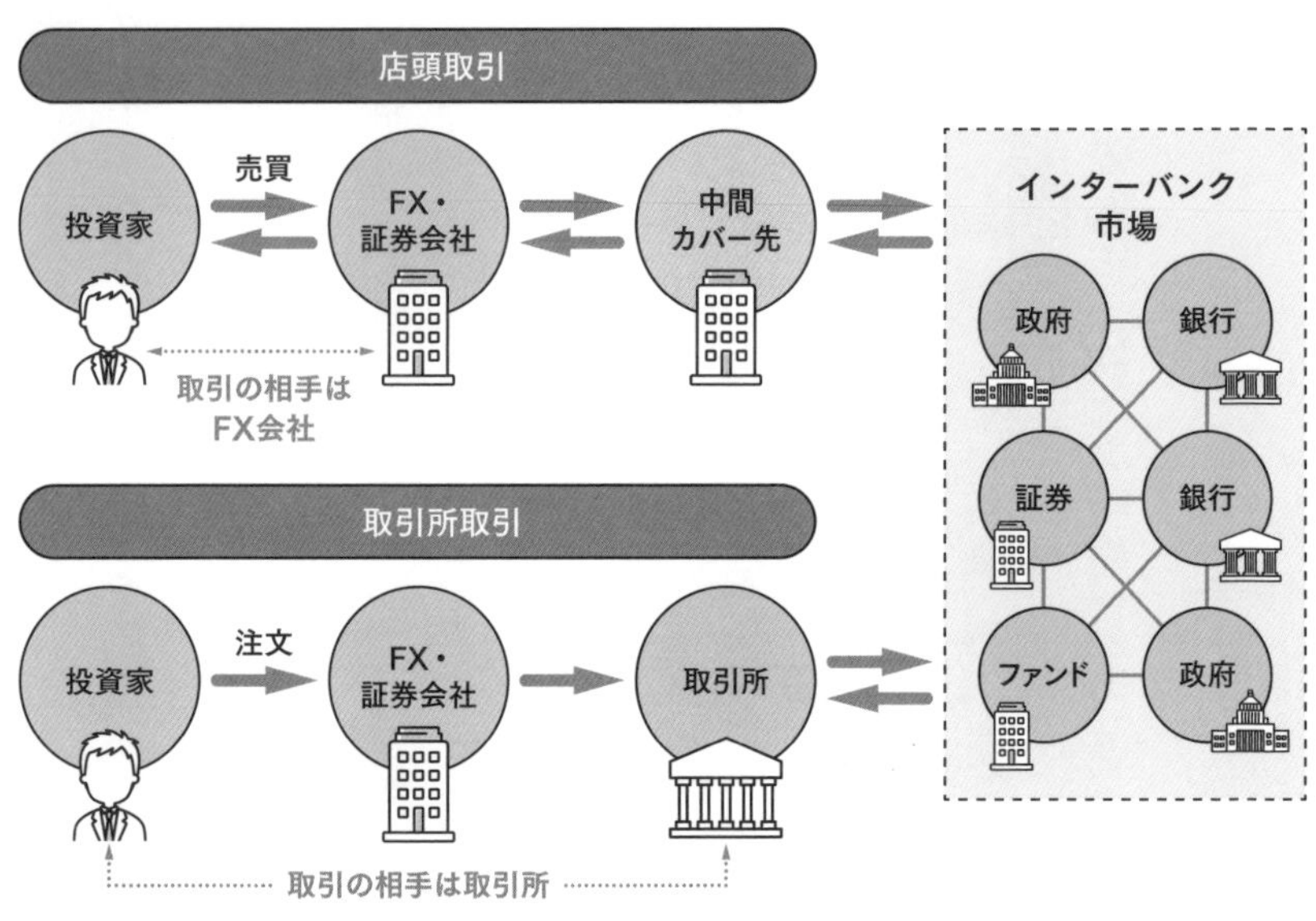

取引のFXが登場し、現在は両方の取引が存在しています。

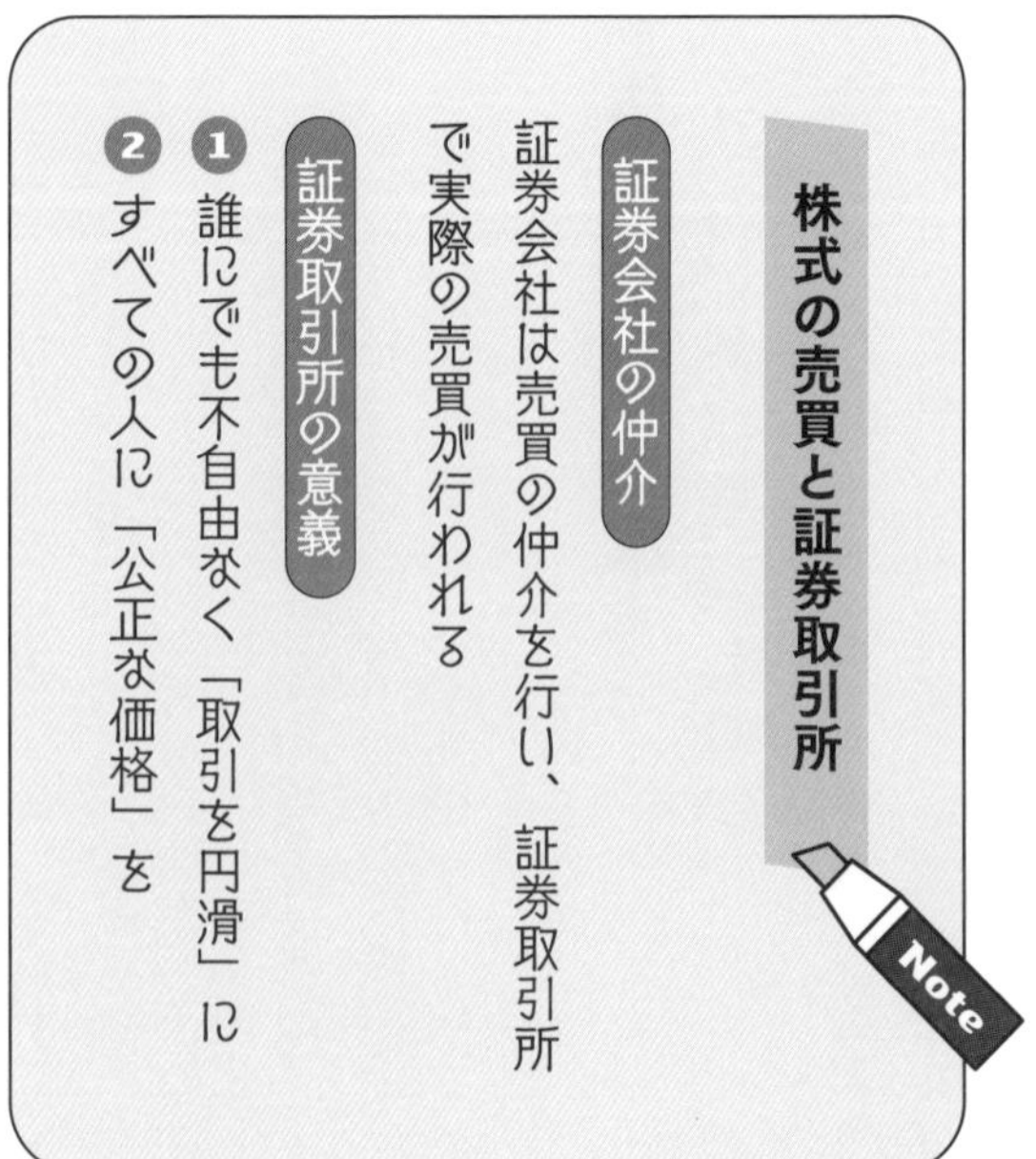

1日目の②-2

あなたの資金は守られている

今度は現実的に自分の大事な資金と自分が買った株について考えてみましょう。株式投資をはじめるにあたって、こんな心配をすることはないでしょうか。

「大切に貯めたお金を証券会社に預けたのに、会社が倒産したり、夜逃げされたりしたらどうしよう」

命の次に大事なお金、どのように守られているのか調べてみましょう！ 結論からいうと、「ちゃんと守られています」です。

お客様の資金は「別に管理する」のが証券会社の義務

証券会社と取引をするということは、証券や金銭を証券会社に預けることになります。証券会社は投資家から預かった資産を「**顧客資産**」として、会社の資産とは区別して保管することが法律で義務づけられています。これを「**分別管理**」といいます。

わかりやすくいうと、従業員の給料を投資家が預けた資金から払ってはいけませんという意味です。考えてみればあたりまえの話です（事実、こういったことが行われていたことがあったというのが驚きです）。

投資家が預けている株式は、証券会社自身が保有する株式と区別して「**証券保管振替機構**」（〝ほふり〟

ともいいます）に委託されます。また金銭に関しては、信託銀行などに信託して別途管理されることになっています。これを「**顧客分別金の信託**」（〝**信託保全**〟ともいいます）と呼びます。

「証券保管振替機構」と「顧客分別金の信託」によって、証券会社に預けたあなたの株式も金銭も安全に守られているわけです。これが最初の保護措置です。

さらに投資家を保護する「投資者保護基金」

投資家を保護するもうひとつの措置が「**投資者保護基金**」です。証券会社が加入を義務づけられているこの基金は、何らかの理由で証券会社が投資家の資産を返せなくなった場合、資産を補償する業務を負います。つまり倒産した証券会社が法律違反で分別管理をしていなかった場合でも、「1人1000万円を限度額として投資者保護基金が補償してくれる」ということです。

分別管理を適切にしている証券会社であれば、この保護制度が発動するような事態になることはありませんが、**万が一のときのための、投資家を保護する安心の2重措置**だといえます。

ちなみに、顧客資金の分別管理や信託への委託が義務づけられていなかったころには、一部の悪徳業者が顧客の資産を横領して倒産してしまい、投資家の資産がほとんど戻ってこなかった事件も起きました。もちろん今は、分別管理や顧客分別金の信託が義務づけられているので、そのようなことが起きるリスクは少なくなっているので安心してください。

投資者保護のしくみ

証券会社に預けた株式は大丈夫？

ほふりがあるから大丈夫！

顧客から預かった上場株式などは、証券保管振替機構（ほふり）で管理。そもそも証券会社自身の財産と顧客から預かった財産は帳簿の記録により、判別できるように管理されている

証券会社に預けたお金は大丈夫？

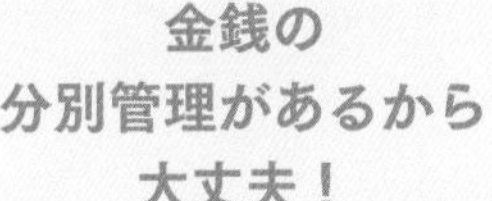

金銭の分別管理があるから大丈夫！

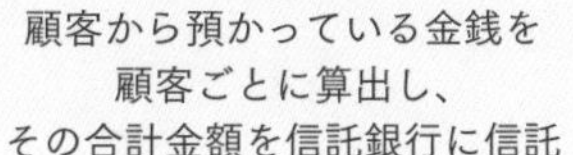

顧客から預かっている金銭を顧客ごとに算出し、その合計金額を信託銀行に信託

それでも心配、

破綻した証券会社が財産を返せなかったら？

投資者保護基金があるから大丈夫！

破綻した証券会社が顧客から預かった財産を返還できない場合に、顧客に対する補償を行う。
証券会社は、金融商品取引法により、投資者保護基金への加入が義務づけられている

06

1日目の②-3

正しい証券会社の選び方

ここまでくれば、安心して取引をスタートできそうですね。次は実際に、日々、売買取引をしたり投資情報を集めたり、投資に関連する重要な基盤になる「証券会社の選び方」についてお話しします。

大事なのは、自分の目的と好みが何かを明確に定義したうえで証券会社を選ぶことです。ここではまず、選ぶ基準になりそうなものを挙げて、それに値する証券会社の実例を見ていくことにします。

❶ 注文機能で選ぶ
逆指値注文が使えるのが大前提!

まず証券会社の選び方の基本は、「注文機能」で選んでください。リスク限定を重視するプロや著者の投資アカデミーに在籍する塾生でも、投資が上手だといわれる投資家は、ほとんどが「逆指値」という注文機能を使っています。これが最低の前提です。逆指値のみならず、IFO、IFDO、OCOといったより高度な注文機能も存在します。

「逆指値」注文については、特典動画で実際の注文方法までお話しするので、今はわからなくても大丈夫です。ここでは、「買い注文」を「条件にあわせて自動的にやってくれる」大変重要な機能だと覚えておきましょう。

注文機能なんてどうでもいいじゃないかと思うかもしれませんが、**多様な注文の機能を活用することで「損失限定のロスカット」と「利益確定の売り」（あとで詳しくお話しします）が同時に設定できるなど、これが強力な武器になってくれます。**あなたがパソコンを見守っていなくても、設定した条件になれば自動的に損切りをしてくれたり利益を確定したりすることができるので、「便利」という側面だけでなく、資金を守るという意味でも非常に大切」なものなのです。

逆指値注文が使える代表的な会社をいくつか挙げておきます（下記）。**実際に口座を開設する際は逆指値注文ができるかどうか、必ずチェックしてください。**

特典動画

逆指値注文のしかた

http://www.tbladvisory.com/members/register/booklecture1/

逆指値注文が使える代表的な証券会社（2021年4月現在）

証券会社	アドレス	備考
SBI証券	https://www.sbisec.co.jp/	銀行とも連携する総合金融グループ
楽天証券	https://www.rakuten-sec.co.jp	マック（Mac）用のシステムをリリースするなど、取引システムが充実
SBIネオ証券（旧ライブスター証券）	https://www.sbineotrade.jp	IFD、OCO、IFDOなど、注文機能が豊富
マネックス証券	https://www.monex.co.jp	アメリカをはじめ、海外株式の情報が豊富なうえにスクリーニング機能が充実
松井証券	https://www.matsui.co.jp	ネット証券の元祖。チャートで銘柄検索、アクティビスト（物言う株主）の活動追跡など独特な機能が充実
岡三オンライン証券	https://www.okasan-online.co.jp/	豊富な投資情報が無料で利用可能
GMOクリック証券	https://www.click-sec.com	FXでは世界有数の取引高を記録
auカブコム証券（旧カブドットコム証券）	https://kabu.com	Windows版の取引ツールが充実

❷ 手数料で選ぶ
安さだけではダメだけど、安さは大事！

証券会社を通じて取引をするので、当然それに伴う手数料を証券会社に支払う必要があります。**証券会社の主な収益源は、個人投資家からの注文を処理することによって発生する手数料**です。

反対に投資家にとって、株売買の手数料は費用です。費用ですから安いことに越したことはありませんが、安さだけで選ぶには問題があります。「安い」「無料」ということは、必ずそれに相応するコストを削減するか、収益を別のところで回収するしくみがつくられています。手数料が安いだけで選ぶと、その証券会社が提供する投資情報の質が他社より明らかに劣っていたり、開発費を削減するために、投資家が使うツールの機能が縮小されていたりします。**手数料の安さにこだわりすぎてしまうと、会社として安定性に欠けているところを選んでしまうことも懸念されるので、「手数料」「安定性」「ツール機能の充実」で、バランスの取れるところを選ぶ**ようにしましょう。

この基準を満たしながら、手数料の安さに定評のあるところを比較してみました（次頁）。

判断基準は1回の取引金額を基準にした手数料です。特徴的なのは、松井証券は1回の取引金額が10万円以下の場合、手数料が無料です。10万円以下なんてと思うかもしれませんが、実際に10万円以下で投資が可能な銘柄は１０００銘柄以上あります。その代わり１００万円に近づくとほかのネット証券に比べて高くなります。**SBIネオ証券は手数料だけで判断しても最も安いですが、あとでお話しする分析ツールも充実しているので、お勧めの証券会社のひとつです。**

ネット証券会社の手数料比較（2021年10月現在・税込）

証券会社	株式売買手数料			
	10万円まで	20万円まで	50万円まで	100万円まで
松井証券	無料	無料	無料	1,100円
SBIネオ証券（旧ライブスター証券）	88円	100円	198円	374円
GMOクリック証券	97円	143円	187円	264円
SBI証券	99円	115円	275円	535円
楽天証券	99円	115円	275円	535円
auカブコム証券（旧カブドットコム証券）	99円	115円	275円	535円
岡三オンライン証券	108円	220円	385円	660円
マネックス証券	110円	198円	495円	1,100円

③ 分析機能で選ぶ プロと同じ目線に立てる！

ネット証券が活発になるまでは、個人投資家とプロには歴然とした情報の格差がありました。しかし、現在はその差はほとんどなくなり、さらにネット証券が提供するツールは日々進化を遂げています。プロに負けないほどの情報と分析機能が、ほとんど無料または安い価格で手に入るようになりました。つまり、証券会社に口座を開設するだけで、プロと同じ目線に立つことができるということです。

本書は「ネット証券を中心に」「無料の情報で効率よく分析」することを前提にしているので、分析機能は大事な選択基準のひとつです。各ネット証券は独自の機能を売り物に投資家を獲得しようとしているので、現在はどこの証券会社のツールでも一定以上のレベルに達しているのが現状です。

分析機能ツールは、投資家にとって最強の武器になります。**ここで紹介する３つのツールをデモで試してみて、自分と相性がいいものをひとつ選び、そのツールを熟知するようにしましょう。**あれこれ使うよりはひとつに絞って、使いこなすことをお勧めします。

マルチよりは
オンリーワンを探す！
ツールは数より
使いこなせるのが大事、
ひとつ決めたら
トコトン極めましょう！

❶ HYPER SBI（SBI証券提供）

外国の株価指数がリアルタイムで閲覧できるなど、情報量が豊富で、テクニカル指標、注文関連など、お手本になるツール。初心者が最初に入門用として使うには十分な機能が備わっている。有料になるが、月１回取引するなど、簡単な条件を満たせば無料になるので実質無料。

❷ マーケットスピード2（楽天証券提供）

プロも多く使っていて、高度な機能が豊富な取引ツール。情報の豊富さもさることながら、ひとつのツールで国内株式からFX、先物、外国株式の取引まで、ほとんどの金融商品に対応しているので、将来は株式以外の投資も考えてみたいという人には強力な支援ツール。また各企業の情報、ニュース、チャートを自分好みにあわせて配置する機能が充実しているのも特徴。有料になるが、信用口座を開設するなど、簡単な条件を満たせば無料になるので実質無料。

❸ マネックストレーダー（マネックス証券）

データの多さとチャート機能のカスタマイズ機能では、最もすぐれたツール。株価のデータは、1991年からのチャートを見ることができるので、長期的な理論の検証、トレードルールのバックテストなど、研究用としても十分活用可能な強力なツール。初心者段階をすぎて、トレードを極めたいという投資家にはお勧めです。個人の好みによってレイアウトを設定、銘柄のチャートと株価の板、歩み値をまとめてチェックするなど、使い方によってはほぼ無限の可能性を秘めているといっても過言ではない。

以上のリストから自分に適切と思われる会社に口座を開設してみましょう。ひとつアドバイスすることは、**「証券口座は最低でも2社以上、できることなら3社以上開設したほうがいい」**ということです。手数料とツールの使い勝手はもちろんのこと、ネット証券なので、いつシステム障害が発生するかわかりません。**大事なチャンスを逃さないためにも、口座は複数持つようにしましょう。**

これで、1つ目のブロックが完成

株式投資をする基盤になる最初のブロック、いかがでしたか？　もちろん、ここまでの情報だけで株式市場で利益を上げることはできません。しかし、利益を上げ続ける投資家になるために必要な、欠かせないブロックでもあります。

いつの間にか最初のブロックが完成しましたね。

このブロックを土台にして、次のブロックを築いていきましょう。**2日目**からは強い投資家になるための2つ目のブロック、5つの戦略についてお話しします。

Note

証券会社の選び方

バランスが大事

手数料の安さだけに拘らない！
手数料、安定性、ツール機能のバランスが取れているかを確認しよう

口座は2社以上

ネットにシステム障害は付き物！
大事なチャンスを逃さないためにも、口座は2社以上は開設しよう

Chapter

2

投資家に求められる5つの戦略

01

2日目の①-1 5つの戦略の全体像

2日目では2つ目のブロックを積みあげて、現在のあなたの位置を確認しておきます。成長プロセスと3つのブロック(下図)を見ると、「株をはじめる私」のプロセスは完了しています。

2日目から8日目まで、投資家に求められる5つの戦略をマスターすることで「株で負けない私」を実現するのが次の成長プロセスです。まず2日目では、5つの戦略の全体像を理解します。

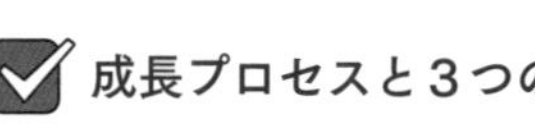

成長プロセスと3つのブロック

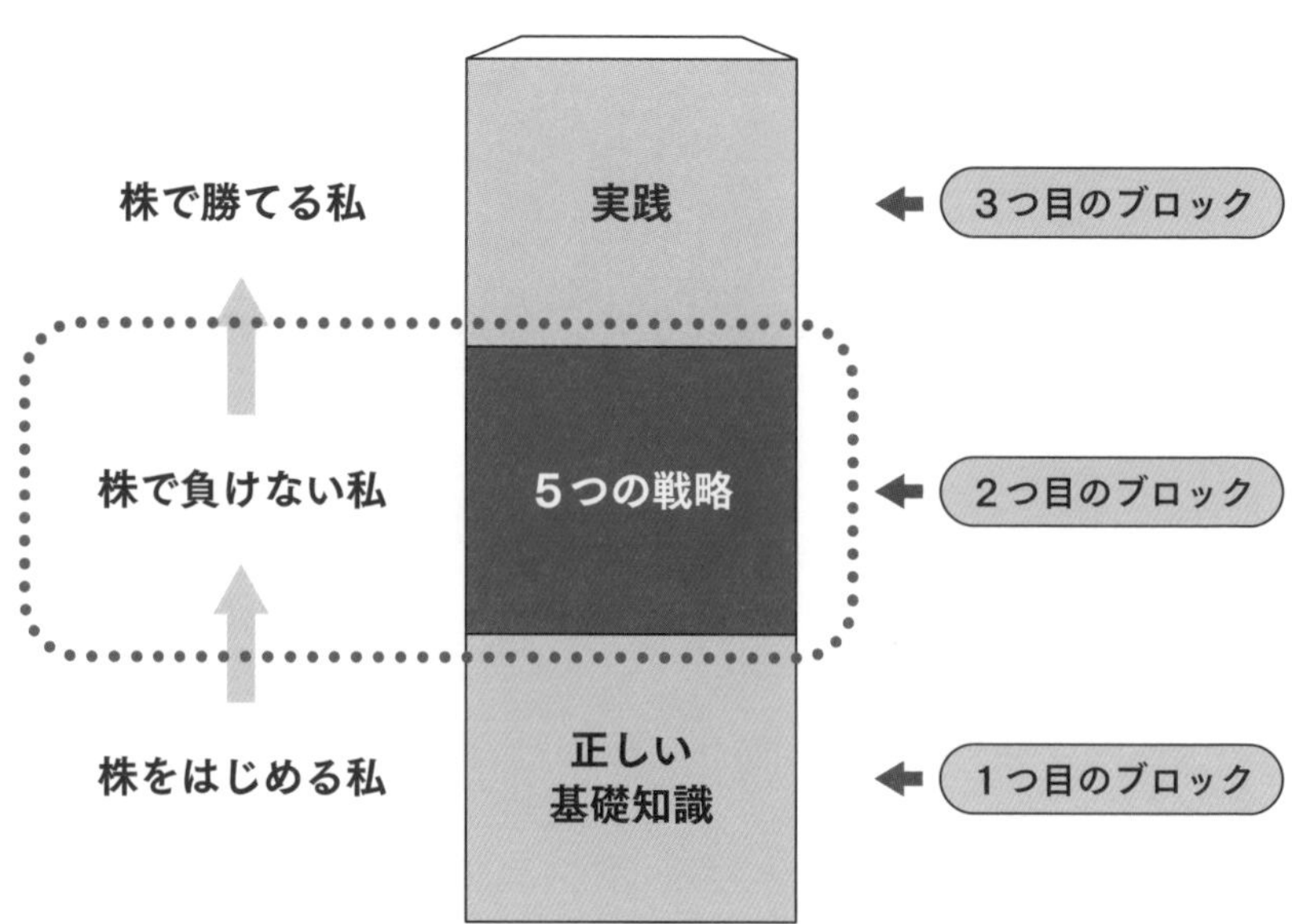

5つの戦略の全体像

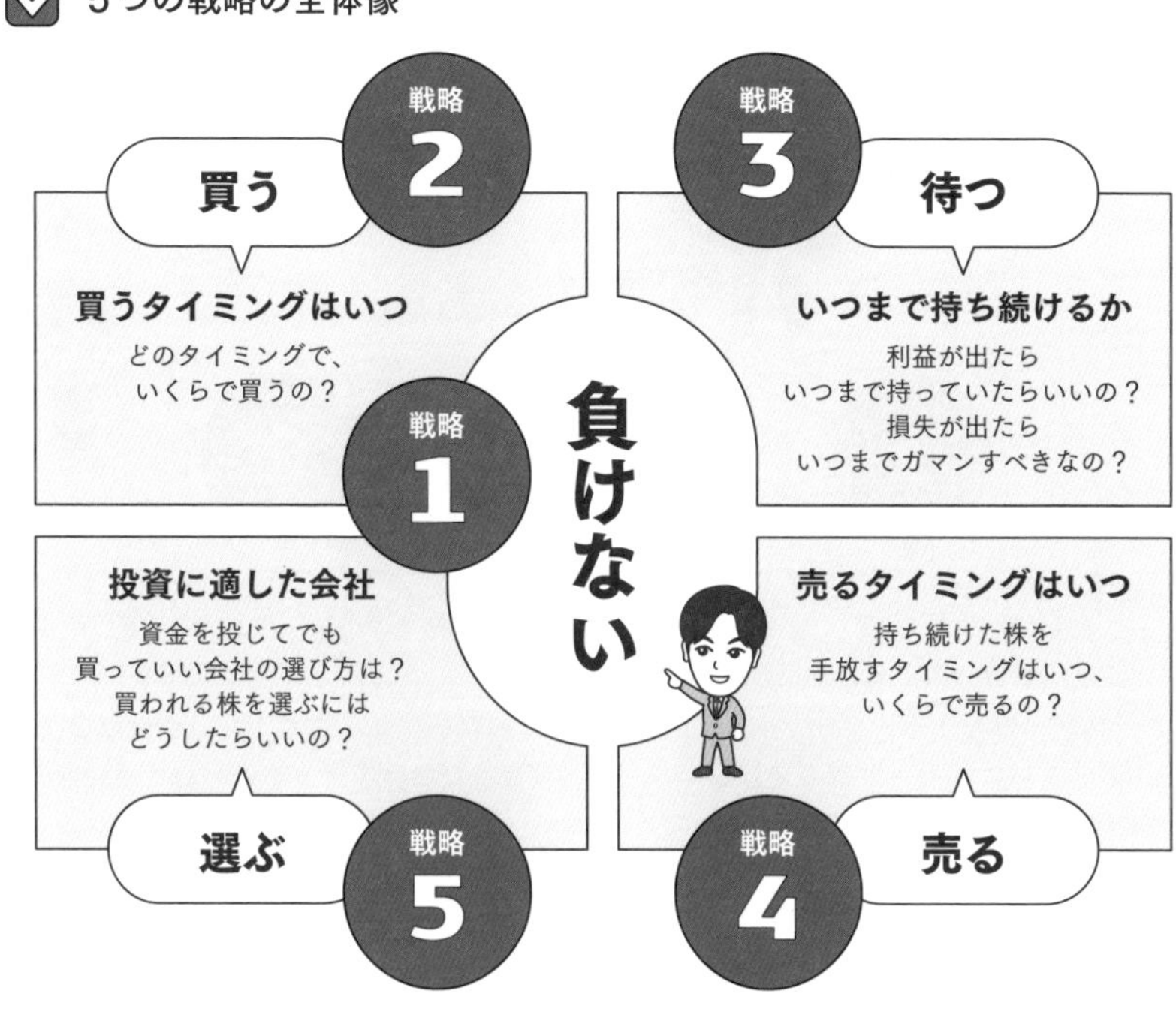

投資家に必要なのは5つの戦略のみ

投資家に必要なのは5つの戦略だけだというのは、上図を見て納得していただけましたか？ 逆に、何か難しいことが書かれているのかなと期待した人は、がっかりしたかもしれませんが、至極当然な言葉で定義されています。**平凡な言葉ですが、実はこの5つの戦略ごとに決まっているルールをちゃんと守ってトレードすれば、少なくとも大事な資金をなくして市場から退場することはありません。**そして一生懸命実践していけば、きっと利益をあげることができる投資家になっていくことでしょう。

ここで一度自分に言い聞かせてから先に進んでください。

「投資家に必要なのは5つの戦略のみ」

「この本でその戦略をマスターする！」と。

走り出すあなたを支えるスターティングブロック

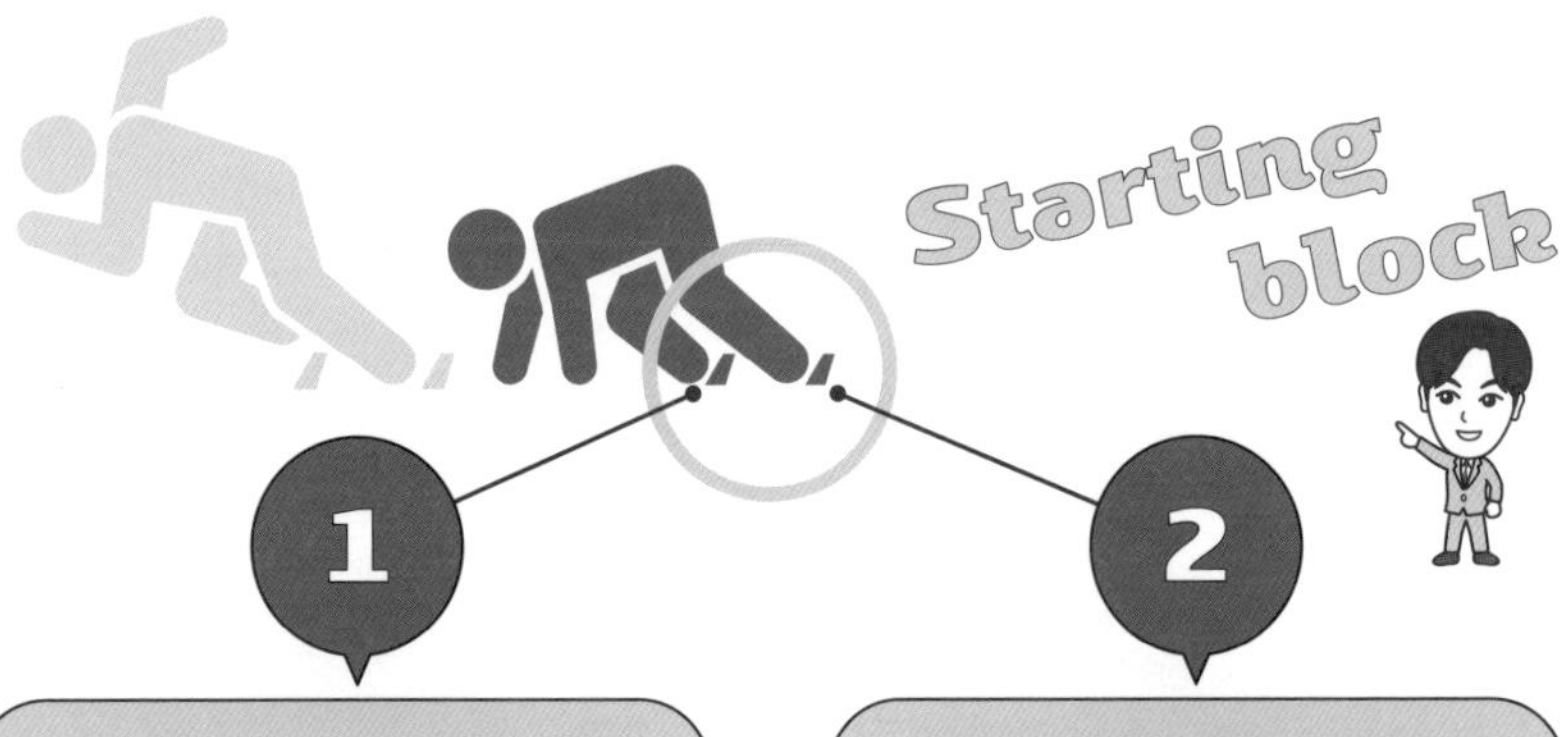

余計なことは考えない

情報が足りないことはない。
あふれる情報に惑わされるのではなく、
いかに整理し、必要なことだけを
考えるかを絞り込む

失う方法を先に覚える

最初の１歩で億り人にはなれない。
投資家がお金を失う方法を覚えるのが先。
負けることをやらなくなってこそ
正しいスタートが切れる

余計なことをしない、考えない！

５つの戦略に集約した理由は、「余計なことを考えずに、簡潔な戦略ルールだけにしたがって行動するため」です。

株式投資の経験がまったくない人は、いざ株をはじめようとしても、何から手をつけたらいいのか、どうすればいいのか、まったくわからなかったのではないでしょうか。インターネットを検索しまくり、YouTubeを見まくり、自分なりに一生懸命に情報を集めれば集めるほど、情報がありすぎてお腹いっぱいになってしまいます。適切な戦略の指針を教えてくれるところを見つけることはなかなかできません。多くの情報を断片的に拾ったので、あれもこれもと頭の中はパンクしそうでも、結局は最初の一歩が踏み出せない状況です。

だからこそ、「５つの戦略」のフレームワークが必要になります。まず、**ここにある戦略に集中して、それ以外のことは削ぎ落として、余計なことはしない・考えない！ これが最も効果的な道**です。

それ以外の知識は5つの戦略をマスターしてからゆっくり付け加えていけば十分です。

では、5つの戦略について詳細に見ていきましょう。

すべてのスタートはいかにしてお金を失うか

ある日から突然、「儲かる銘柄3つを無料で提供！」「今週はこれを買え！」といったネット広告が自分につきまとう。どのサイトに行ってもしつこく表示される。そんなこと、ありますよね？

そしてひとつでもクリックすると、出るわ、出るわ、「儲かりました！」の体験談や数々の神業。これらの情報がすべて詐欺や嘘とは言いませんが、危ないなと感じさせる要因は、例えるならテニスをはじめたいと思っているあなたに大坂なおみ級のプレーをさせようとすることです。

そこで、5つの戦略は「お金を失う方法」を学ぶことからスタートします。

戦略1 負けない（お金を失う方法を学ぶ）

読者特典PDFでもお話ししていますが、私の講座やセミナーでは、「このようにすれば大儲けします」的なはじめ方はしません。「**どうすればお金を失うか」からスタート**します。株式投資で利益を上げるためにこの本を読んでいるのに、どうしてお金を失う方法から学ばないといけないのか？ それは、その戦略をまずやめてほしいからです。大坂なおみさんの例を挙げましたが、テニスを上達させる

悩みが変わるのが上達した証拠

❶売るときで悩む

どうしよう、
何を買う？

楽天
SONY
トヨタ

初心者

初心者はなにを
買うかでずっと悩む

買うのは
わかった！
どこで売るべき？

売り

目指す
べき姿

いつまで持って、いつ売るか
を悩むと上達した証拠

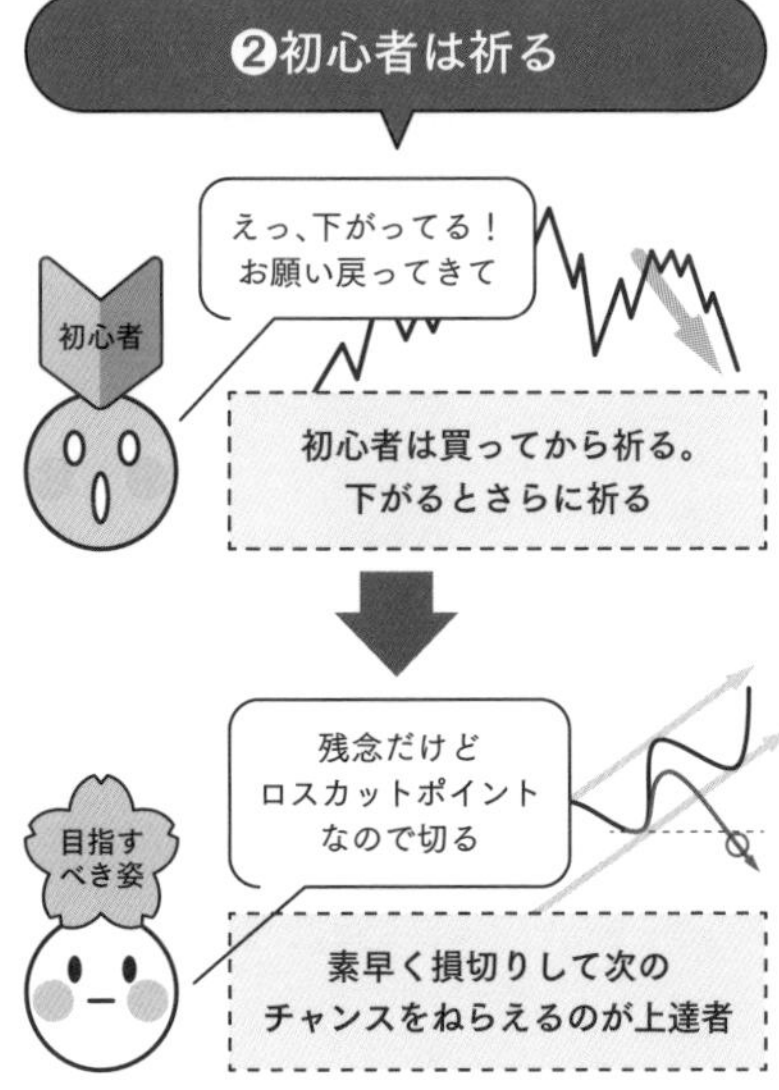

ために必要なのは明日から彼女に勝とうとすることではありません。**自分のプレーの中で悪い癖を見つけ、それを直していくことによって徐々に強くなっていける**わけです。

投資の世界もまったく一緒です。「億り人」の話で煽り、明日からあなたも億を稼げる！　と言われてドキドキするのではなく、それが無理だということに早く気づくべきなのです。これからの説明の中で、「これをやってはいけない」「お金を失うトレード」というのを随所で見せます。

たとえば「買い」の説明のところなら、「買ってはいけない場面」を見せます。**これを理解して、その戦略をやらないこと、それだけでも多くの損失を減らすことができます。**

戦略2 買う（ここがスタートになる）

やってはいけない戦略をやめたあと、最初に取る戦略は「買う」、つまりトレードをスタートさせることです。このときに必要なのは3つ。「**いつ買う**」「**いくらで買う**」「**何を買う**」この3つです。それ以外のこと、必要ですか？　はい、必要ありません。これで頭の中がすっきり整理できるはずです。

ほとんどの初心者が気にしているのは「何を買う」ですが、「いつ、いくら」がわからないと、たとえ銘柄がわかっていても利益には繋げることはできません。また初心者がいくら本を読んで、インターネットで動画を見ても、いざ買おうとすると行動に移せないのは、実践の指針がないからです。

本書では 3日目 4日目 で「いつ、いくら」を理解するためのテクニカル分析の基礎を学んで、5日目 6日目 を通じていくらで買うかを「1円単位」で買うテクニックを学びます。はい、冗談ではありません。1円単位ですよ。しかも、「いつ」までわかります。つまり取引する銘柄を、明日101円で買うか102円で買うかまで明確になります。これで戦略の指針がクリアになるはずです。

戦略3 持つ（継続するメンタルを維持する）

買ったあとの戦略は、**いつまで持つかを決定すること**です。「持つ」というのも戦略の枠に入るの？　ただ放置しているだけじゃないの？　と、質問してくる人も少なくありません。

ところが、実際に体験してみると強烈にわかってくることですが、**買ってから「持ち続ける」というのは相当な力が必要な戦略**です。なぜならば人は

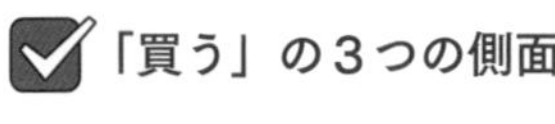

買った株が上がっても下がっても持ち続けるのが難しいからです。わかりやすい例で考えてみてください。

10万円で買った銘柄が、値上がりして1万円の利益（含み益）になっています。利回りで考えるとすでに10％もの利益を得ていますが、もちろん売らないかぎりその利益は自分のものになりません。そして「1万円儲けているから今売るべきか？」「いや、待てよ。売ったあとさらに上がってしまったらどうする？」「でも明日になったらこの1万円はなくなるかもしれない。やはり売りかな？」

経験のない人にはピンとこない話ですが、経験が少しでもある人なら「あるある！」と言いたくなるはずです。そして、結局は売ってしまったら次の日からさらに上がる、「しまった！　持っておけばよかった！」となります。

その経験を活かして、今度は別の銘柄で「グッと構えるぞ」と思ったときにかぎってあっという間に含み益がなくなり、損失になってしまったりします。ここまでくると、もうどうすればいいんだよ？　と言いたくなります。

「持つこと」がいかに難しいか、ご理解いただけましたか？　これが「いつまで持つべきなのか」に対する基準が必要な理由です。本書では「いつまで持ち続けるべきなのか」「いつ売るべきなのか」に対する明確な戦略指針を7日目でお話しします。

戦略4　売る（資金を回収する＝エグジット）

トレードの締めくくりは「売る」、エグジットです。いくら利益が出ていても、売って利益を確定させないと自分のお金にはなりません。つまり、いつ売るかに関する明確な基準を自分が持ってないと、「あれ、1カ月前に売るべきだったな」といったことになってしまいます。

ここで大事なことがひとつ！　ここまでは「利益」に関する側面だけを見てきましたが、「売る」には反対の側面も含まれています。わかりやすく言えば、**損失になっていく銘柄をいつ、いくらで売って傷を最小限に止めるかも覚える必要があります。**これを**「ロスカット（Loss Cut）」**といいます。つまり、「売る」には「利益確定」と「ロスカット」の両方があり、両方とも理解しておくことが必要です。

初心者のときは利益になることだけを想定する傾向にあり、損失がどんどん大きくなっていても、「いつかは戻る」と放置してしまいがちです。本書ではどうしてその戦略が致命的なのかを解説して、ロスカットに関しても1円単位で設定できるまでお話しします。**売るスキルは、実は「買う」以上に投資家に求められる最重要スキル**です。

「売る」で考えるべき２つの側面

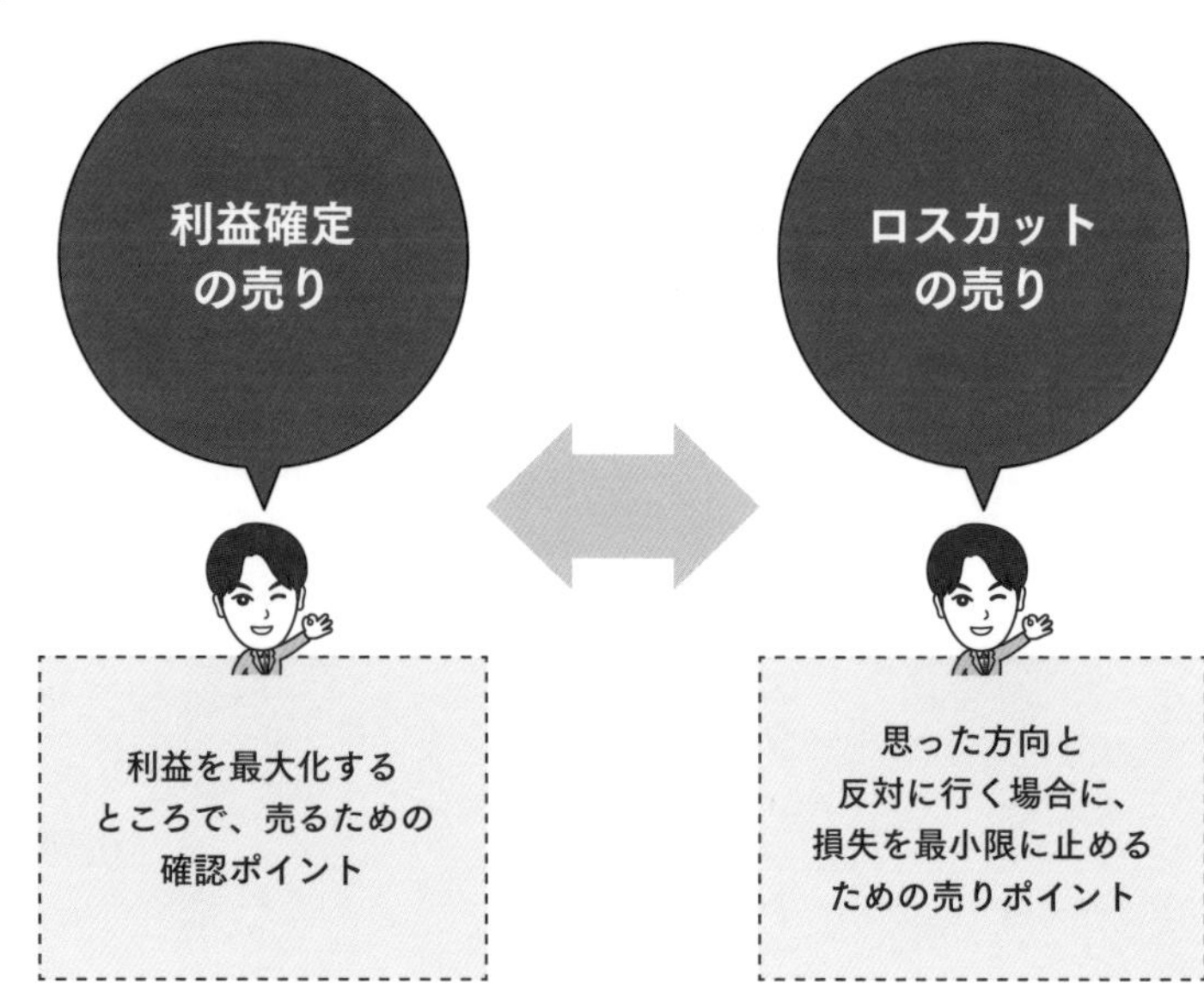

戦略 5 選ぶ（気になる銘柄選び）

最後の戦略は、投資に適した会社を選ぶことです。命の次に大事な資金を投資するのにあたって、その会社が本当に投資するのに値するかを見極めることは非常に大事なことです。

これは逆に言えば、**投資してはイケナイ会社を見極める**ことでもあります。つまり、「やってはいけない」ことにも繋がることです。選ぶことは 8日目 のファンダメンタルズ分析を通じて詳しくお話しします。選ぶに関するもうひとつのことは、**かぎられた資金を買っていい銘柄に「絞り込む」**ことです。

テクニカル分析に慣れてくると、買いのチャンスがきている銘柄を1日に数十銘柄も見つけることができるようになります。そのタイミングで、資金を投資する銘柄を絞り込むのにファンダメンタルズ分

「選ぶ」の３つの側面

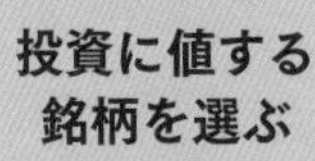

析が必要になります。

これで５つの戦略が明確になり、テクニカル分析、ファンダメンタルズ分析の意味と役割もザクッとわかりました。

本書は５つの戦略の順番に沿ってお話ししていきますが、どうしてこの順番なのでしょうか？　なぜ企業を知る「選ぶ」からスタートしないのか？　テクニカル分析、ファンダメンタルズ分析、どっちが大事？　といった疑問がわいてきますよね。

それはあなたが選ぶべきですと言ってしまえば簡単ですが、それでは余計に混乱するだけです。ここからは自分が置かれている状況にあわせて、投資のスタンスを明確にするアプローチ方法について考えていきます。

2日目の❶-2

「ファンダメンタルズ分析」と「テクニカル分析」は両方必要

テクニカルとファンダメンタルズは、どちらが大事かという無駄な論争があります。どちらの分析も昨日、今日にはじまったものではなく、ものすごい研究成果が蓄積されてきています。答えは「ファンダメンタルズ分析もテクニカル分析も両方必要」に決まっています。ただし、自分の現状や目指している姿によって、その分析方法を組み立てる順番と使い方を変える必要があります。

分析のアプローチ方法❶ なに（What）優先アプローチ

ここからは、5つの戦略を自分の投資戦略として組み立てる順番を2つのアプローチに分けてお話しします。ここは、多くの投資家が気づいていないアプローチの説明かつ自分の出発点が見えてくる大事な部分です。

最初にお話しするアプローチが、いい会社を選ぶことを優先する「What優先アプローチ」です。「What優先アプローチ」はファンダメンタルズ分析に基づいて、「いい会社」つまり、なに（What）を買うかを選び出し、そこから「買うタイミングは適切」なのかをテクニカル分析で導き出すアプロー

なに（What）優先アプローチのしくみ

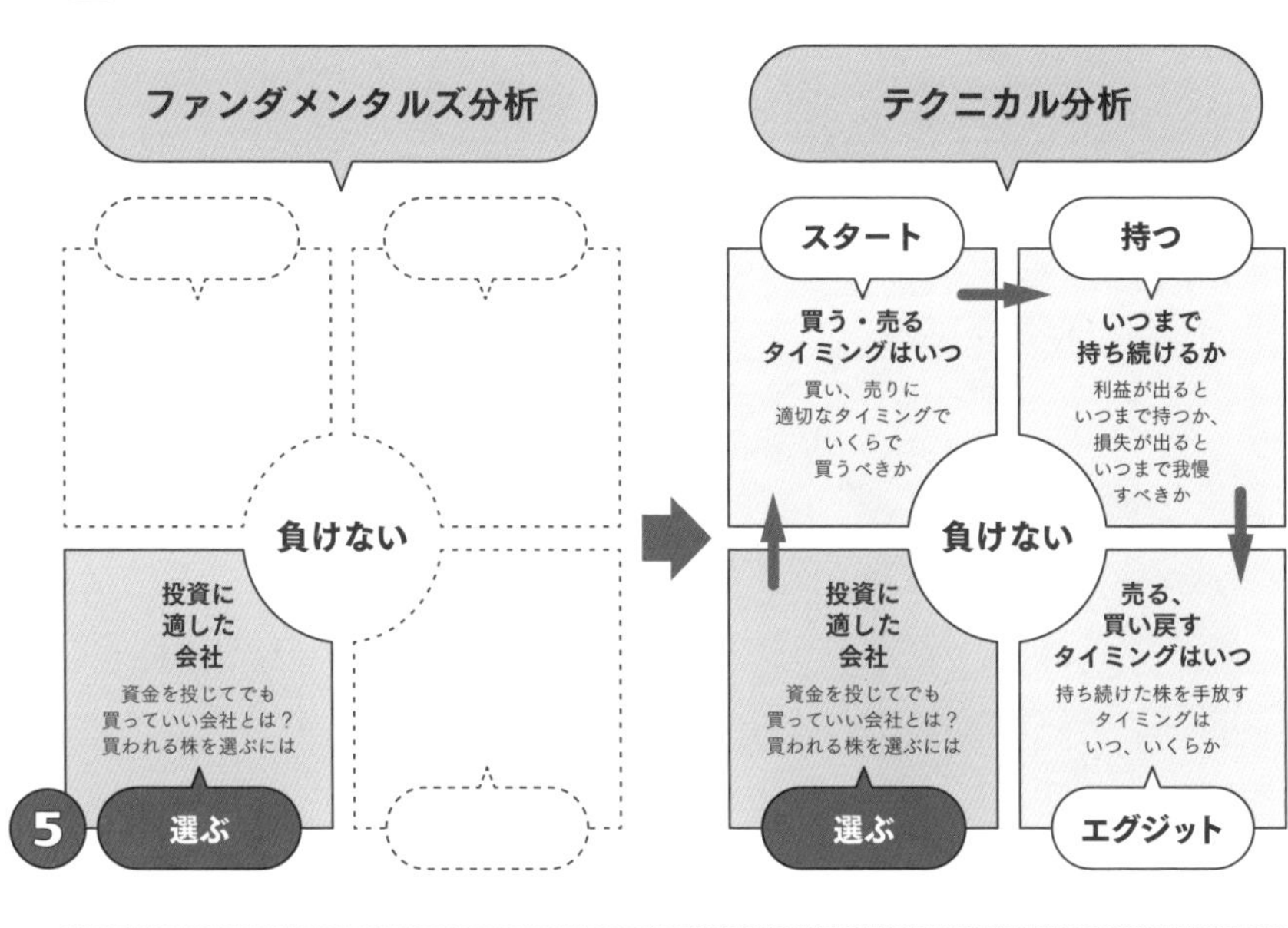

チです。

5つの戦略で考えるなら、**5番目の「選ぶ」を先に考えて、続いて「買う」「持つ」「売る」タイミングを考えることです**（上図）。もちろんすべての根元には「負けない」がしっかり敷かれている必要があります。

極端な例は、**「いい会社だから必ずいつかは株価が上がるはずなので、とりあえず買って長く保有しておく」**という考え方です。いわゆるバイ・アンド・ホールド（Buy and Hold）です。

この方法が間違っているという意味ではありません。このアプローチがあっている人には、これが正しい投資法です。ほとんどの投資家は自分の状況を考慮せずに、このWhat優先アプローチに沿って行動します。しかし、**あなたがかぎられた資金しか持っていなくて、それを効率的に回しながら大きくしていく必要がある立場なら、このアプローチは大きな問題点を抱えています。**

なに（What）優先アプローチの問題点

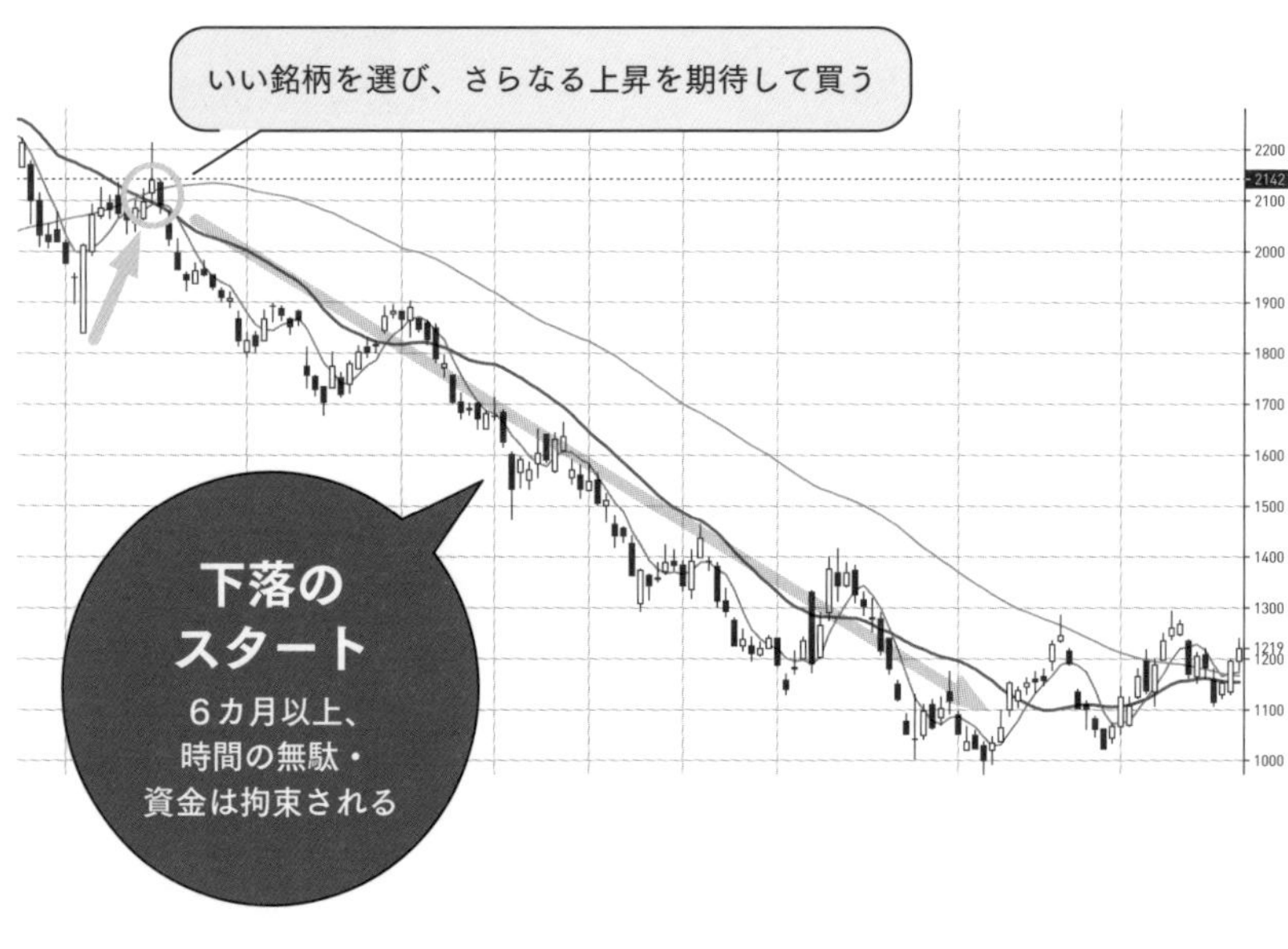

What優先の問題点❶

時間と資金の無駄

いい会社だと判断し、バイ・アンド・ホールドするつもりでとりあえず買った場合に起こり得ることを考えてみましょう。あなたが株を買ったあたりから、たまたま株価が下がりはじめました。その後6カ月間下がるトレンドが続いたとします。6カ月間株価が下がることなんて、市場ではいくらでも起こることです。**その株式に投資した資金はロックされ、何も生まないまま時間は無駄にすぎてしまいました。**

さらにその株価はいつになったら戻るのか、利益になるレベルまで上がるのかもわからないのです。何も生み出さないといいましたが、実は生むものがあります。口座の保有銘柄リストが並ぶとき、この銘柄が含み損の状態で表示され、損失の金額が毎日増える状況を考えてみてください。**これ、想像以上にモチベーションを下げます**よ。

先週に比べて今日は5万円減った、明日はもっと減るかもしれない。この状況でうれしくなる人はあまりいないでしょう。増えていく残高を見て仕事に向かうのと、ネガティブなエネルギーを持って仕事に向かうのとでは、どちらが幸せかはわかりますよね。

What優先の問題点❷
会社の状況が変わってしまう

ではもうちょっと賢く考え、テクニカル分析でちゃんとタイミングを計って行動するとします。

選んだ会社が下がるトレンドのはじまりにあることがわかって、買うのをやめました。そして上昇トレンドがはじまるのを待ち続け、6カ月がすぎたところでやっと上がりそうなサインが出ました。あなたは鼻息荒く買う準備をしますが、あるニュースが流れてきます。有望だと思っていたその会社の競争相手がいっぱい現れ、市場には似通った製品があふれ、製品としての競争優位性はすでに失われているとのことです。もうすでに投資先としての魅力は失われ、あなたが待っていたその時間は無駄になってしまいました。**特に変化の早い現代において、6カ月どころか、数カ月で会社の状況が激変することは容易に起こります。**

待っていた会社の状況が変わってしまい、「いい会社選び」と「買うタイミング」を導く作業を、最初から繰り返さないといけなくなることも珍しいことではないのです。

では、この問題点を解決する別のアプローチはなんでしょうか？ それが、「**明日からトレードできる銘柄を見つけて、タイミングに集中すること**」です。

分析のアプローチ方法❷
いつ（When）優先アプローチ

投資に対するもうひとつのアプローチは、すぐ売

いつ（When）優先アプローチのしくみ

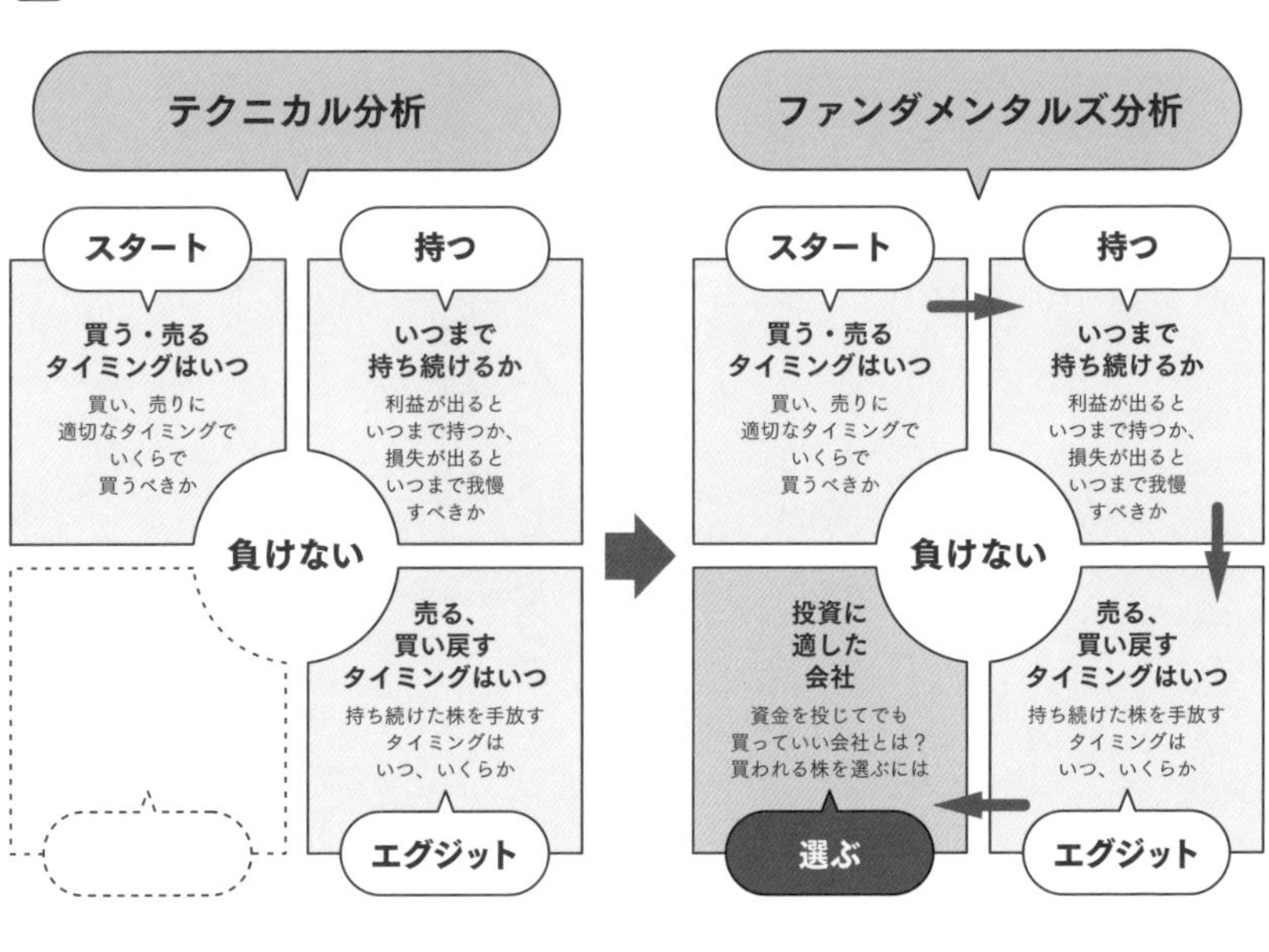

買できる銘柄を先に選び出し、買う段階からいつ売るかまで決める、つまり**タイミング（When）を優先する「When優先アプローチ」**です。

「When優先アプローチ」は、テクニカル分析に基づき、「すぐにでも売買できる会社」を選び出し、そこから**「買われやすく、より大きな利益につながりそうな銘柄」をファンダメンタルズ分析で絞り込んで導き出すアプローチ**です。

私はいつも「株式投資は恋愛と一緒」だとお話しします。恋愛相手を選ぶ際、条件を優先する、つまりファンダメンタルズを優先する場合、どのような問題が起こり得るのでしょうか。

たとえばしっかり稼ぐ経済的能力があり、隠した借金はなく、性格はやさしいとします（「お金がなくても愛さえあればいいわよ」なんて、恋愛小説と現実が区別できない人は別にします）。この厳しい条件をすべて満たしても、既婚者か、できる男なので周りに女性が多すぎるなど、恋愛対象にならない人にたどり着く可能性も高いでしょう。株も一緒で、将来有望な会社には多くの投資家が殺到して、すでに株価が高くなっている可能性が高いのです。

それなら思い切って、「自分にあう年齢」というタイミングを重視して、未婚という最低限の条件だけで、明日から恋愛できる候補を探す大胆なアプローチはどうでしょうか。これなら、あがってきた候補に、出会うタイミングが遅すぎたり、既婚といった候補者はいないはずです。「**タイミングがあう人を先に導き出す、これがテクニカル分析で、買うタイミングと売るタイミングを重視します**」

ファンダメンタルズ分析だけでいいという意見が存在することと同様に、テクニカル分析さえできればいいという考え方もあります。しかし「タイミングがあえば、誰とでも恋愛しますか？」と聞くと、「はい」と答える人は少ないでしょう（はい、と答えられても怖いですけど）。当然、自分が持っている基準にあわせて絞り込む必要があります。最終的に絞り込まれた人となら、明日から時間のムダもなく、何の心配もなく恋愛できるわけです。これがWhen優先アプローチの強みです。「**買いタイミングに来ている銘柄を先に選び出し、候補の中で投資に値する会社に絞り込めば、明日からでもいい会社の株式を買って、資金を増やしていける**」のです。

ファンダ・テクニック、どっち？

バランスが大事

どちらだけが必要というのは無駄な論争。両方が必要でバランスが大事

組み立ての順番

ファンダメンタルズ⬇テクニカル、テクニカル⬇ファダメンタルズ、自分の状況にあわせて組み立ての順番を選択

Note

03

2日目の②-1

自分が目指すものが何かを知ることが、すべてのはじまり

「自分の状況」と「目指すこと」は、みんな違います。それゆえ、人それぞれにあった投資法が必要になります。考えてみればあたりまえのことですが、100万円持っている人と100億円を持っている人とでは投資法が違うはずです。では、あなたの状況を検討してどちらのアプローチを取るべきか、一緒に考えてみましょう。

自分の状況にあわせたアプローチの決め方

1 資金的・時間的に余裕が必要なWhat優先アプローチ

「What優先アプローチ」は銘柄を重視するアプローチ」ですから、時間のことはあまり気にしないので、どうしてもリターンが長くなります。

ファンダメンタルズ分析をしっかりやって最終的には上がるはずだと確信したので、買っておいて待つ。6カ月でも1年でも下がり続けるのはものともせず、5年後、10年後に何倍にもなって返ってきたらそれでいい。

どちらのアプローチを選ぶ？

アプローチ	何（What）優先	いつ（When）優先
投資サイクル	長期（1年〜数年）	中・短期（数日〜数ヶ月）
資金力	大きい	小さい
トレード頻度	低い	高い
1回の利益幅	大きい	小さい
求められる姿勢	時間をかけて分析、少しの変動に動揺しない	細かくチェックして必要なときに行動するなど、精密な管理が必要

年単位で投資を考える長期投資家が主に取っているアプローチです。また、5年後、10年後に100万円が150万円になりましたではあまり意味がないので、もっと大きな資金を動かす人に向いています。

まとめると、**「長期投資家で大きな資金を、時間をかけてさらに大きくする、いわゆる〝資産家〟が取るべきアプローチ」**です。代表的な例はバフェットさんです。徹底的に価値のある企業に投資を行い、1回保有したら最低15年は保有するスタイルです。この方法は、資金的な余裕があるからこそ意味のあるアプローチなのです。

2 少ない資金で効率的に資産をつくるためのWhen優先アプローチ

一方、資金の少ない人に必要なことは、「資金を効率的に回し、利益を積み重ねて資金を大きくする

アプローチは自分の状況にあわせて決める

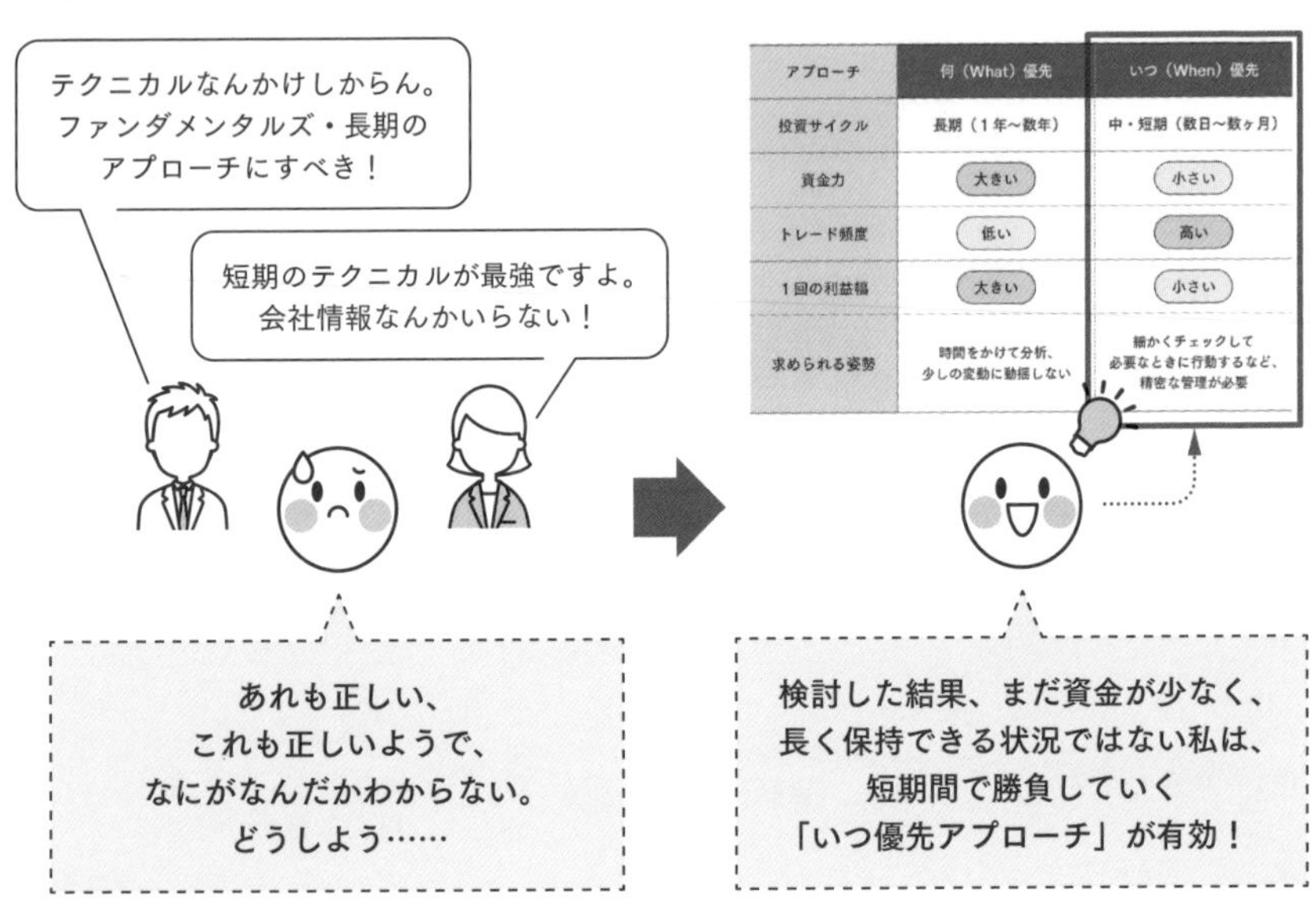

アプローチ	何（What）優先	いつ（When）優先
投資サイクル	長期（１年～数年）	中・短期（数日～数ヶ月）
資金力	大きい	小さい
トレード頻度	低い	高い
１回の利益幅	大きい	小さい
求められる姿勢	時間をかけて分析、少しの変動に動揺しない	細かくチェックして必要なときに行動するなど、精密な管理が必要

こと」です。少し大きくなった資金で、さらに利益をコツコツと確定しながら複利で運用する、これが小さい資金ではじめる人に向いているアプローチです。そのために必要なのは、6カ月、1年も資金をロックされ身動きが取れない状態ではありません。結局3年後にはプラスになったとしても、その3年間資金を活用できなかった機会損失は大きいものです。

あなたが「**小さい資金で時間的に余裕のない状況なら、明日から投資できる銘柄を見つけて、効率的に資金を増やしていくこと**」が求められます。

私もそういった状況からスタートして、資金を増やすことに成功しています。本書を手にしている人の多くが、私と同じスタートラインに立っていると思います。そういったみなさんと経験を共有したくて、本書を執筆しているといっても過言ではありません。

アプローチにあわせた学習の進め方

本書では「Ｗｈｅｎ優先アプローチ」にしたがった投資理論の実践方法をお話ししていきます。目次をもう一度眺めてみると、この本の構成がどうしてこのようになっているかが納得できると思います。テクニカル分析を極めてから、「選ぶ」ファンダメンタルズ分析に流れるようになっていること、確認できましたか？

もちろん、8日目でＷｈａｔ優先アプローチに対する投資判断基準も丁寧に解説していくので、すでに十分な資産を持つ人にも役立つ構成になっています。これが、自分の状況にあわせて取るべきアプローチを明確にするということです。

株式投資をはじめるとなったら、いきなり本屋さんに走っていて「簿記2級」「財務諸表分析」といった本を買って勉強する。それでも投資の方法がさっぱりわからないというのは、この考え方が欠如しているからです。自分に適切なアプローチを選んで、それにあわせた学習の進め方をしないといけません。

自分の状況にあわせて取るべきアプローチが明確になったので、もうひとつ投資において欠かせない考え方を次節でお話ししておきます。それは投資家が最も敏感になる「利益と損失」に関する話です。

しつこいようですが、次節に進む前に、「**ここで自分の状況と目指す姿をきちんと整理する時間を必ず持つ**」ようにしてください。整理ができたら頁をめくりましょう。

決めたことを書き込みましょう

私は（❶Ｗｈａｔ優先　❷Ｗｈｅｎ優先）アプローチを選択する

Note

2日目の②-2

アプローチがわかったら、行動の指針を決める

ここで、もうひとつ基礎を固める工事をします。それが、投資家に求められる行動の指針を提示することです。アプローチが見えたからといって、順風満帆に進むとはかぎりません。進んでいく中では予想もしなかった困難とトラブルにぶつかります。そのときに、自分はどのような基準にしたがって行動すべきか、それが行動の指針です。ここまで決められると、基礎は完全なものになります。

行動の指針❶ 利益と損失はセットで覚える

アクセルを踏む前にブレーキの使い方を覚える

本書の特徴は、「利益を取るための新しい戦略を説明する際に、必ずそれに対応する損失限定の対応策をセットで説明している」点です。

いろいろな本やYouTubeに載っている「利益の取り方」の戦略を読み漁り、どうすれば儲かるのかわかったので、「さぁ、やろう」といざはじめてみたものの、「あれ、どうするんだっけ?」となった経験はありませんか? 損失が出たときの対応策がセットになっていないので、何をしていいのか戸惑ってしまうのは当然です。これは、自動車学校でアクセルの踏み方は覚えたけれど、ブレーキの使い方を教わらなかったのと同じことです。あなたが買ったら必ず上がるという天命でもあったのでしょうか？ ないですよね。

利益になる戦略を覚えたら、それに対応して損失の発生する可能性はどんなことがあるのか、必ずセットで覚えることを忘れないでください。

「**あれ、次は?」となったら本書に戻ってきて、もう一度確認すること**です。これがあなたに求められる行動の指針です。

人は儲かる話ばかりに目を奪われる

アクセルとブレーキの関係のように、利益になる話があれば、「**その方法によって生じる損失の可能性**」と「**その損失ですべてを失わないようにコントロールする方法**」を覚えなければなりません。

しかし多くの情報サイトを見ると、「こうすればうまくいきますよ」といった話ばかりが並べられ、夢は大きいけれどブレーキの踏み方がわからない投資家を量産してしまうしくみになっています。

投資の専門家としてそのような本や考え方に触れると、「これでは、危ないな！」と、こちらが冷や汗をかくことがよくあります。初心者の人はその考え方に基づいて投資をしているわけですから、ブレーキを持たずに高速道路に飛び出すことと同じです。ブレーキの踏み方がわからないドライバーであふれている道路なんて、考えるだけでゾッとしますよね。

逆にいうと、アクセルとブレーキの両方を覚えなくてはいけないことを理解している人は、本当に少ないということです。人間は利益になる話に目を奪われるに決まっています。こうすれば損失になりますよといった話が好きな人は、恐らくひとりもいないでしょう。しかし、利益ばかり積みあがる投資手法なんてどこにも存在しません。

「儲かる話があれば、その反対に損失になる可能性もあることを徹底的に理解してください」

この考え方を理解していないので、未だに金融詐欺などがまかり通るわけです。逆にこのことを理解していれば、そういった詐欺にあうことはありません。詐欺か詐欺じゃないかが5秒でわかるからです。

ではどうしたらいいのでしょうか？　答えは**「ブレーキについて質問すること」**です。

投資詐欺を5秒で見破る方法 ➡ブレーキはどこ？

今は投資の専門家として知られるようになったので、もうそんなことも少なくなりましたが、サラリーマンのときはよく怪しい投資の勧誘電話がかかってきました。本書を読んでいるあなたにも、きっと経験があると思います。

「儲かりますよ、本当に儲かりますって！」

「有名人のAさんも勧めています。彼もこれで大儲けしました」

など、勧誘の台詞は大体決まっていて、儲け話に興味がある人はつい聞きたくなってしまう内容ばかりです。その手口は巧みに仕込まれていて、私も本気でやってみようかと思う危ない場面が何回もありました。しかし、投資の本質に目覚めるようになってからは5秒あれば詐欺だとわかるようになり、断るのも5秒くらいですむようになりました。答えは前述したように、**「ブレーキを探す」**ことです。

❶絶対儲かります➡ブレーキのない車です

まず、儲かる、稼げる、利益が出る、配当があるといった言葉の前に、**「絶対」という言葉が入っている**ことです。人間の歴史とともに金融がはじまって、**「〝絶対〟儲かった商品はなかったし、これから**

儲けることしか学ばない＝ブレーキの踏み方を知らない

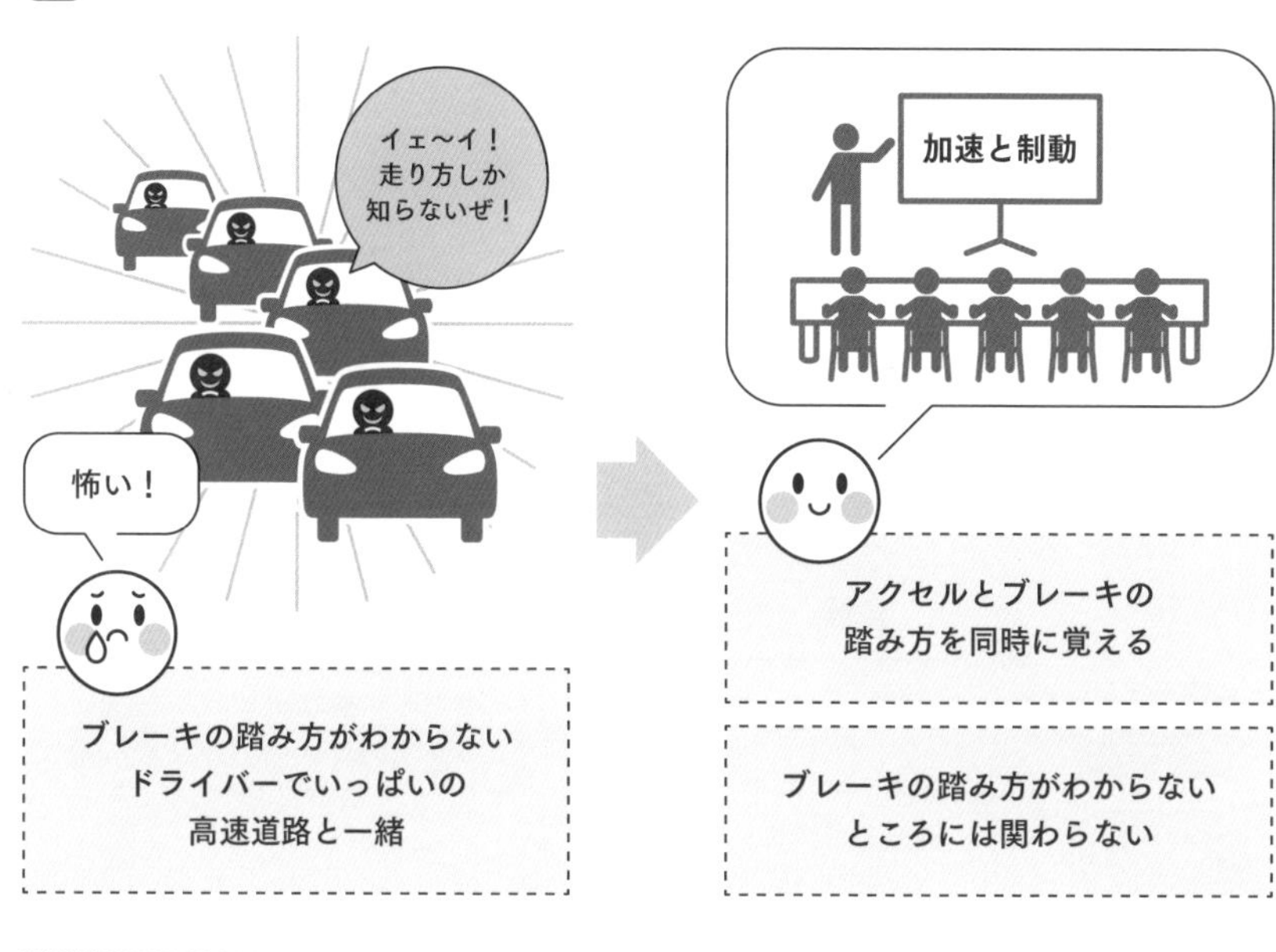

も存在することはありません」。まずこのことを受け入れてください。

絶対儲かる金融商品がつくれる人なら、ノーベル経済学賞を10回受賞してもおかしくないでしょう。「わが社の車にはブレーキなんかありません」という人から車を買うことはありません。「絶対儲かります」はこれと同義語です。

❷ どんなリスクがあって、どんな風にコントロールしますか？

相手にこの質問をして、まともに答えが返ってこなかったらそれも間違いなく詐欺です。リスクが説明できないということは、「リスクの計算すらできていないほど商品の設計が甘い」ということです。

「うまくやっているのでリスクなんかありませんよ」という回答もありましたが、損失の可能性がない金融商品なんて存在しないことは先ほどお話ししたとおりです。また、**リスクがない、リスクを説明**

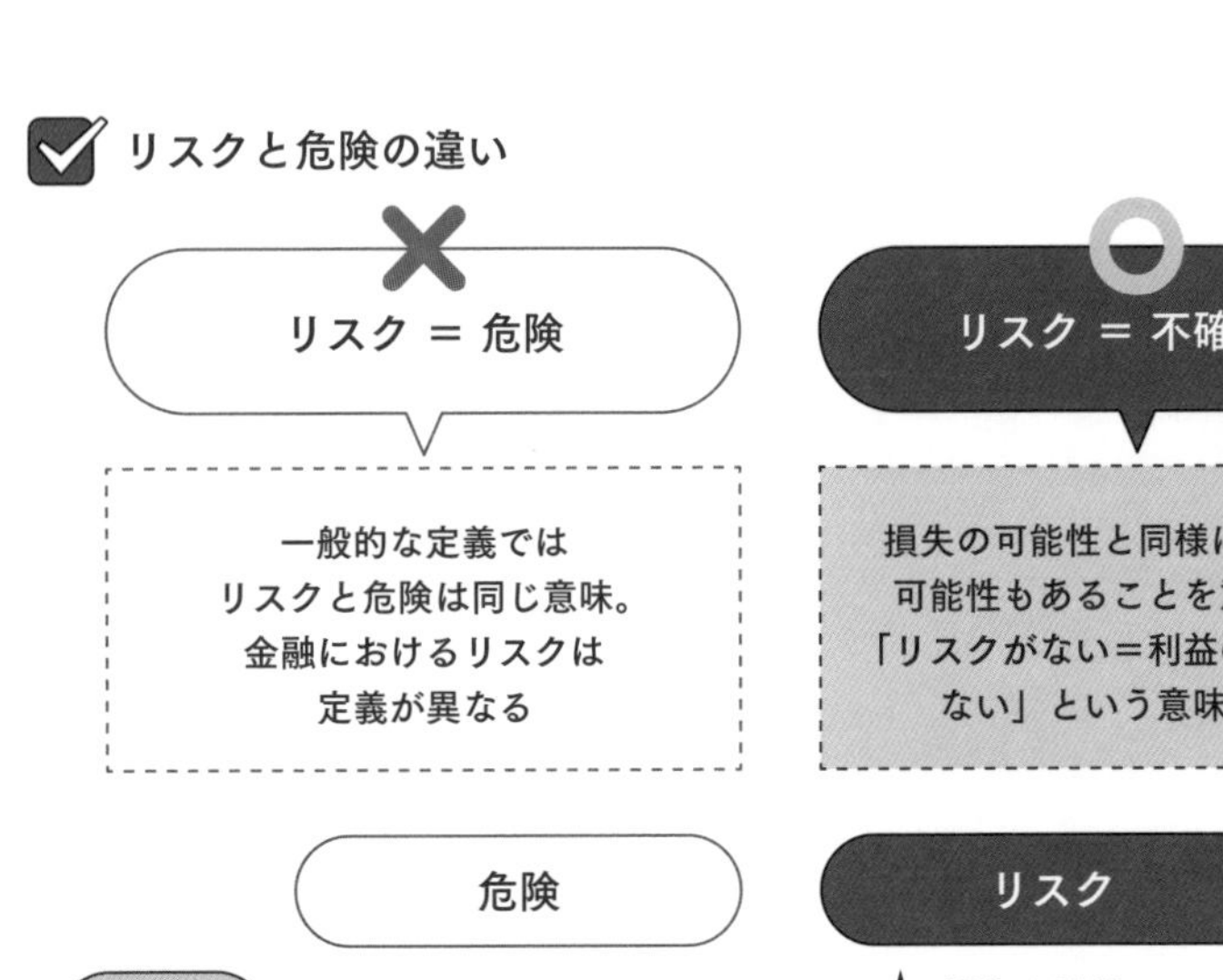

していない時点で法律違反だということをご存知ですか？

リスクが説明できない、リスクがないというのも詐欺であることを忘れないでください。

行動の指針❷ 「リスク」と「危険」はまったく別物

そもそも「リスクがない」というのは、「この商品には何の利益もありません」といっているのと同じ意味なのをご存知ですか？　一般的に使われているリスクの意味とファイナンスや投資の世界で使われているリスクの意味はまったく違います。

「リスク」の意味をちゃんと知っていますか？

あなたが思っているリスクとは、「損失になること」の意味が多いはずです。しかし、「金融におい

てのリスクは不確実性という意味」です。「損失であれ、利益であれ、不確実なことが起こる可能性はリスクに含まれる」のです。つまり、「利益になること」もリスクということです。正確にいうと「**上昇のリスク**」といいます。その反対は？　はい、「**下落のリスク**」です。

リスクが高いというのは損失になる可能性も高いけれど、それと同程度に利益になる可能性もあるという意味です。リスクが高いというと、「危ない！」と考えがちですが、実は利益の可能性も高いという意味も含まれています。この定義を常に頭に入れて行動の指針にする必要があります。

では、ここであなたが「リスク」をしっかり理解しているか、テストをしましょう。次の問題に答えてみてください。

問題　次の２つのうち、リスクが高いのはどちらですか？

> **❶スカイツリーから飛び降りてケガをする確率**
> **❷好きな女性に告白してつきあえる、またはフラれる確率**

リスクが高いのは❶と答えた人は理解がまだ足りないので、リスクの定義から読み直してください。

❶が上か下にブレる確率について考えてみてください。スカイツリーで飛び降りてケガをする確率はほぼ１００％です。ケガではすまないのもほぼ確実でしょう。**それだけ確実で、不確実性がかぎりなく「０」ということは、むしろ「リスクがほとんどない状態」**なのです。一方、告白がうまくいかない確率は50％なので、まったく予想がつきません。こちらのほうが不確実性が高く、リスクが高いと評価されるわけです。

もう一度、リスクについて確認しておきます。

「**リスクが高いということは、損失になる可能性が高いという意味だけでなく、その分、利益になる可能性も高いことを意味する**」

これで、「リスクなし＝利益もなし」という意味がはっきり理解できましたね。また、リスクがないとアピールしている人は、私は投資に関する知識がまったくありませんと暴露しているのと同じことです。そのような人に、本当に自分の財産を預けたいと思いますか？

この「リスクの意味は投資の本質を理解するのに大変重要」なので、しっかり覚えるようにしてください。

リスクコントロールができる自分になる方法

リスクの意味には、損失も利益の概念も含まれていることを理解しました。では、よく聞く「リスクをコントロールする」とはどういう意味でしょうか？　答えは「**損失と利益をどのように管理するか**」という意味です。決して損失をなくすという意味ではありません。これ、重要ですよ。

たまに「投資で1円も損したくありません。どうすればいいでしょうか？」という質問を受けますが、答えは「投資をやらなければいい」しかありません。**投資をする以上損失を完全になくすことは不可能だ**と覚えてください。

損失をなくす意味として理解しているかぎり、「絶対儲かる方法」などに騙され続けます。

投資で利益をあげるにはどうしたらいいか？

投資で利益をあげる方法は、**コントロールできるものと、できないものに分けて、コントロールでき**

リスクコントロールのステップ

どのようなリスクが存在するかを確認する

例 株価が上昇すると利益になるが、反対に動くと損失にもなる

各リスクの大きさを認識して自分の許容範囲を決める

例 余裕資金で投資をはじめるが、半分の資金損失で撤退する

リスクが顕在化したときの行動方針を明確に決めておく

例 上昇すると15%の上昇で利益確定、7%損失でロスカット

るものに集中することです。

これは投資だけでなく、人生やビジネス全般にいえることです。告白してフラれるかどうか、相手の気持ちはコントロールできません。相手の趣味を調べて一緒の趣味を持つ、好みにあわせてプレゼントするなど、成功確率を高める行動をすることは自分でコントロールできる領域です。

株価の動きは2つで、上げるか下げるか、これだけです。残念ながらこの領域は誰もがコントロールできる領域ではありません。これがコントロールできる人なら、そもそも本書を読む必要がないでしょう。

では、利益を出すためにコントロールできるものは何でしょうか?

それは「自分の努力」です。**過去の成功パターンを研究して損失の確率を減らしたり、利益が出る確率を高める努力をすること**です。本書を読んで実践することはその一環であり、最も効率的な方法です。

もうひとつは、**損失と利益の金額が異なるようにすること**です。「発生する確率が同じなら、損失の金額より利益の金額を大きくすると、最終的には利益が残る」はずです。これが投資においての核心でもあります。

投資で利益をあげる！

Note

コントロールできるものに集中すること
⬇
自分の努力
⬇
過去の成功パターンを研究して損失の確率を減らす努力をすること。
利益が出る確率を高める努力をすること

リスクコントロール＝投資上手＝損切り上手

損失は小さく、利益は大きく。**投資が上手な人は、実は損失の限定が上手です。「利益になるトレードの数が少なくても利益が出るのは、自分がコントロールできるものに徹底的に集中するからこそ」**可能なのです。

本書はこのように、利益になる戦略とともに損失を限定（これを損切りといいます）する方法をセットで伝えることで、コントロールできる可能領域を確定できるように構成されています。損失をなくす荒唐無稽な秘策を探すよりは、損切り上手な一流投資家を目指してください。

「**損が嫌い！　は科学的にも証明ずみ**」とはいうものの、損失が好きな人は誰ひとりとしていません。利益より損失のほうが嫌いなのは、プロの投資家でも同じことです。損が嫌いという心理は、あなたがセコイからでもなく、弱いからでもありません。あなたの気持ちの問題というよりは、人間の本能レベルの問題です。

しかも「利益で得られるうれしさ」と「損するのが嫌だ」という心理は同じ大きさではなく、「**嫌な気持ちのほうが2倍以上強い**」といわれています。

たとえば、電気量販店で店員と交渉して、１０００円まけてもらってうれしくなったとします。これは、１０００円の利益といえます。しかし、買った次の日からセールがはじまり、買った値段よりさらに１０００円安くなっていることを知りました。１日待っていればもう１０００円得したはずなので、１０００円損した気持ちです。では、同じ１０００円に対して人の気持ちは一緒かを考えてみると、違うのがわかります。

１０００円安くしてもらったときより、１０００円損した気持ちのほうが猛烈に強く感じるはずです。

別の例を考えてみましょう。自分がどうしていつも同じ定食を注文するのか考えたことがありますか？　そのメニューが好きという気持ちもありますが、実は損が嫌いという気持ちが裏で働いています。

星の数ほどある料理の中で、新しいものに挑戦することは新たなおいしさに出会えるチャンスであり、選択の幅を広げる挑戦でもあります。一方、いつも注文している定食よりもまずくて損した気持ちになる可能性もあります。新たな料理に挑戦して損した気持ちになるよりは、味が保障されているいつもの定食を選んで損する可能性をシャットアウトするわけです（私は本当にこの料理が好きなんだという人にはすみません）。

損が嫌いだという気持ちは、これくらい強いのです。それはあなたのメンタルが弱いとか、気合いが足りないといった精神論で片づく問題ではありません。「**嫌いなものは嫌いで、その気持ちをなくすことは不可能なので、それをコントロールするしくみ**

損失嫌いな自分のトリセツ

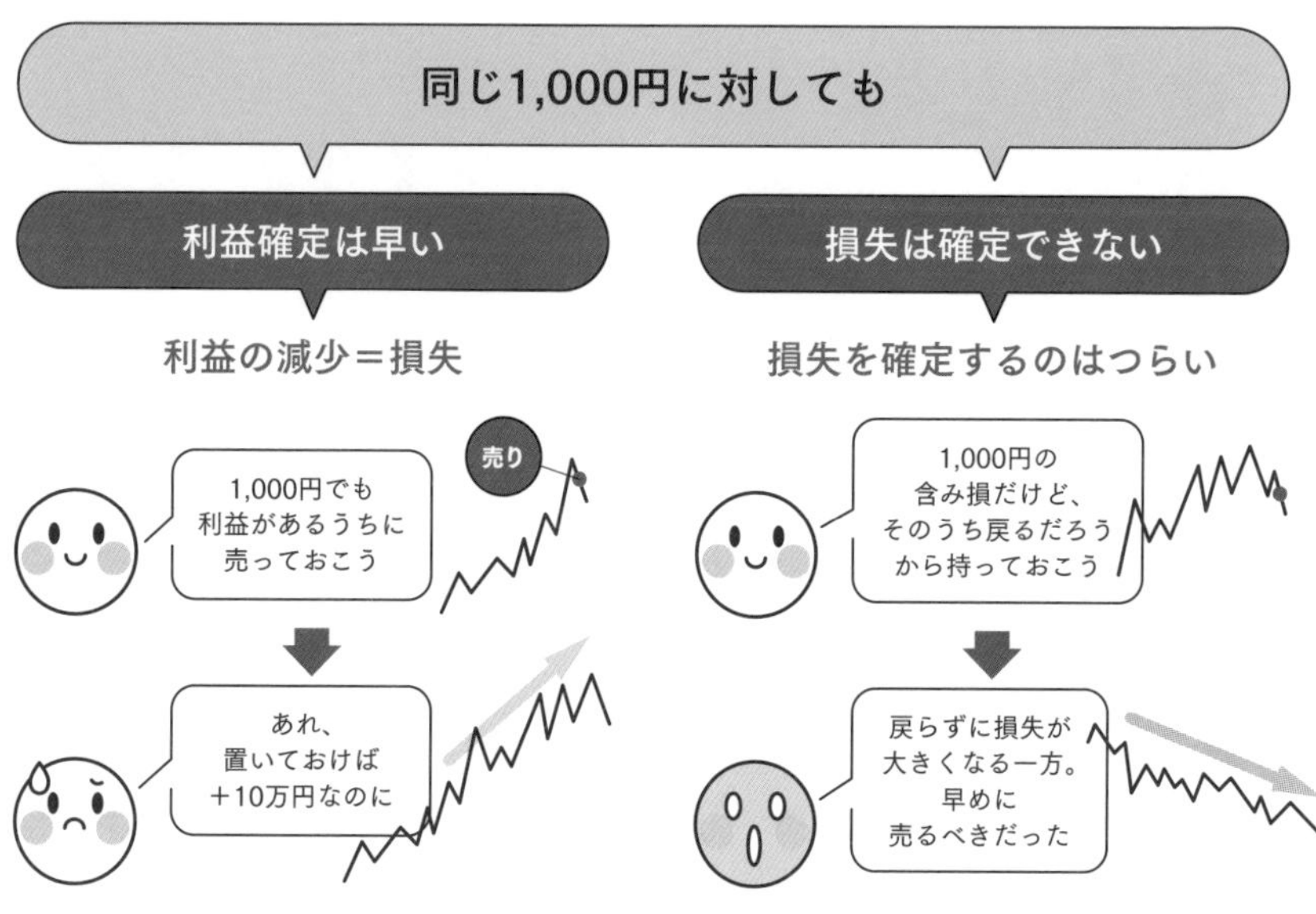

が必要」になります。

その意味で「**損失を限定するロスカットの考え方は非常に重要で、必ず身につけたいスキル**」です。

これで基礎工事が完成しました。いかがですか？まだ投資で利益をあげることに自信はないけれど、なんとなく投資の本質が見えてきたのではないでしょうか？　自分が取るべきアプローチも理解できたので、3日目から実際の戦略を極めていきましょう。

まず、5つの戦略の基盤になるテクニカル分析の基本からです。

Chapter

3

テクニカル分析入門

01

3日目の❶-1

5つの戦略の基盤になる「テクニカル分析」

3日目 は投資のすべての土台になるテクニカル分析を学びます。株式投資をする、株式投資の分析をするときは、チャート、ローソク足を見て分析するといわれています。今のところ、ローソク足やチャートなどの意味がまったくわからなくても大丈夫です。3日目 が終わるころには驚くほどわかっている自分を発見することができます。では、早速出発してみましょう。

はじめて見るチャート

株式投資というと、どうしてチャート、チャートというのでしょうか？　話をわかりやすくするために、株価のチャート以前に、チャートまたはグラフというものについて考えてみましょう。

経済規模の大きい国の中で、中国はまだ経済成長が続いている国といわれています。実際に中国がどんな勢いで経済成長しているのか、確かめたいときに1番わかりやすい資料として「ＧＤＰの成長率」が挙げられます。２０１０年代の実際の数字を見てみましょう（次頁上図）。

無闇にチャートを見る前に、なぜチャートが必要なのかを先に知る！

中国の実質GDPの推移（2010-2019）のデータ

年	2010	2011	2012	2013	2014	2015	2016	2017	2018	2019
実質GDP	47,373.25	51,873.70	55,971.73	60,337.52	64,742.16	69,209.37	73,949.36	79,086.77	84,424.94	89,583.41

（単位：10億人民元）

「中国は直近の10年間で実質GDPがこんな数字で伸びていますよ」と言われて、数字を見ると段々成長しているのがわかります。たしかに成長しているのはわかりますが、よほど数字に強い人でなければ、どれくらいの勢いなのか、その成長ぶりがどれだけすごいのか、よくわかりません。

では、この数字の並びをちょっとだけ視覚化してみてはどうでしょうか(下図)。

チャートにしてビジュアル化すると、２０１０年から２０１９年まで「右肩上がりで成長しているんだな」というのがすぐわかり、その勢いも確実に強いのがわかります。

細かい数字を載せることができないので正確性をある程度犠牲にする必要はありますが、減速しているといわれている中国が、実はまだまだ経済成長中だということがパッと見てわかるのがチャートのいいところです。

中国の実質GDPの推移（2010-2019）のチャート

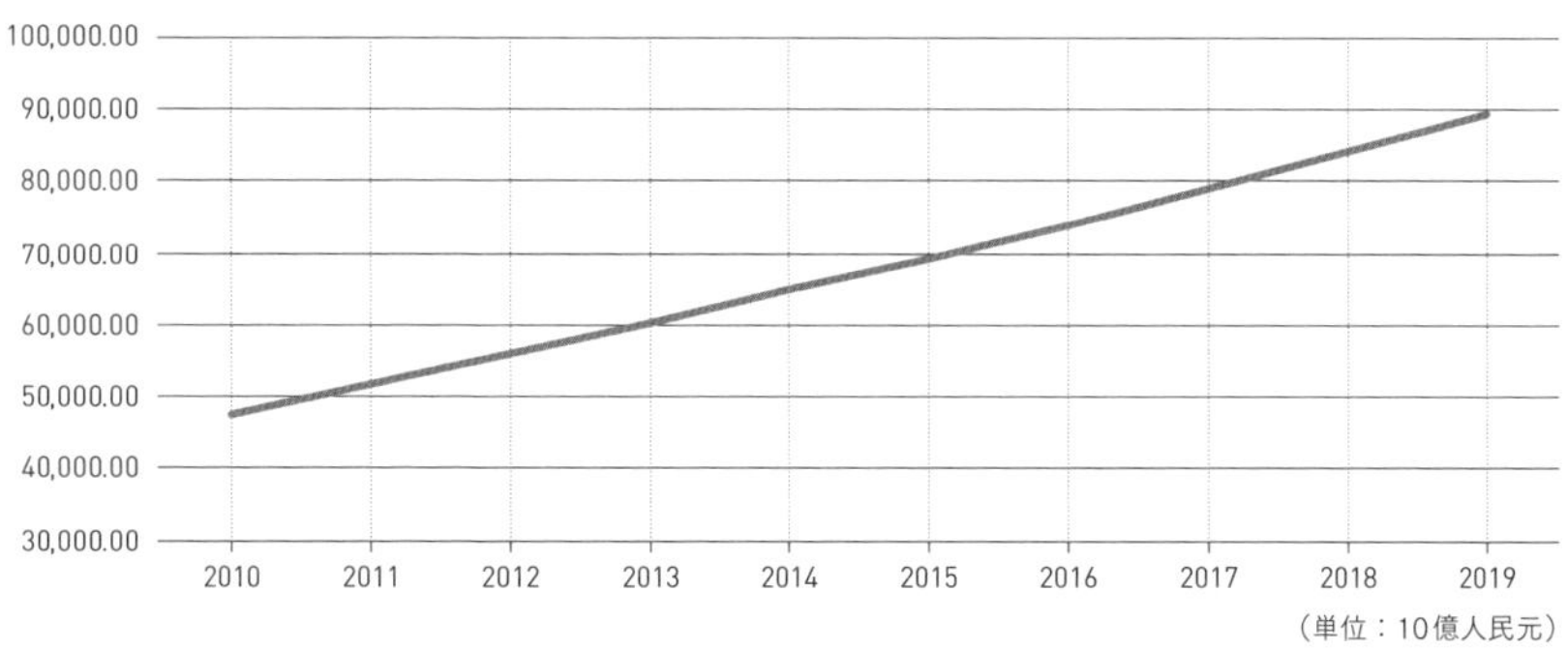

（単位：10億人民元）

 チャート化するメリット

チャート化するメリット

1 わかりやすい

2 傾向（パターン）がわかる

3 比較ができる

4 未来予測ができる

まず、わかりやすいというのが最も大きなメリットです。**数字の羅列だけで見るとその傾向や勢いなどがわかりにくいですが、チャートで表すことによって傾向・パターンがひと目でつかめます。**現在は右肩上がり、下に向かっている、停滞しているなど、データに存在するパターンが瞬時に把握できます。

また、**比較ができる**というメリットもあります。10年前の2010年から比較すると今はかなり伸びている、ほぼ倍近く成長しているのが瞬時に見えてきます。このように過去と現在の比較がすばやくできるというメリットがあります。

最後に未来予測ができます。たとえば、この10年間の成長傾向が続くなら、2020年、2021年以降もおそらく成長が続くだろうと予測を立てることができます。

日付	始値	高値	安値	終値
2020年6月1日	8,208	8,221	8,065	8,076
2020年6月2日	8,199	8,269	8,131	8,184
2020年6月3日	8,160	8,224	8,143	8,168
2020年6月4日	8,293	8,305	8,238	8,258
2020年6月5日	8,050	8,239	8,050	8,196
2020年6月8日	8,250	8,330	8,250	8,260
2020年6月9日	8,358	8,443	8,337	8,379
2020年6月10日	8,157	8,253	8,104	8,249
2020年6月11日	8,210	8,230	8,060	8,115
2020年6月12日	8,200	8,322	8,147	8,176
2020年6月15日	7,987	8,134	7,966	8,126
2020年6月16日	8,002	8,047	7,906	7,940
2020年6月17日	7,987	8,129	7,918	8,100
2020年6月18日	7,739	7,919	7,678	7,780
2020年6月19日	7,451	7,724	7,431	7,673
2020年6月22日	7,465	7,495	7,430	7,430
2020年6月23日	7,471	7,547	7,435	7,502
2020年6月24日	7,548	7,580	7,510	7,580
2020年6月25日	7,501	7,531	7,463	7,511
2020年6月26日	7,556	7,577	7,470	7,500
2020年6月29日	7,459	7,488	7,395	7,432
2020年6月30日	7,400	7,454	7,338	7,384

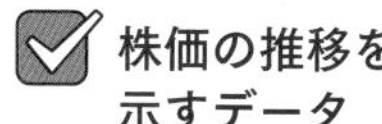
株価の推移を示すデータ

データが多すぎるとまず読む気すら起きないから、分析もできなくなるよ！

まずはチャートを眺めてみる

チャートが持っているメリットを株価にも適用してみましょう。たとえば、ここにひとつの株価の推移を示すデータがあります（上図）。この表を見て、ニコニコしながら「めちゃ楽しい！」と叫んだら、友だちか同僚が後退りして逃げていくでしょう。

私のような凡人がこのデータだけを見ても、株価がどんな傾向にあるのか、今が買いかどうかまったくわかりません。正確に数字が並んでいるのはわかりますが……。

では、データを株価のチャートにしてみたらどうでしょうか。並べてみると、現在は何となく上に上がっているという

株価の推移を示すデータをチャート図にしてみた

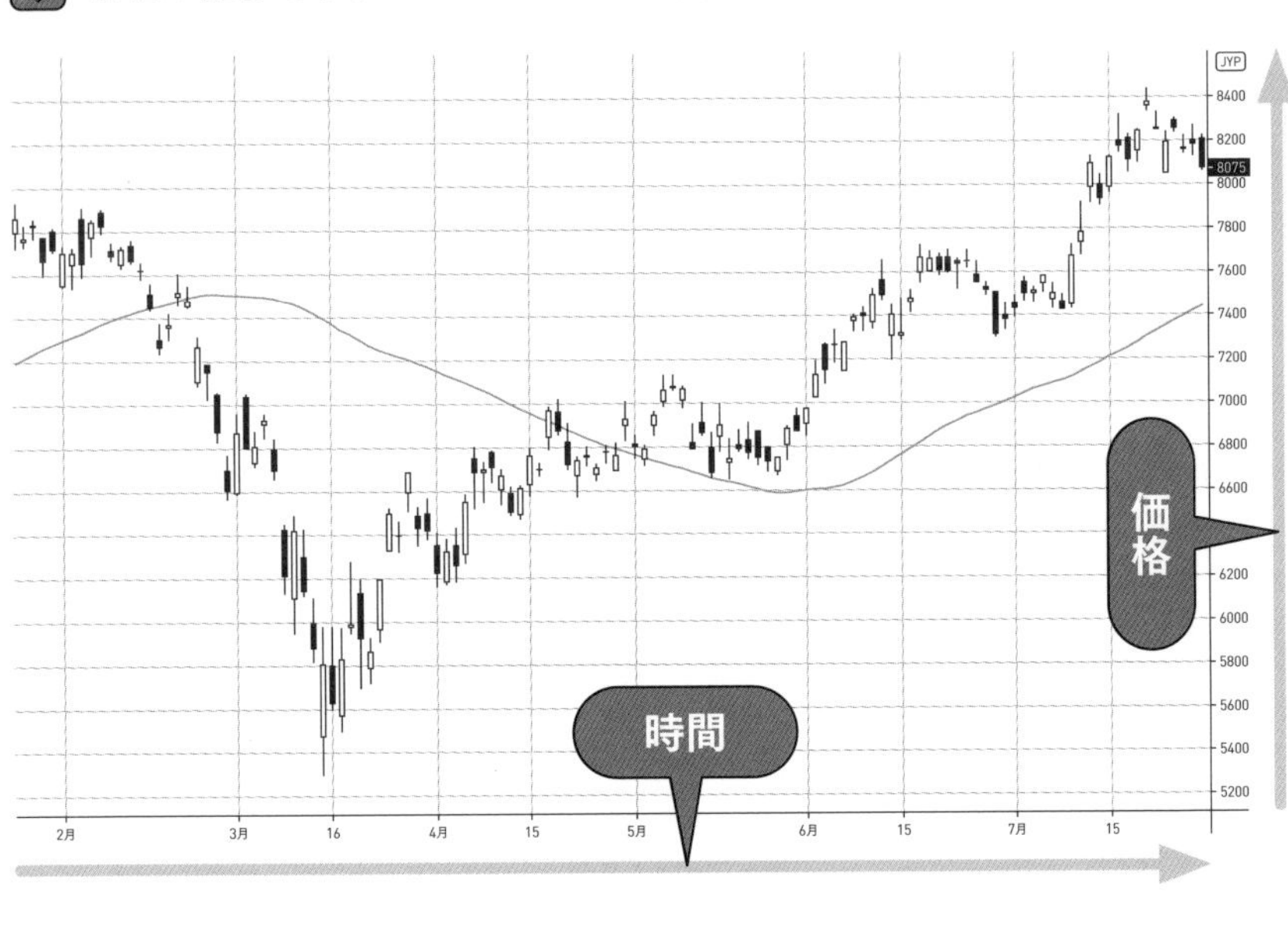

傾向を把握することができます（上図）。

チャートに書かれている白・黒のローソク足については、ここではただ単に、横軸の時間に沿って縦軸の値段が変化していくことを表していると理解する程度で十分です。

「この株は時間に沿って、価格が上がっていますよ」これがわかれば十分！　つまり株価をチャートに表示することで、先ほど説明したメリットをすべて享受することができます。

チャートには何が現れるのか？

株価のチャートには、一般的なグラフが持っているメリットがすべてそろっているとともに、さらに「株」と「お金」が絡むからこそ現れるメリットというものが存在します。実際のチャートを見ながら、そのメリットについて見ていきます。

チャートに現れる過去から未来

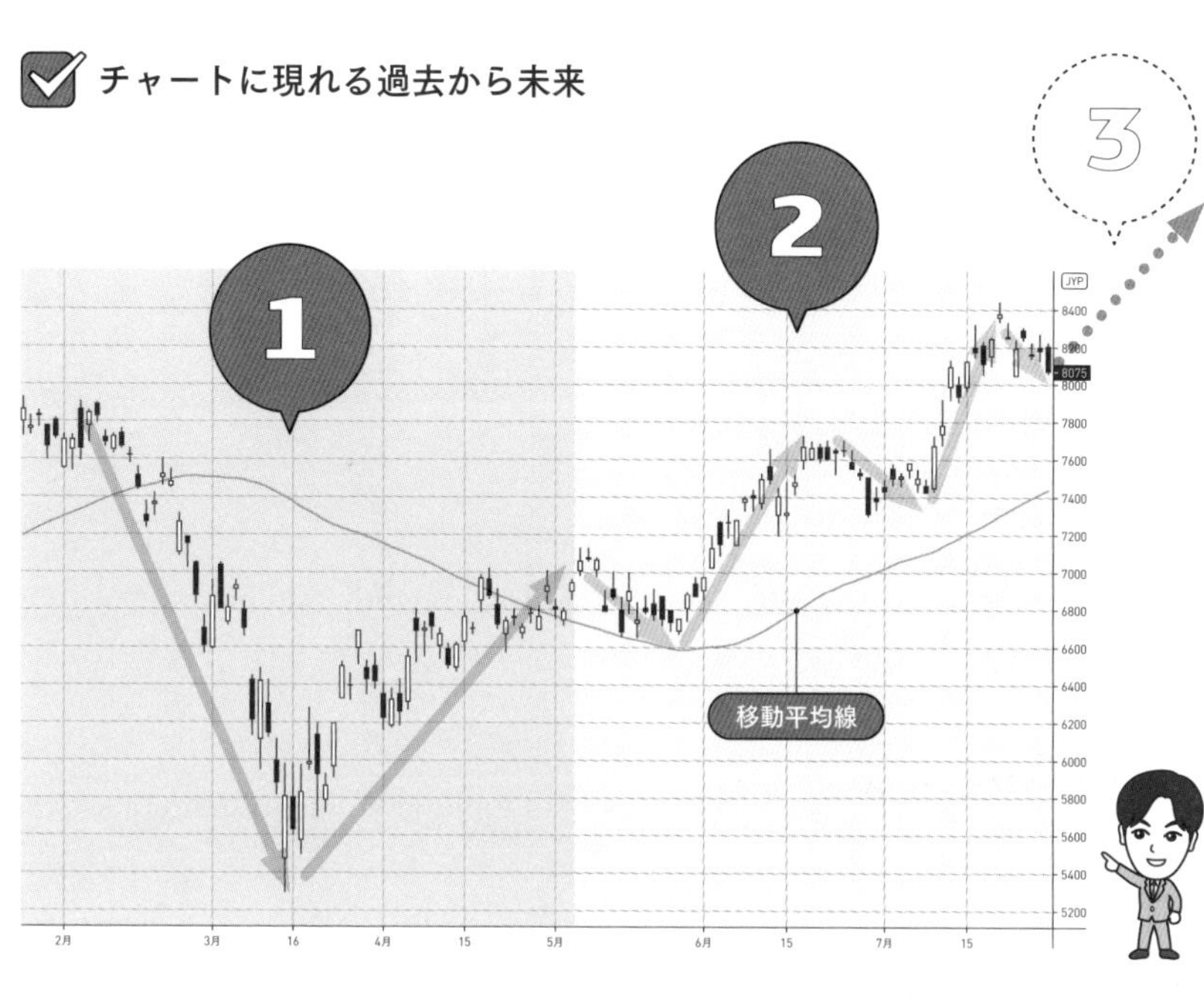

チャートには過去と現実、未来の可能性が現れる

チャートの中には、過去から現在、未来予測までがすべて詰まっています（上図）。

たとえば少し遡ると、❶の時間帯は激しく下げているのがわかります。大きく下げたあと少し反動したことが、過去にあったのがわかります。

❷に入って、少し前の時間から1番右にある現在までの動きでは、緑色の線（移動平均線といいます。あとでお話しします）を超えた瞬間から波を打ちながら上げてきています。現在はこの株価は上昇傾向にあるのがわかります。

過去と現在までの動きに基づいて未来を予測したらどうなるでしょうか。よほど大きなことがなければこのまま上に上がっていく流れがしばらく続く可能性が高いのではないか？　と未来予測できます。

先ほど見たデータをチャート化するメリットを、

株価のチャートでも同様に味わうことができます。じゃあ、ソニーという株はこれからも上がるかもしれないから、買ってみようかという自分の投資戦略を立てることができます。

チャートには投資家心理が現れる

線が数本、白と黒のローソク足というものが並んでいるだけで、どうして心理がわかるのでしょうか。はい、**がんばって隠そうとしても投資家の気持ちはチャートにすべて現れます。**

例を見ながら考えてみましょう（下図）。

株価がずいぶん安いところまで来たと思い込んで❶の時点で買いました。あなたが❶で買ってしまった場合、思いっきり下げてきた現在の気持ちはどうでしょうか？

買った時点から株価は下がっているがうれしい！と思う人は病院に行って診察を受ける必要がありま す（冗談ですよ、怒らないでください）。普通、これだけ株価が下がってうれしくなる人はいないですよね。❶の時点で買った人は、ほぼ全員が不幸な気持ちで、株価が戻ってくるのを待っています。

そこで幸いにもいい流れが出てきました（次頁上図❷）。ここ最近、株価が少しずつ戻ってきています。

チャートに現れる投資家心理❶

そしてもうちょっとしたらあなたが買った値段まで戻ってきてくれそうです。このときのあなたの気持ちはどうですか？

１００万円を投資して、最悪のときは50万円まで下がりましたが、ずっとガマンして待っていたら、

押しつぶされそうになりながらガマンする

やっと80万円まで戻ってきました。どうですか、あなたの気持ちは？　はい、そうですね。「ああ、やっと戻ってきてくれた。元がとれる！」という気持ちになり、テンションが高まります。

この心理が現れたのが❸の動きです（左図）。

抵抗の投資家心理と上昇

3

価格が戻ってきたのにぶつかって下がる理由

2月　3月　16　4月　15

最後に来る２つの心理

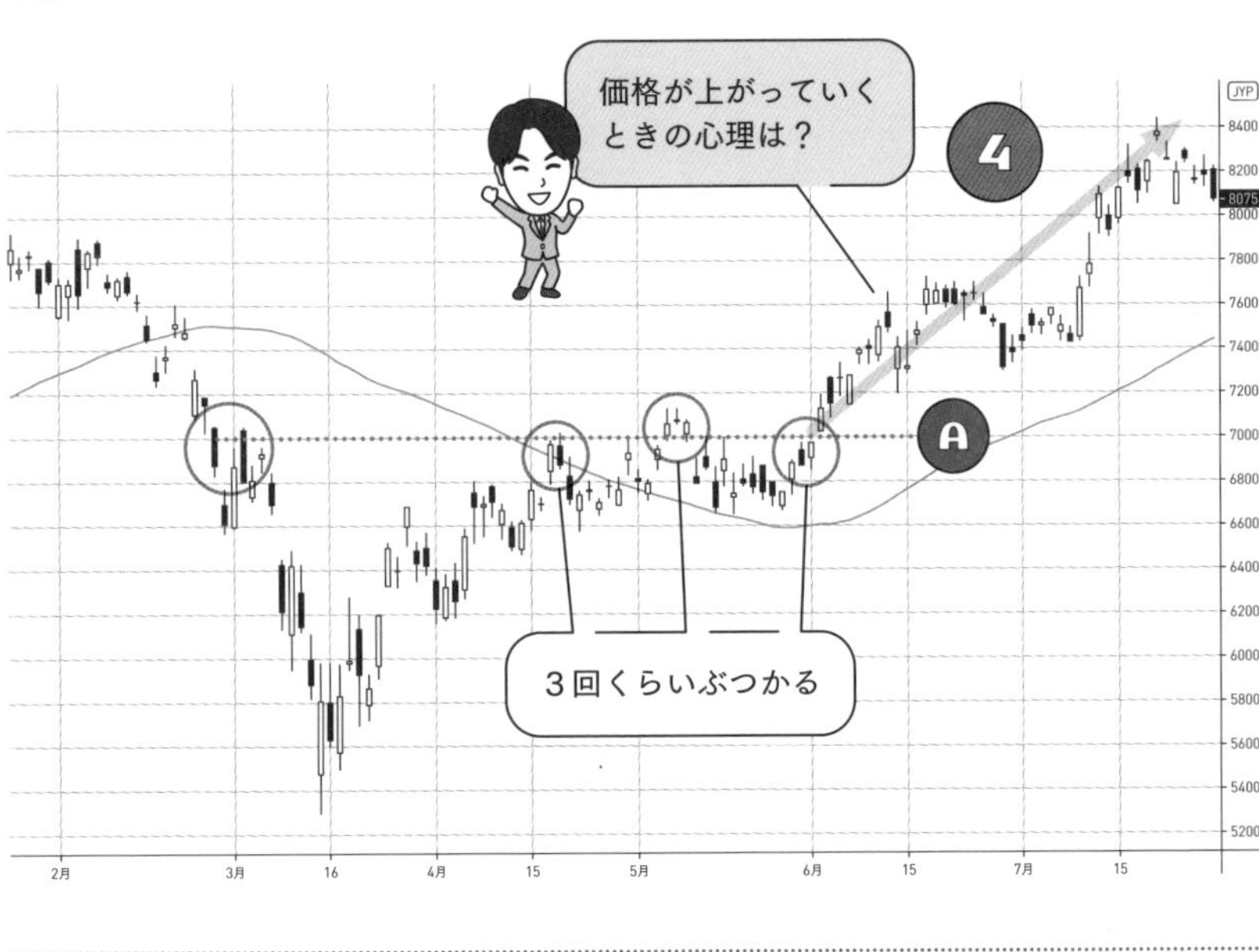

❶の下がる途中で買ってしまった人たちがいるところにやっと戻ってきて、そこから値段が上に抜けず、その価格帯にぶつかって下がるのが見えます。これはなぜでしょうか？　これもあなた自身に聞いてみてください。

はい、そうです。「戻ってきた、元が取れる！」と思って、今のうちに売っておこうと喜んで株を売り出します。売りが出るので、値段はもちろん下がります。これを「ヤレヤレ売り」といいます。

1回下げてまた戻ってきたら前回売れなかった人たちがまた売る、この動きが3回ぐらい現れてからやっと上に抜けます。これが次の動き❹です(上図)。上に抜けたら、その後は爆発したかのように値段が上がっていきます。価格が上がっていくときの気持ちはどうですか？

Ⓐを抜け出すときに買ったのなら、もちろんうれしいです。さて、もうひとつの心理は？

買って利益になっていれば、高い価格帯まで上げてきたのでうれしいと同時に、いつ売りが出て価格が下がるのか不安になる心理も持っています。

株価のチャートはチャート化するメリット以外に人の心理がどうやって動いたのかを見ることができるメリットもあるわけです。

株価のチャートを長年見ていると、人がどういう心理になっているのかが見えてきます。これがほかにはない株価チャートのメリットです。

チャートのメリットとそれを利用する価値が十分あるというのは理解できたので、今度はチャートができあがるまでの過程と構成要素を理解するのにチャレンジしてみましょう。ここでひと息入れて、実際のチャートを開いて眺めてみてください。前よりは少しチャートが近くに感じませんか？　それをもっと近くにしますよ！

3日目の❶-2

チャートができるまで

チャートにすることでどれだけのメリットを受け取ることができるかわかったところで、チャートができるまでを見ていきます。いわゆるチャートの裏側です。

裏側の話はチャートとともに、これから展開される内容のすべての基礎知識になるものなので、しっかり身につけてください。

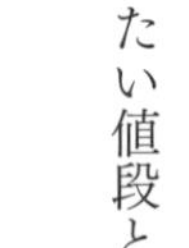

チャートができる要素はこれだけ

現在の株式取引は、ほとんどがインターネットを通じての取引です。インターネット取引が普及する前は、証券会社の窓口まで行くか電話をして注文をする方法しかありませんでした。本書も、インターネット取引を前提に話を進めていきます。1日目で少し触れた話なので、理解しやすいと思います。おさらいも兼ねて知識を伸ばしていきましょう。

たとえば、トヨタ自動車の株価がどうやって決まるのか、どうなったら取引が成立するのか考えてみましょう。インターネットの向こうにいる投資家たちは、自分の意思で取引したい値段と株数の注文を出します。

株式の注文と板の形成

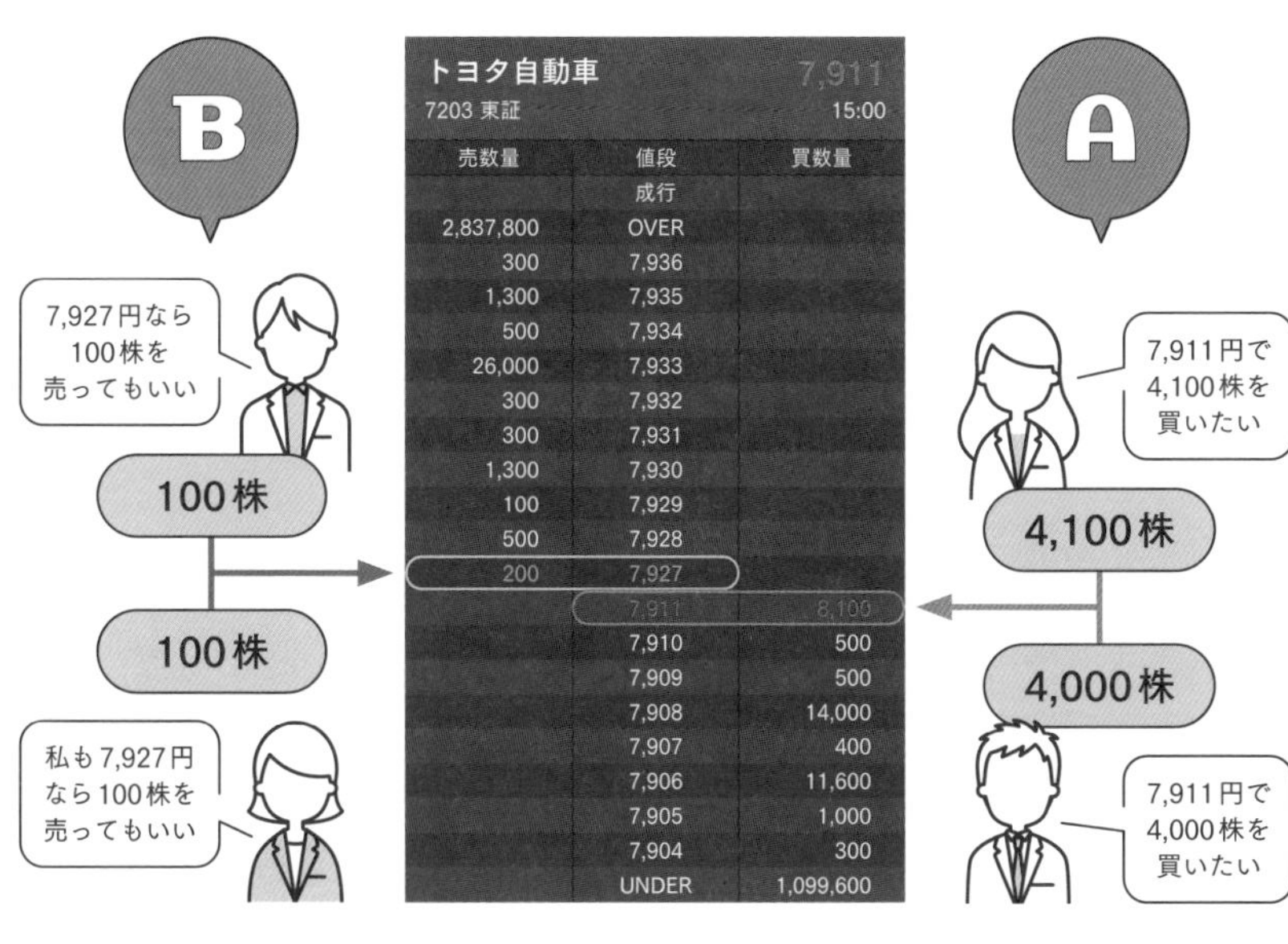

売数量	値段	買数量
	成行	
2,837,800	OVER	
300	7,936	
1,300	7,935	
500	7,934	
26,000	7,933	
300	7,932	
300	7,931	
1,300	7,930	
100	7,929	
500	7,928	
200	7,927	
	7,911	8,100
	7,910	500
	7,909	500
	7,908	14,000
	7,907	400
	7,906	11,600
	7,905	1,000
	7,904	300
	UNDER	1,099,600

トヨタの株式をほしがる投資家が現時点で２人いて、１人が７９１１円で４１００株買いたいと注文を入力します。そしてもうひとりの投資家も７９１１円で４０００株買いたいという注文をインターネットで出します。「合計８１００株を７９１１円で買いたい」という注文が表示されます（上図のⒶ）これが「株価の板」というものです。

価格と板、そして取引の成立

売りたい人の気持ちはどうですか？　なるべく安く売りたいという投資家はいないはずです。ある投資家が、より高い値段の「７９２７円なら１００株を売ってもいいですよ」という注文を出し、もうひとりも同じ注文を出すとインターネットの画面にはⒷのように表示されます。

安く買いたい、高く売りたいという投資家の心理を反映して、買いの注文情報は価格が低い下のほうにずらりと並びます。7905円では1000株の買い注文が出ているのが読み取れます。売り注文はもちろん高く売りたいので値段が高くなる上のほうに並びます。7930円で1300株の売り注文が出ています。

買い注文が並んでいる下のほうを「買い板」、売り注文が並ぶ上のほうを「売り板」といいます（次頁図）。

問題は、この状態でどちらも譲らなければ取引はずっと成立しないままになるということです。需要と供給が一致した値段で売買が成立して、取引がスタートすることになります。

取引がずっと成立しないなんて、そんなこと本当にある？　はい、本当に取引が成立しないのは毎日起きます。銘柄をよく見ていると、取引がはじまってすぐ値段が表示されないという株を目にすることがあります。それはまだ取引が成立してないことを意味しています。

価格の動きを表す方法

これを解消するためには、どちらかが譲って相手の条件を受け入れることが必要です。ここで違う人が飛び込んできて、「7927円で200株、買いますよ！」と注文を出すと、7927円で注文が成立して取引がスタートすることになります（次頁図）。これを少し難しい言葉で「**約定**（やくじょう）」といいます。

外国人に日本語を教えてもらう気持ち、どうですか？　かなりシュールでしょ？　では、もっと学んでみましょう。朝方、最初の取引が成立して本格的に市場がスタートすることを「**寄り付き**（よりつき）」といいます。寄り付きのあと、株式の値段は需要と供給に基づいてずっと動いていくことになります。最後の取引時間をすぎて、1日の取引が終わることを「**大引**（おおびけ）」、または「**引け**（ひけ）」といいます。寄り付きから引けまで、

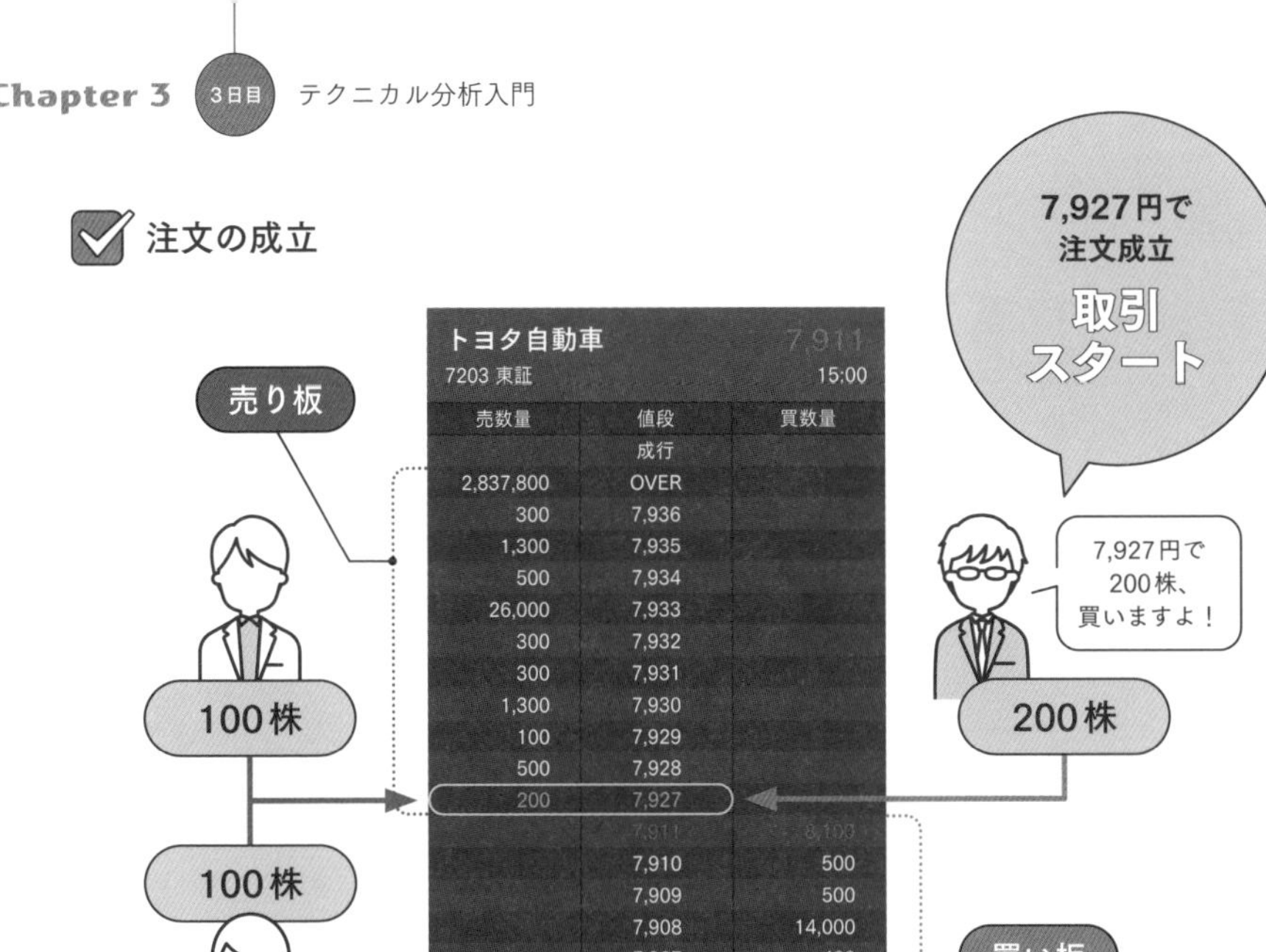

1日中価格が変動しますが、この動きを表すにはどうすればいいでしょうか？　また価格の動きを表しながら、投資家たちがどんな気持ちになったかを知る方法があったらすごいですよね。その問題を見事に解決してくれるすぐれものが、日本が世界に誇る**「ローソク足」**です。

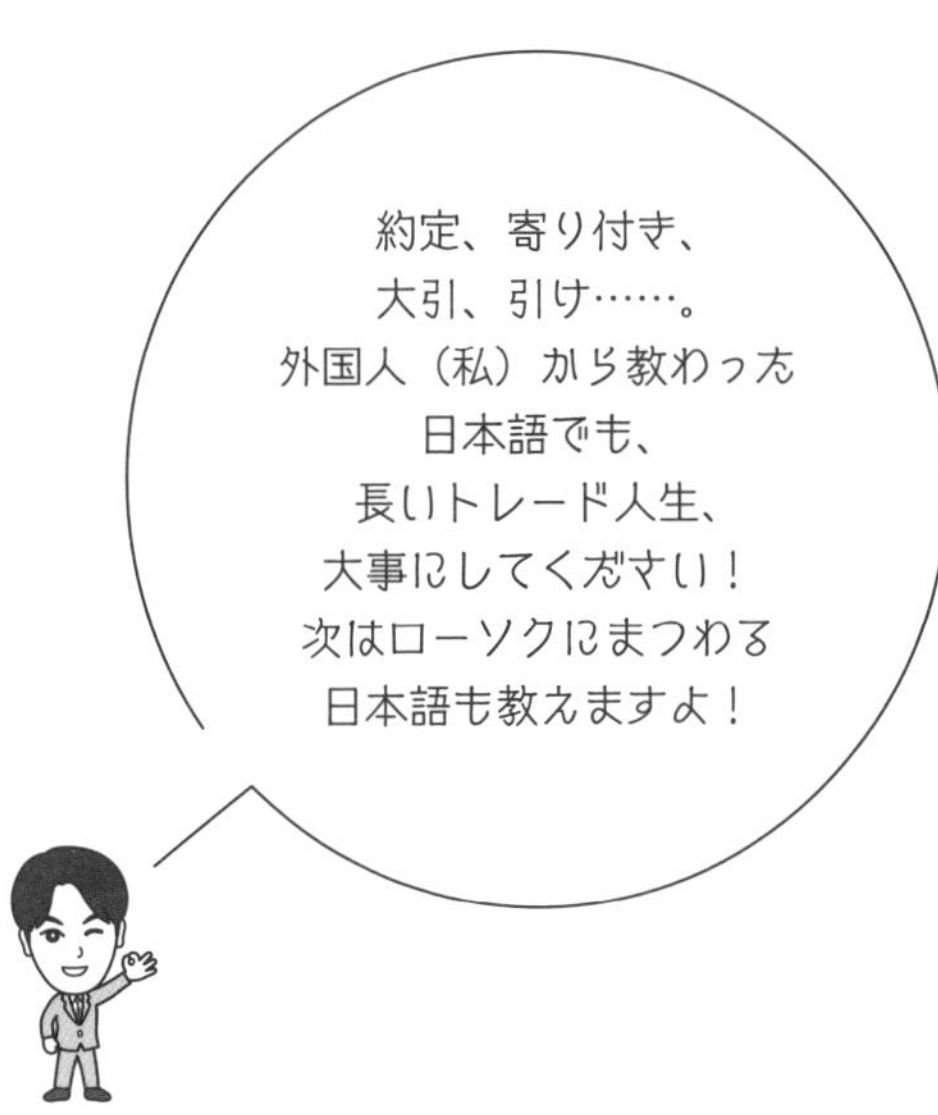

約定、寄り付き、
大引、引け……。
外国人（私）から教わった
日本語でも、
長いトレード人生、
大事にしてくださいい！
次はローソクにまつわる
日本語も教えますよ！

3日目の1-3

日本が誇るローソク足

板に出されている注文情報が表示され、需要と供給が一致する7927円で注文が成立して取引がスタートすることになりました。その後は価格が変動しますが、株式投資に必要な重要な価格情報は決まっています。それを表すのが「ローソク足」です。

ここではすべての投資の基本であり、日本が世界に誇る「ローソク足」をしっかり理解するようにしましょう。

全世界の投資家が使う最強の武器

重要な価格情報を言葉で伝えるのは、面倒なうえにわかりにくいものです。それを解決したのが、日本人が発案した価格の動きを表記する画期的な方法です。それが「ローソク足」で、世界で通用する公式用語でも「Japanese Candle Stick」と呼びます。

ローソク足は1日の取引中に発生する4つの価格を用いて、当日の相場の動きを表現します。

ここでは「当日」といいましたが、チャートが設定している時間軸によってその意味が変わります。

たとえば**1週間を表示期間とする週足チャートの場合は、1週間の動きを1本のローソク足**で表します。どの時間軸でも重要な価格情報は4つです。詳しく見ていきましょう。

価格の変化を表すローソク足

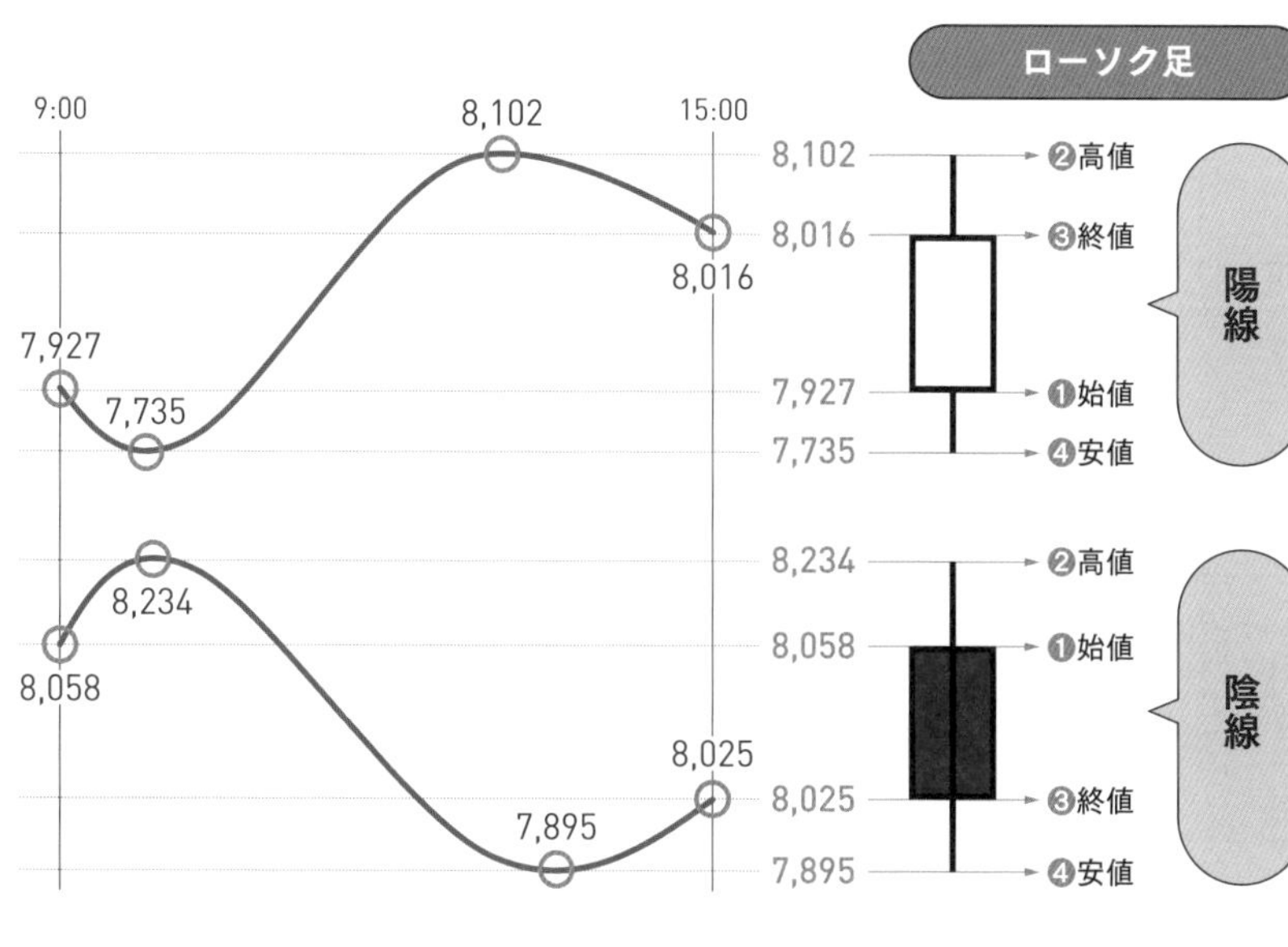

4つの値段で市場の動きがわかる

1本のローソク足が表すのは、一定期間中の値動きです。**日足チャートなら1日の値動き、週足チャートは1週間で月曜日の朝9時から金曜日の午後3時の取引終了までの値動きを表します。**

1本のキャンドルの中に現れる値動きは、**❶始値（はじめね）（取引開始と同時に成立した値段）、❷高値（たかね）（期間中最も高かった値段）、❸終値（おわりね）（取引が終了する時点の値段）、❹安値（やすね）（期間中最も安かった値段）**です。この4つの値段を4本値と呼び、その期間に起きた主な値動きが読み取れます。では、日足チャートを例に見てみましょう（上図）。

東京株式市場の取引時間は、朝9時から午後3時までです。この間は需要と供給の法則によって値段が決まり、一刻一刻、株価が変化します。

上記の銘柄は**7927円で注文が成立して取引がスタートし、すぐに値を下げて7735円まで下が**

り、そこから**８１０２円まで上昇して、少し戻した８０１６円で終わりました。**この日、トヨタの株式は、取引開始から1日を通すと株価が上昇したことになります。**この４つの動きをもとに株価の上昇を表すのが、白い胴体を持つローソク足**です。これを「**陽線**（ようせん）」と呼びます（前頁図上）。

注意してほしいのは、ローソク足は前日の終値とは関係ないということです。「**今日の朝から見て、株価がどうなっているのかだけ**」を表しています。前日より終値は下げたけど、始値より上がっていれば、陽線になります。また前日の終値と翌日の始値とも関係ありません。終値から離れてはじまるのは普通にあることです。

実際に次の日は少し上に離れて８０５８円でスタートしたとします。そのあと少し上げて８２３４円になりましたが、株式を手放したい投資家が増え、値段は下がっていき、７８９５円まで下がります。そして午後3時にかけて戻して８０２５円で取引が終了しています（前頁図下）。前日とは反対の動き、始値を下回って終わっています。ローソク足は陽があるので、当然「陰」もあるはず。なので「陰線なのでは？」と思った人はいいセンスをしています！　はい、そのとおりです。この場合のローソク足を「**陰線**（いんせん）」といい、朝はじまった値段から下がって終わっていることを表します。

本書では、ローソク足とテクニカル指標と呼ばれ

ローソク足が表すもの

⬇今日の朝から見て、株価がどうなっているかだけ

⬇前日の終値と翌日の始値の位置には影響されない

ているものを使って解説します。特にローソク足は一個一個の部品を使って説明をすることが多いので、名前を押さえておきましょう。

では、部品の名前を覚えましょう（左図）。終値から高値に引いている線を「**上ひげ**」と呼び、始値から安値に向かって引いている線を「**下ひげ**」と呼びます。ひげ以外の部分、つまり始値と終値で結ばれた胴体の部分を「**実体**」と呼びます。

ローソク足の構成

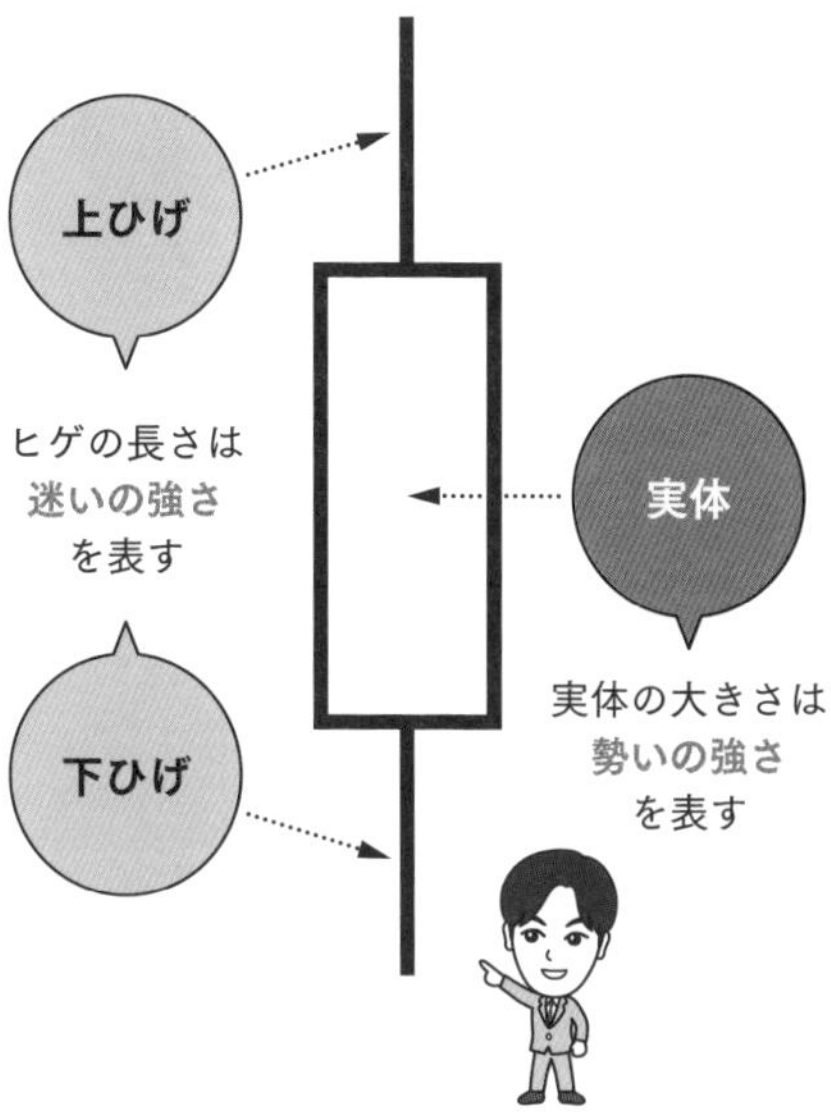

上ひげ
ヒゲの長さは**迷いの強さ**を表す
下ひげ
実体
実体の大きさは**勢いの強さ**を表す

ローソク足の形で強さと投資家の気持ちがわかる

ローソク足は投資家の心理と行動がつくり出したものです。ならば、「相場の強さ」と「投資家の気持ち」を「ローソク足」から読み取れたらすごいと思いませんか？ そんなことができるのか疑わしいかもしれませんが十分可能です

ここでは最も一般的で押さえておくべき理論をお話しします。ローソク足だけでも1冊の本ができあがるほどの理論があります。これを最初に全部説明してしまうと挫折してしまうので、基本的なことだけをまず押さえていきましょう。

まず、実体についてです。

実体の大きさは勢いの強さを表します。そして**ひげは長くなればなるほど迷いが強い**ことを表します。逆に言えば**ひげが短くて実体が大きくなればな**

ローソク足に現れる投資家心理❶

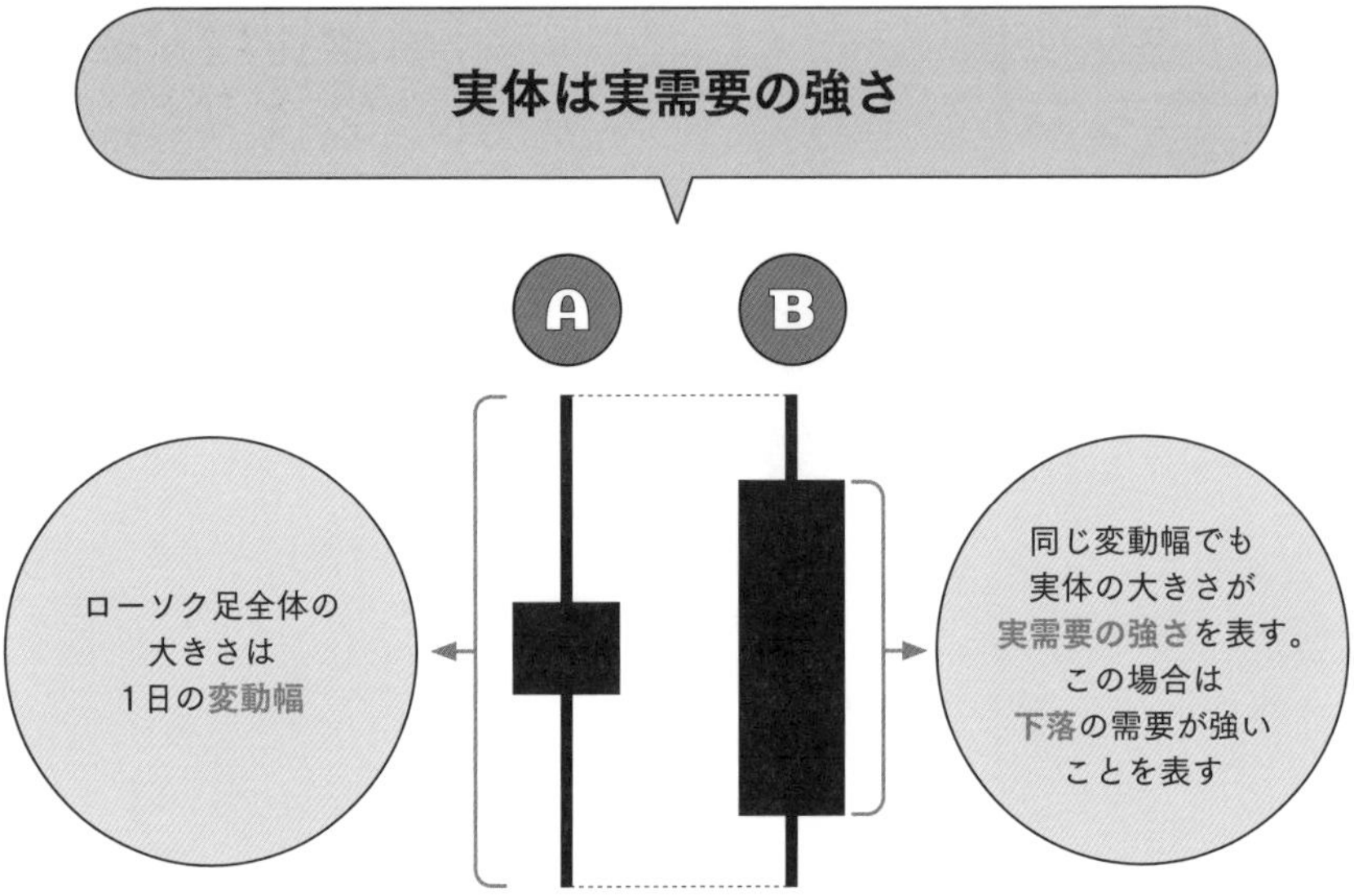

るほど、投資家たちはその方向に対して自信を持っているのがわかります。

上図の「実体は実需要の強さ」を見ると、ローソク足全体はその期間中に現れた変動幅全体を表します。「ローソク足全体が長いということは、変動幅が大きかった」ことを意味します。この例はどちらも高値と安値が同じ位置なので、変動幅は一緒です。同じ大きさのローソク足でも、実体の大きさが違うと意味が異なります。

Ⓠ 上図のⒶⒷは、どちらが下落の勢いが強いと思いますか?

Ⓐ ひげが長くて実体が小さい陰線
Ⓑ ひげが短くて実体が大きい陰線

実体は始値から最終的な終値の動きを表します。「実体が大きい陰線は、取引終了(引け)にかけて

ローソク足に現れる投資家心理❷

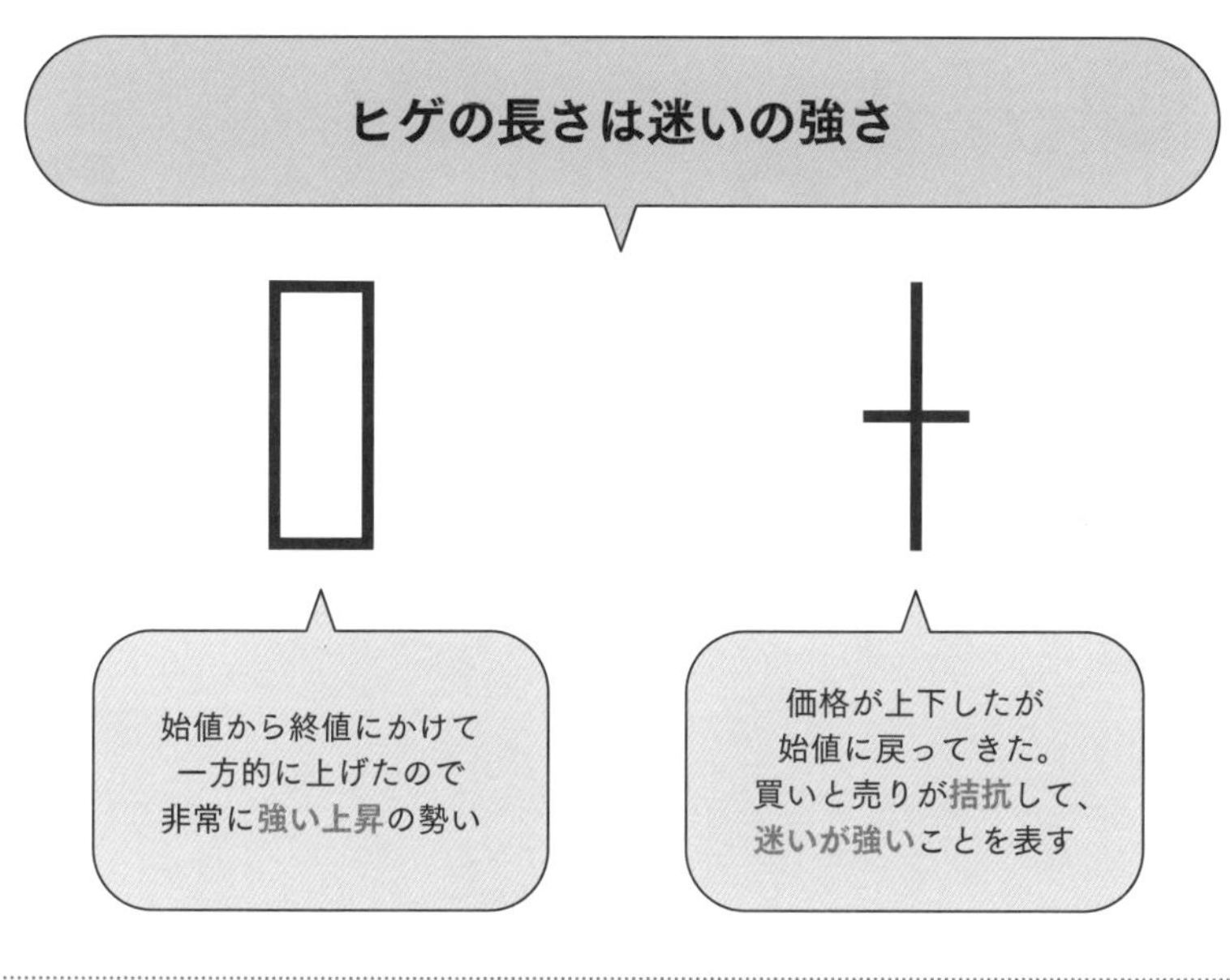

一方的に売られたことを表し、下落の勢いが強かった」ことを意味します。正解は実体が大きいⒷのほうです。

ヒゲの長さは迷いの強さを表していますが、上図の極端な2つの例を見てみましょう。

左の陽線はヒゲがまったくなく実体のみです。いわゆる「**丸坊主**」という形です。朝はじまった値段、始値から終わりにかけてずっと上げて終わったということなので、投資家たちが**買う気満々で非常に強い上昇の勢いがあることを表しています。**

一方、右は実体を持たないヒゲだけです。「**十字架**」、または「**足長クロス**」と呼ばれるこの形ができあがる理由を考えてみると、迷いの塊だという理由がわかります。始値から価格が上下したけれど、結局は始値のところに戻ってきて終わったということなので、**買いと売りが拮抗していて迷いが強いことを表しています。**この形が「**高値圏の天井（安値**

ヒゲの位置に現れる投資家心理

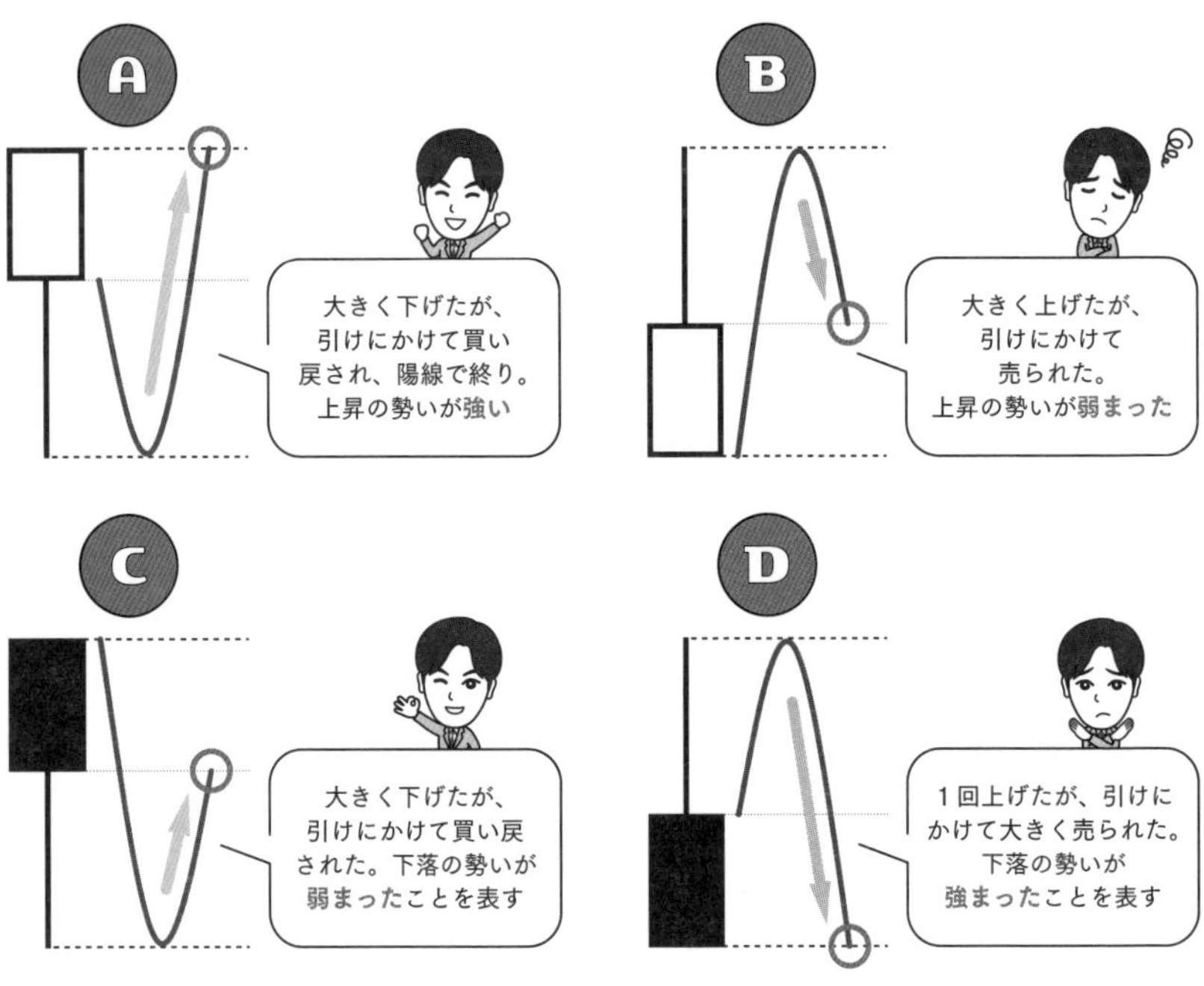

圏の底）で現れると、反対方向への転換を示すサイン」としてよく解釈されます。

もう一歩、踏み込んでみましょう。ヒゲの長さに加えて、どこについているかによっても投資家の心理はまったく異なります。

上図の上ⒶⒷを見てみると、変動幅はまったく一緒です。実体の大きさも同じです。

Ⓠ 上図のⒶⒷは、どちらが上昇の勢いが強いと思いますか？

Ⓐ ひげが長くて実体の下にある陽線
Ⓑ ひげが長くて実体の上にある陽線

先のように価格の動きをトレースして考えてみてください。Ⓐは朝はじまった値段から下げたのち反転、始値を越えたあとは終わりにかけて一貫して上げて終わったということを表しています。この場合、**上昇の勢いが強いことを表します。**

一方、Ⓑは結構上げたけど、引けにかけて売られて長い上ひげを残しながら終わりました。このように**長い上ひげがついている場合は、上昇の勢いが弱まったという解釈になります。**正解は実体の下にヒゲがあるⒶのほうです。

陰線のケースも前頁図の下ⒸⒹに載せているので、どちらが下がる勢いが強いのか、解説を見る前に自分で考えてみてください。

Ⓠ 前頁図のⒸⒹは、どちらが下落の勢いが強いと思いますか？

Ⓒ ひげが長くて実体の下にある陰線
Ⓓ ひげが長くて実体の上にある陰線

正解は実体の上にヒゲがあるⒹのほうです。

1本のローソク足だけでも奥深いですね。これだけで、投資家たちの心理を読み取ることができます。世界で使われているローソク足、誇りに思ってください。こんなにすぐれたツールを日本人がつくり出したのです！

ローソクの複合線で見る心理

ローソク足1本でも多くのことを知ることができますが、いくつかのローソク足が重なるとより明確に市場の流れを読むことができます。

ローソク足が複数並んでいるものを「複合線」と呼びます。複合線の話まで入ると、これも1冊の本ができるほどですが、ひとつだけ触れてから、チャートの話にいきましょう。

投資家心理が現れる窓開け

窓（マド・ギャップ・空）開け

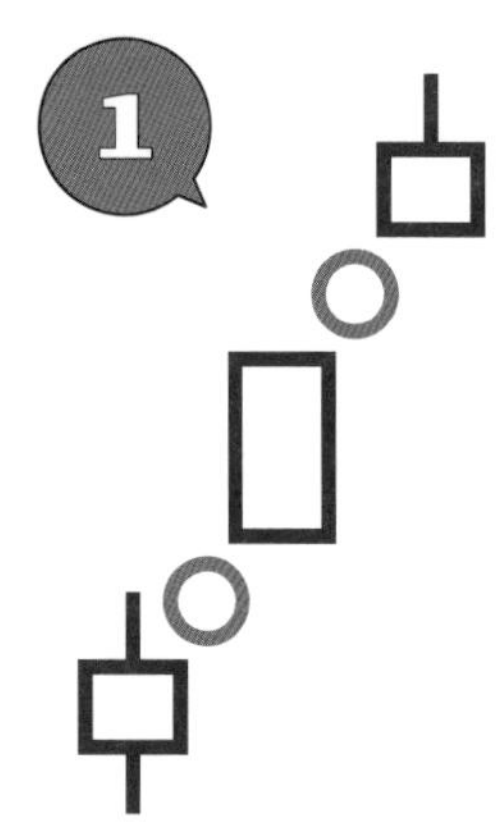

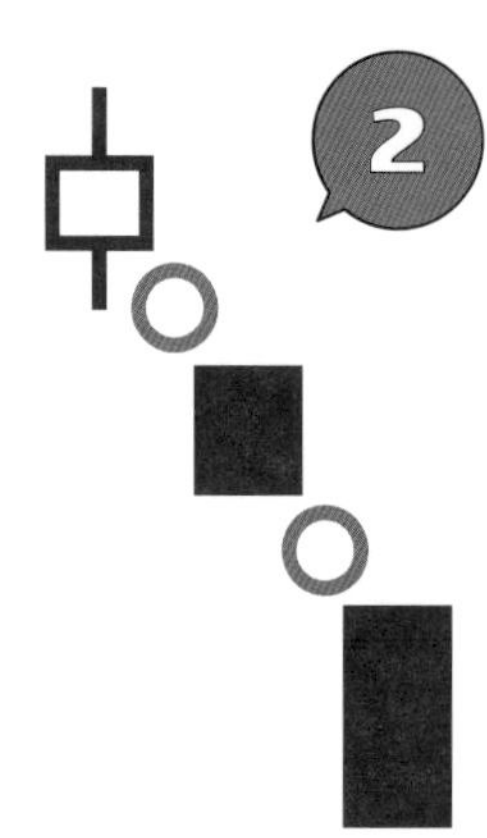

上図のチャートを見ると、ローソク足の間に空白ができています（○の部分）。これは「窓」と呼ばれる現象で「空」「ギャップ」ともいいます。すべて同じ意味です。

窓は投資家心理を見事に表すひとつの例で、投資家がパニック的な心理状態になっていることを表すものです。❶は上がっていく側の流れが加速して買いの成り行き注文が殺到している状態です。前日の終値から大きく上放れしてスタート、そのまま上昇したことを意味します。❷はその反対で、なにかしら悪材料が出て売り注文が殺到し、前日の終値か安値でも値がつかず、下離れしてスタート、下がったことを意味します。これが現れたら、どのように対処すればいいのでしょうか？

窓が空くのは説明のとおりパニック的な心理状態なので、初心者のうちはわざわざそこに加わる必要はありません。**窓が空いたと判断した場合は、一歩引いて冷静になって眺める**必要があります。

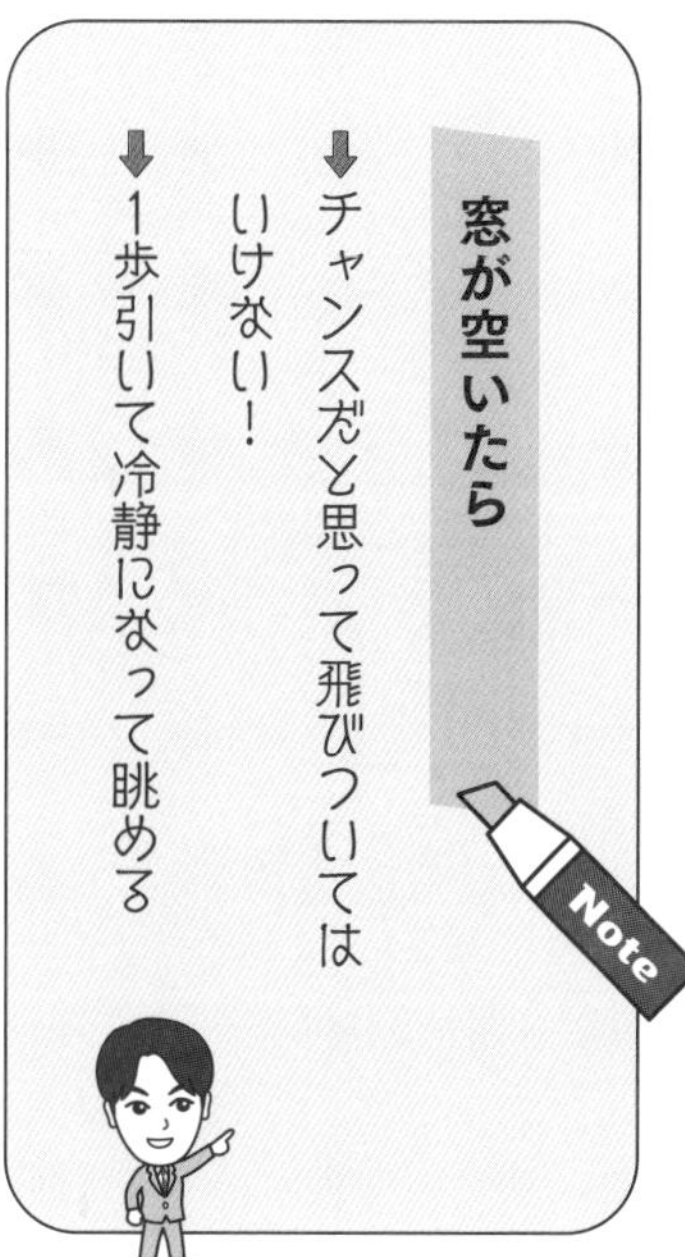

ローソク足が集まるとチャートになる

チャートは、結局はローソク足が集まったものです。ローソク足の集まりにテクニカル指標を加えて、売買の戦略を組み立てるのがテクニカル分析です。テクニカル指標はのちほど詳しくお話しします。ローソク足はテクニカル分析のすべての基礎になるといえます。また、1本だけでも投資家の心理がわかるというのに、それが集まったらどれだけのことがわかってしまうのでしょうか。語りたいことは尽きませんが、入門の段階でローソク足の理論はこれくらいにしておきましょう。

大事なのはローソク足が集まることによってつくられるチャートについて理解することです。

ここまで面白かったですか？　チャートになるとさらに面白いですよ。では飛び込んでみましょう。

実体の大きさ、
ヒゲの長さ、
ヒゲの位置、窓開け、
そしてローソク足の並び。
ローソク足だけでも、
どれだけのことが
わかるのでしょう！
楽しいチャートの世界へ
ようこそ！

3日目の②-1

チャートの種類とトレードの考え方

ローソク足が集まるとチャートになるといいましたが、ここではチャートにはどんな種類があって、どのように使い分けるのかを見ていきましょう。チャートの種類を説明するにとどまらず、正しい使い方まで説明するので、しっかり理解するようにしてください。

時間軸から見る「チャートの種類」

ひとつのチャートツールが表示できる時間軸の種類を確認しましょう（次頁図）。本書で、メインで使うチャートは1日にローソク足が1本できる「日足チャート」ですが、それ以外にも実にさまざまな時間軸でチャートが表示できることがわかります。何と1秒足まであります。

目の前に多くの情報が現れると人は混乱に陥りやすいので、「これらすべてを使えるようにならないといけないのか？」と思ってしまいがちですが、心配無要です。自分の投資スタイルにあわせて選んで使えば大丈夫です。つまり、「**自分がやりたいことにあっているものを選ぶ**」だけです。ママチャリからマウンテンバイクまで数多くの自転車があるけれ

時間軸によるローソク足と戦略の分類

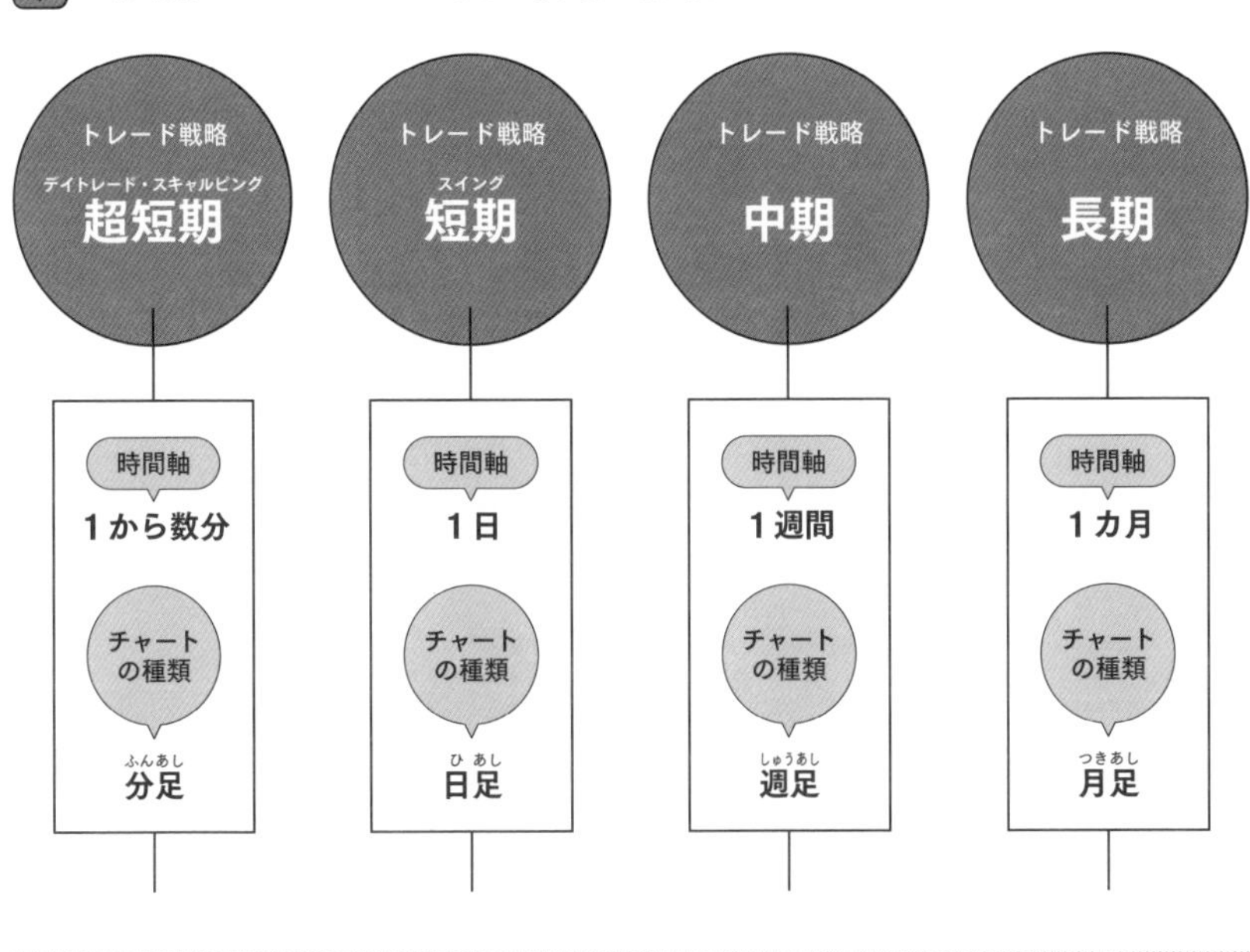

ど、すべてを乗りこなせる必要がないのと同じです。保育園の送り迎えにマウンテンバイクで現れても子どもを乗せられないし不便ですよね（かなり目立つかもしれませんが）。

では、その違いを時間軸に沿って理解していきましょう。

取引が完結する時間の長さで分けると、大体、超短期、短期、中期、長期の4種類に分類することができます。超短期は、さらにデイトレードとスキャルピングに分けられます。短期は、数日から数週間単位でトレードを完了するスイングトレードが該当します。そして、数カ月から1年以内の中期と、年単位で取引をする長期取引があります。

本書は、**「スイングトレードと中期を組みあわせて使う」**と覚えてください。

したがって、**主に日足を中心に使って、週足を補助材料、それ以外は参考程度にする**と理解してください。そうです。「日足を中心に勉強すればいいん

自分を理解して、自分にあうトレードを選ぶ

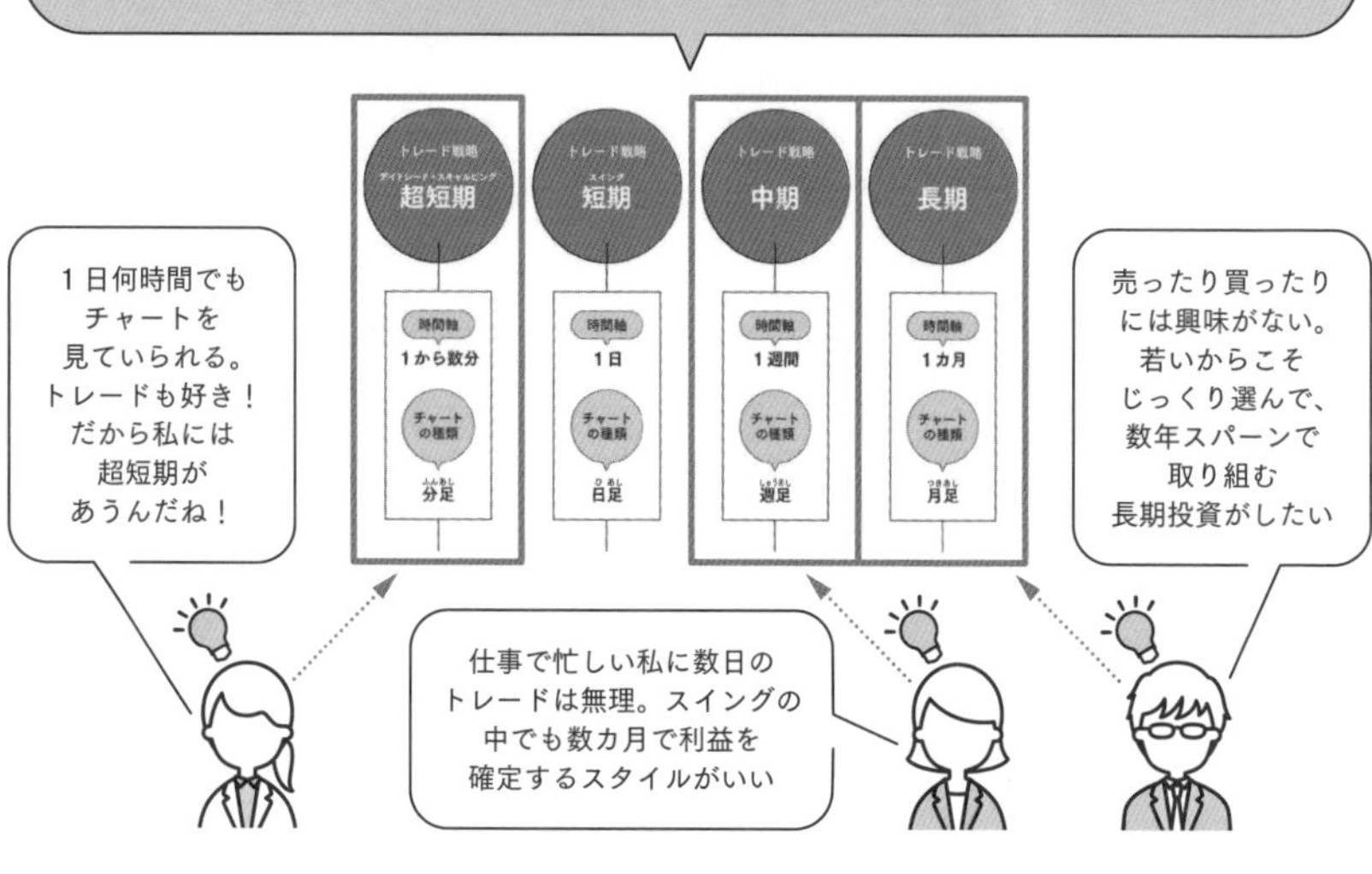

だ！」と、心が少し軽くなりましたね。

デイトレードか スキャルピングか？ 自分の性格にあわせて決める

基本を身につけて、自分の興味が短期に向いているなら分足以下の時間軸を使い、長期を軸にゆっくりしたいなら週足か月足の使い方を覚えればいいだけです。最初からすべてを使いこなすのは無理があるので、まず本書の内容をしっかり身につけてください。

また、デイトレードがいい、スキャルピングがいいといった論争を目にすることがありますが、自分の性格とライフスタイルにあわせて選べばいいだけの話です。デイトレードは買ったその日に売って取引を終了するトレード、スキャルピングは買ってから数秒または数分以内に売るさらに短期の取引のこ

とをいいます。その分、小さい利益幅を重ねていく必要があります。このような作業を1日に何十回も繰り返すのが向いている人ならそれを選べばいいし、ダメなら別の方法を選択すればいいのです。

投資スタイルを決めたら一貫性を持たせる

投資の考え方でもうひとつ大事なことがあります。**自分のスタイルにあわせてトレードをスタートしたら、一貫性を持たせる必要がある**ということです。週足に基づいて買った場合は、出口も週足で探す必要があります。中期のつもりで買ったけど、日足を見ると激しく動いているように見えるので、不安になります。そこで慌てて売りに出したり、日足の上で悩んだり、当然それでは答えは見つかりません。

同様にスキャルピングのつもりで5秒足を見て買ったのなら、売りどきは日足を見ても答えは見つからないでしょう。

ヨドバシカメラでテレビを買って、ビックカメラに持ち込んで無償修理を依頼しても答えはありません。ヨドバシカメラで買ったものはヨドバシカメラで答えを求めるべきでしょう。

ここまでチャートはどの軸を使うか、種類と使い分けのしかたについて勉強しました。最後に投資家の強い味方、移動平均線について勉強します。これで基礎工事は完了です。

05

3日目の②-2
移動平均線で強力な売買サインを見つける

移動平均線の大事な役割は、株価と移動平均線の位置関係で投資家心理が把握できるということです。本書で説明するトレード方法は、20日移動平均線、60日移動平均線を使って売買サインを見つけるものですが、まず、20日移動平均線で概略を見ていきます。

移動平均線の意味

次頁図は、20日移動平均線とローソク足を表示しています。❶で買った投資家が20日後にどんな状態になっているかは、20日移動平均線とローソク足の位置関係を見れば明確です。**20日間の移動平均線は「20営業日の間に平均的にこの値段で買っていますよ」ということ**です。20日移動平均線が下向いていて、ローソク足がその下の❷にあるということは、❶で買った人は半分以上の人が儲かっていないし、現在に至るまで利益になっている投資家が誰もいないということです。

この状況はうれしいでしょうか？　違いますね、ここには直近1カ月で買って不安になっている投資家がいっぱい溜まっています。

移動平均と投資家心理

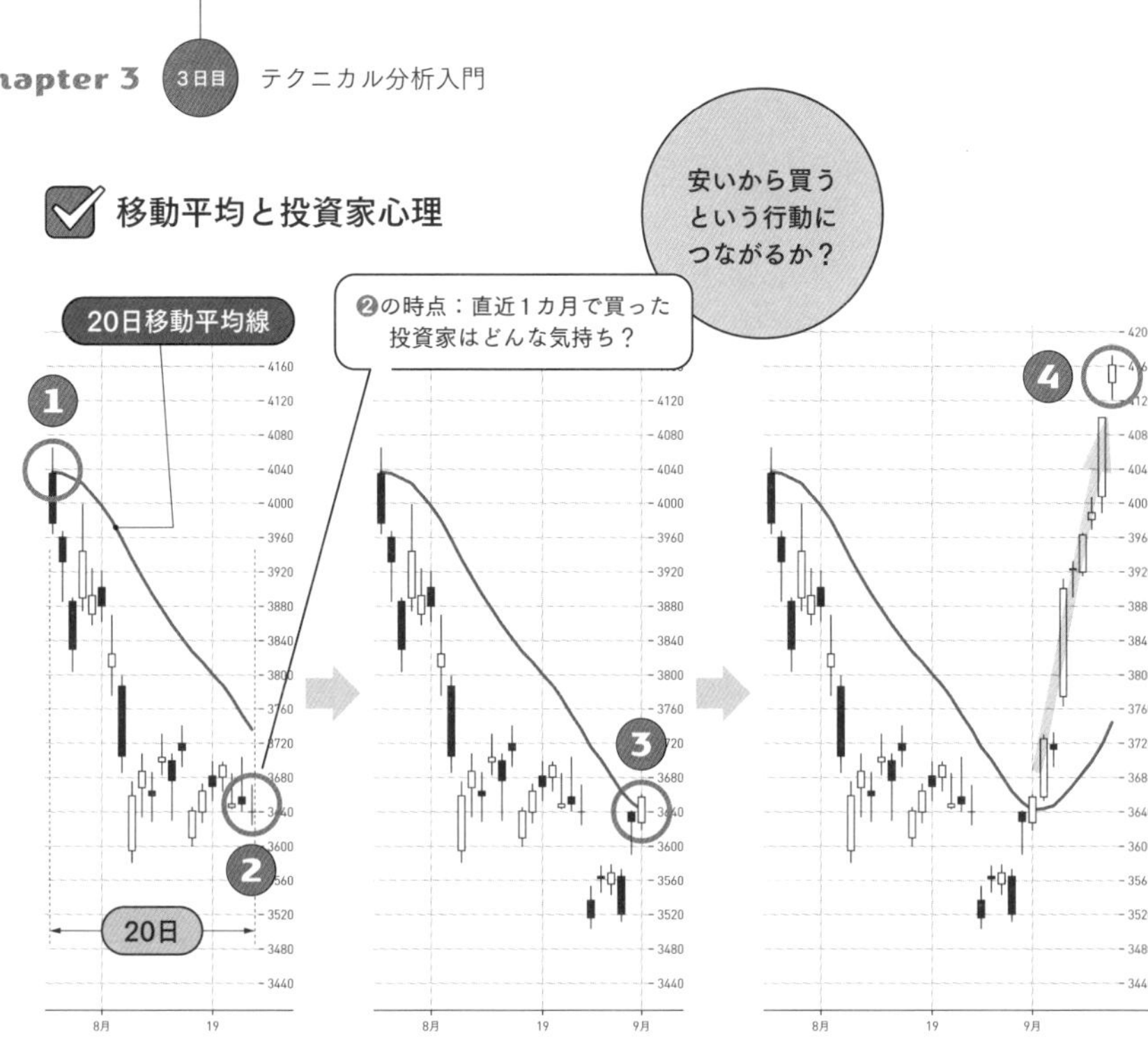

では、この銘柄が調子に乗るためには何が必要でしょうか？

少なくとも平均に到達する必要があります。**ローソク足が平均と同じところに到達した（❸）ということは、直近の20日間で買った投資家がやっと損も得もない状態に戻ってきたということ**です。そして、ここを株価が超えてくることで、利益になる投資家が出てきます。

レストランが満席になって外に行列が1人できたところです。その後は？「あれ、あのレストラン、行列ができている。美味しいのかな？」と1人また1人と、その後ろに並びはじめます。株価も一緒で、最近利益になっているらしいというサインが出たので、次から次へと投資家が買っていきます。そして、気づいたら❹の状態まで上がっているわけです。

❷の状態で起きる1番大きな間違いは、「安くなっているから買おう」と思うことです。安くなったので今が買い！と思ってはおしまいです。直近で買っ

て不幸になっている人がいっぱいいるところに、わざわざ仲間入りを果たしますか？　今の説明からわかるとおり、❸の状態にならないと不幸な投資家は増える一方だということなので、一歩間違うとさらに下がるところに乗ってしまうことになります。

まとめて考えると、**買うべきタイミングは安くなっている❷ではなく、高くなりはじめる❸**です。「株は安くなったら買って、高くなったら売る」という常識どおりに実行すると損をする理由はここにあります。

移動平均線の種類

本書で解説しているのは、今説明した**20日移動平均線、60日移動平均線**、そして**5日移動平均線**です。3つの移動平均線と株価の位置によって投資戦略を組み立てますが、ひとつ注意することは、**5日移動平均線はこれから説明するトレンド判断の補助材料としてのみ使う**ということです。売買のポイントとしては使いません。しかし、5日移動平均線には大事な役割があります。5日目で驚きの活躍ぶりを紹介するので、楽しみにしていてください。

トレンドの判断と売買のポイントとして使うものは20日と60日の2つです。これは4日目で詳しく説明するので、ここでは簡単にその役割について触れておきます。20日移動平均線は、暦に直すと約1カ月です。中期的な動きでトレンドの継続と変化を捉えて、中期およびスイングトレードに使います。それより長い60日移動平均線は3カ月間、つまり四半期のトレンドを表し、大きなトレンドの判断に使います。

ほかには**２００日移動平均線**もよくトレンドの判断に使いますが、1年以上の長期トレンドの分析がメインで、スイングトレードではあまり使いません。

詳しいトレード方法は、まだ何もわからなくて大丈夫です。**移動平均線の意味と種類にはこんなもの**

移動平均の種類

5日移動平均線	20日移動平均線	60日移動平均線
〔トレード期間〕 5日（短期） 〔トレードポイント〕 トレンドの判断のみ。売買ポイントには使わない	〔トレード期間〕 20日（中期） 〔トレードポイント〕 トレンドの継続と変化。長期・中期のトレードで使う	〔トレード期間〕 60日（長期） 〔トレードポイント〕 大きなトレンドの判断

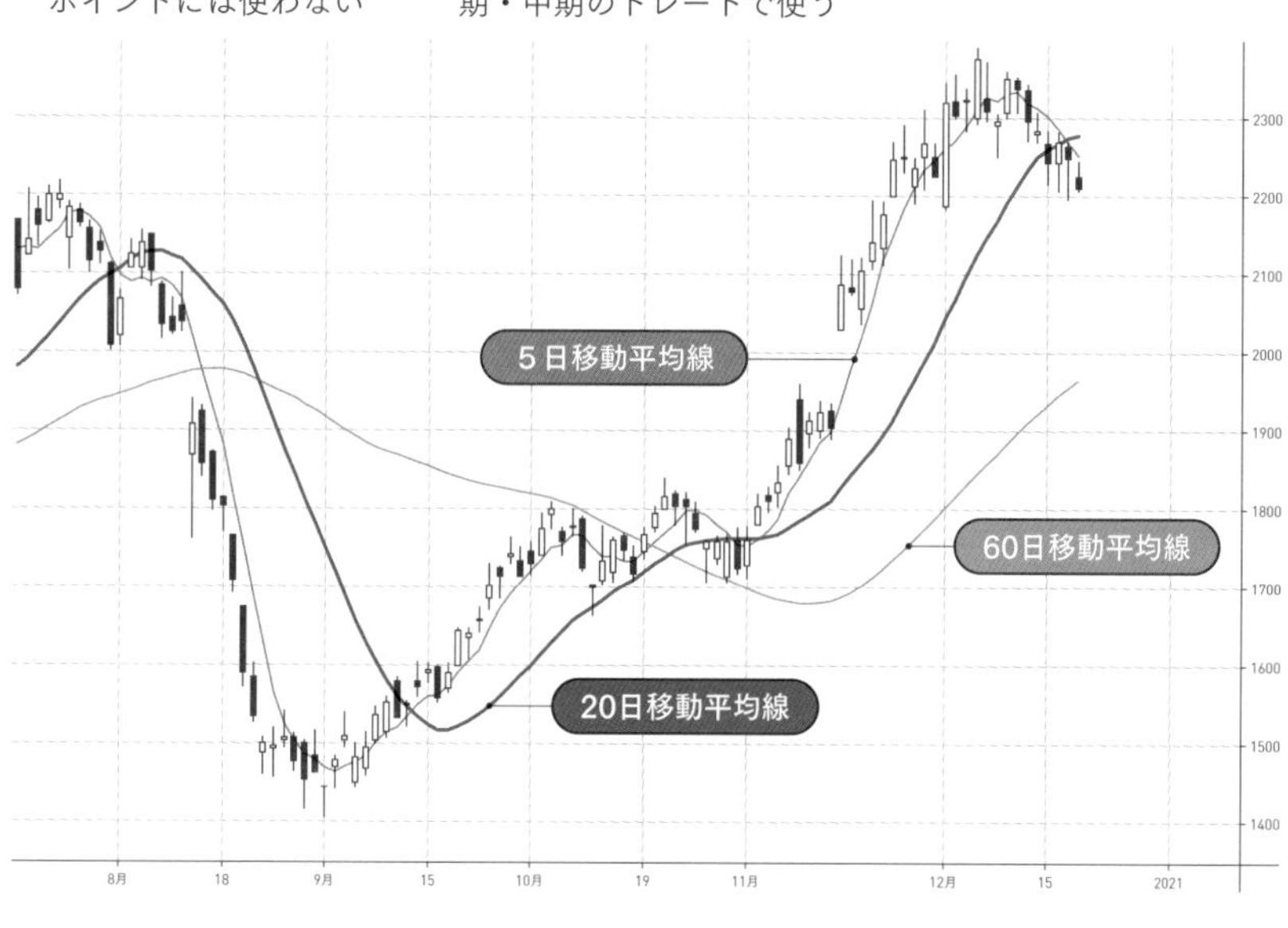

があると押さえるくらいで大丈夫です。それより大事なのは移動平均線の正しい使い方です。

移動平均線の正しい選び方

チャートに存在するすべてのツールは、自分にあうものを見つけて使いこなしていくことが大事です。株式投資の経験のある人は、20日、60日移動平均線という話に違和感を覚えたかもしれません。日本で一般的に使うのは25日、75日移動平均線だからです。実際に私の今までの書籍でも、75日移動平均線を中心に売買する方法を説明しています。

「移動平均線の長さ」または「単純移動（SMA）より指数平滑移動平均（EMA）がいい」といった、論争の対象によくなります。「25日はもう古い、20日を使うべきだ」とか、「75日なんてもう遅い」など。しかし、これは**自分のスニーカーのサイズを人に強要しているのと同じこと**です。

移動平均線を使う本当の理由は前述したとおり、**短期・中期・長期、期間別の移動平均線と株価の位置関係を明確にして投資戦略を立てること**です。基礎理論を身につけてから、自分にあうものを見つけてチューニングしていけば、それが自分の移動平均線になるわけです。

私の周りにも、実際に21日と50日指数平滑移動平均を使うトレーダーがいますし、銘柄別に移動平均線を変えるなど、もっとマニアックなチューニングをする人もいます。とはいっても、基本的な考え方は一緒です。**自分にあったサイズのスニーカーを履いて走り出すだけです。**

移動平均線の正しい使い方まで理解したところで、5つの戦略の基礎固めは完成です。

もちろんこれで終わったら、利益には繋がりません。いよいよ4日目から、実際の戦略を覚えていきます。ここまで完走した自分を少しは褒めてあげてから、「負けない自分」をつくりにいきましょう。

移動平均線の目的と正しい選び方

Note

⇩自分にあったものを見つけて使いこなしていく

✕みんなが勧めたり流行りの移動平均線を使う

○自分にあった移動平均線を使う

⇩最初は、まず本書で解説している20日＋60日移動平均線を使ってみる

Chapter

「株で負けない私」のために トレンドを理解する

01

4日目の❶-1

「サイクル」と「トレンド」と「波」を理解する

本書で目指しているのは、株価のサイクルを理解してトレンドにあわせてトレードしていく「トレンドフォロートレード」と「スイングトレード」というものです。何をいっているのか全然わからないですよね。大丈夫です。4日目が終わるころには、その意味が見えてきます。「株で負けない私」のスタートとなる4日目では、トレンドを理解したうえで、本書で目指しているトレードの全体像まで見ていきます。

サイクルとトレンドの違い

次頁図は、ある銘柄の5年間の株価の流れを日足で表したチャートです。よく見ると、株価の流れには、一定の動きを繰り返す規則のようなものが存在しているのがわかります。

最初は21カ月かけて上げて山をつくり、次の谷に下がって行く流れが見えます。次は15カ月、17カ月など、かかる期間は異なりますが、大きく上げてから下げる動きを繰り返しているのがわかります。このように「**1つの底点から次の底点まで行く1回の周期がサイクル**」です。つまり、5年間でこの株価には3つのサイクルが存在して、最後は新たなサイクルがはじまったばかりだというのがわかります。

次はサイクルの中に注目してみましょう。谷をす

サイクルとトレンド

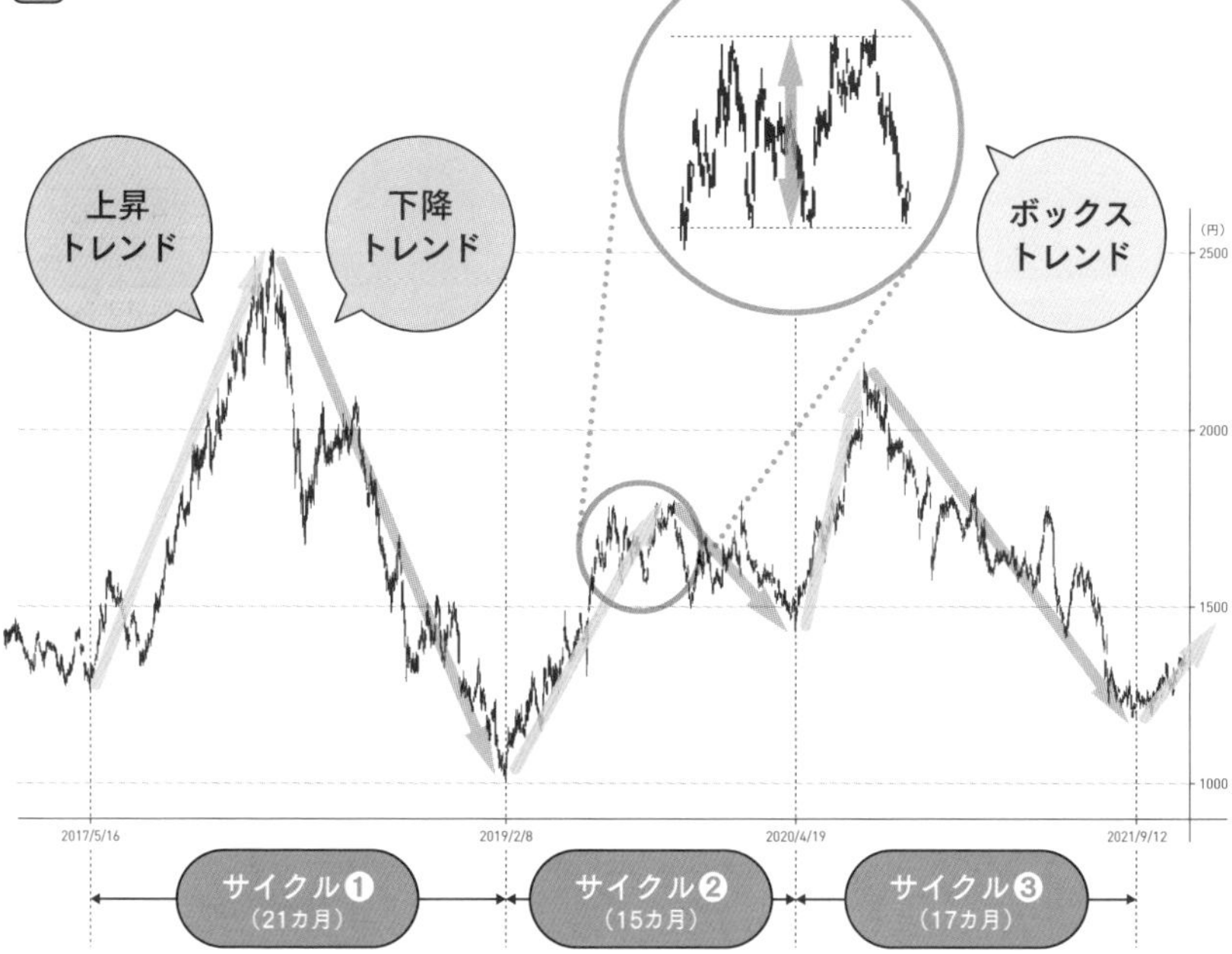

上昇トレンド
下降トレンド
ボックストレンド
(円)
2500
2000
1500
1000
2017/5/16
2019/2/8
2020/4/19
2021/9/12
サイクル❶（21カ月）
サイクル❷（15カ月）
サイクル❸（17カ月）

ぎると細かく上下しながら、一定期間上がっていく流れが存在します。これを「**上昇トレンド**」と呼びます。上昇トレンドが終わると、高点から一定期間下がって次の底点までいく流れが存在します。これを「**下降トレンド**」と呼びます。

トレンドには上昇か、下降かといく流れだけでなく、一定の範囲の中で横ばいになるトレンドも存在します。サイクル❷の天井圏には3〜4カ月にわたって上下しながら同じ範囲の中でずっと推移している流れがあります。これを「**ボックストレンド**」と呼びます。レンジ相場、持ち合い相場という呼び方もありますが、意味は一緒です。上昇か下降かわからないけど、次の動きが現れるまでのトレンドです。

これでサイクルとトレンドが明確になりました。

サイクル＝上昇トレンド＋下降トレンド

サイクル	上昇トレンド
1つの底点から次の底点まで行く1回の周期	底点から一定期間上がって次の高点までいく流れ

下降トレンド	ボックストレンド
高点から一定期間下がって次の底点までいく流れ	上下しながら同じ範囲の中でずっと推移している流れ

トレンドと波（ウェーブ）の違い

　トレンドをさらに細かく見ていきます。次頁図の❶は1つのサイクルの中で、上昇トレンドだけを持ってきた例です。**価格が上下に細かく変動しながら全体的には一定の方向へ向かっていく動きをトレンドと呼びましたね。**ここでは上向きで上昇しているので上昇トレンドです。このトレンドを示す1本の矢印を「**トレンド線**」と呼びます。

　次頁図の❷は上昇トレンドが進行するときに一直線で上がるのではなく、ローソク足が上下しながら細かい波をつくっていることを表しています。これを「**波打ち**」と呼びます。つまりトレンドの中で短期のトレンドがつくられては消滅することを表しているわけです。波打ちはエリオット波動理論のように「**波動**」という名前でも呼ばれますが、意味は一緒です。本書ではわかりやすく「**波**」で統一して進めます。

トレンドと波（ウェーブ）、スイング

❶トレンド

価格が上下に細かく変動しながら、
全体的に一定の方向へ向かっていく動き

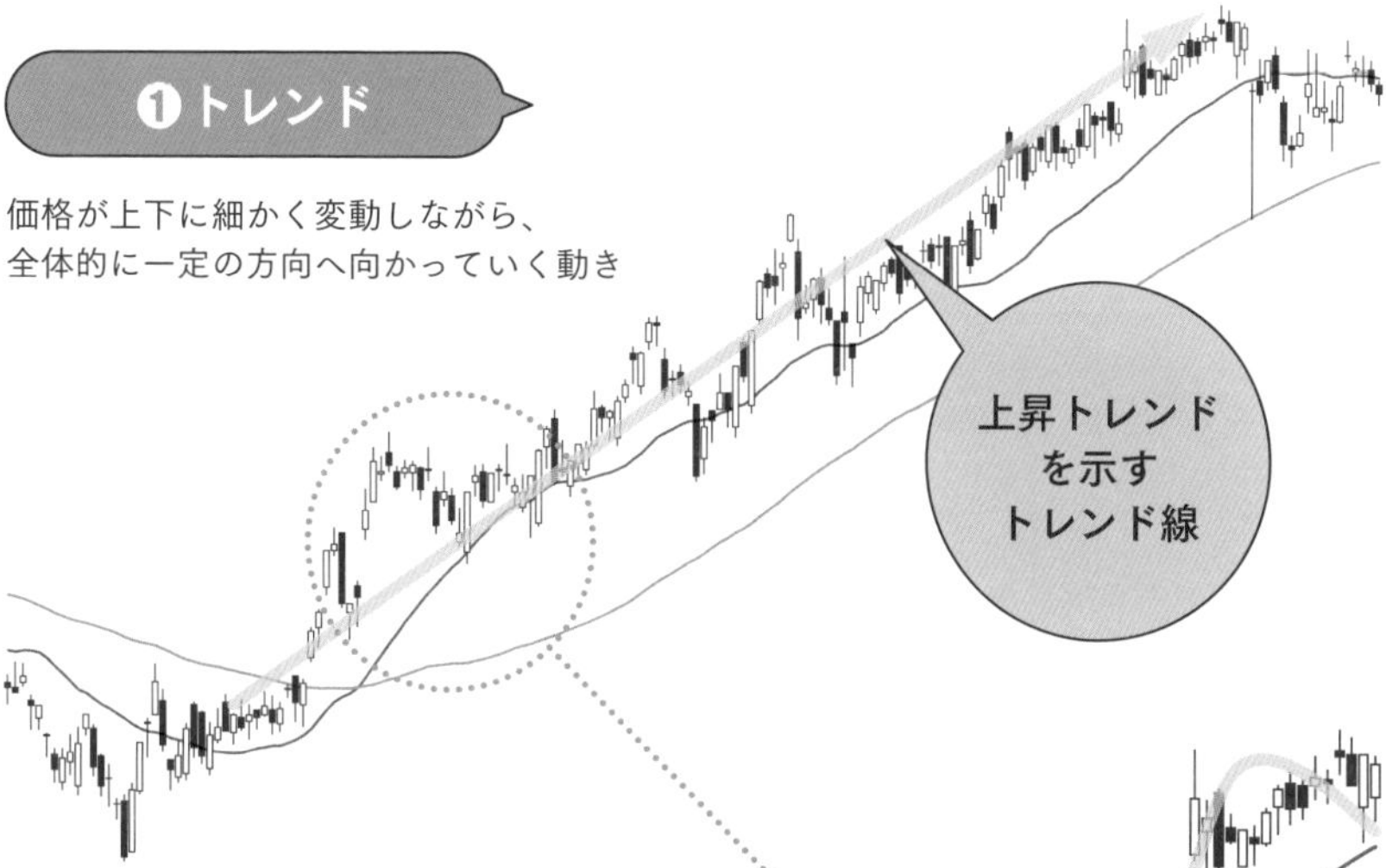

上昇トレンド
を示す
トレンド線

❷波打ち

トレンド進行中に一直線で上昇する
のではなく、上下の動きを繰り返し
ながら波をつくること

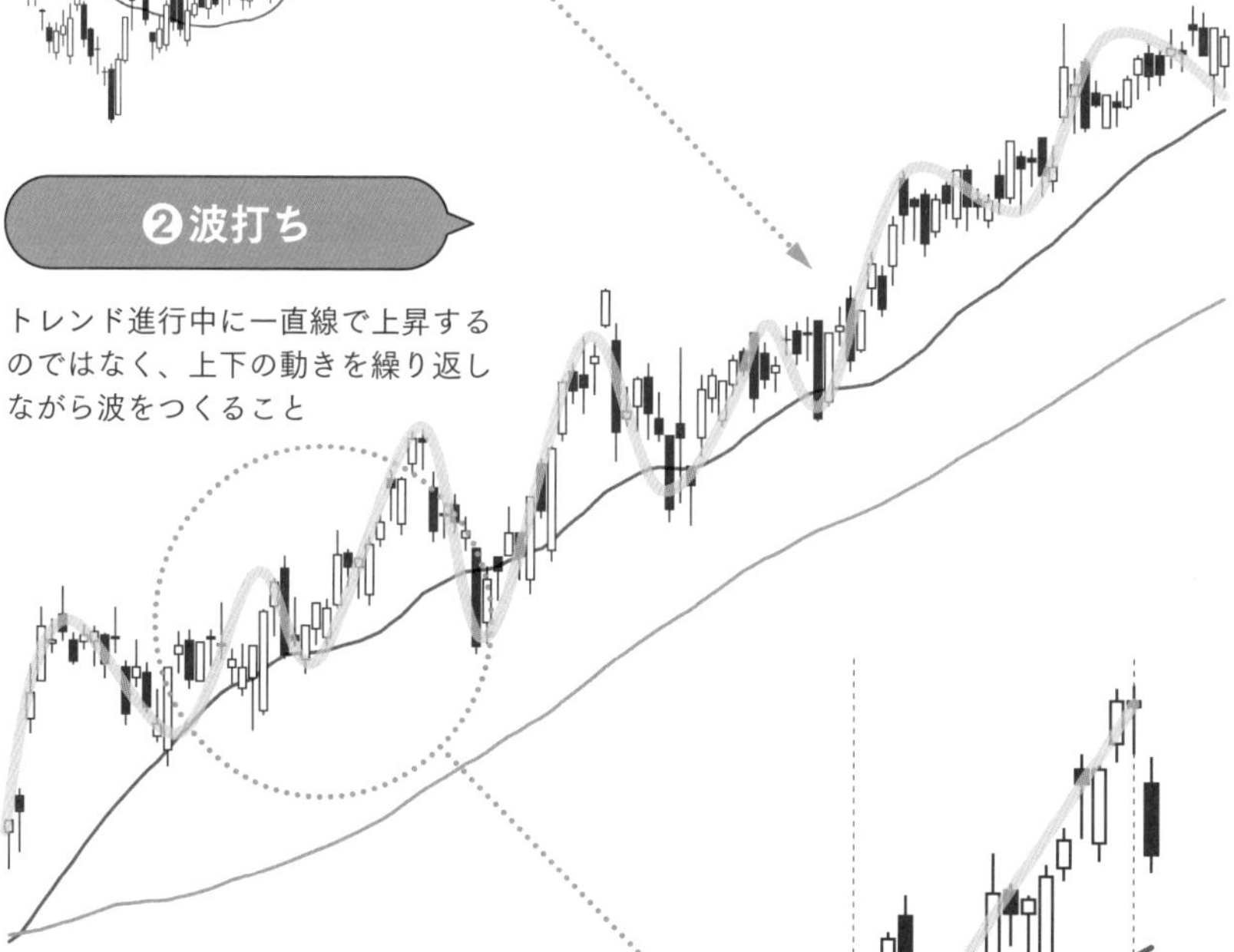

❸スイング

トレンド進行中に繰り返される波打つ上下の
動きの中で波１つ分をスイングという

サイクル、トレンド、波のまとめ

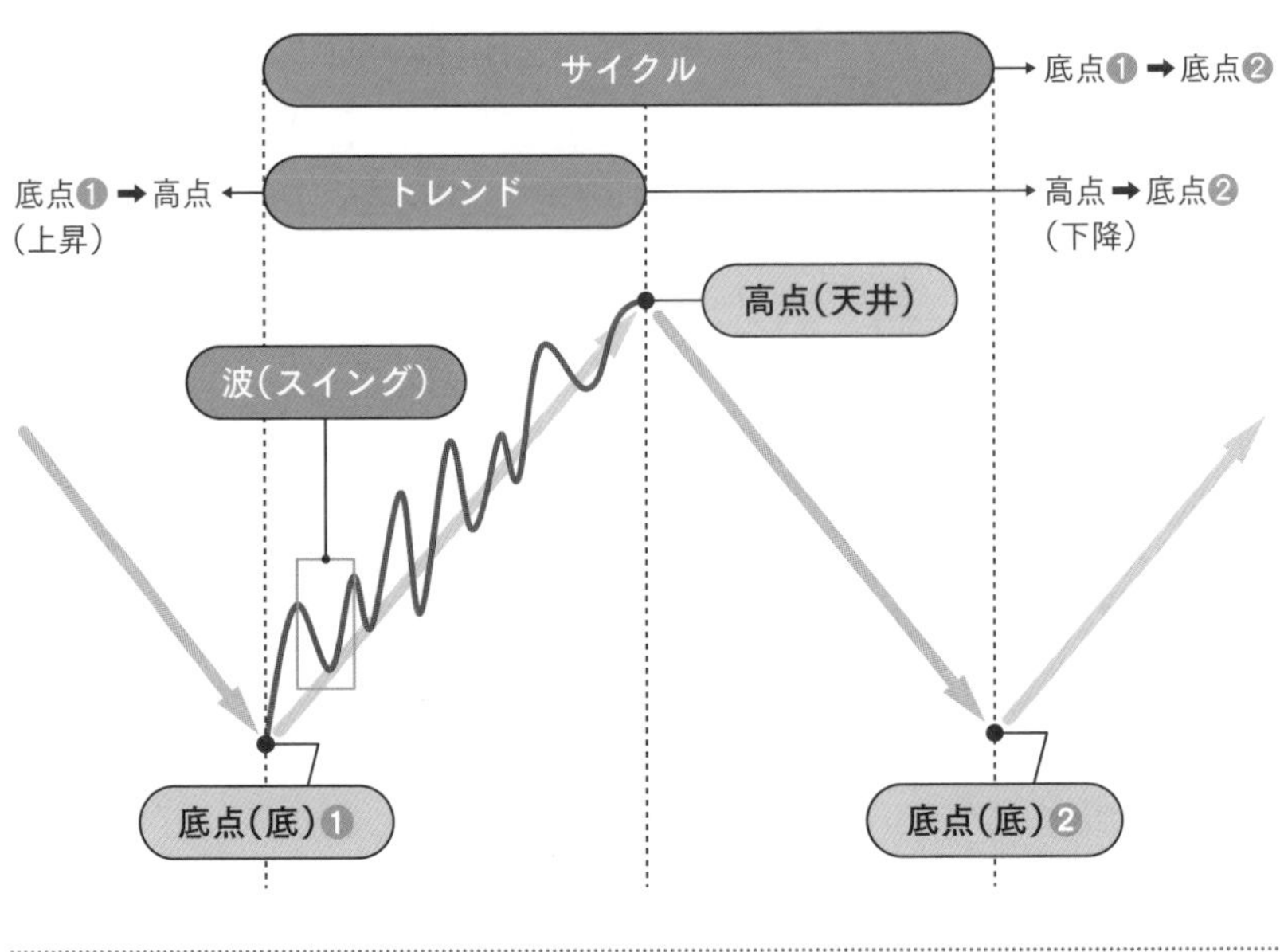

大きなサイクルの中にトレンドがあり、トレンドの中にはまた細かい波が入っているイメージです。**波打ちの中の1つの波、1回下がってから次の高点まで上昇、高点をすぎると、1回の波が終わるところ**で、これを**スイング**といいます。難しかったら「**波1個分**」と覚えてください。

「サイクル➡トレンド➡波」
ときて、
スイングは波と同じ意味です。
サイクルは本によって
定義が異なる場合もあるので、
まず本書の定義で
勉強を進めてください！

サイクル＞トレンド＞波

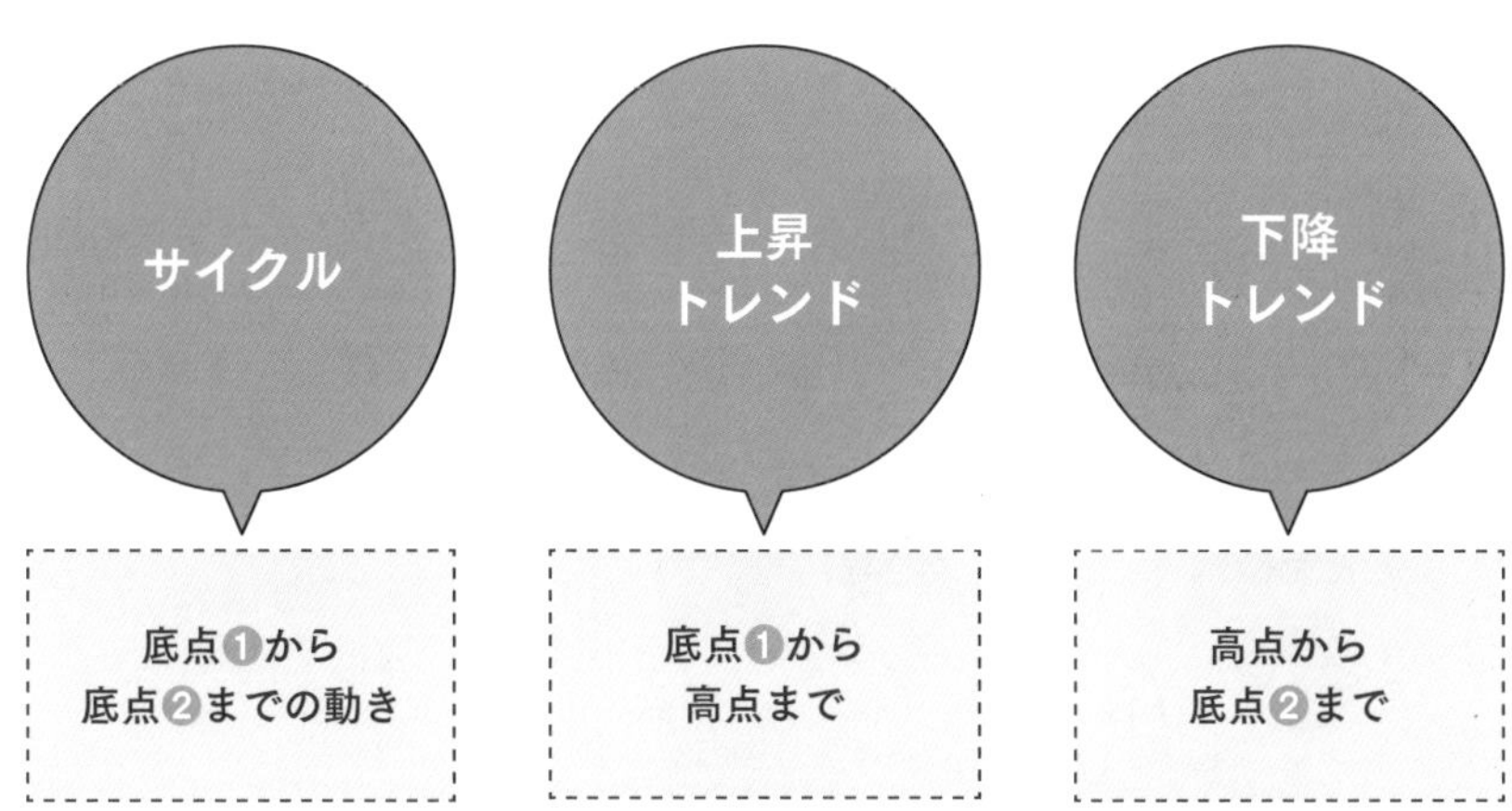

※各トレンドの中には、上下する動きを持つ波（スイング）が存在して、
複数の波がつながる波打ちを繰り返している。

「トレンドフォロートレード」と「スイングトレード」

スイングの概念までわかったところで本書が目指しているトレードの全体像を説明します（次頁図）。

まず、**最も基本的なトレードは、底打ち❶から天井❷までの利幅を取りに行くトレンドフォロートレード**というものです。大事なポイントは、実際のトレードは「**底打ち❶ではなく、〝Ⓐ底打ち❶をすぎたことを確認したところから買い〟天井で売るのではなく、〝Ⓑ天井をすぎたことを確認したところで売る〟**」ということです。

どうして1番低いところから買って1番高いところで売るトレードを目指さないのか？　その理由はトレンドがつくられて変わっていくプロセスを理解すると、自然にわかるようになります。

トレンドフォロートレードに加えて、**波1つ分の利益を取りに行くトレードがスイングトレード**で

トレードの全体像

トレンドフォロートレード ＞ 底打ち❶から天井❷すぎの幅

スイングトレード ＞ 波の底打ち❸から波の高点❹すぎの幅

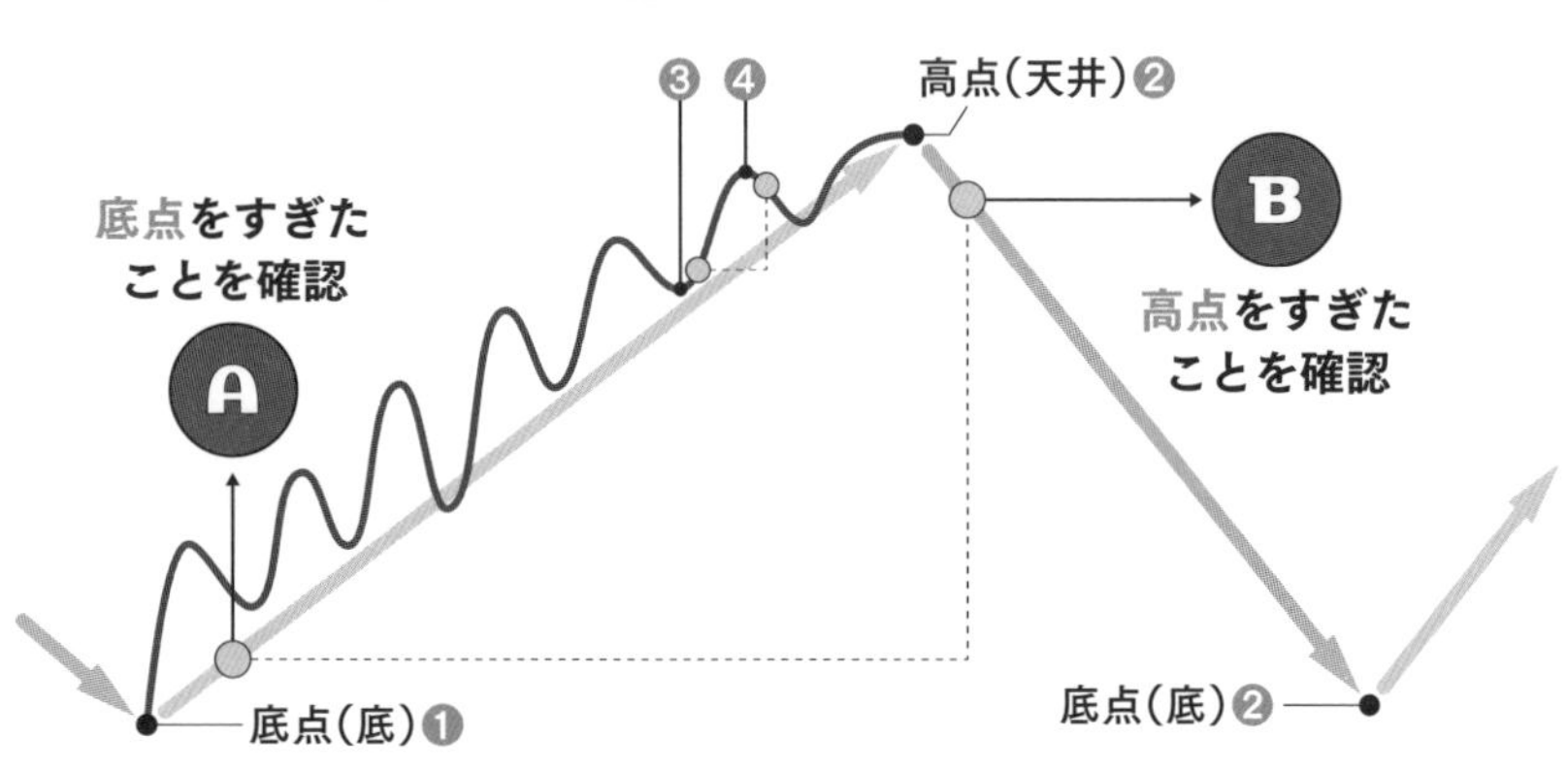

す。スイングトレードの基本も同様に「**スイングの底点をすぎた❸から買い、高点をすぎた❹で売ります**」。

スイングトレードまでできると、「私はゆったり派なのでトレンドフォローだけをやる」「もうちょっとアクティブにスイングをやる」「両方組みあわせる」など、自分の好みでトレード方法を組み立てられるようになります。

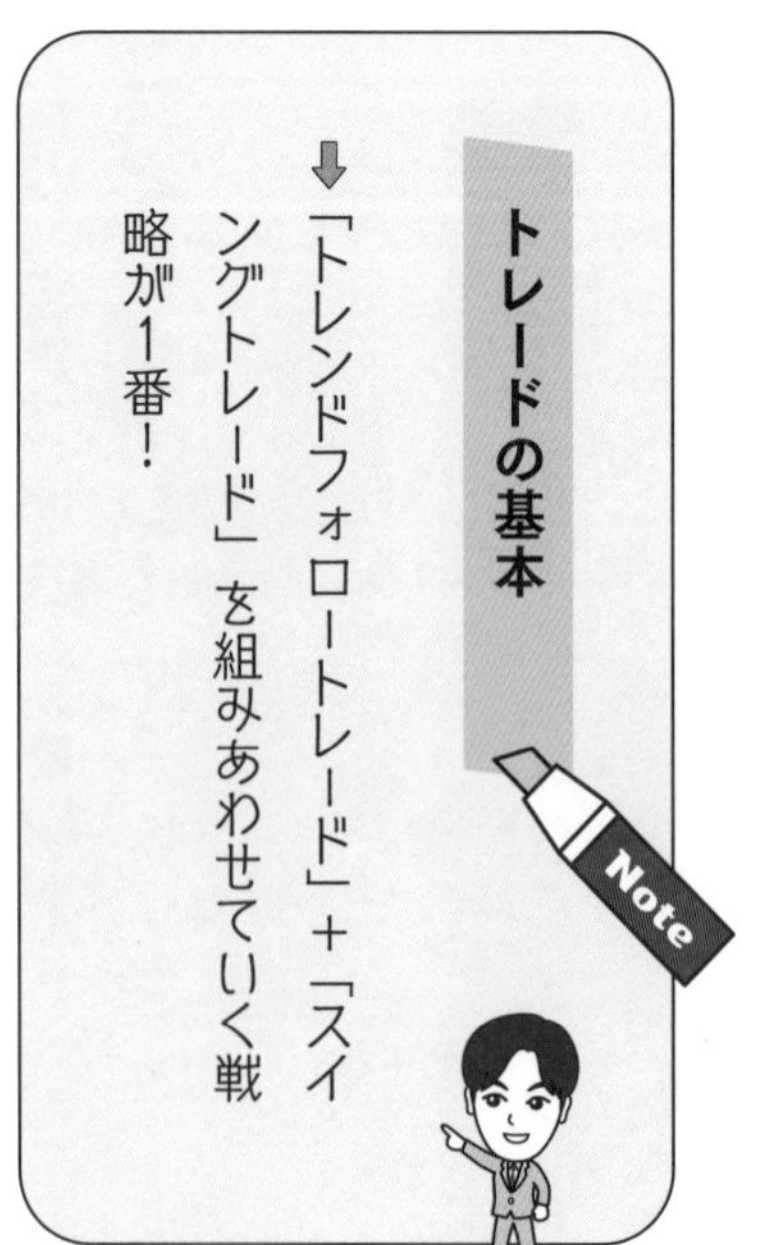

02

4日目の❶-2

トレンドが発生したら買い、継続中は保持、終わったら売る

トレンドフォロートレードを基本にする場合、大事なことはトレンドが発生して、継続、やがて終わることを、どのように見つけるかです。これがうまくできれば怖いものはないでしょう。「トレンドが発生したら買い」「継続しているなら保持」「終わったことがわかれば売る」それだけの話です。では、ここでは何を持ってトレンドが継続して、その流れが変わるのはどうやってわかるかについて考えてみます。

トレンドが継続していると判断する方法

1回発生したトレンドが継続するとは、何を持って確認することができるのでしょうか。

「継続してつくられる波が前回の波より高くなる」ことが確認されるかぎり、そのトレンドは継続すると定義します（次頁図の左）。この定義を満たすかぎりはトレンドが継続しているわけです。上昇トレンドが発生したとき、株価の動きに波を描いてみます。各波の高値と安値が前回の価格より高くなることを「切り上げ」と呼び、**切り上げが続く間は上昇トレンド継続**と判断します（次頁図の右）。

上昇トレンドの継続を確認する方法

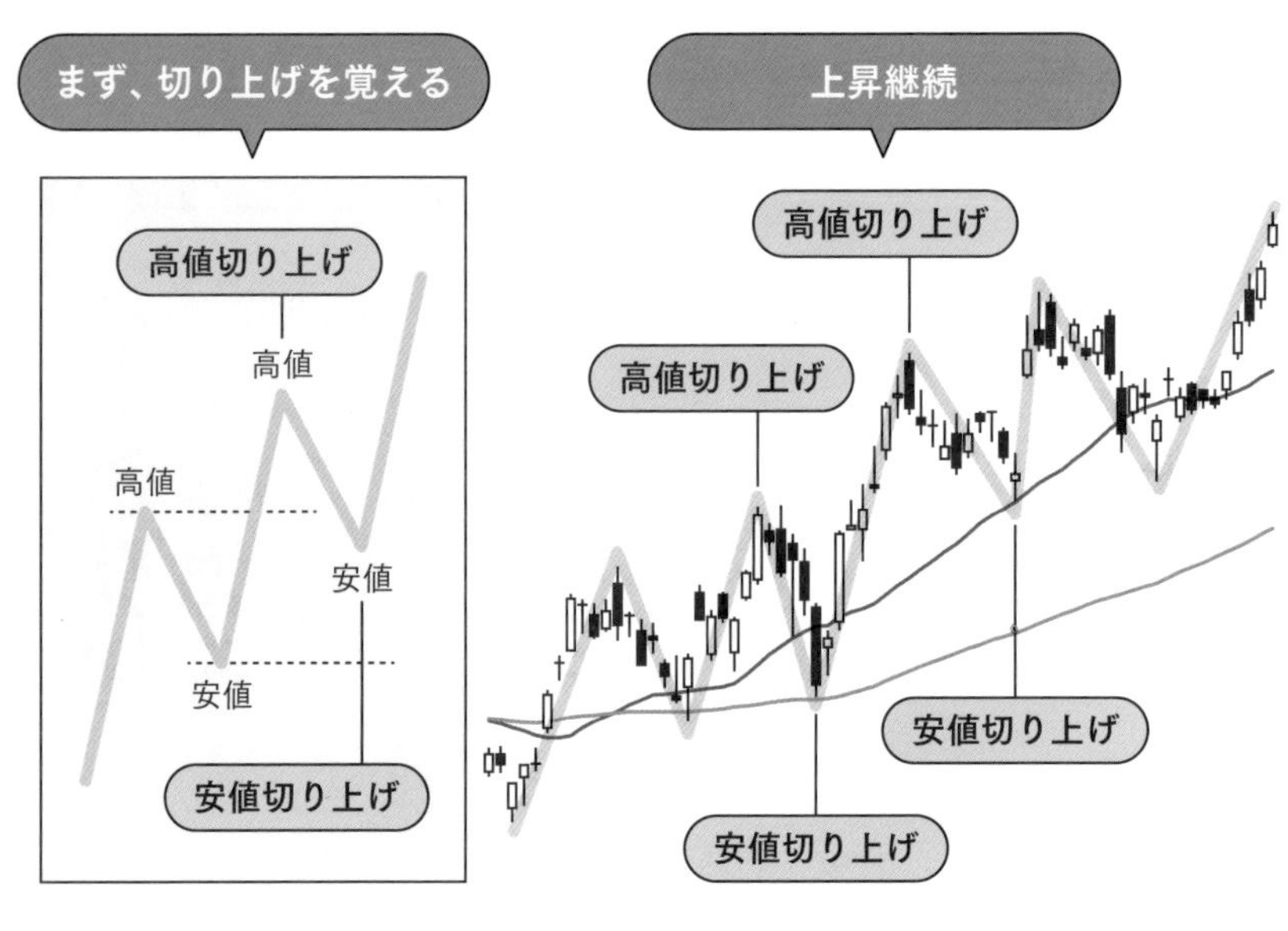

では、下げトレンドの継続は？

上昇トレンド継続の確認ポイントをひっくり返すとそのまま下降トレンド継続になります。**新たにつくられる高値と安値が前回のものより安くなり続けると、下降トレンドが継続する**と判断します（次頁図の左）。実際のチャートに波を書いてみると、その流れは明確です（次頁図の右）。

簡単ですね？　これを確認するだけです。実はこれは**ダウ理論**という名前がついている立派なテクニカル分析の理論ですが、理論の名前は「知っていれば格好いい」くらいに思ってください。なんでもいいので、実際のチャートを開いてサイクルが存在する銘柄に対して波を描いて検証してみてください。夢中になると何時間でも描いていられます。

トレンドが継続しているときにやることは？　何か新たに行動を起こす必要はありません。**買っているなら、保持していればＯＫ**です。トレンドが終

下降トレンドの継続を確認する方法

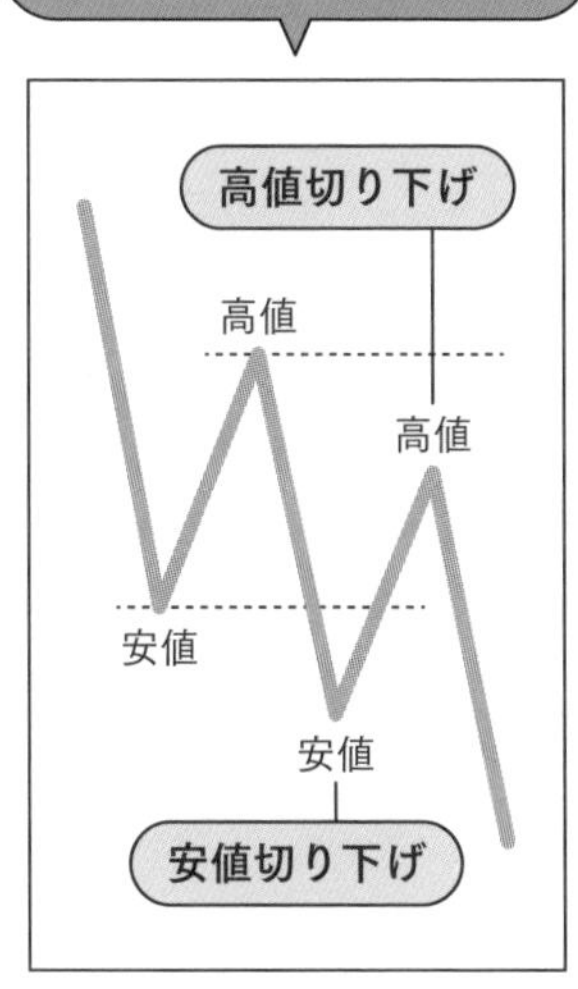

わったと判断して1度売ったあとなら、**下げ続けている間は次の買いのチャンスが来てないので何もしない**、これだけです。

では、継続したトレンドが変わって、反対のトレンドになろうとするのはどうやってわかるでしょうか？

トレンドの過熱と停滞

上昇を継続してきた銘柄は、いずれはその流れが止まり、下げはじめます。つまり上昇トレンドが過熱して天井を迎えるわけです。天井をすぎると、高値の切り上げが止まり、切り下げがはじまります。**ずいぶんと上げてきた銘柄がはじめて高値の切り下げを見せたとき、トレンドが変わりはじめることに気づくことが大事**です。4日目ではトレンドを把握するのが目的で、まだ「いくらで買って、いくらで売るか」はわからなくても問題ありません。焦ら

トレンドの過熱と停滞に気づく方法

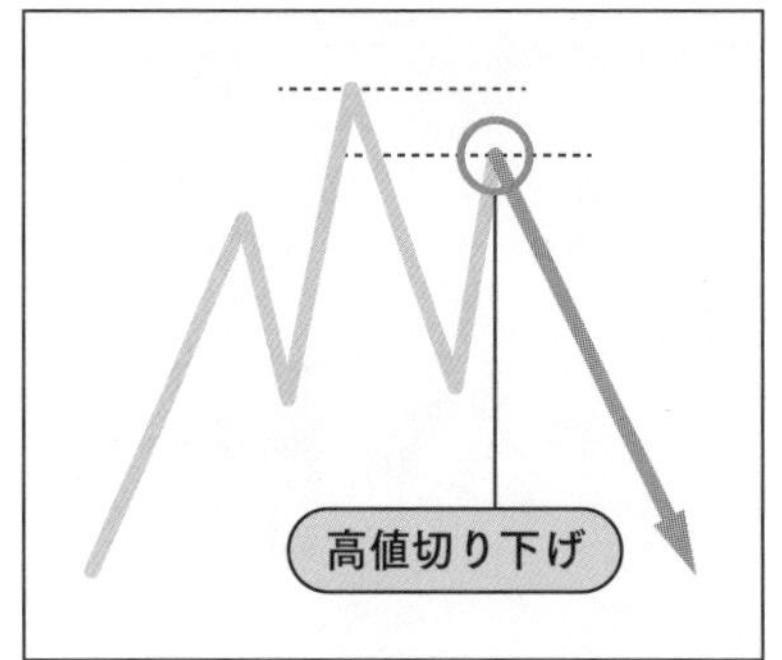

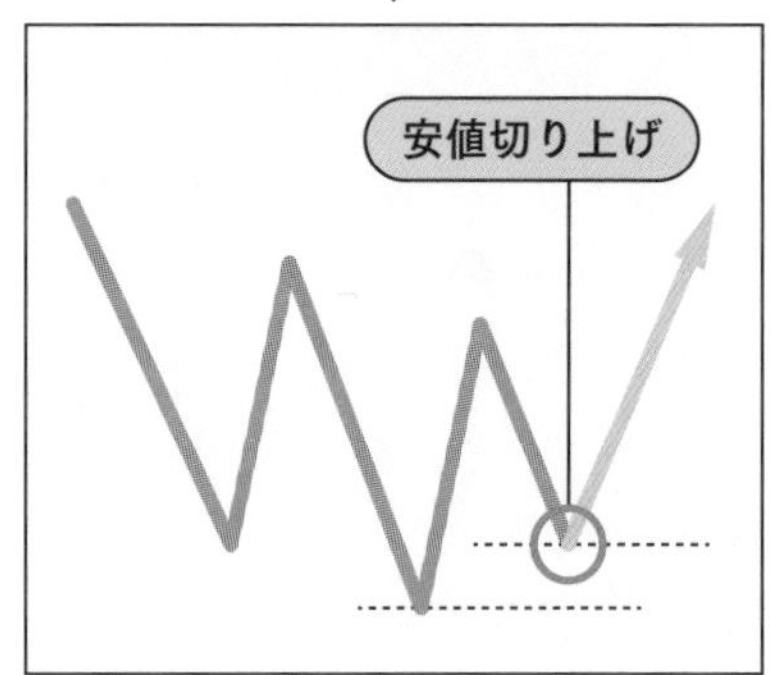

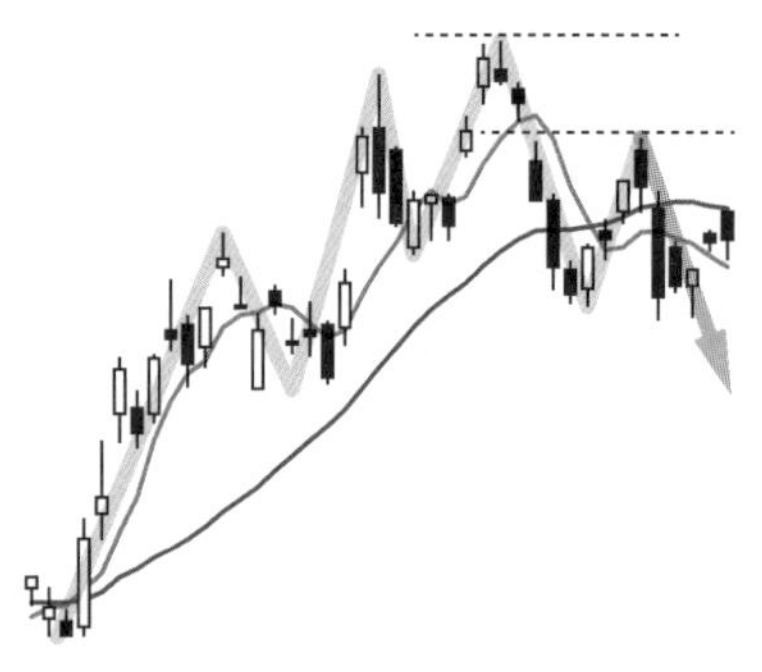

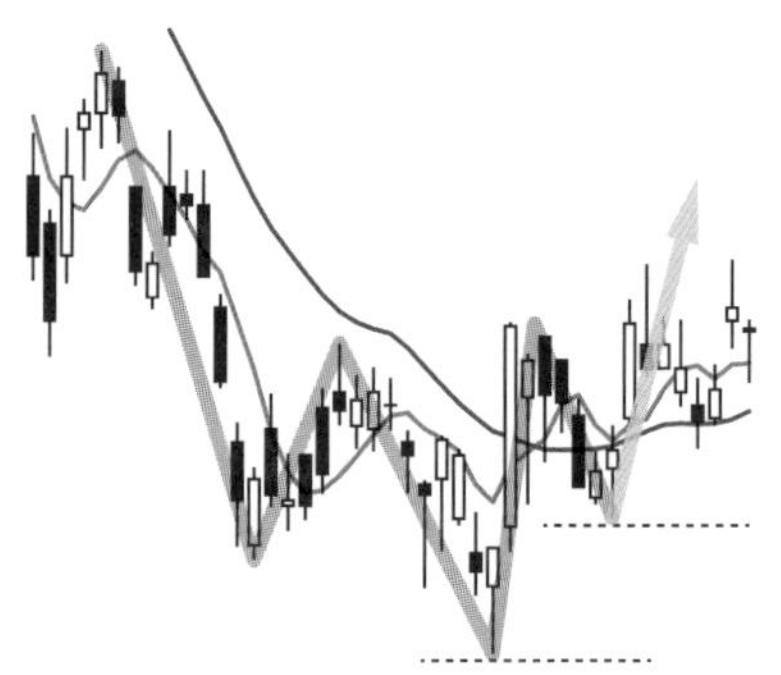

ないでくださいね。

下げるトレンドも一緒です。安値の切り下げが続いてきましたが、ある日をもって下げ止まり、いよいよ安値の切り上げがはじまります。これで大きなトレンドが変わろうとしていることに気づきます。いや、気づいてください。

これに気づくだけでも無謀なトレードをしなくなります。実際の例を見ながら、大きなトレンドの変化を確認してください。

まずはここまで、しっかり覚えてください。

4日目の②-1

サイクルの中でトレンドが形成され終了するまで

上昇トレンドが継続していき、変化を迎えると反対の下降トレンドが発生して、継続、そして終了することでひとつのサイクルが完成しました。

トレンドが形成されて終了するまでのプロセスを株価と移動平均線の関係でモデル化したのが次頁の図です。ここでは大きく2つのトレンドに分けて、各トレンドの形成から終了までを見ていきます。

上昇トレンド（❶〜❸）を理解する

安値の切り上げがスタート、高値・安値とも切り上がる動きが続き、その動きが変わるまでが上昇トレンドです。次頁図の❶から❸までの動きです。

❶ 上昇の準備

安値の切り下げが止まり、小さな波の中で安値の切り上げがはじまります。**株価が20日移動平均線と60日移動平均線の間に挟まれて高値はまだ大きく切り上げないのが特徴です。**

 サイクルの中でトレンドが形成され終了するまで

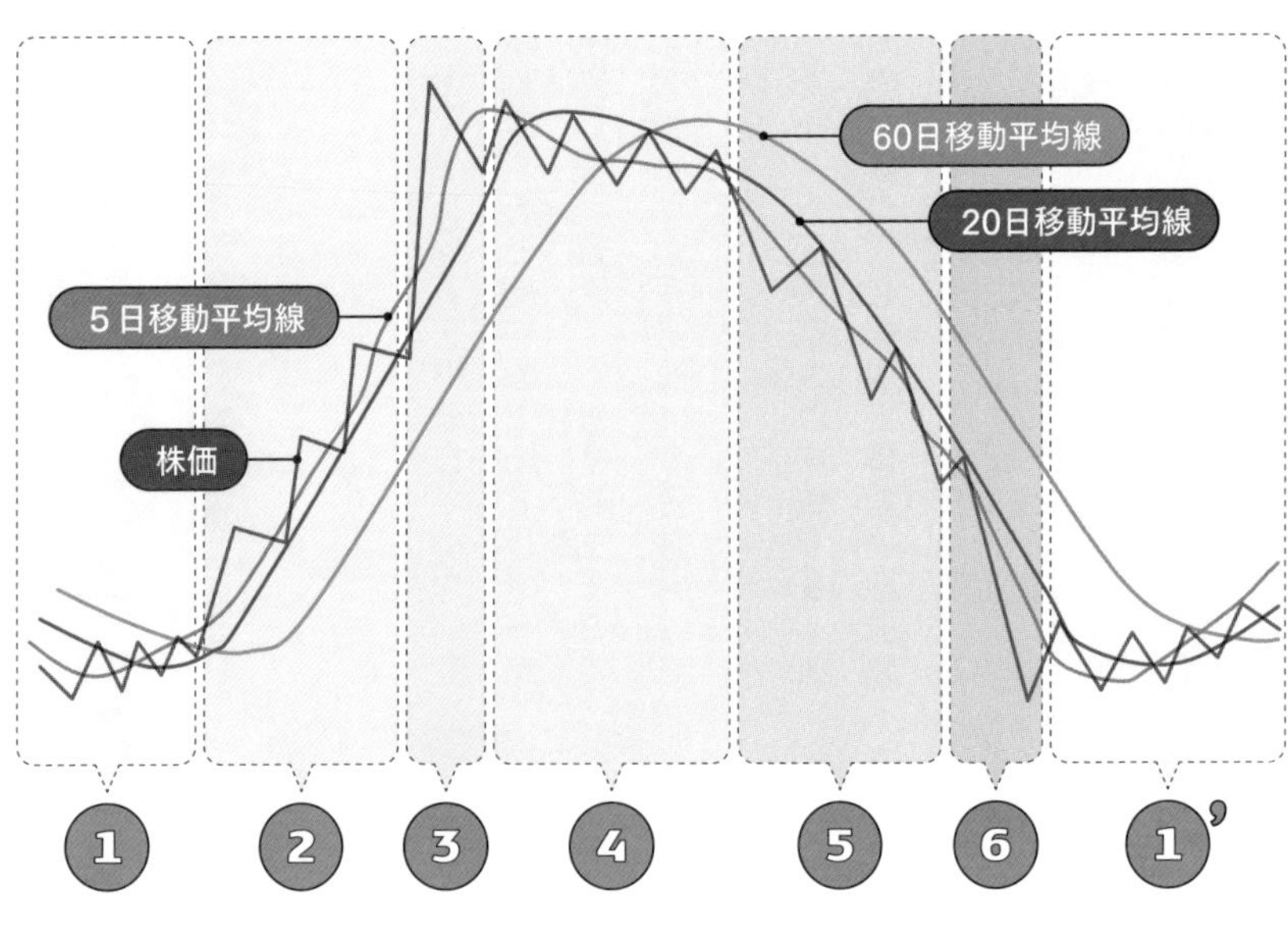

❷ 上昇の継続

株価の動きが活発になって、注目度が高まるので、買っていく投資家が増えます。次第に波が大きくなります。**緩やかに上昇しながら安値と高値の切り上げが続き、安値が20日移動平均線付近で支えられて上昇トレンドに戻るのがこのフェーズの特徴**です。もちろん、高値と安値は切り上げが続きます。

❸ 上昇の過熱

ここまでの上昇で注目度がさらに高まり、メディアで紹介されるなどして一気に買いが進み、過熱します。**❸に入った途端、波が一直線に近い形で大きくなる**のがわかります。緩やかな波が大きくなり、投資家を呼び込むので、初心者が高値づかみをしやすいフェーズでもあります。

過熱するフェーズまで進むと、高値づかみをした

投資家、❶から買って利益が乗っていて、利益確定の売りを待っている投資家、下がるときに利益を取りたい空売りのトレーダーなど、あらゆるトレーダーが集まり動きが段々荒くなってきます。

下降トレンド（❹〜❻）を理解する

天井をすぎた株価は、高値の切り下げがはじまり、高値と安値を切り下げる動きが続いたあと、下げ止まるまで下降トレンドをたどることになります。

❹下降の準備

前述したとおり、多くの投資家の思いがぶつかりあうフェーズです。少しの材料だけでもすぐ上がる、すぐ下げるなど荒い動きが現れます。特徴は❸で**達成した高値に届かずに、高値の切り下げがはじまることです。**

❺下降の継続

本格的に下げトレンドが進行するフェーズです。**上昇の継続とは正反対に、反発するたびに20日移動平均線付近でレジスタンスにあい、再び下がる動きを続けます。**高値と安値が切り下げ続けることが最も顕著に現れるところです。また、「ずいぶんと下げてきたので、そろそろ底じゃない？　早いうちに買ってみようか？」と初心者が錯覚に陥りやすいところでもあります。

❻下降の過熱

投資家の恐怖が一気に現れるところです。❺で錯覚して買ったけど、下げ続けるので怖くなって売り、その売りを見て天井から買ってずっと耐えてきた人たちもパニック的に売り出す、その動きに拍車をかけるように空売りの投資家も加わります。**空から落ちるような下げがきますが、それが一巡すると、こ**

れ以上は売るものがなくなるので、少しずつ買いが**戻ってきます。**

❶' 再び上昇の準備へ

買いが戻ってくることによって下げ止まり、小幅ではありますが安値の切り上げがスタートします。どこかで見ましたね？　はい、❶と同じパターンです。これで次のサイクルがスタートします。

これでめでたし、めでたし……いやいや、まだ終わりではありません。ちょっと考えてみてください。会社は変わっていないのに波が小さくなる大きくなる、業績がいいのに下がるトレンドが発生するなど、不思議な動きを見せる理由はなんでしょうか？

株価のサイクルは人間心理の表れ

ここまで株価のサイクルを構成するトレンドのスタートから、変化して終わり、再びはじまるまでを見てきました。この説明を聞いて何か気がついたことはありませんか？　または自分の経験の中で理解できなかったことが明確になったところはありませんか？　はい、ありますね。まったく同じ！　うん、わかる、わかる！　と頷ける部分もあったのではないでしょうか。

ここで気づいてほしいことは、**多くの人が思っているように株価は業績や世間の景気だけで決まる！わけではない**ということです。業績はすこぶるいい、間違いなくいい会社なのに株価は下がる、このような経験は誰にでもあります。もちろんご多分に漏れず、私も経験しています。そして大胆にも世の中が間違っていると世界に向かってすねていました。

しかし、逆のことを考えてみれば、自ずとわかるはずです。次の質問に答えてみてください。

Ⓠ 業績がいい会社の株が必ず上がるなら、負ける投資家はひとりもいないはず。でも、8割の投資

「負けない」の第一歩は「思い込みを捨てる」

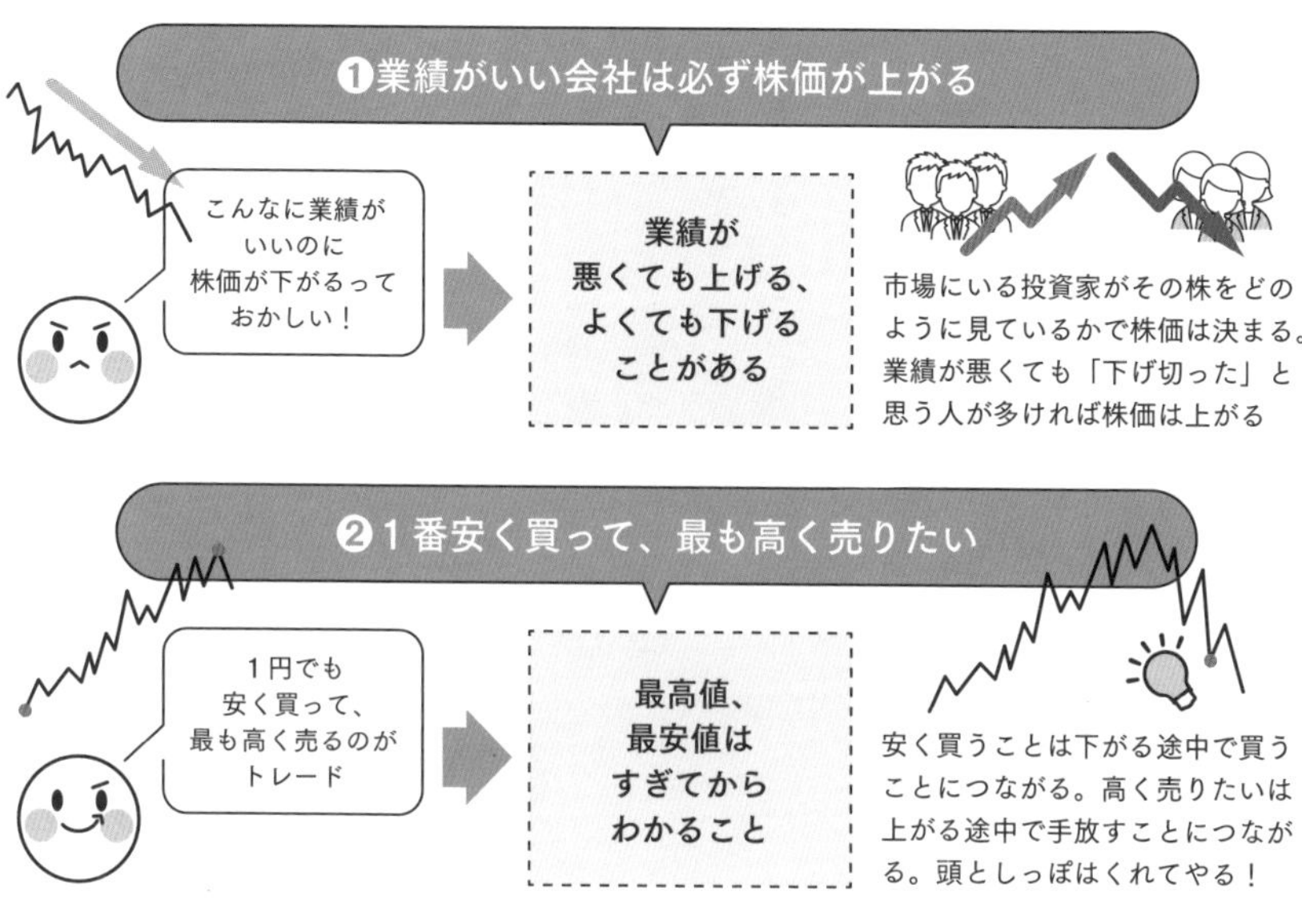

❶業績がいい会社は必ず株価が上がる
こんなに業績がいいのに株価が下がるっておかしい！
業績が悪くても上げる、よくても下げることがある
市場にいる投資家がその株をどのように見ているかで株価は決まる。業績が悪くても「下げ切った」と思う人が多ければ株価は上がる
❷1番安く買って、最も高く売りたい
1円でも安く買って、最も高く売るのがトレード
最高値、最安値はすぎてからわかること
安く買うことは下がる途中で買うことにつながる。高く売りたいは上がる途中で手放すことにつながる。頭としっぽはくれてやる！

家は損失をしているのはなぜ？

答えられないですよね？　業績だけで株価が決まるなら、❻のようなパニック売りが起こる原因は説明ができないし、業績の悪い会社が❸のように急騰する動きがあるのも理解できません。すべては人間の心理が反映されて引き起こされることです。各フェーズでどのような心理が動いているのかは、5日目で実際の投資戦略を覚えながら詳しく見ていきます。

4日目で覚えてほしいこと

⇩「人間の心理が反映されて株価のサイクルは形成され、人間がいるかぎりその動きがなくなることはない」ということ

Note

4日目の②-2

〔投資戦略〕株価の位置にあわせてなりたい自分を変える

ここで素朴な疑問！「株価は業績だけでなく投資家の心理が反映されている」「トレンドの各フェーズも理解できた」➡問題は、だからなに？ですね。あなたの目的は、投資で利益をあげることです。この知識を投資に活かせないなら、なんの意味もないわけです。これから実用的な話をしましょう。ヒントは各フェーズにおいて、自分を変えていくことです。変えた自分にあわせて投資戦略も変えていきます。

上昇トレンドの自分

トレンドの各フェーズでは自分の居場所と自分の姿をイメージしてみてください。イメージが具体的に自分の中に定着したら、それにあわせた投資戦略を覚えて実行するのみです。まず上昇トレンドの居場所と自分の姿からです。

1 上昇の準備 草原を走るランナー

上昇の準備フェーズを覚えていますか？　小幅ではありますが安値を切り上げながら、波はまだ小さくゆっくり上昇トレンドを準備するフェーズでし

上昇トレンドのフェーズにあわせた自分になる

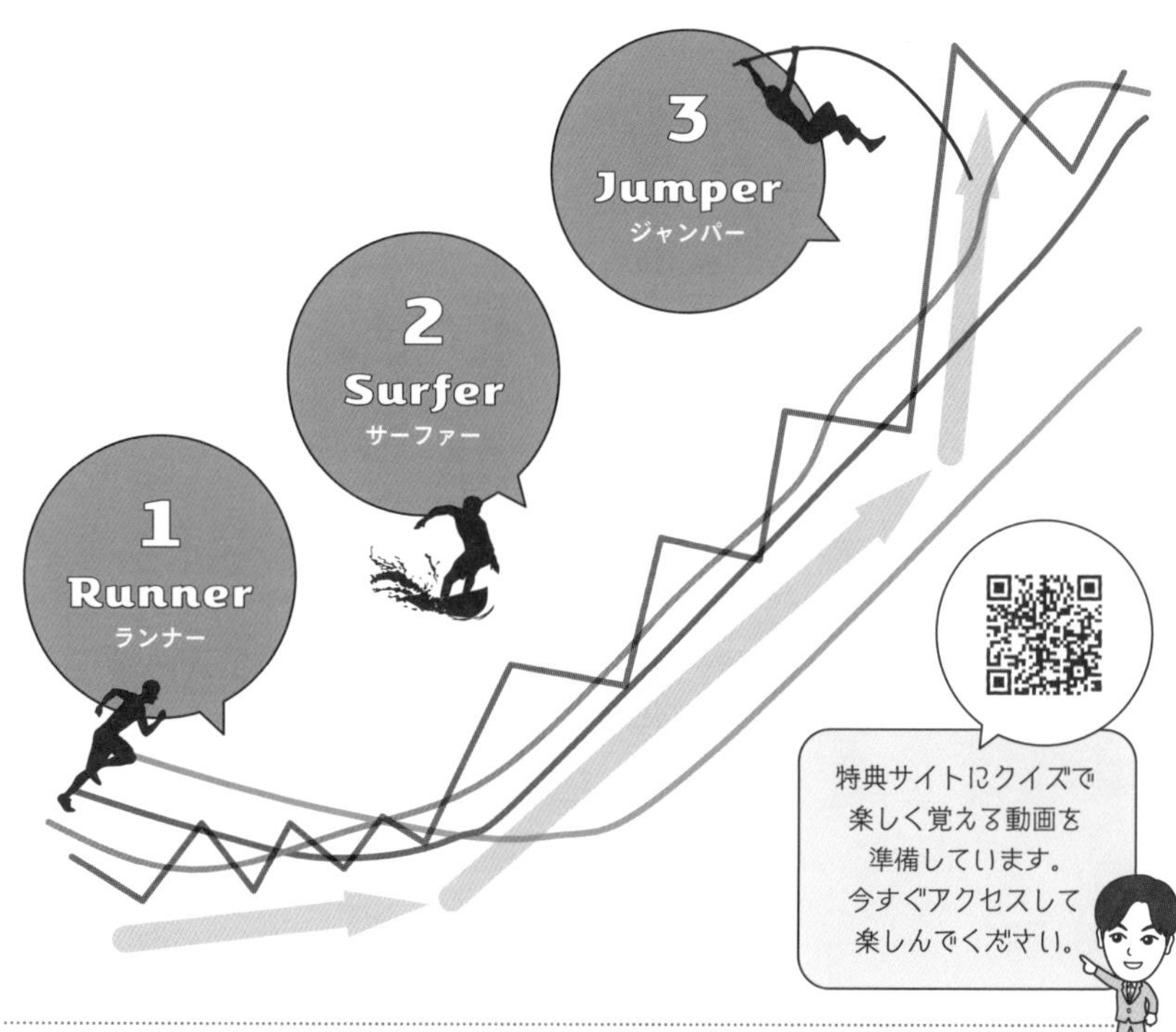

た。ここは草原を走るランナーだと自分をイメージしてください（上図左）。サーファーのように派手に波に乗って楽しむことはあとの楽しみにして、**ここは海までたどり着くために辛抱強く草原を走るランナーになる必要があります**。少しだけ目を閉じてその姿を想像してみてください。

ここでの投資戦略は、この言葉にヒントが隠れています。**派手な利益は期待できないけれど、本格的な波乗りに備えて静かに準備、仕込みをするタイミング**です。「麦わら帽子は冬に買え」という言葉と同じですね。株価の動きを黄色のトレンド線で表すと、少し上向くだけで、気持ちのいい上昇はまだ見られません。具体的な戦略は「**5日目の❶-2 ダイバーからランナーに変わるときが買うタイミング**」で見ていきます。

2 上昇の継続
波に乗る海のサーファー

いよいよ海にたどり着きました。**着替えてボードを持って海に飛び込む時間**です。あとは揺れ動く波に乗って波乗りを楽しむことです（前頁図中）。辛抱強く耐えてきたランナーの時間をすぎると、波に乗りながら大きくなっていく利益を楽しめます。また波を楽しみたい仲間のサーファーがだんだん増えていく時間でもあります。

投資戦略は？　**Ⓐランナーのときに仕込んだ銘柄の利益を大きくするために、波を眺めるだけでもよし（トレンドフォロー）、Ⓑ各々の波に乗って楽しむもよし（スイングトレード）。組みあわせは自由です。**ただし、明らかに上昇の波に乗っているのを知りつつ、空売り（空売りとは、買いではなく、売りからスタートして、株価が下がると利益になるトレードのこと）を仕掛けたりするような無謀なことはしないのが肝心です。具体的な戦略は「6日目の❶-1〔買い戦略❶〕上昇している間、波に乗り続けるサーファーの戦略」で見ていきます。

3 上昇の過熱
バーを飛び越える棒高跳びのジャンパー

波に乗って利益が大きくなっていくのを見た投資家たちが一気に押し寄せてきて、高値に向かって大きく上昇します。自分の力だけでは飛び越えられない高値超えに挑戦する棒高跳びの選手のようです。このフェーズに入ってくると、**バーに近づいているジャンパーだとイメージ**してください（前頁図右）。上昇する矢印も急激に上向きます。その反面、バーを超えてしまうとその分早く下げはじめます。

適切な投資戦略を2つに分けて考えましょう。Ⓐ**トレンドフォローの場合は「過熱してきたので、そろそろ利益確定の売りかな？」**と心の準備をするこ

上昇トレンドの自分と戦略

と。Ⓑスイングトレードの場合は、短期間で上がって短期間で下がるので、短期勝負だということを心得ることです。具体的な戦略は「**6日目の❷〔買い戦略❸〕無事に着地するジャンパーの戦略**」で見ていきます。

下降トレンドの自分

上昇トレンドにおける自分、イメージできましたか？　イメージするのが苦手、難しいと感じたら「**4日目の❷-1 サイクルの中でトレンドが形成され終了するまで**」でお話しした「上昇の準備」などの言葉だけを覚えるだけでも全然問題ありません。大事なのは、各フェーズにおいて投資戦略を変えていく必要があるということなので、イメージであれ言葉であれ、自分にあっている方法で理解できれば大丈夫です。それでは下降トレンドにおける自分をイメージしてみましょう。

下降トレンドのフェーズにあわせた自分になる

下降の準備

4 サバンナのミーアキャット

天井をすぎて下げる準備をするところは、あらゆる投資家の思惑がぶつかりあうところです。ちょっとしたニュースで期待が膨らみ、一気に買われて天井の高値に再び挑戦、しかし誰かが売りはじめると一斉に下げるなど、ピリピリした動きがしばらく続きます。

テレビでミーアキャットの群れを見たことがありますか？　みんな同じ方向を見て立っているかわいらしい姿ですが、敵が現れたり、少しの音だけでも一斉に隠れたり、一斉に出てきて再び仁王立ちする動きは見ているだけでも楽しいです（上図左）。見ているこちらは楽しいですが、本人たちは気が気ではありませんね。

正しい投資戦略は、余裕を持って利益確定をする、または間違って天井で買ってしまった場合は、ミーアキャットの一員にならずに早くロスカットしてしまうことです。ミーアキャット以降の行動は下がるときに利益を得る空売りが基本ですが、ここは別冊で解説する予定なので、楽しみにしておいてください。

5 下降の継続 川のラフティング

本格的に下降トレンドがはじまると、川を下っていくラフティングのつもりでいてください（前頁図中）。**私が解説している正しい投資戦略にしたがっていれば、このフェーズに入る前に利益確定をしたか、ロスカットして逃げたので、ここにはもういないはずです。**まだラフティングをしている場合は、激しい急流に巻き込まれる前に早く降りないといけません。降りて眺めている投資家は「下げが続いているので、まだまだ買いの場面ではない」と認識することが大事です。そして、ここでも降りられなかった投資家たちがパニックに陥って飛び込むのが次のフェーズです。

6 下降の過熱 空のスカイダイバー

最後のパニック売りのフェーズは、空から飛び降りるスカイダイバーをイメージしてください（前頁図右）。ものすごいスピードと下げ幅で落ちるので、いつ止まるか誰にもわかりません。もちろん買うことなんて考える場面でもありません。むしろ、**「ついにパニック売りだ、そのうちランナーに変わる瞬間がくる」と準備をするタイミングです。**ここは非常に大事な場面なので、「5日目の❶-1 **【買い戦略❶】ダイバーがやってはいけないこと**」で詳しく解説しています。

ゲーム感覚でチャートの読みを鍛える

❶ 1人で

ツールでチャートの画面を開き、
そのときの戦略は何かをあてる。
スマホでも気になる銘柄を
次から次へと表示しながら
練習すると効果的

❷ グループで

カルタ遊びのように
司会者がチャートを見せ、
早く言いあてるゲーム。
一緒に勉強する仲間とやると
より効果的

具体的な投資戦略へ

ここまでお疲れ様でした。大変な道のりでしたね！　草原を走って、波に乗り、スタジアムでバーを飛び越えたら、今度はサバンナ、川を下ってはスカイダイビングまでこなしました。大変だったけど、楽しかったのではないでしょうか。だって、株価の動きをミーアキャットやスカイダイバーで説明した人は誰もいなかったし、見たこともないですよね。

このイメージを早く定着させるためには、チャートを開いて自分がどこにいるのか、自分が誰なのかを瞬時に言えるようになるまで練習することです。楽しみながら自分の立ち位置を覚えましょう。

私たちの旅も目標の半分に到達しました。これでトレンドの理解はしっかりできたので、具体的な投資戦略で利益を取りにいきましょう。ひと息入れて元気いっぱいになってついてきてください。

Chapter

5

5日目

株を買うタイミングを覚える

01

5日目の❶-1

〔買い戦略❶〕ダイバーがやってはいけないこと

落ちてきた株価がいよいよ下げ止まり、安値の切り上げがスタート、はじめて買っていくのがランナーです。

これだけ言われると、「なんだ、簡単じゃない」と思えてきますが、これが意外と難しいんです。でも大丈夫！「いきなりこうなったら買いましょう」といった儲かる話をする前に、やってはいけないことから先に考えていきましょう。

ダイブ中にランナーにはなれない

4日目では、1番安いところから買っていくことを目指さなくてもいい、また、目指すべきでもないということを話しました。その理由を実際の例を見ながら理解してみましょう。

投資家がよく陥るワナが2つあります。1つ目は「天井付近で高値づかみをしてしまう」こと、2つ目は「思いっきり下げているところで、底だと錯覚して買ってしまう」ことです。その原因は、なるべく安いところから買って高いところで売りたいという人間の本能です。

次頁図の❶を見てください。スカイダイバーの時間帯が続いています。現在の動きを見るかぎり、下

ダイブ中にパラシュートを外す人はいない

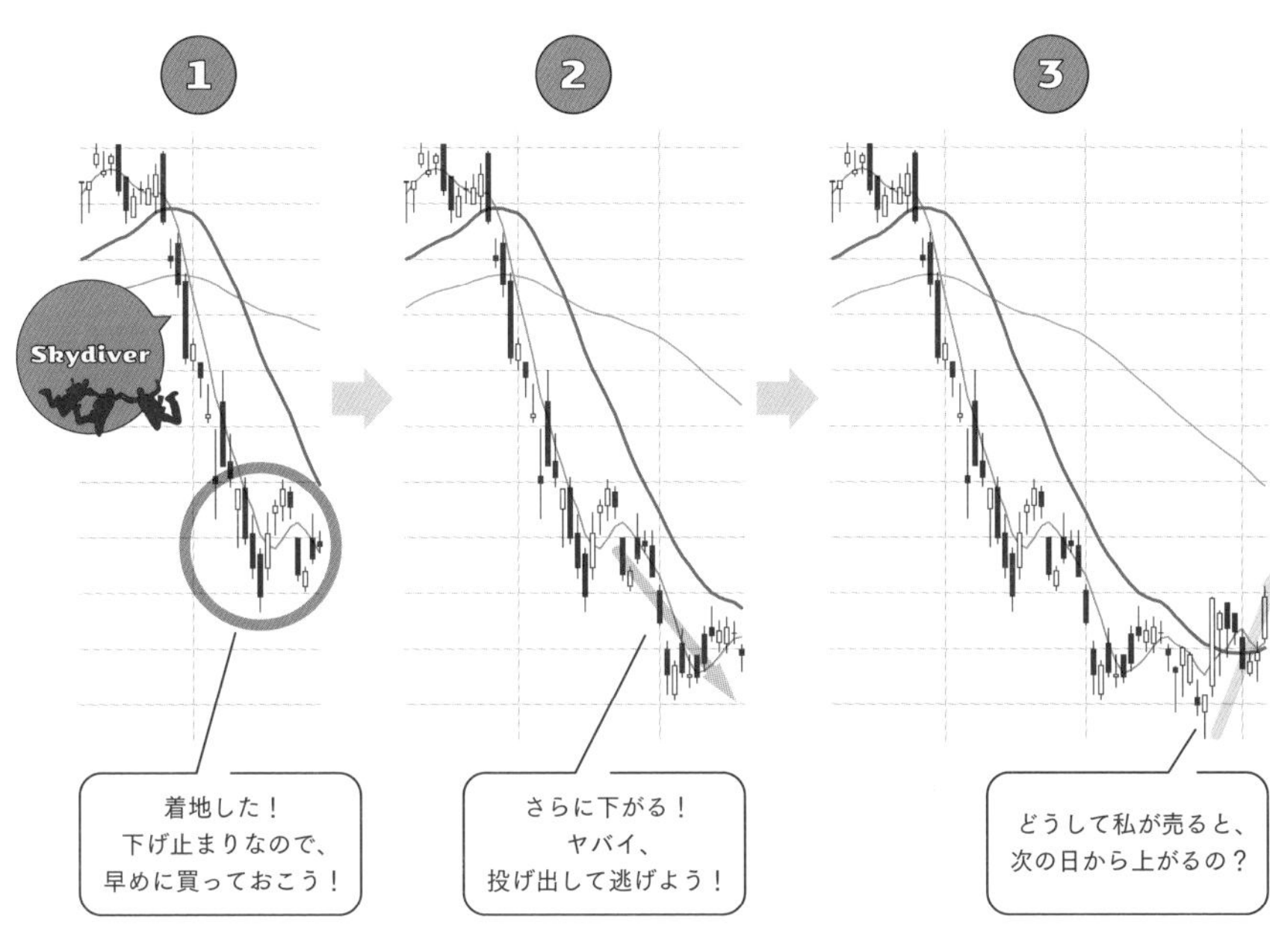

げ切ったと判断できる材料は何ひとつありません。しかし多くの人が、ここで「着地した！下げ止まりなので、早めに買っておこう！」と思い込んで買ってしまいます。しかし、結果は完全に裏目、さらに下げてしまいます（❷）。焦りますね。途中で買って焦る人だけでなく、天井から買ってガマンしていた人も下げが早まるのを見て恐怖を感じます。耐えきれなくなった投資家が投げ出したら、下がるスピードは怖いほど速くなります。結局怖くなった次の投資家が投げ出して、売りが売りを呼ぶ展開に。安いところで買ったと喜んでいた自分も怖くなって投げ出してしまいますが、あら、不思議！自分が投げ出すと次の日から上がる動きがはじまります（❸）。

パニック的な売りが出て、焦る人がいなくなれば、買われていくしかありません。しかし、その背景がわからない人にはいじめられているとしか思えないわけです。こんな経験、ありませんか？

株を安く買いたいと思うなら、自分が底だと思っているところが本当の底なのか1度だけ立ち止まって考えてみてください。**「今日こそ底だ」と思っているなら、それは底ではありません。「ここが底値だった」といえるなら、それが買いのタイミング**です。大事なので、忘れないでください。

確認ポイントさえちゃんと覚えていれば、現在の位置をチェックして買うか買わないかを決めるのに30秒もかかりません。30秒を使って数十万円の損失を防ぐことができるなら、それこそコスパは最高だと思いませんか？

原則はひとつ、これだけ覚えてください。

Note

〔原則❶〕下降中にやってはいけないこと

パラシュートを外してランナーにならない

落ちてくる途中でパラシュートを外す人は誰もいません。しかし**投資の世界では不思議なことに、途中から外していきなり走り出そうとします。**落ちきってないのに走り直そうとするので、当然、前に進むことはできません。すさまじいスピードで地面に衝突するだけです。

走り出してから買っても遅くない

焦って早く手を出してしまうのは、少しでも安いところから買って利益を大きくしたいという欲望です。しかし高い確率で損失を被ってしまい、むしろ資産を減らしてしまいます。

本書で説明しているトレンドフォローのトレードに慣れると、1番安いところから買うことに大きな意味はないことに気づきます。もちろん、偶然にも最安値で買って大きな利益をあげることもありますが、毎回それを当てるのは不可能に近いことです。スーパーにいって、今日はネギの最安値だ、と毎回当てることができますか？　ネギの最安値が当てられないのに、株の最安値がどうしてわかるのでしょうか？

相場の格言にも「頭としっぽはくれてやれ」という言葉があります。トレードを続ければ続けるほど、これほど正しい言葉はないと実感します。しっぽくらいは切ってあげてしまってください。もう一度頭にしっかり叩き込んでおきましょう。**底をつけて上昇がはじまったことを確認して走り出しても、全然悔しくないくらいの利益を得ることはできます。**また1つの銘柄でそこまで大きい利益幅を上げることができなくても、3700以上ある銘柄の中にはチャンスが巡ってくる銘柄が必ずあります。

下降中にやってはいけないこと

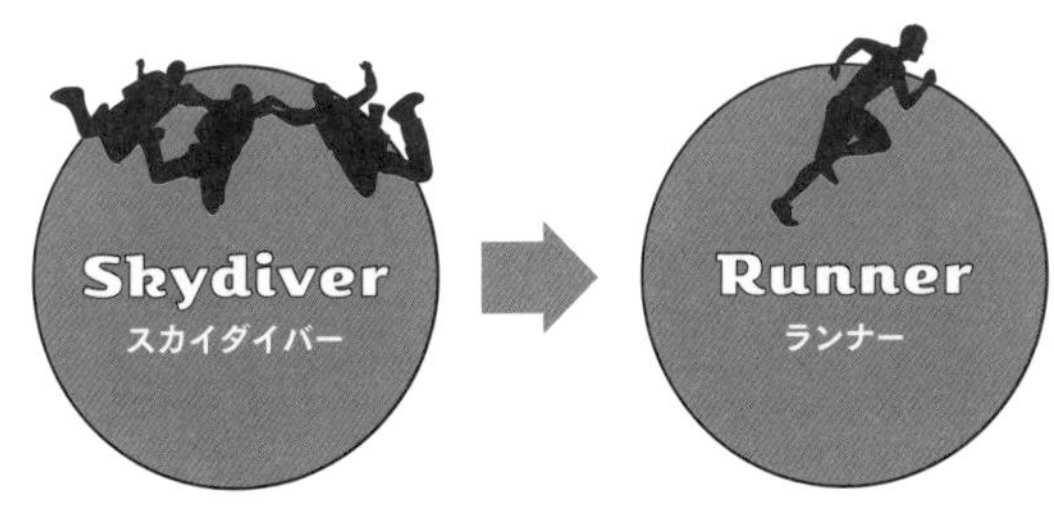

落ちる途中でランナーにならない

落ち切ったことを確認して走り出す

5日目の❶-2

ダイバーからランナーに変わるときが買うタイミング

それでは下げ切ったことを確認して、走り出す（株を買う）準備をしましょう。ここからが本番です。上昇の準備に入ったことを確認して、ランナーになる時間です。ランナーの投資戦略を理解して、具体的な例を見ながら株を買うタイミングを覚えましょう。

落ち切ったことを確認するポイントは4つ

スカイダイバーが、着地してランナーになる準備ができたことを確認できるポイントは4つです。次々頁図を見ながら、一つひとつ確認していきましょう。

ポイント❶ 安値の切り下げが3回以上

そろそろ底打ちになるかな？　という銘柄が見つかったら、まず下がっていく波を書いてみて、安値の推移を確認しましょう。**60日移動平均線を割り込んだ株価が、安値の切り下げを3回以上継続してい**

るのが最初の条件です。2回だけでは、下げがまだあまいと考えます。次頁図の例は7回に渡って切り下げが続いたので、ポイント❶はクリアしました。

ポイント❷ 下げの期間が60日線割れから3カ月以上

下げた期間が2カ月未満だと、まだ下げ切ったと判断できません。**数えはじめるタイミングは株価が60日移動平均線を割ってから**ということを必ず覚えてください。下降トレンドは60日移動平均線を割り込んでからが本格化するからです。3カ月はひとつの目安で、大体2カ月をすぎると、そろそろか？と検討しても大丈夫です。次頁図では5カ月にわたって下げているので、ポイント❷も条件クリアです。

ポイント❸ 安値の切り上げスタートを確認

下降トレンドが終わったことを確認します。下降トレンド継続は安値と高値の切り下げが続くことですが、**安値の切り上げが1回でも現れたかどうかを確認**します。次頁図では❶で安値の切り上げが確認されています。**底値から1円でも高くなっていたら安値の切り上げだと考えていい**です。基準があまいようですが、そのかわり1円でも底値より安くなっていたら切り下げ継続と判断します。ここは厳しく判定してください。

ポイント❹ 安値の切り上げ2回目＋トレンド転換

ポイント❸まで確認して、下降トレンドもそろそろ終わりかなと思っていても、まだ安心して買ってはいけません。安値切り上げ1回くらいでは再び

スカイダイバーの着地を確認するポイント

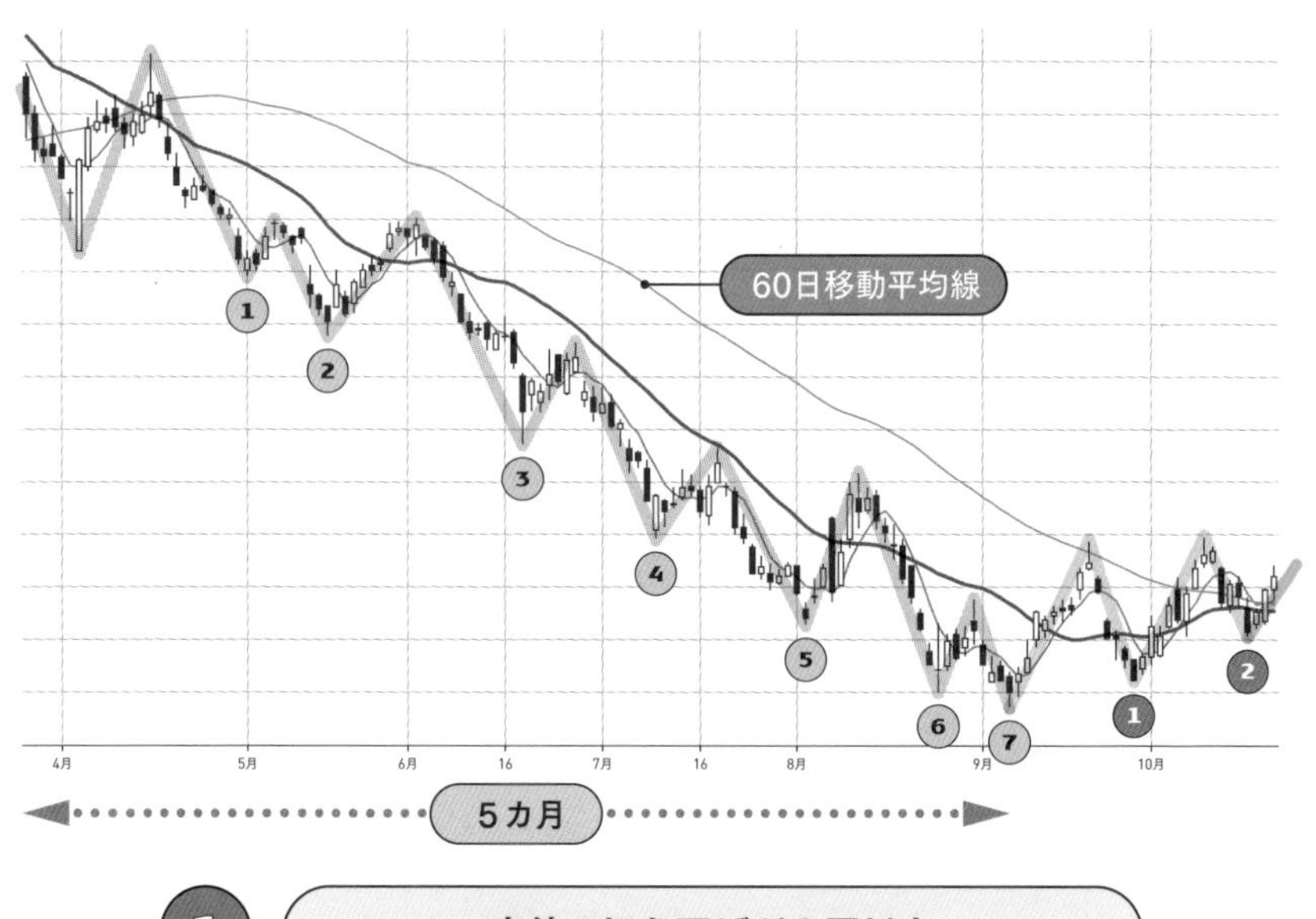

1. 安値の切り下げが３回以上
2. 下げの期間が60日線割れから３カ月以上
3. 安値の切り上げのスタートを確認
4. 安値の切り上げ２回目＋トレンド転換

下がってしまうこともよくあるからです。こちらもやはり1円でもいいので安値の切り上げが2回現れたこと、上に向かってトレンドが転換したことを確認したら、買っていきます。上図の❷を見ると、安値の切り上げの2回目が現れています。

残る疑問は「上に向かってトレンド転換とはどういうことか？」と「買っていきますとはいくらで買うか？」です。安心してください。あとでわかりやすく説明します。

理論　「買う値段の設定」と「ロスカットの設定」

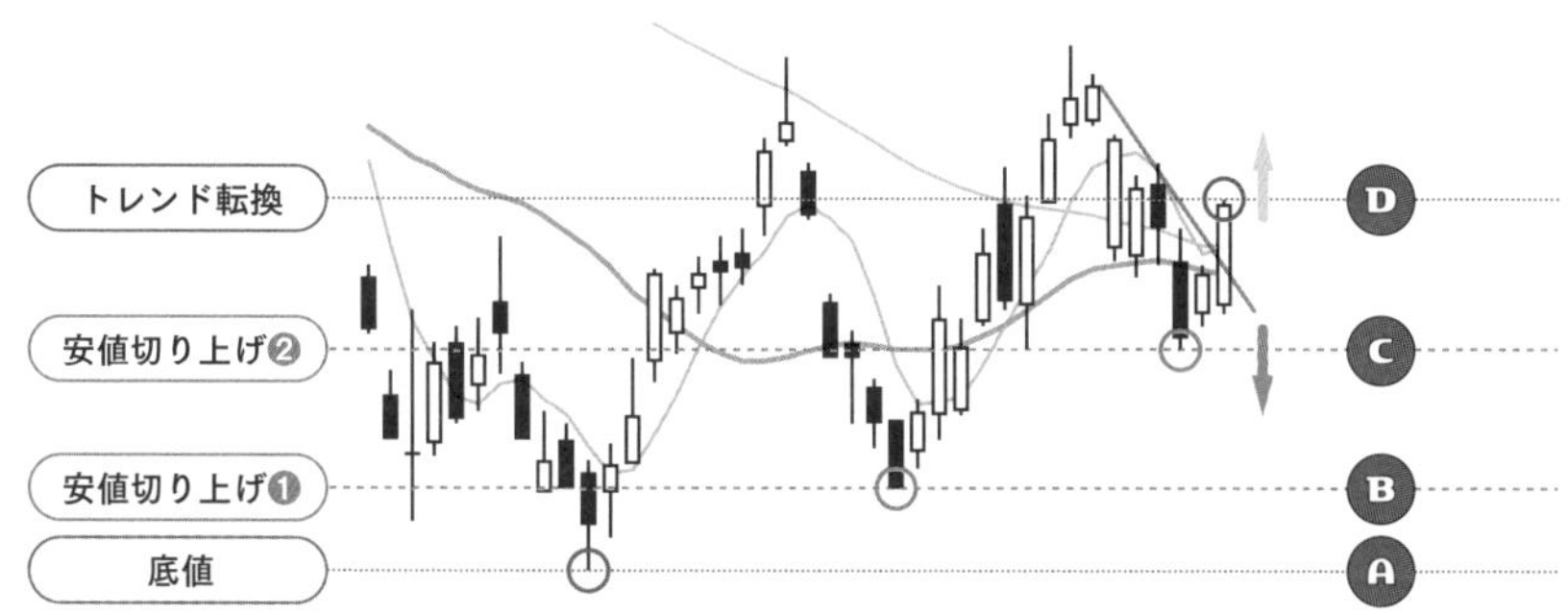

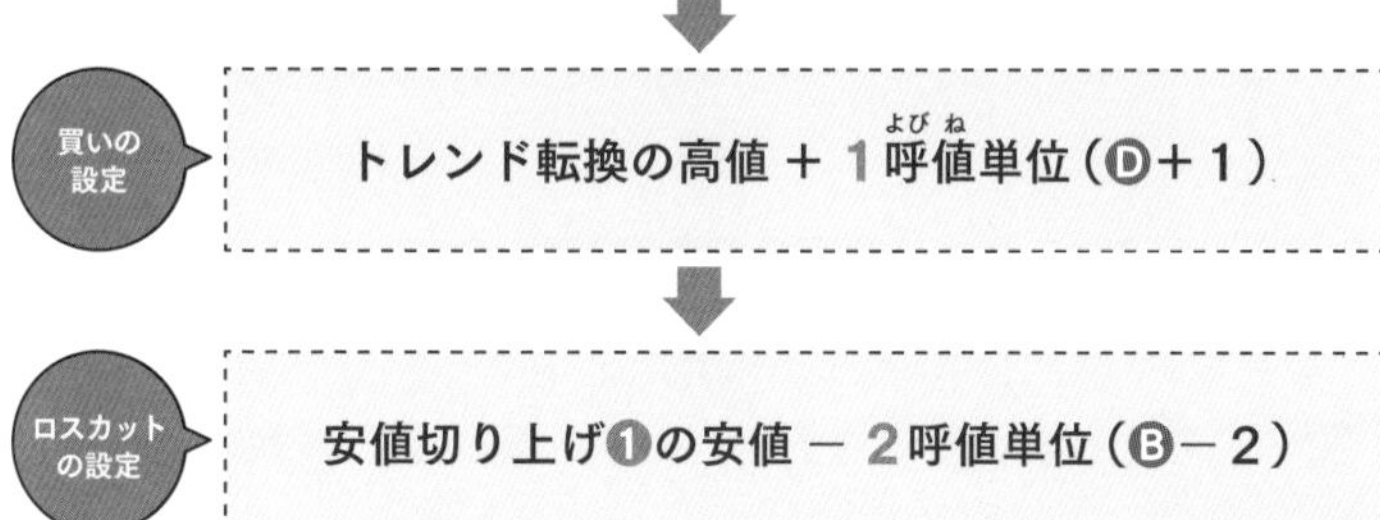

ランナーとして走り出す、「買う値段の設定」と「ロスカットの設定」を覚える

上図を確認すると、安値の切り上げが2回現れて、60日移動平均線を上に抜けてきた（Ⓓ）ことが確認できます。この段階は、もうゆるやかにランナーの領域に入っていると考えてよさそうです。4つのチェックポイントをクリアできたら、買いのチャンス！　ここでひとつ覚えましょう。

ポイントは、2回目の安値切り上げが確認できたことです。安値の切り上げがはじまるということは、下がる波が終わり、上に向かって波が

実践 「買う値段の設定」と「ロスカットの設定」

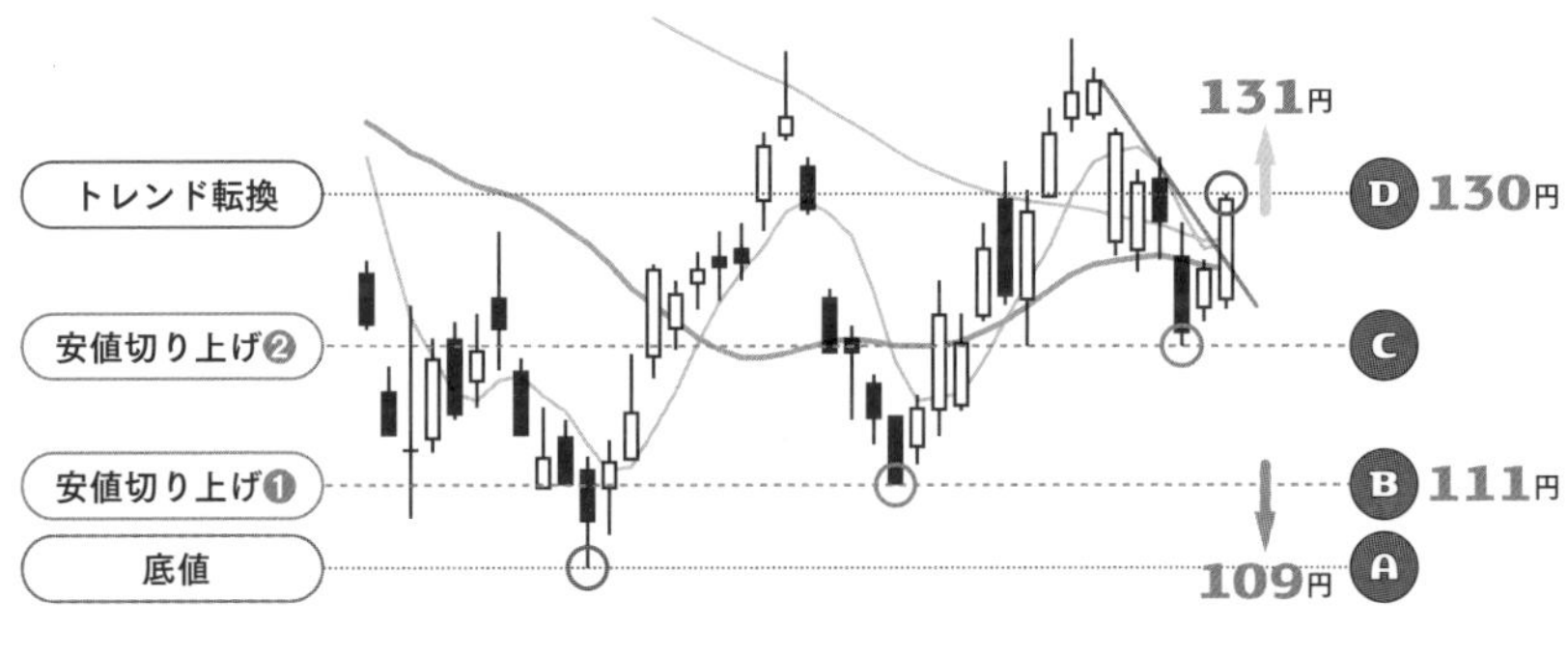

買いの設定

トレンド転換の高値 130円＋1円（Ⓓ＋1）＝131円以上

ロスカットの設定

安値切り上げ❶の安値 111円－2円（Ⓑ－2）＝109円以下

変わったことを確認する必要があります。これを「**トレンド転換**」と呼びます。トレンド転換に関しては後ほど詳しくお話しするので、まず買いのポイントを抑えましょう。

たった2つだけです。

具体的な数字で「買う値段の設定」と「ロスカットの設定」を実践してみる

Ⓓ、Ⓑなどの記号が入るとわかりにくいので、実際の数字をあてはめて計算してみましょう。上図に実際の数字を持ってきました。底だと思われる値段Ⓐが109円、安値の切り上げ❶のⒷが111円、トレンド

「買う値段の設定」と「ロスカットの設定」を覚える

買いの設定

トレンド転換の高値（Ⓓ）＋ 1呼値単位

ロスカットの設定

安値切り上げ❶の安値（Ⓑ）－ 2呼値単位

株価の注文を出すときに注文できる値段の刻みのこと。
100円台の株価なら110円、111円のように
「1円単位」で注文できるというのが呼値単位。

転換した高値Ⓓが130円です。

どうでしょう？　数字を入れてみると意外と簡単ですね。覚えるといっても、買う条件がそろっているのか確認してプラス1円、マイナス2円のように、足し算と引き算をするだけです。意味を考えると、**「この銘柄は131円を超えてくると上昇をはじめそうなので、131円以上になったら買う。しかし、反対に動いてしまったら、109円以下になる段階で損失限定の売りをする**」となります。

ここでもうひとつ、すっきりしないことが出てきました。「ロスカット」とはなに？　なんでそれを一緒に考える必要がある？　ということです。トレンド転換とともにお話しするので、こちらも心配し

ないでください。

投資というと、難解なチャートを見ながら、難しい記号がずらずらと並べられた数式と戦うのを連想しやすいですが、実はそんなことはまったく必要ありません。まずはこのシンプルな前頁公式を適用して繰り返していくだけです。

足し算、引き算ができれば
投資はできる！
戦略をつくるときも掛け算すら
出てきませんでしたね？
これでいいんですか？
はい、いいんです！
不安と思わず、まずは
実践してみてください

落ち切ったことを確認して買うタイミング

1. 4つの確認ポイントを確認
2. 1つでも満たしていなかったら
3. 必ず立ち止まって慎重に判断する

⬇私は下がる途中でパラシュートを外そうとしていないのか

Note

03

5日目の❷-1

投資家としての1つ目の武器「トレンド転換線」を手に入れる

解決すべき問題が2つありました。「❶トレンド転換が確認できたらというけど、トレンド転換ってなんぞや?」「❷ロスカットの設定」です。この2つをクリアすればこの買い戦略は完璧にマスターできそうです。ここでいいニュースがひとつ！ この2つの謎をクリアすることでランナーの戦略が完成できるだけでなく、サーファー、ジャンパーの投資戦略も一瞬でわかるようになります。投資家に必要な強力なスキル、魔法の線とロスカットをマスターしましょう。

投資家の必須スキル❶ 魔法の線⬇「トレンド転換線」とは？

まず、私がよく魔法の線と呼ぶ「トレンド転換線」です。トレンド転換線はその名のとおり簡単な1本の線ですが、多くのトレーダーに莫大な利益をもたらしてくれる線です。それが魔法の線と呼ぶ理由です。私が英語で指導した海外の生徒は「Magic Line」という名前で覚えているほどです。

やりたいことはすごくシンプルで、**波の高点から底点まで下降トレンドが進んで、底点をすぎて上がる流れに変わりましたというタイミングを確認するためのもの**です。それが確認できたら、あとは買い

トレンド転換線の考え方

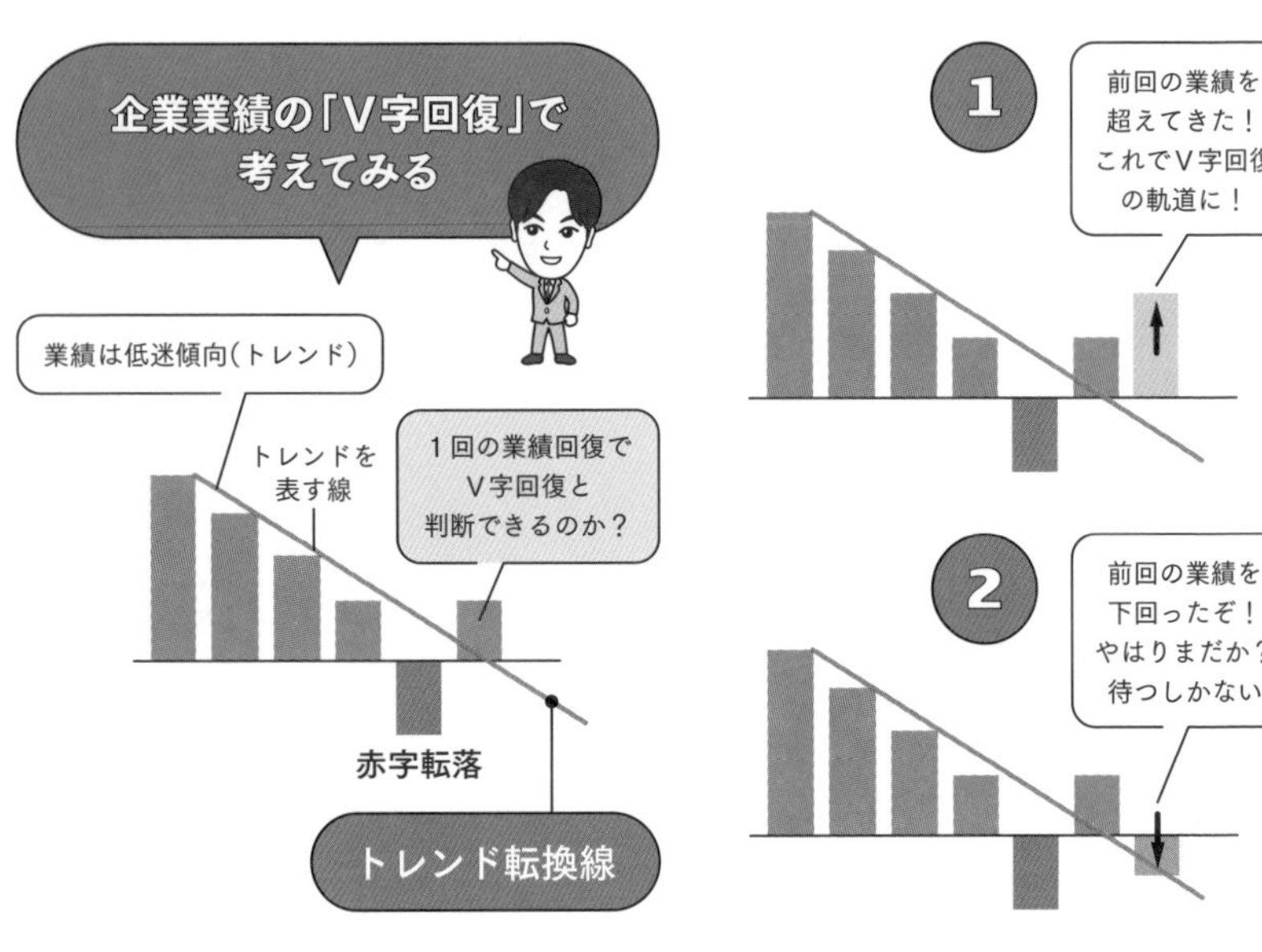

のポイントに沿って買うだけです。

いきなりチャートで説明すると難しいので、身近な例で企業の業績に例えて考えてみましょう。

上図の左側はとある企業の業績推移を示しています。業績が停滞気味で、4年間業績が前年を下回る流れ（下降トレンド）が続き、5年目にはついに赤字に転落しました。もちろん、すでに業績低迷期から敬遠していた投資家は見向きもしなくなります。この会社への投資について、あなたが投資家として判断してみてください。

赤字転落した企業が翌年に1回黒字転換したからといって、この企業はV字回復をはじめたと確信できるのか？　そして、喜んでこの企業に投資するのか？　ということを自問自答してみてください。

おそらく、はい！　とは言えないでしょう。今までの流れがあるので、1回くらい偶然黒字になることもあるかなと疑ってしまいます。では、回復軌道に乗ったと考えられるのはどんな場合ですか？

株価でも同じことがわかる

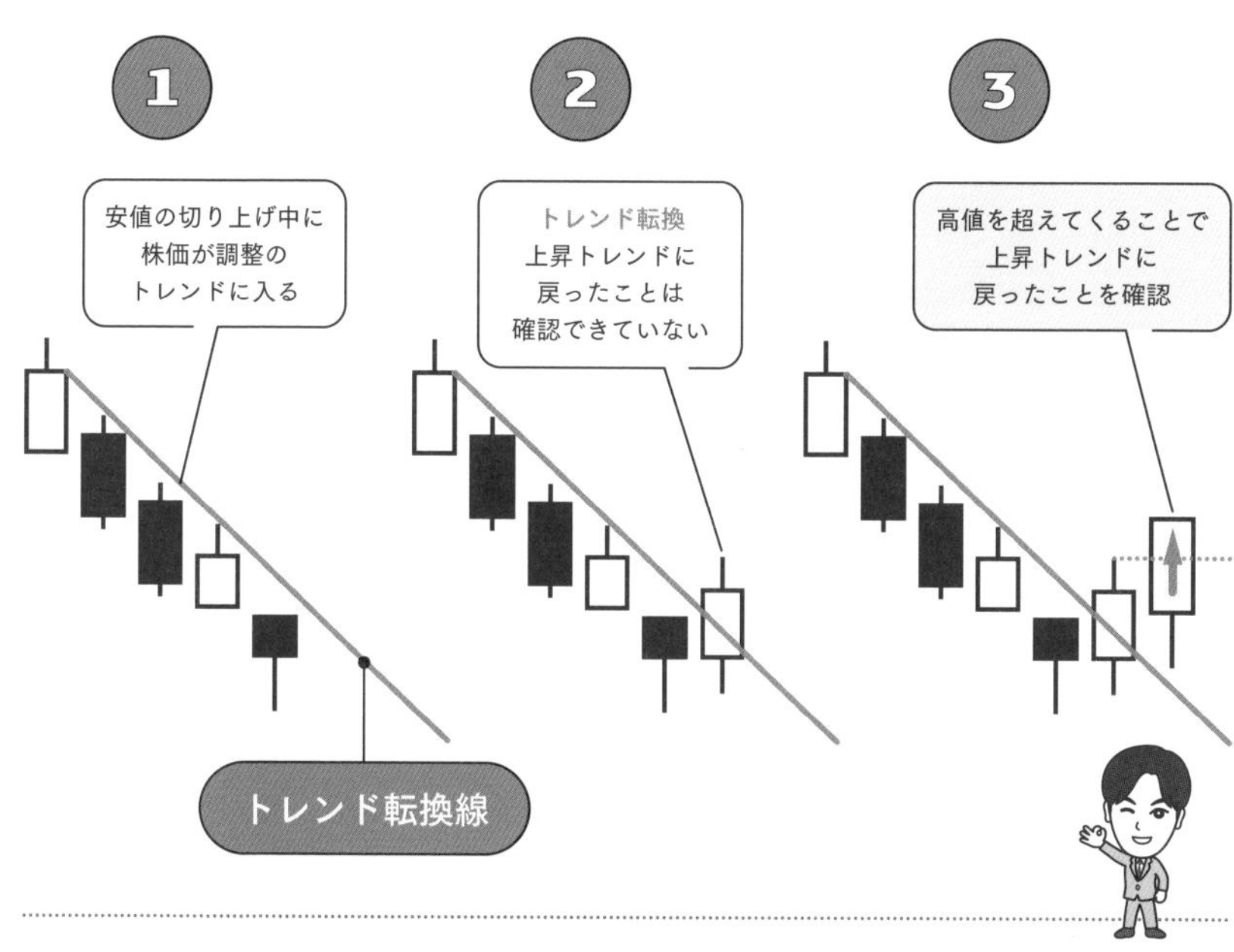

❶のように黒字転換した6年目の業績を翌年にもう一度越えてきたら、本物の回復がはじまったと思えませんか？　逆に❷のように翌年はもう一度赤字に転落してしまうと、本格的な回復まではまだだな、もうちょっと待ったほうがいいなと判断しますよね。

企業の業績を株価の動きに置き換えて考えても同じ心理が働いているのがわかります（上図）。波に乗りはじめた株価が調整に入って下げてきます（❶）。いつ下げ止まって切り返し、次の上げる波がはじまるかわかりません。この動きを1本の線で示したのが❶のトレンド転換線です。**ローソク足がこの線の左側、または下にあるときは、まだ下降トレンドが終わっていない**ことを確認できます。❷のタイミングで1日だけトレンド転換線を下から上に抜けてきました。黒字転換ですね。これで下がる波は終わり、次の波がはじまったと確認できるのでしょうか？　まだです。また赤字転落するかもしれません。

では、どうすれば次の波に入ったと判断できるかというと、❷でつくられた高値を超えてきて**2番目の黒字を達成したら、V字回復となる**わけです（❸）。これを応用して、ランナーの買いポイントを決めます。

トレンド転換線の描き方と買い方を習得する

トレンド転換線の描き方は実はシンプルなので、すぐに慣れます。もちろん最初は簡単ではありませんが、何回も練習して検証していくうちに「なんだ、そんなものか」とわかってくるはずです。

次頁図の詳しい描き方と買いポイントを覚えてください。そしてこれを参考にして、**実際のチャートの上に何度も描いてみてください**。これができると、サーファーもジャンパーも今すぐにでも買い戦略の実行ができるようになります。

描き方の練習は特典動画でたくさん試してください。効果が倍増します。

これで「トレンド転換」の謎は解けました。株式投資のみならず、先物、商品先物、FXなどあらゆる投資に使えるスキルなので、ぜひマスターしてください。

次の武器はロスカットです。

トレンド転換線の描き方

http://www.tbladvisory.com/members/register/booklecture1/

トレンド転換線の描き方と買いのポイント

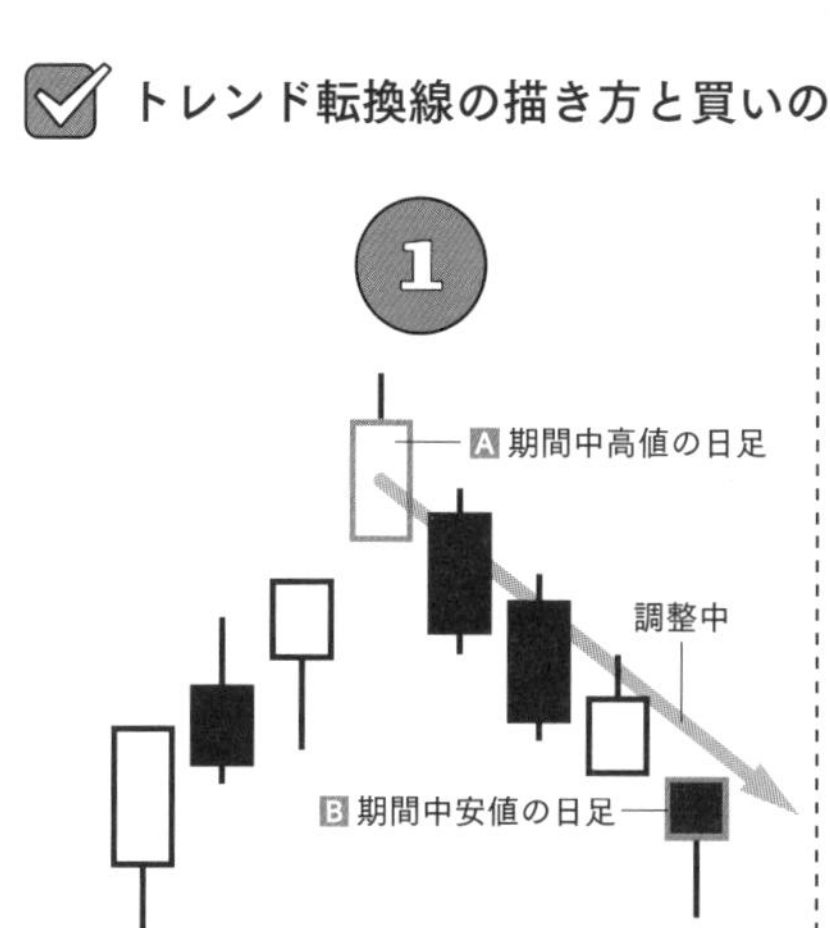

調整が進む期間において、
実体を基準にして
直近の高値と安値を探す（A、B）

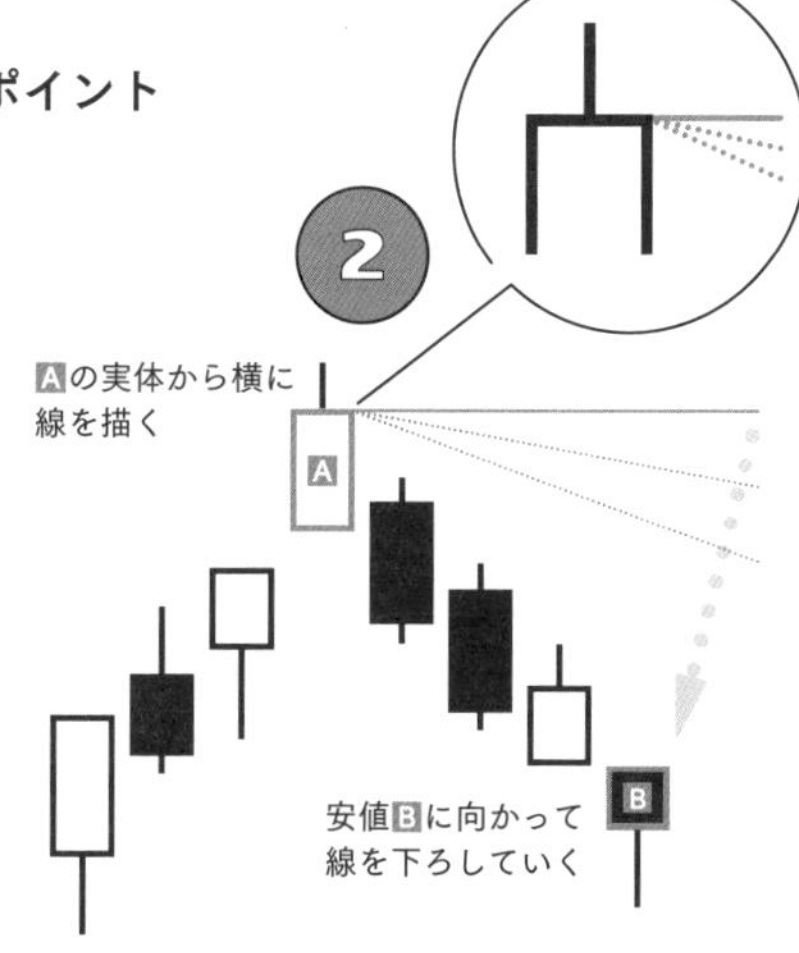

直近高値の実体から線を引き、
直近の安値に向かって下ろしていく

降ろしていく途中で日足の実体に
ぶつかると線を止める。
この線をトレンド転換線と呼ぶ

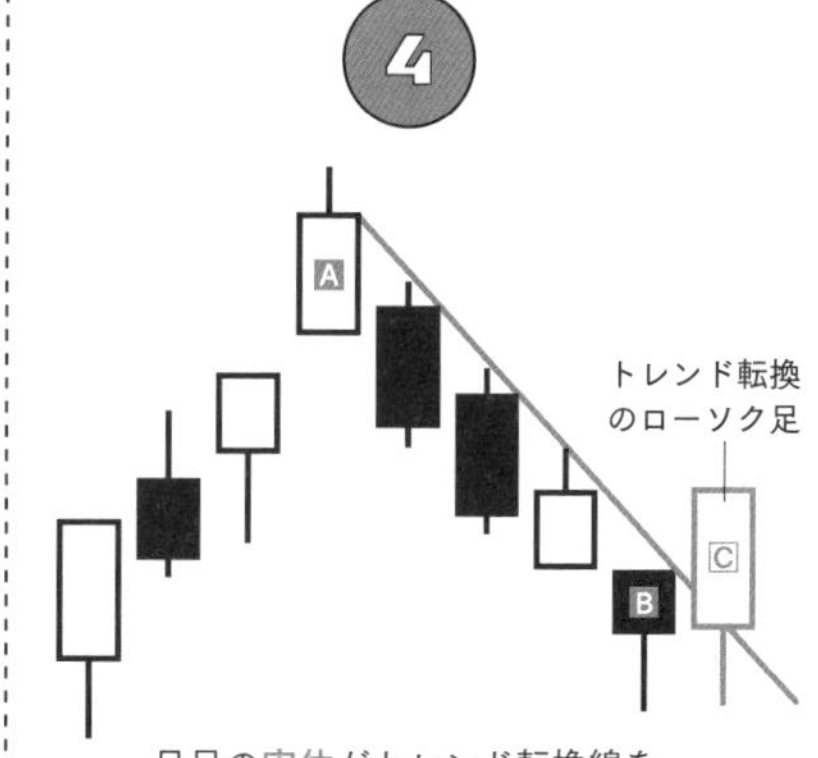

日足の実体がトレンド転換線を
下から上に抜けるとこの日がトレンド
転換が成立した日。この日足を
トレンド転換のローソク足（C）と呼ぶ

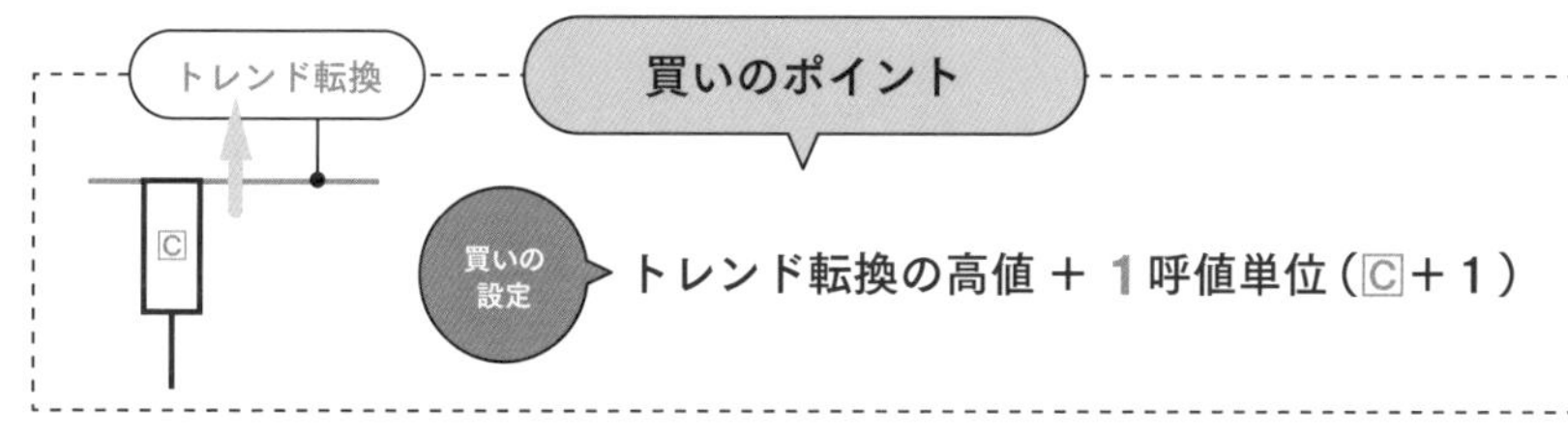

5日目の②-2

投資家としての2つ目の武器「ロスカット」を手に入れる

「投資上手は損切り上手」という言葉を聞いたことがありますか？なかったらこの瞬間からしっかり覚えて肌身離さず持ち歩いてください。このスキルはあなたを投資の危機から何回も救ってくれるものです。

そしてゆくゆくはロスカットが利益を損なうものではなく、大きくするのに貢献するということがわかるようになります。

投資家の必須スキル②
ロスカットがあなたの利益を守る

投資に、100％または絶対という言葉は存在しません。底を打って、安値の切り上げを確認して、条件をすべてクリアしたことを確認して買っていても、勝率は100％にはなりません。がんばったところで7割、8割でもすごく運がいいというくらいです。しかし、プロのトレーダーは勝率が5割を切るときも利益を確保します。それは**損失を小さく限定して、利益を大きくしていくから可能なこと**です。しかし、投資の初心者は逆のことをよくします。コツコツと勝っていくけど、1回の損失ですべてをぶっ飛ばして損失のほうが大きくなる、そんな経験をしたことありませんか？　適切なロスカットの設定があなたを強い投資家への道に導きます。

ロスカットポイントは、まず「投資家の心理が崩れるところ」だと覚えてください。ランナーの投資戦略では**「最初に切り上がった安値から2単位を引いた」**価格でした。覚えていますか？　その理由はそこが「投資家心理が崩れるところ」だからです。

次頁図の❶を見てください。安値の切り上げが2回現れたので、喜んで買っていきます。このチャートで投資家たちが最も恐れるところは、1番低かった底値です。予想に反して下げはじめ、安値の切り上げもすべて打ち消し底値付近まで近づくと、早めに買った投資家に不安心理が現れ大きくなっていきます(❷)。そして、ついにその安値を割ってしまうと(❸)、怖くなった投資家が大量に売って逃げます。

1番低い底値が割れるところをロスカットポイントにすると、そこは大量に逃げの力が瞬間的に働くので、一瞬で通りすぎて、自分の注文が飛んでしまい、損失が拡大してしまう恐れがあります。そこで心理が大きく崩れる一歩手前でロスカットして、手仕舞いします。これが底値ではなく、安値の切り上げ❶のところにロスカットを置く理由です。

ロスカットは、株価が意図した方向と反対に進んだときの損失を最小限に限定するすごい技です。

ロスカットの考え方は理解できましたか？　難しいと思ったらもう一度読んでみてください。利益をあげる方法以上に重要だと私は思っているので、理解を深めて強力な武器を手に入れてください。

もう一つのロスカット方法は波に乗ったサーファーと、過熱するジャンパーの投資戦略で説明します。これでランナーの投資戦略はすべてそろいました。

6日目の投資戦略も「買いのポイント」「ロスカットのポイント」を同時に覚えるということを忘れないでください。

ロスカットを設定する意味とロスカットポイント

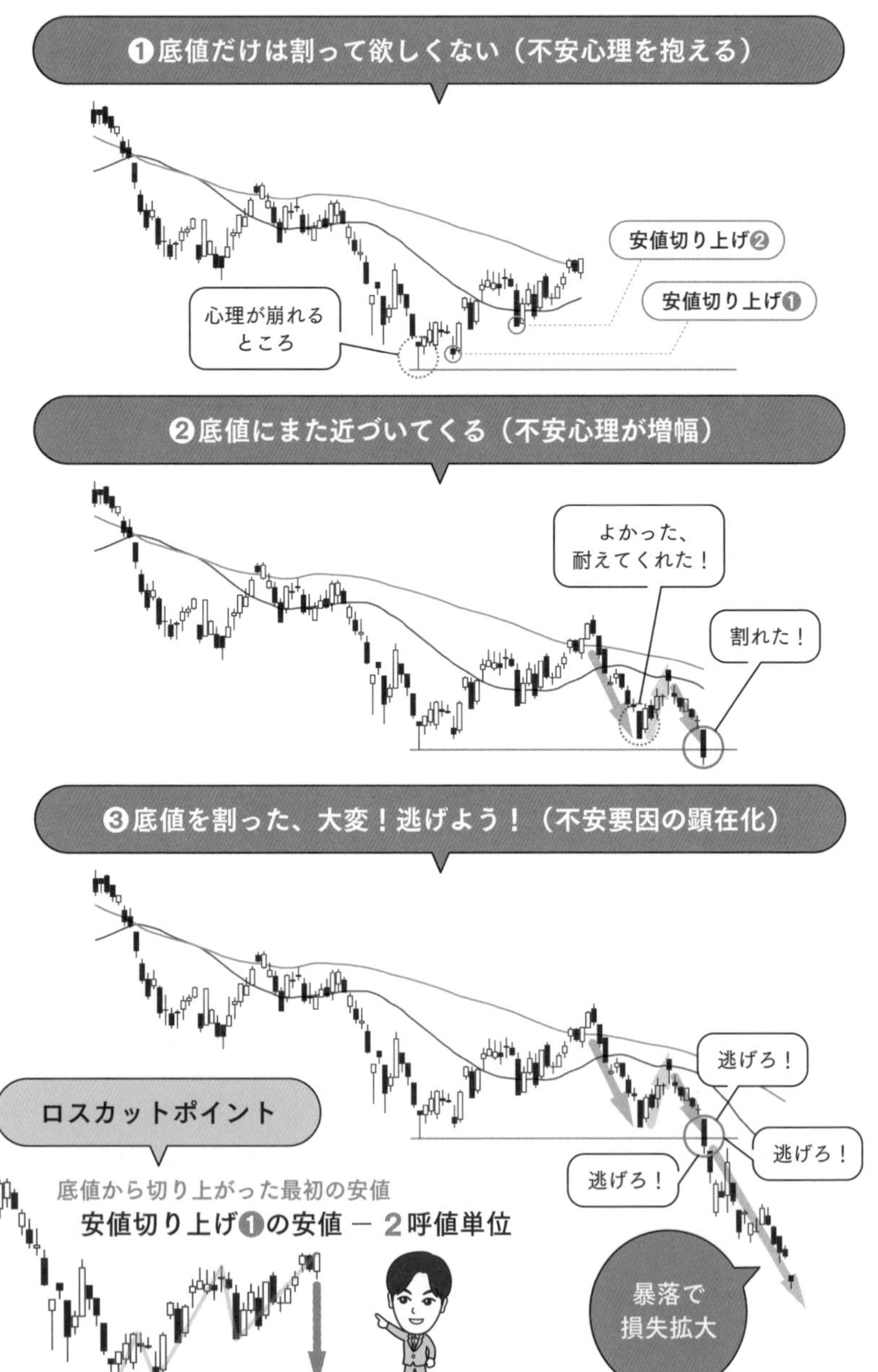

Chapter

6

買った株の利益を伸ばす

6日目の❶-1

〔買い戦略❶〕上昇している間、波に乗り続けるサーファーの戦略

上昇の継続局面に入ると、波がだんだん大きくなります。波が大きくなるというのは株価の動きが大きくなり、ボラティリティーとも呼ばれる変動性が高まることを意味します。当然波の動きが小さかったランナーのフェーズとは異なる戦略が求められます。ランナーとサーファーの動きが一緒じゃないのは明らか。サーファーの戦略を身につけて、買いの戦略をここから極めていきます。

サーファーに必要なのは波

上昇トレンドの準備を経て、上昇が継続するサーファーのフェーズに入りました。**サーファーになったときの特徴は、上から5日移動平均線、20日移動平均線、60日移動平均線の順番に移動平均線が並び、株価がその上にあることです**（次頁図）。

これがどうして「強い」サインになるのか？　移動平均線のところで学んだ意味を思い出してください。**5日移動平均線は直近の1週間で株を買った人の平均購入価格です。それを株価が上回っているので、現在の株価は強いということです**。さらに20日移動平均線の上にあるのは、直近の1カ月で買った人たちの平均購入価格を上回っているということで

サーファー状態であることの確認のしかた

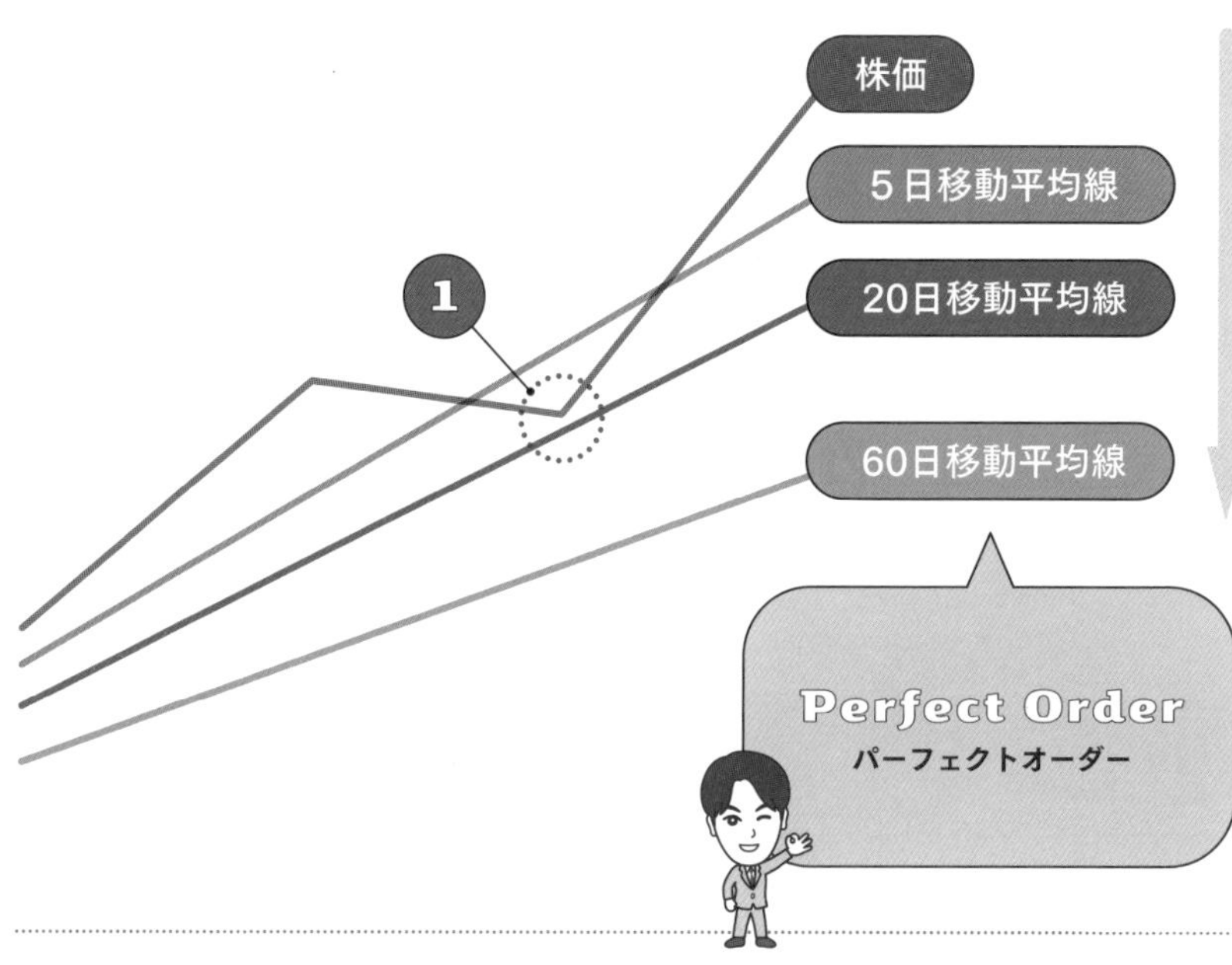

す。

投資家も強気、株価も強い状態です。

もちろん一直線で上がるのではなく、上下する波をつくりながら上に向かって上昇します。株価が上下するので、1、2週間くらい下がる波に乗っていることもあり、その際は一時的に5日移動平均線を下回ることもあります。しかし、上がる波に再び乗ったときはすぐに5日移動平均線を上回ります。そして、下げてきた波は20日移動平均線付近で切り返して次の波に行くことがよく起こります（上図の❶）。

一連の流れを表したのが上図です。この図のように、**株価⬇5日移動平均線（短期）⬇20日移動平均線（中期）⬇60日（長期）移動平均線の順番で並んでいるのが波に乗っている証拠**で、この現象をテクニカル分析では「**パーフェクトオーダー（Perfect Order）**」と呼びます。この図を覚えておくと、波に乗ってサーファーになっていることをすぐに確認することができ、とても便利です。

実際のチャートで波に乗っていることを確認する

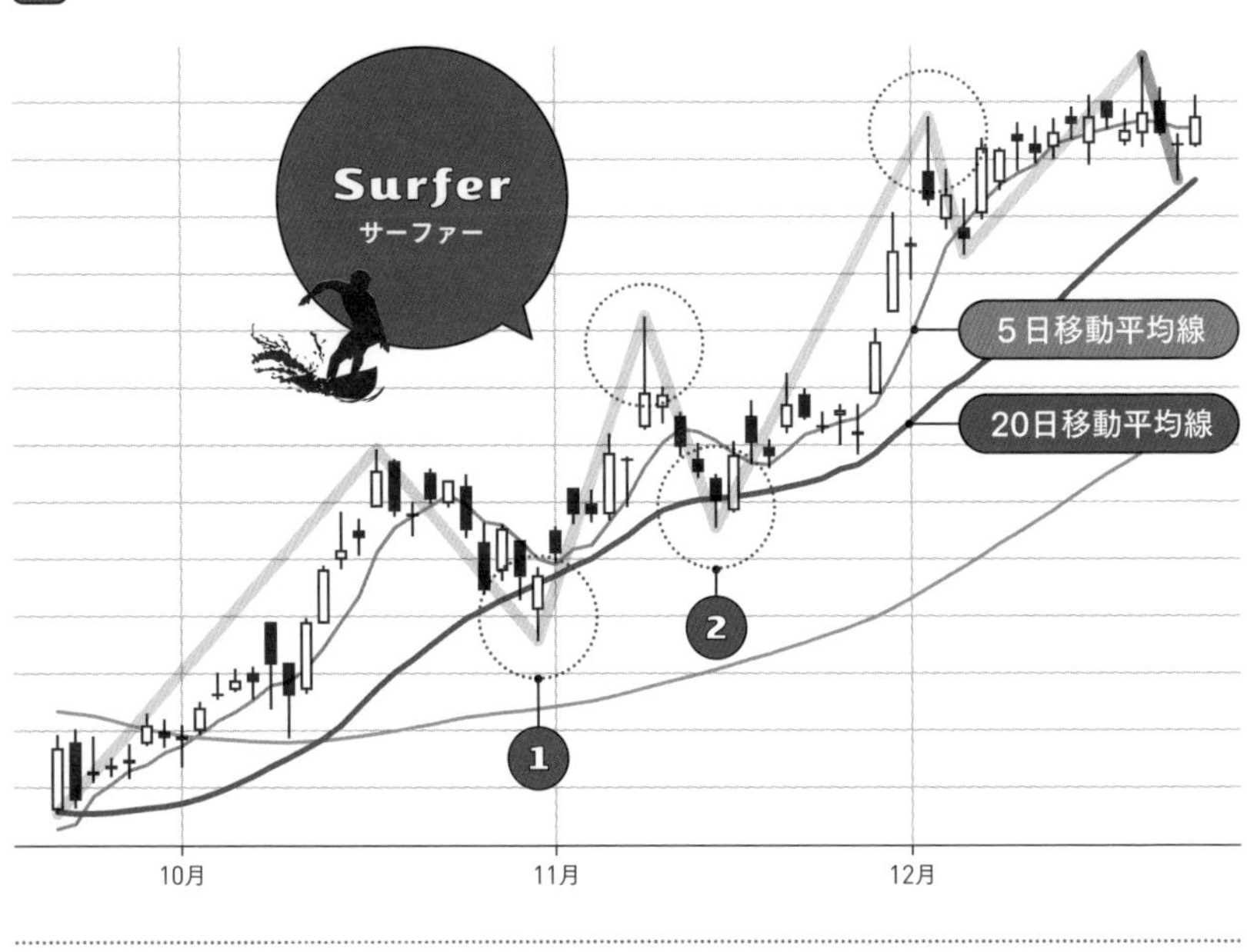

実際に上図を見て確かめてください。株価が5日移動平均線を下回って20日移動平均線まで下げてきたあと、すぐに切り返して（トレンド転換）、次の波がはじまるのがわかります。

この波があるかぎり、サーファーは波ごと（❶❷）に利益を取っていくことができます。

サーファーになったことを確認したら、それにあわせた投資戦略を実行すればいいだけのことです。しかし、ここでひとつ問題があります。

初心者のときは、この株価の波を書き込むのが苦手で、本当に波に乗っているのかわからないことがあります。ザクッと大雑把に線を書いていくというのが、難しい場合もあります。「このひげはどうするの？」「少しギャップを開けた小さい陰線を波に加えるべき？」など、あれこれ気にしているうちに動けなくなります。

では、ここでシンプルだけど、強力なコツをひとつお伝えします。3日目の移動平均線の説明で、実

波を確認する方法

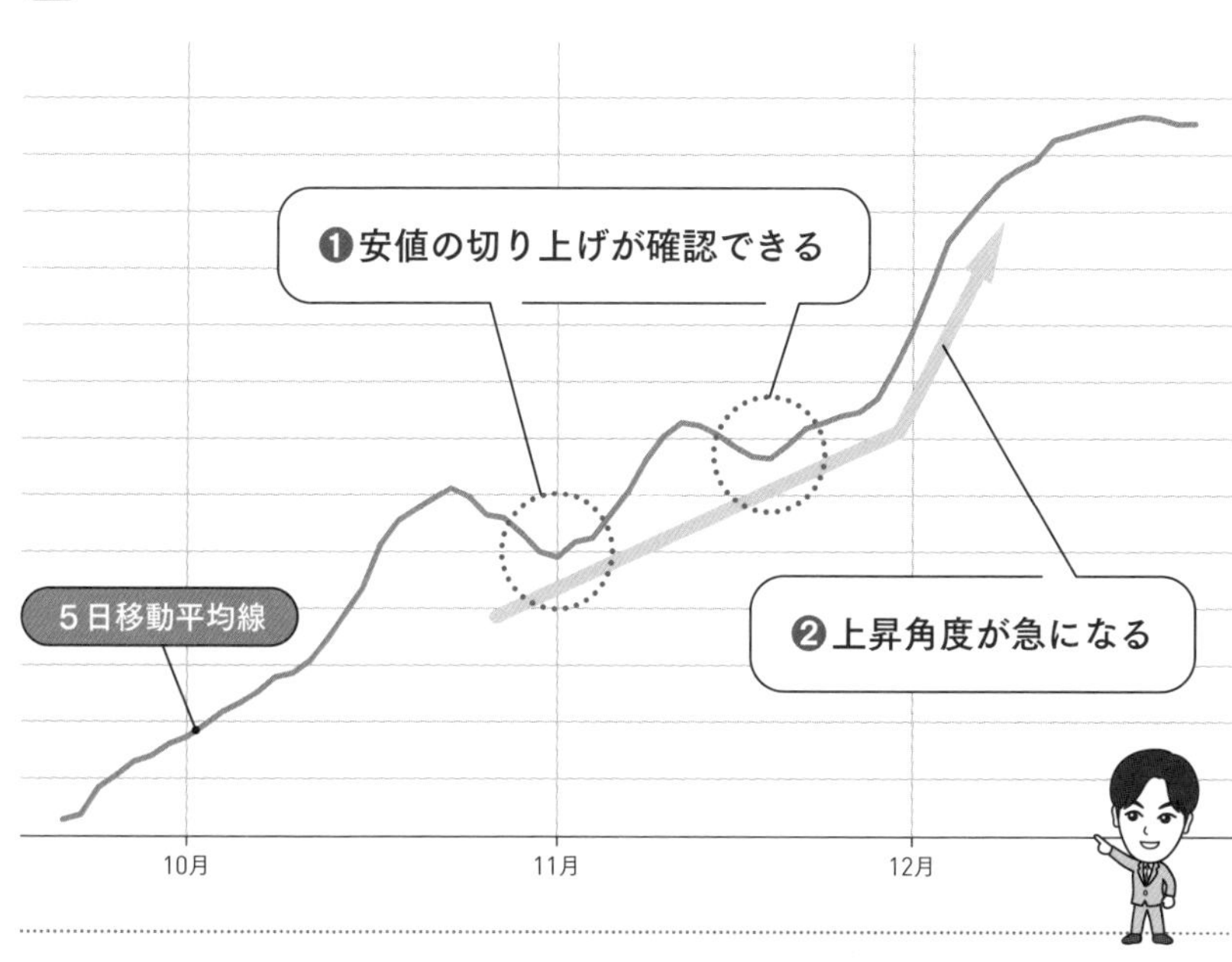

際のトレードで使うのは20日、60日線で5日線は使わない、しかし、大事な役割があると説明したことを覚えていますか？　ではその役割を見ていきます。

波に乗ったことを確認する方法

少し見たことがある人なら、5日移動平均線なんてちょこちょこ変わるし、何に使うのかよくわからないと思うかもしれません。しかし、ちょこちょこ動くからこそいいんです。上図を見てください。これは実際に波に乗っている前頁のチャートで、5日移動平均線だけを表示したものです。

「おっ、波が見える！」と思いませんか？　上向いているし、株価ほど頻繁に動かないけど、真ん中までは高値と安値を切り上げながら上に向かって上昇する波の動きが明確に見えます（❶）。これは明確にサーファーが波に乗っているということです。わかりやすいですよね。

そして**中盤をすぎるとひとつの波が長くなり、上げ幅も大きくなる**のがわかります。波の高値と安値の動きに注目すると、角度が変わっているのがわかります（❷）。

この動きが何かわかりますか？　ヒントは上げ幅が急激に大きくなって最後の波をつくるということです。はい、察しの早い人はすでにわかったでしょう。上昇トレンドが過熱するジャンパーのフェーズに入る準備をしているということです。詳しくは「**7日目の❷〔買い戦略❸〕無事に着地するジャンパーの戦略**」でお話しします（今は飛ばさないでここを最後まで読んでください）。

5日移動平均線の波を追うだけで波乗りもわかるし、ジャンパーの様子までわかるというのは素晴らしいことですね。波に乗ってサーファーになるタイミングがわかったところで、実際に売買するポイントを明確にしましょう。これもすでに勉強したことなので難しいことはひとつもありません。

波に乗り続ける魔法の線

1つのスイングで利益を取っていくためには、底点をすぎたことを確認して買う、上がる波に乗ったあと、高点をすぎたことを確認して売るというのが基本的な戦略でした。**次頁図Ⓐの下がっていくところで、いきなり波に乗ろうとしても無理です。底点をすぎて次の波がはじまるⒷのときにちゃんと準備をしておけば、自然に波に乗れる**わけです。

では底点をすぎたことは、どうやって確認すればよかったのでしょうか。そうです。トレンド転換線という強力な武器を持っていますよね。基本的な買い方はランナーとまったく一緒で、トレンド転換したことを確認してその高値を抜けてくるところを買いのポイントとして設定します。

最初にやるべきことは、次々頁図のように大きなチャートを表示して全体が見えるようにすることです。そして、5日移動平均線の動きに注目します。

1つのスイングで利益を取るための準備

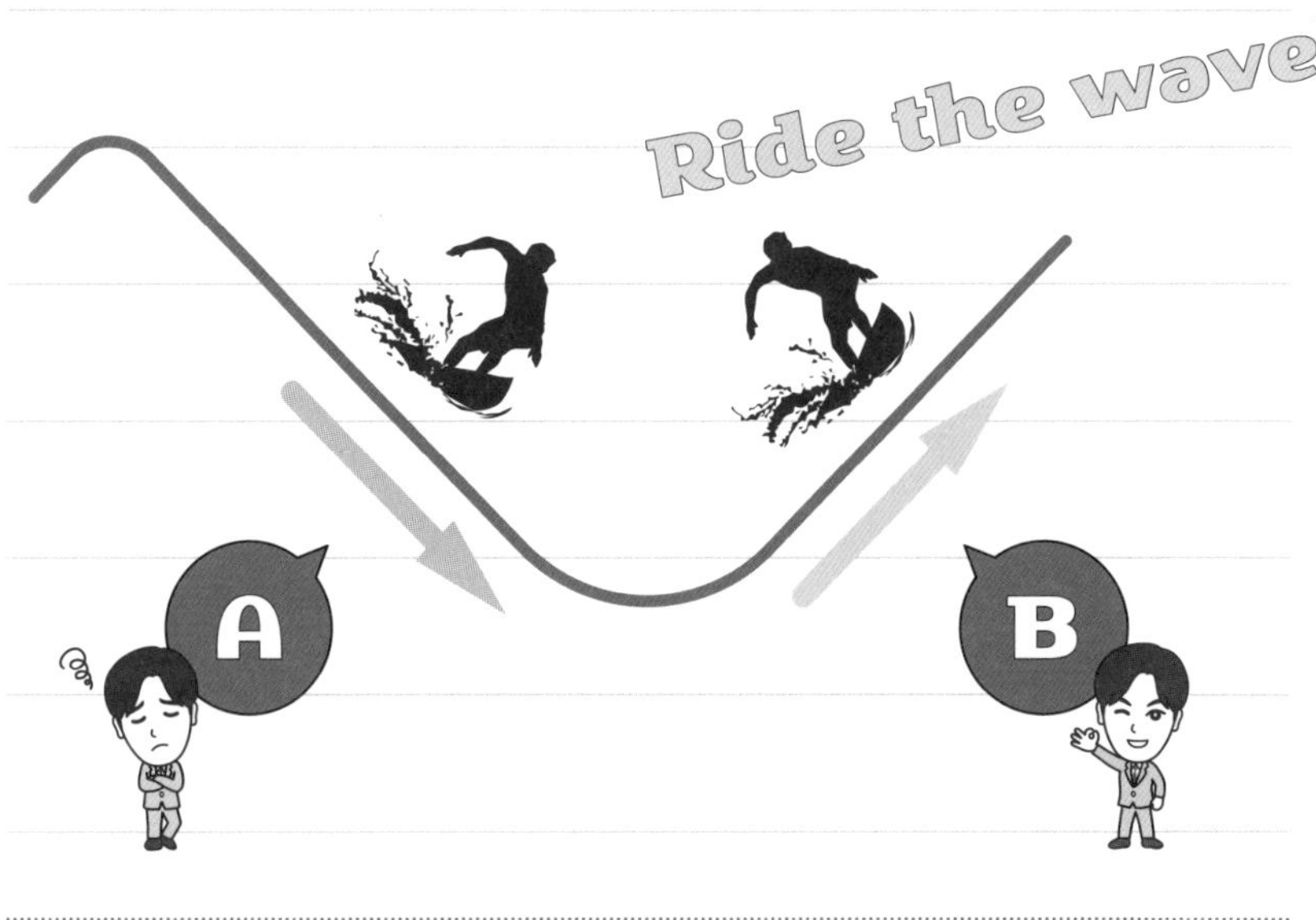

その波の動きが上向きながら高値と安値を切り上げ、波に乗っていることを確認します。つまり、今から描くトレンド転換線はランナーではなく、「サーファーの投資戦略」だとしっかり認識することです。

次頁図の点線枠を拡大した❶を見ると、上昇中に陰線をつくりながら調整に入っているのがわかります。❷のようにトレンド転換線を描く前に、今のフェーズを確認するのが重要です。60日移動平均線が1番下に位置しながらも上向き、20日移動平均線も上向きでその上に5日移動平均線があり、株価がその上にあるので、これは間違いなくサーファーのフェーズにいると認識できればOK。そして翌日、❸でトレンド転換が成立しました。あとは❹の公式にしたがって買いの価格を計算して注文を出すだけ。

しかし、おかしい。トレンド転換線の描き方はまったく一緒なのに、どうして海にいることを認識しないといけないのでしょうか？　面倒臭さいからいいい

サーファーの投資戦略だと認識する

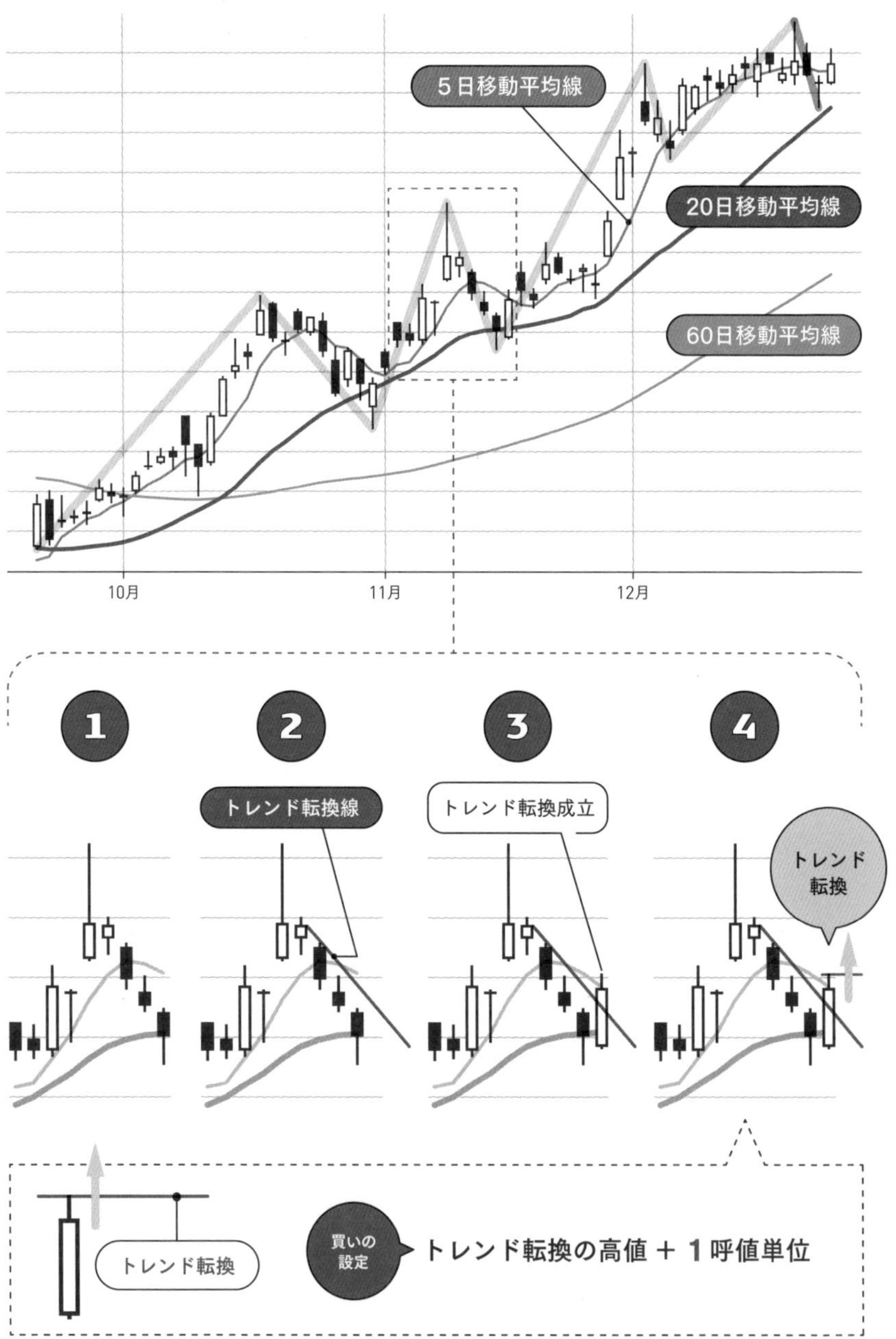

やと、思いましたか？　いいえ、明確に区別する必要がありますよ。サーファーの投資戦略では、ロスカットポイントが異なるからです。

では、次節で買いのポイントからロスカットポイントまで実際の数字を使って見ていきましょう。

同じトレンド転換線なのに
ロスカットが違うのはなぜ？
どこにいるかによって、
投資家の心理が崩れて
逃げ出したくなるポイントが
違うからです！

Note

サーファーの投資戦略

1. 大きなチャートを表示して全体を見る
2. 5日移動平均線の動きに注目する
   ↓その波の動きが上向きながら高値と安値を切り上げ、波に乗っていることを確認
3. 今から描くトレンド転換線はランナーではなく、「サーファーの投資戦略」だとしっかり認識する

02

6日目の❶-2

〔買い戦略②〕上昇している間、波に乗り続けるサーファーの戦略

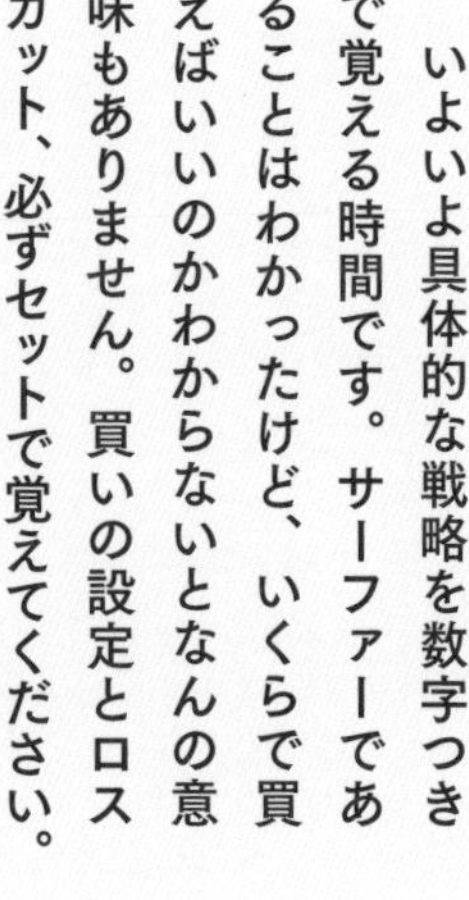

ランナーとサーファーの動き、しっかり区別できるようになりましたか？　何よりも練習！　できるだけたくさんのチャートを見て、どこからサーファーになるのかを確かめてくださいさい。
いよいよ具体的な戦略を数字つきで覚える時間です。サーファーであることはわかったけど、いくらで買えばいいのかわからないとなんの意味もありません。買いの設定とロスカット、必ずセットで覚えてください。

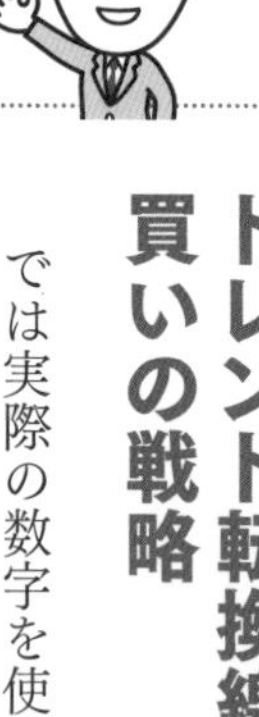

トレンド転換線に基づく買いの戦略

では実際の数字を使って、サーファーの買いポイントを設定してみましょう。ランナーの投資戦略で、すでに練習したので難しいことはありません。

トレンド転換した日足の高値が1233円、そこに1円を足して1234円以上になったら買うのが正しい戦略です（次頁図）。はい、そのとおりです。これだけです。

しかし問題は、自分が思った方向と反対に株価が行ってしまったときの、どこで損失限定のロスカットをするかです。サーファーのときに見つけたからといってすべての銘柄が順調に上昇して、天井に向

サーファーの投資戦略だと認識する

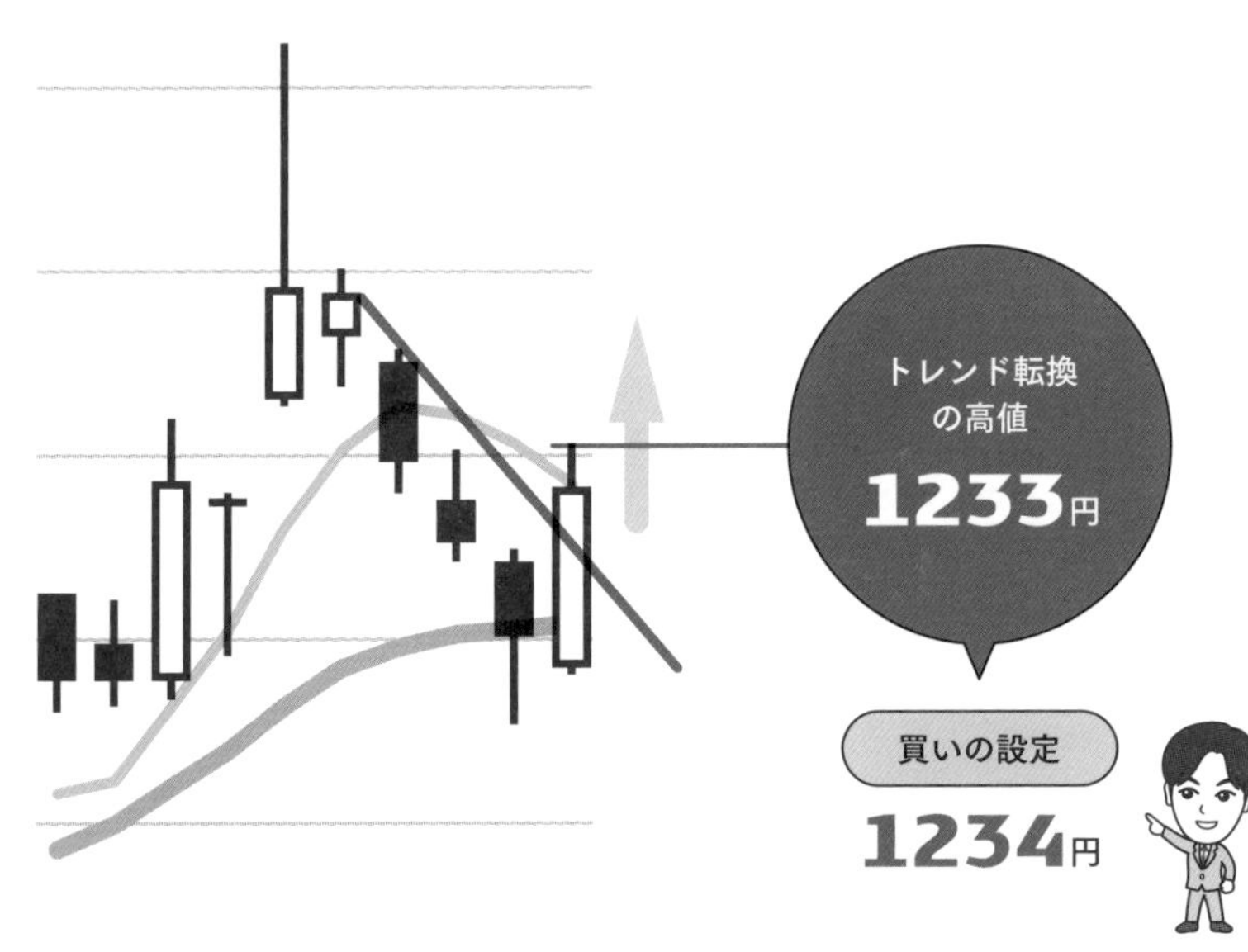

かうジャンパーになるとはかぎりません。ここで上昇トレンドは終わってしまい、下降トレンドになってしまうということも起こり得ることです。

だからといって、ランナーのロスカットポイントを思い出して、安値が切り上がった最初の安値に設定しようとすると、すでに上昇の継続に入って波に乗っているので、ロスカット幅が大きくなります。まともにロスカットしてしまうと大変なことになってしまいます。

これでは損失を小さく限定して利益を大きく伸ばしていくというロスカットの趣旨に反します。それゆえに、**ランナーのときは異なるロスカット戦略が必要**になります。

サーファーのロスカット戦略

では、ロスカットポイントはどうするのかというと、基本は、ランナーのときと同じ考え方を適用し

サーファーのロスカットの考え方は企業の業績と同じ考え方

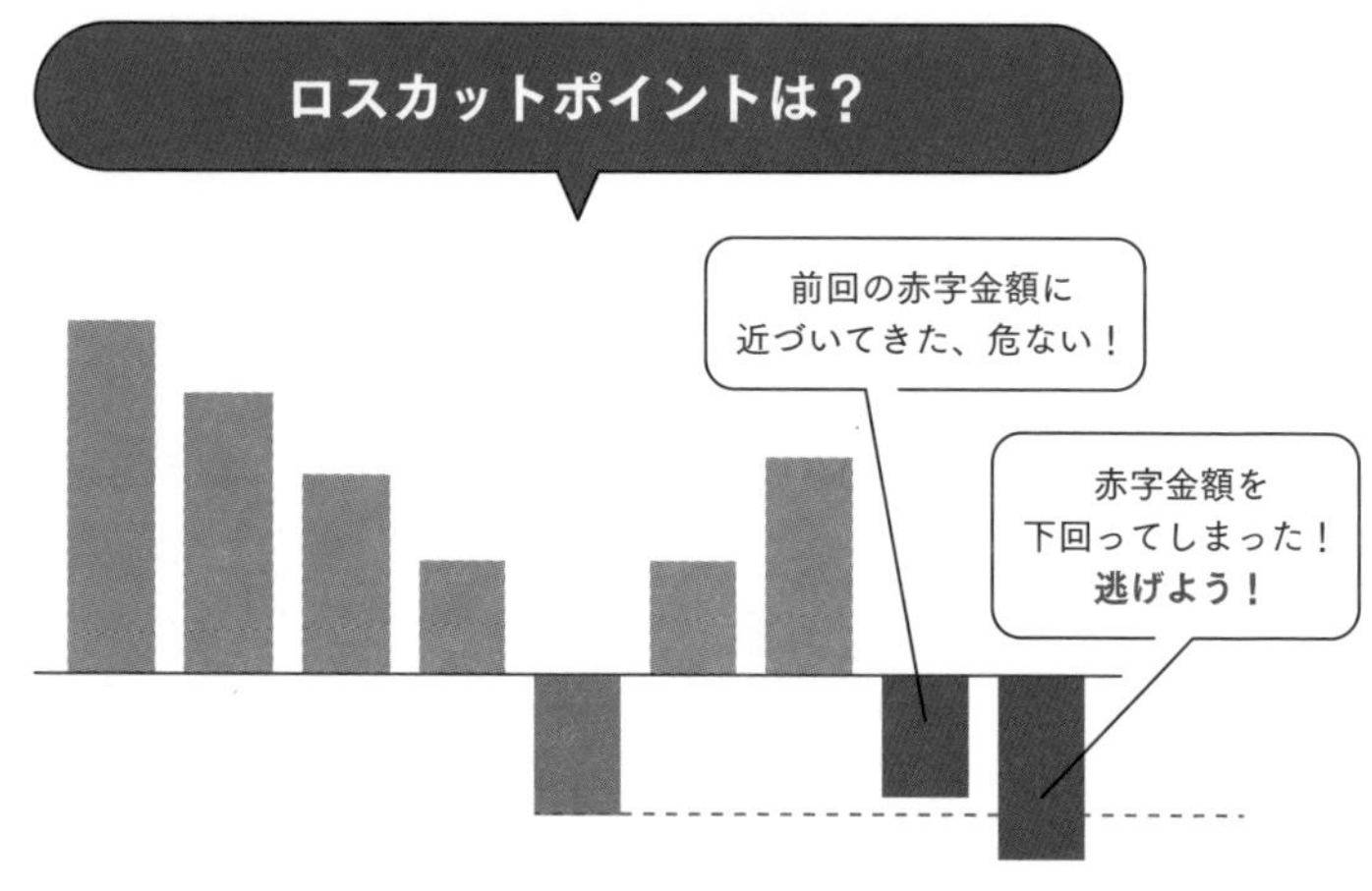

前回の赤字（安値）を下回るところで心理が崩れる

ます。

「投資家が逃げ出したくなる」、つまり恐怖が広**がって心理が崩れるところ**です。5日目の②-1で企業業績を用いてトレンド転換線を説明する際に、赤字に転落したあとの動きで買いのポイントを明らかにしました。ではその逆のことを考えてみましょう。赤字から一時的に業績は回復しましたが、やはりダメだとわかるのはどんな場合でしょう。上図のように、4年間下げてきた業績がいよいよ赤字となり、翌年黒字転換して2年間業績が伸びたあと、再び悪化して赤字に転落しました。その赤字幅が3年前の赤字幅に近づいていくと不安になりませんか？　そして、ついに最も大きかった赤字額を下回ってしまうと、手仕舞いして逃げ出したくなります。

実は株価の動きもまったく一緒です。**トレンド転換線を描くときに見つけた安値は**、いわば**赤字の金額にあたるもの**です。**その水準を下回るところでは**

ロスカットの設定

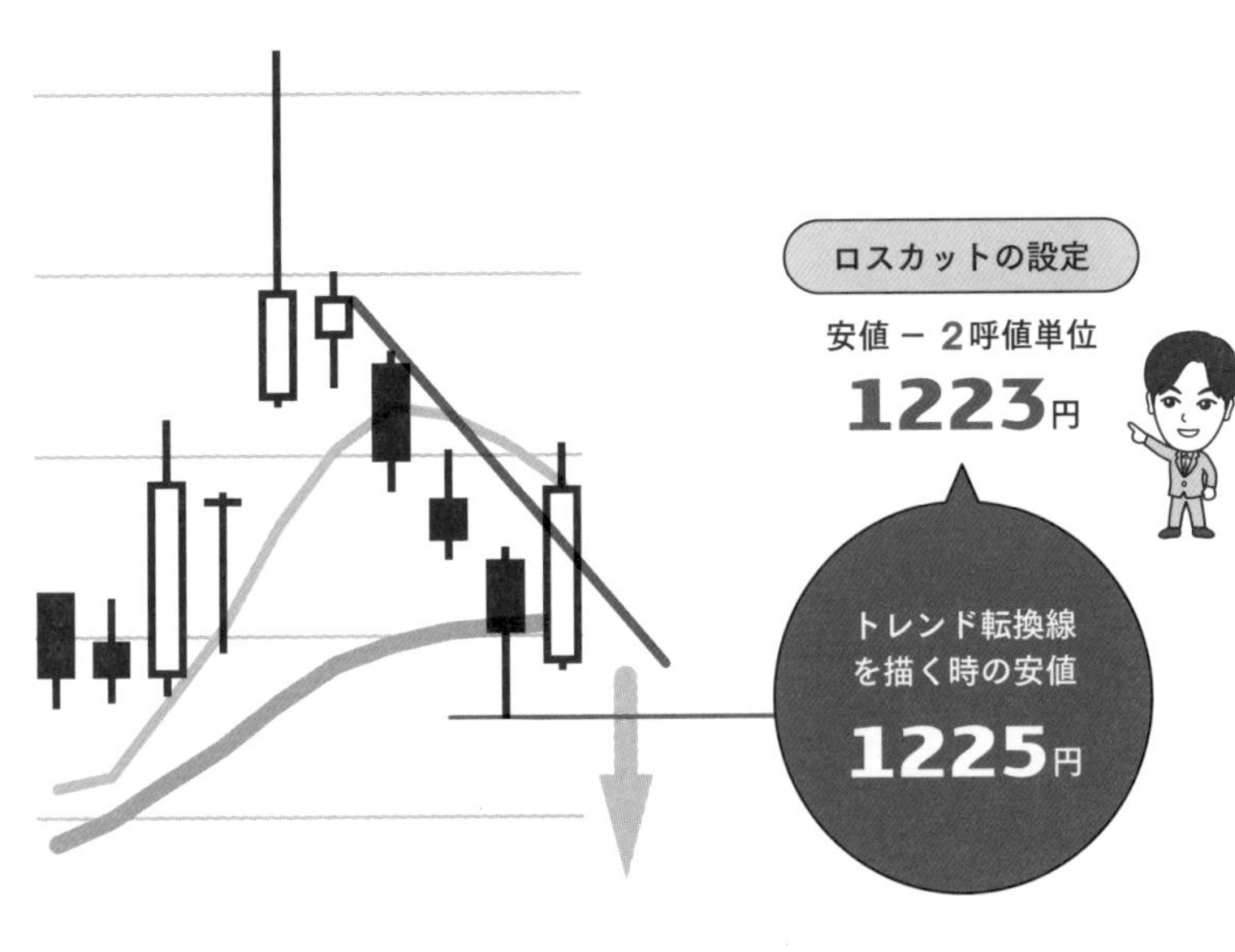

投資家の心理が崩れ、売りが膨らんでしまいます。心理が崩れるので、自然にロスカットポイントはこちらになることがわかります。

実際の例で計算してみましょう。**「トレンド転換線を引く際の安値が1225円だとすると、2円引いて1223円以下になったら成り行きで売る」これがロスカットの設定**です（上図）。数字としては難しくないですね。

難しく感じるとしたら、この安値がどうしてロスカットポイントになるのかがいまだにわからないときです。この説明が難しい場合は、トレンドの継続条件で考えてみてください。覚えていますか？ **上昇トレンドが継続するというのは、波と波の間で高値と安値の切り上げが継続するということ**でした。

トレンド転換線の安値を株価の動きにあてはめてみると、スイングの底点にあたります（次頁図❶）。波が続くという思惑が崩れて、トレンド転換の安値を割り込んだということは（❷）、前回の安値を切

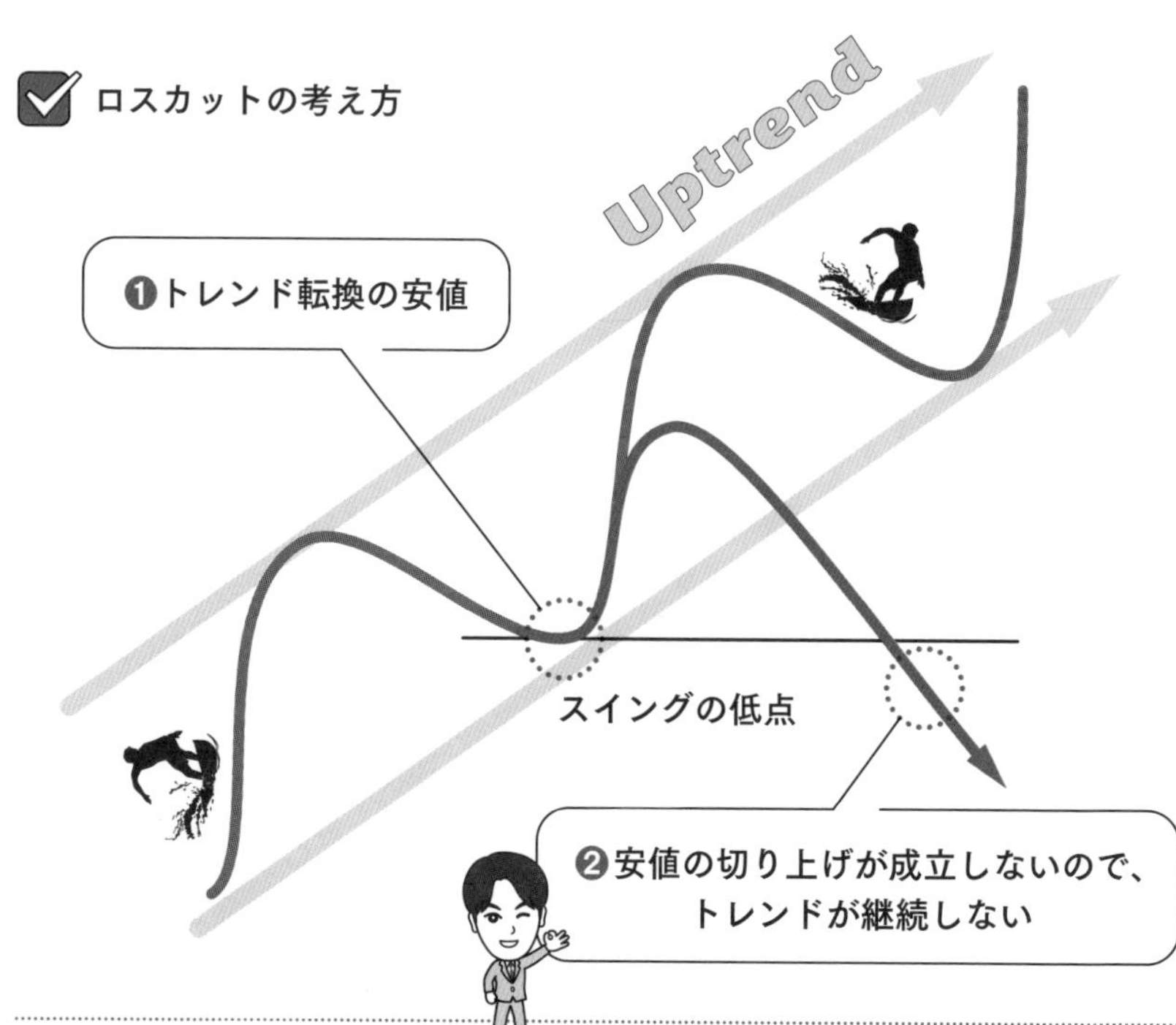

り上げる条件が崩れたことになります。**トレンドの継続が成立しなくなったら？　はい、逃げましょう！**

サーファーの買い戦略、ロスカットの設定もばっちりですね。嫌いだった数学の時間のように意味もわからずに公式を覚えるよりは、しくみを理解するようにしてみてください。**公式を忘れても自然に導き出せるようになります。**

これなら、波が現れる度に買っていくこともできそうです。または、それも面倒臭いと思う場合は、ランナーのときに買っておいた株価の利益が、波に乗ってどんどん大きくなっていく姿を楽しむだけでもいいでしょう（次頁図）。アクティブに波乗りを楽しむか、静かに利益の増加を眺めるか、それはあなた次第です。あ、いかなる場合もロスカットの設定はお忘れなく。

そして、いよいよ最後の上昇局面を迎えるときです。ジャンパーになる時間ですね。

波を応用したトレンドフォローの利益確保

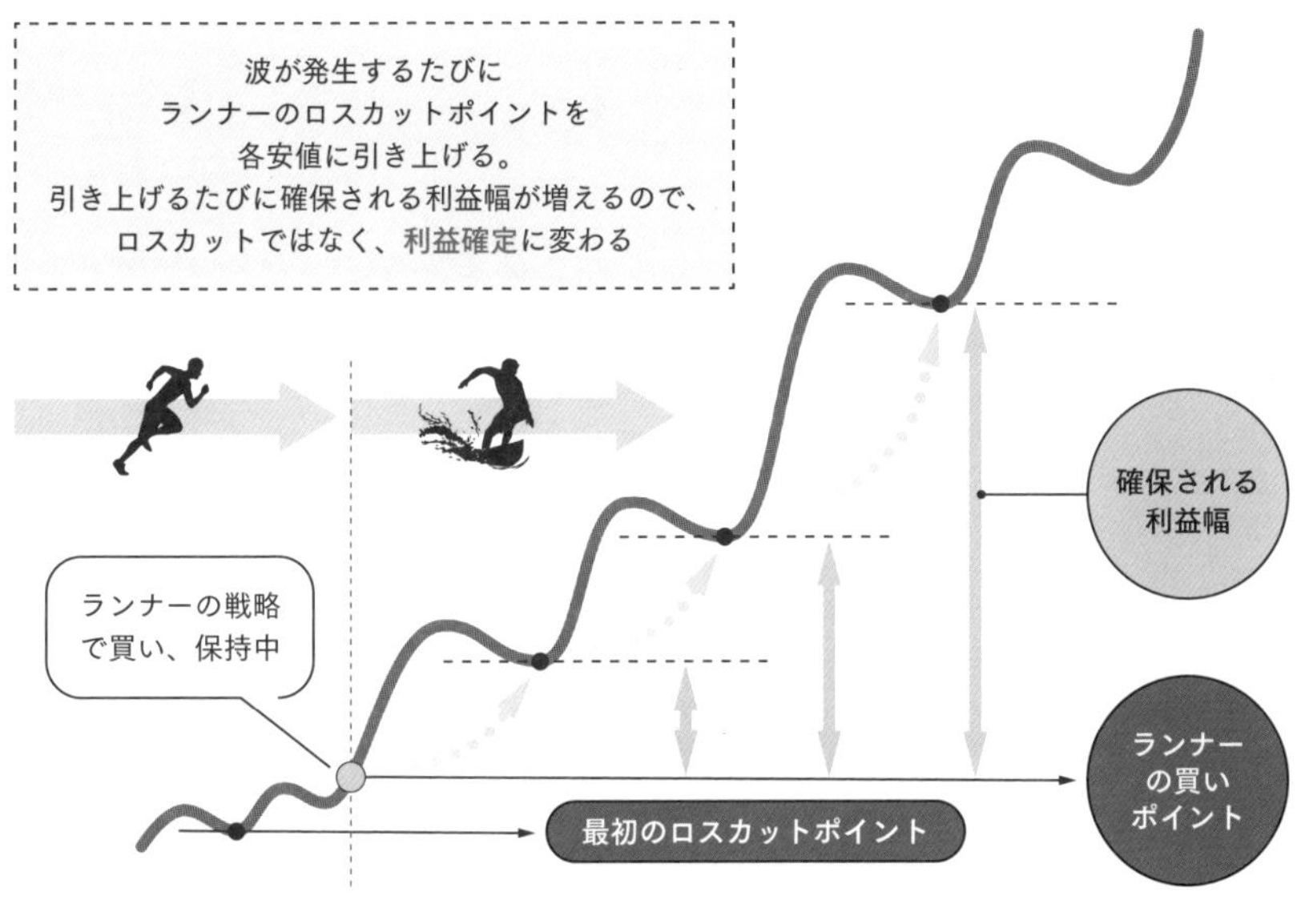

サーファーの投資戦略

STEP①：トレンドの認識

トレンドが発生して今からの戦略がサーファーの投資戦略だと認識する

STEP②：売買ポイント

買い⬇トレンド転換の高値プラス1呼値

ロスカット⬇直近の安値マイナス2呼値

03

6日目の②

〔買い戦略③〕無事に着地するジャンパーの戦略

長いつきあいとなった上昇トレンドとも、お別れの時間です。寂しいですね。いえいえ、このフェーズが1番大きな喜びを感じながらお別れの言葉が言えるタイミングです。トレンドフォローで貯めてきた利益をすべて自分のものに確定するタイミングです。スイングトレードの利益も加わると、楽しさも倍増！　まず、ジャンパーになるタイミングの見つけ方からはじめましょう。

ジャンパーになるタイミングの見つけ方

ローソク足の流れを追うことに慣れてくると、波に乗ってきた株価が、天井に向かうフェーズに入っていくのが目に見えてきます。「なので、そのときにうまく売って大きな利益を取りましょう」と言ってしまえば簡単ですが、「ボールがシューと来たら、バーンと打つんですよ」と同じくらいわからない説明ですね。

「**6日目の❶-1〔買い戦略❶〕上昇している間、波に乗り続けるサーファーの戦略**」で、5日移動平均線の角度が変わることを、ジャンパーのときに詳しく説明しますよと言ったこと、覚えていますか？

はい、ここです。

まず、株価の動きから見ていきましょう。

次頁図の上のチャートに、株価の動きを直線にして書き込んでみました。もちろん経験のある私が書き込んだので、最後の矢印で大きくジャンプしている動きが明確に見えます。しかし、私の手助けなしにこれがすぐわかるかというと、それはちょっと難しいですね。ここでも力を発揮するのが5日移動平均線です。下は同じチャートに5日移動平均線だけを表示して、その流れで現れる高値と安値の動きに矢印を入れたものです。

点線で囲まれたㇰの動きを見ると、❶から上昇の角度が変わり、波も長くなるのがわかります。そして❷では高値の切り上げが激しくなり、その後、高値の切り下げがはじまっています。つまり、**今までの波と異なる❶の動きが現れると、そろそろ天井に向かう過熱の時間、ジャンパーになるということが予想できるわけです。**

いつものようにトレンド転換を確認してスイングトレードで買っていこうとすると、何か動きが今までとは少し異なるのがわかります。**そのタイミングで「天井に向かっているかも」と可能性を認識する**必要があります。そして、サーファーのときとは異なる考え方をしなくてはいけません。

「短期」だと心に決める

トレンド転換で買うときに、**上げ方が激しくてジャンパーになりそうだと気づいたら、心の中で「これは短期トレードだ」と決めてください。**これが今までの戦略と大きく異なる部分です。次頁のチャートの実例を見ても、❷の動きは10日以内に完結しています。もちろんすべての銘柄が10日以内に完結するわけではありません。

ここで気づいてほしいのはそれだけ**短期間で上げて、反対に下がるときも短期間で下がり、タイミン**

ジャンパーになるタイミング

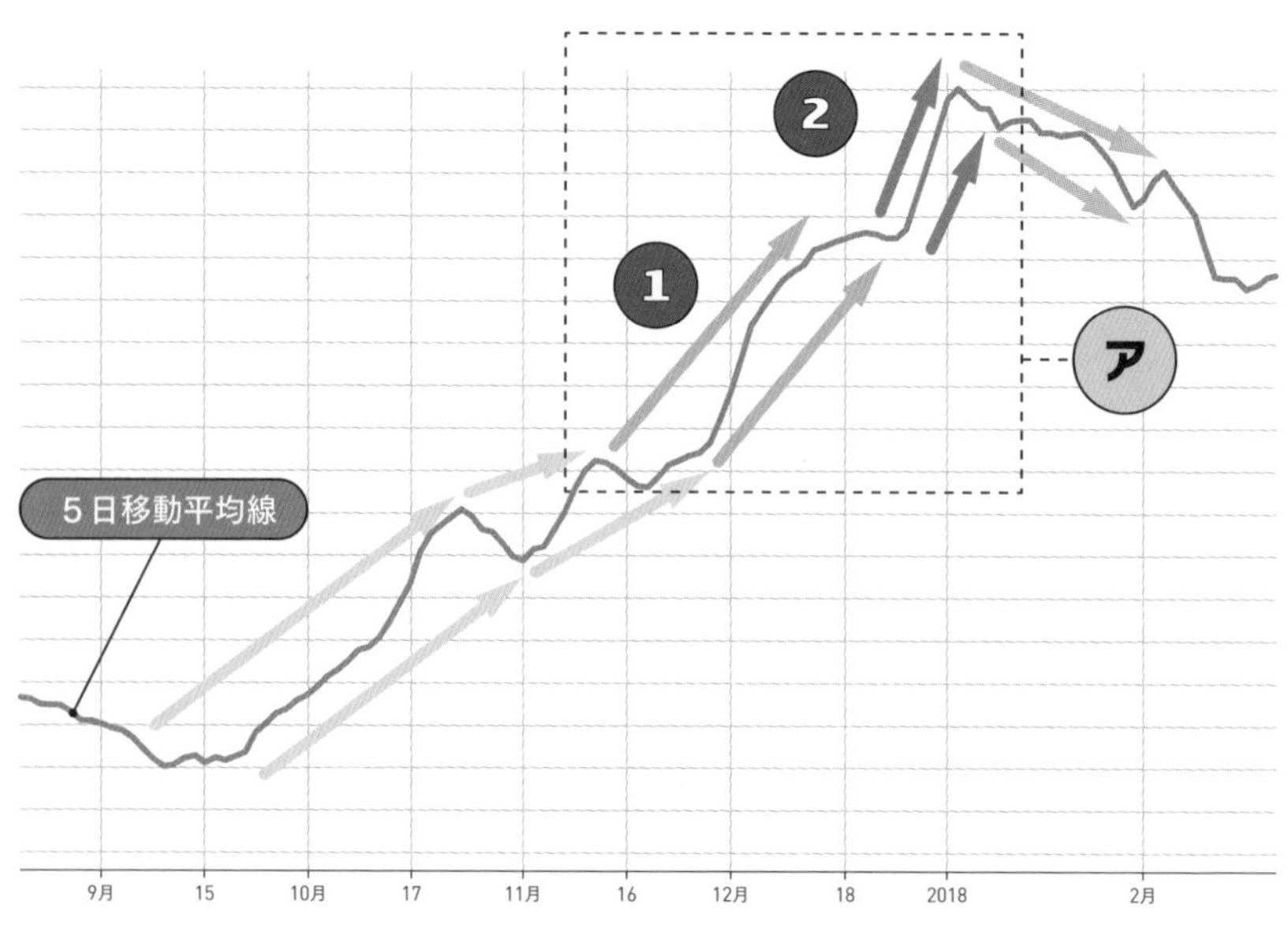

グを逃すと折角積みあげてきた利益があっという間になくなるということです。まさしく棒高跳びのジャンパーの動きですね。棒を用いて短時間で高いところまで登っていきますが、反対に下がるのも早くなります。

実際に天井になるかどうかはすぎてみないとわかりませんが、天井になるかもしれないと思えるなら、**「私はジャンパーになり切って、今回のトレードは短期で終える」**と意識して、トレードポイントを決めてください。

では、トレンドフォローの場合は？

「天井の可能性があるので、今まで積みあげてきた利益をすべて確定する売りの準備をしよう」と決めることです。言葉だけでは難しいので、前頁図と同じチャートを使って、プロセスを一つひとつ見ながら解説してみます。

株価がグッと上がるタイミングの投資戦略

新規で買う場合	すでにその銘柄を持っている場合
短期トレードと決めて買う	天井の可能性があるので、ここまで積みあげてきた利益をすべて確定する準備をする

ジャンパーの買い設定とロスカット

次頁上図の❶で、トレンド転換をしています。そのときにローソク足と移動平均線の位置関係を確認すると、60日、20日移動平均線が上向いて、株価は1番上に位置しているのがわかります。同時に、60日線から株価がかなり上離れしていて、ずいぶん上げてきているのがわかります。また、今回のトレンド転換になるまでの5日移動平均線は向きが変わっていることを前々頁の図㋐で確認できました。**トレンド転換の買いなので、サーファーの買い方とまったく変わりません**。ただし、図のⒶⒷをしっかり認識して買っていくということが違います。

この2つが認識できるかどうかがこのトレードの結果を左右します。

トレンド転換の買いを設定した翌日、大きく上昇しながら約定します（下図❷）。**そのときに5日移動平均線も急激に引き上がって、上向きの角度が変わることを確認**してください。その翌日はキャップを開けながらさらに上げて、変動性が大きくなります（❸）。そして2、3日持ちあったあと、大きい陰線が出ながら下げてしまいます。どう見ても落ち着いている動きとは思えない流れです。

これは、高値圏で現れる典型的な動きだということを理解してください。ここで、ⒶⒷに続いて認識して行動しなくてはいけないのが下図ⒸⒹの2つです。

「ランナーのときに買った銘柄の利益をすべてここで利益確定」「短期間のスイングトレードも同時に利益確定」、これが実現できた日の喜びは非常に大きいものです。

ここも難しいので、
特典動画で覚えて
しまいましょう。

ジャンパーの売買ポイント

A 最後の局面かもしれないと認識

B 短期トレードと割り切る

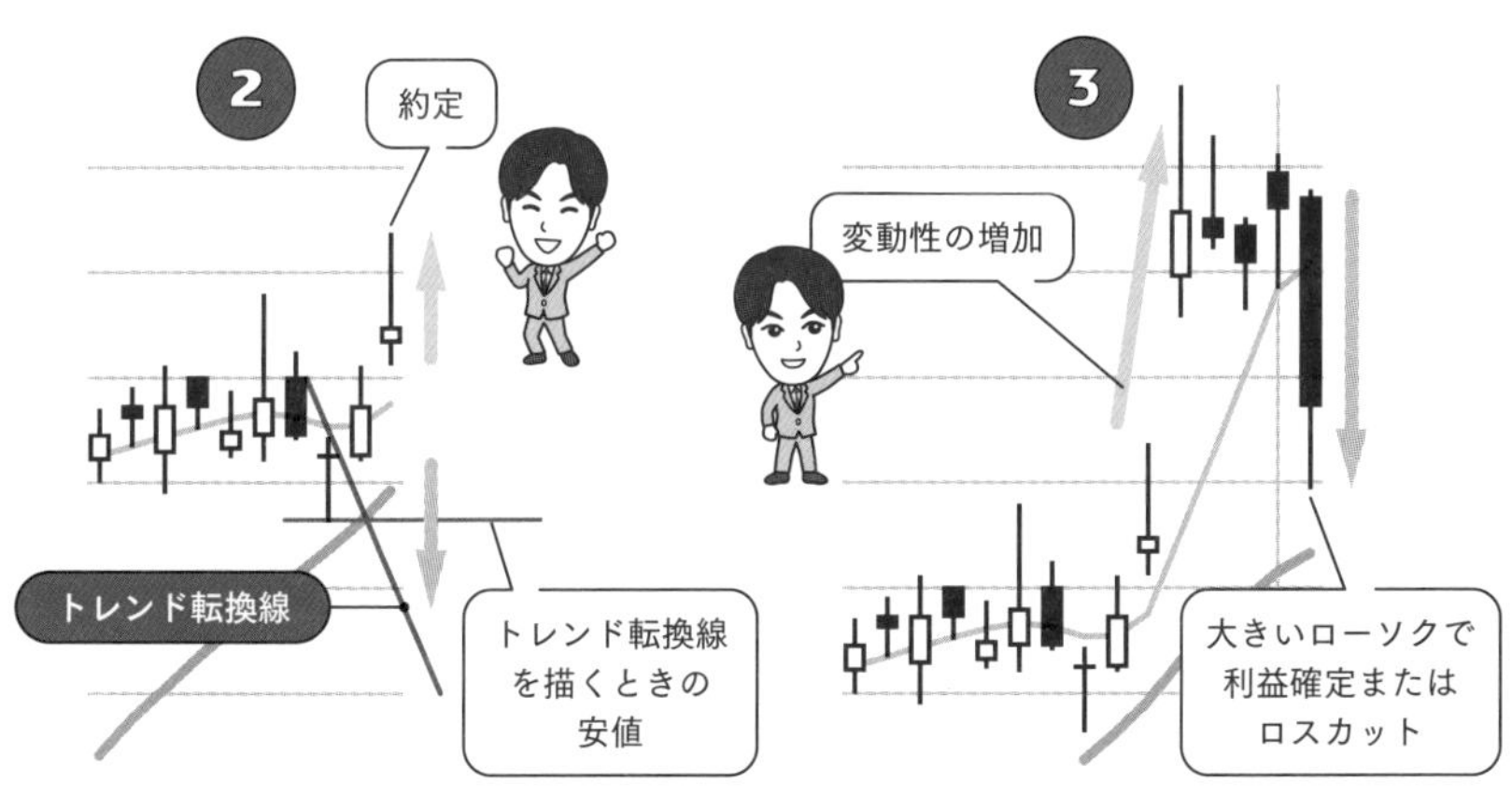

C 変動性が大きくなることを確認

D トレンドフォローも利益確定

株価がグッと上がるタイミングの利益確定のしかた

高値圏で現れる典型的な動きを覚えておく

1. 新規で買った場合、５日移動平均線が急激に引き上がって、上向きの角度が変わることを確認する
2. その翌日からさらに上げて、変動性が大きくなる
3. その後、数日持ちあったあと、大きい陰線が出ながら下げる

ランナーのときに買った銘柄の利益をすべてここで利益確定

短期間のスイングトレードも同時に利益確定

あれ、買いを極めるといいながら、売りの話まで出てきた？　と思いましたよね。

まず、**これが最も基本的な売り方**だと覚えてください。なぜならば、「大きい陰線が出たら売る」で片づけてしまえば、「どれくらいなら大きいと言える？」「そんな陰線は上昇の途中でもいくらでも出てくる」と曖昧なところが多すぎるからです。

売りに関しては別に勉強すべきです。次の**7日目**「**いつまで待って、いつ売るかを極める**」でさらに詳しく、正確に見ていきます。ここでは、売りがああだこうだと話をするよりも、もっと大事なことがあります。買いを極める、最後のレッスンは一つの棒にジャンパーがいっぱい集まったときの話です。

ここで話しているのは「買いを極める」。売りがよくわからないのは当然なので、心配しないでください！

棒が折れたら飛び降りろ！

利益が出そうなところに集まるのは、人間の本能です。その動きが派手なときはなおさらです。上げてきた期間が長い、注目度が高い、アナリストが推薦する、新聞や雑誌などで推薦銘柄として登場する、それがジャンパーのタイミングです。当然投資家たちは利益を逃すまいと大金を持って買ってきます。大きく上げるのを見て、また買いが入りさらに上がる、プチバブルみたいな動きが続きます。

力強く棒を刺してゴールに向かって上っていくところに、ジャンパーが1人、2人増え、大勢が飛びついてきたと想像してみてください。棒はどうなるでしょうか？　はい、キャパを超えた途端、棒が折れて落下がはじまります。しかも、折れた棒にはおびただしいジャンパーがしがみついているので、驚くほどのスピードで落ちていきます。今度は**売りが売りを呼ぶ流れ**です。これが、天井から下がるときにスピードが早くなる理由です。当然、1人でいるときよりはケガも大きくなります。

あなたが取るべき行動は？　ひとつしかありません。**すぐさま飛び降りてください**。トレンドフォローの利益確定で売り抜けるならまだマシですが、スイングトレードで利益があまり乗っていなく、未練が残るときが1番難しいところです。もうちょっとだけ待ったら上がるかもと祈る気持ちでいます。しかし、**天井からの下げで動きが激しくなる場合は、たとえ損失になったとしても、必ず飛び降りてください**。「こんなに大勢の人が買っているなら大丈夫」ではなく、「**大勢の人が塊になって落ちてくるのでもっと危ない**」と思うべきところです。ここで損失を限定して出した損失なんて、あとから膨らむ損失の大きさに比べたらまだマシです。

これで買いの戦略がすべてそろいました。ランナー、サーファー、ジャンパー、各場面において実施すべき投資戦略と心得についても詳しくお話ししました。もう早く買いたくてうずうずしていますね？

しかし、パソコンを開いて早速買う銘柄を物色しはじめたあなた、ちょっとだけ待ってください！ 7日目まで読まないと、いい銘柄を買ったものの、「そういえば売るのはどうすればいいんだっけ？」となってしまいます。

はい、買いという入口があったら必ずエグジットの売る場面があります。7日目ではいつまで持って、いつ売るのか、投資家に求められる次なる戦略をまとめて身につけます。これでトレードのプロセスが完成します。楽しみにしてください。

焦る気持ちはわかるけど、
もう少しだけガマンです。
エグジットの見えないお化け屋敷、
入りたいですか？
入ってしまってからでは
手遅れになります！
しっかり出口を確認してから
入りましょう！

Chapter

7

7日目

いつまで持って、いつ売るかを極める

01

7日目の❶-1

売り方をマスターするために、自分にあった戦略を確認する

経験のある投資家に「株式のトレードをするにあたって何が1番難しいですか?」と尋ねると、例外なく「売るのが最も難しい」と答えます。6日目でも勉強したとおり、買うポイントは決まっているので、1回慣れてしまうと実はそんなに難しくはありません。結局はどこで売るかで損失にもなり、利益確定にもなります。無限にある売り方の中で、本書では「買い方にあわせた売り方2つ」に絞って学習していきます。

基本の売り方は2つ

2つの売り方、察しの早い人はすでに気づいているかもしれません。

買い方にあわせて各々の売り方があります。トレードの種類は「**トレンドフォロートレード**」と「**スイングトレード**」の2つでした。

実際のチャートを見ながら考えるのが早そうですね。次頁図❶はトレンドフォロートレードの動きを表しています。最初の買いポイント(Ⓐ)で買ったあとは、天井をすぎたことを確認するまで(Ⓑ)何もせずに置いておくことです。すべてのトレードの基本になる方法です。

もうひとつは、次々頁❶が進行する間に現れるス

トレンドフォロートレードの利益確定の考え方

イング（波）の上げ幅、つまり❷〜❺の各スイングの上げ幅を取っていくトレードです。

❶の売り方を覚え、スイングの取り方（❷から❺）も覚えると、トレードは自由自在に組みあわせることができるはずです。

自由自在に組みあわせるとは？ 6日目 でも触れているように、あなたの性格とライフスタイルにあわせて、戦略の組みあわせを選択することができるということです。

売り戦略の組みあわせを選択するとは

両方のやり方がわかることのメリットは、「やらないことを選択できる」ということです。

最も理想的なのは、底打ちの確認から天井をすぎたところまで持っていく❶をやりながら、❷から❺までの利益も組みあわせていくことです。

スイングトレードの利益確定の考え方

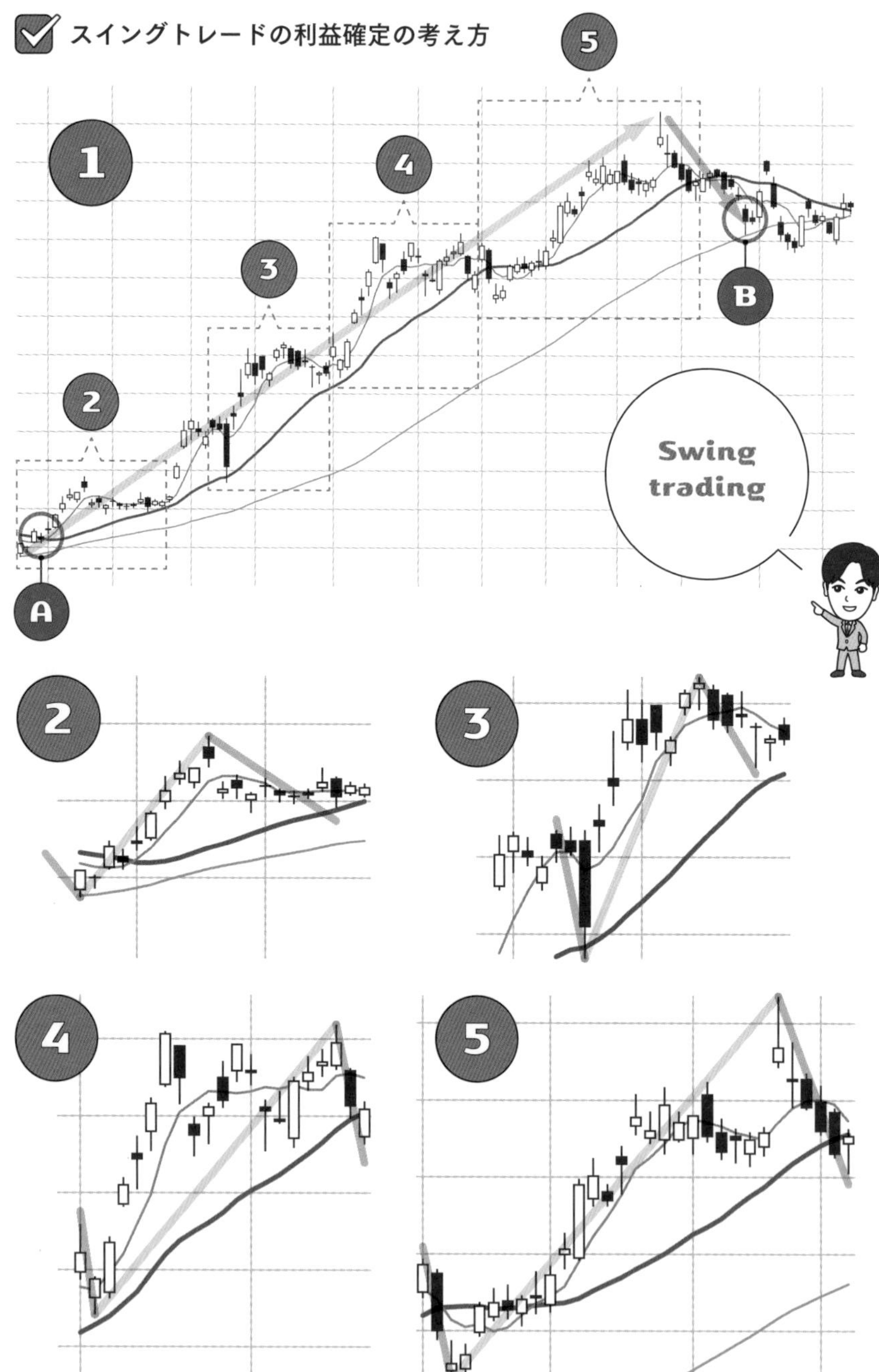

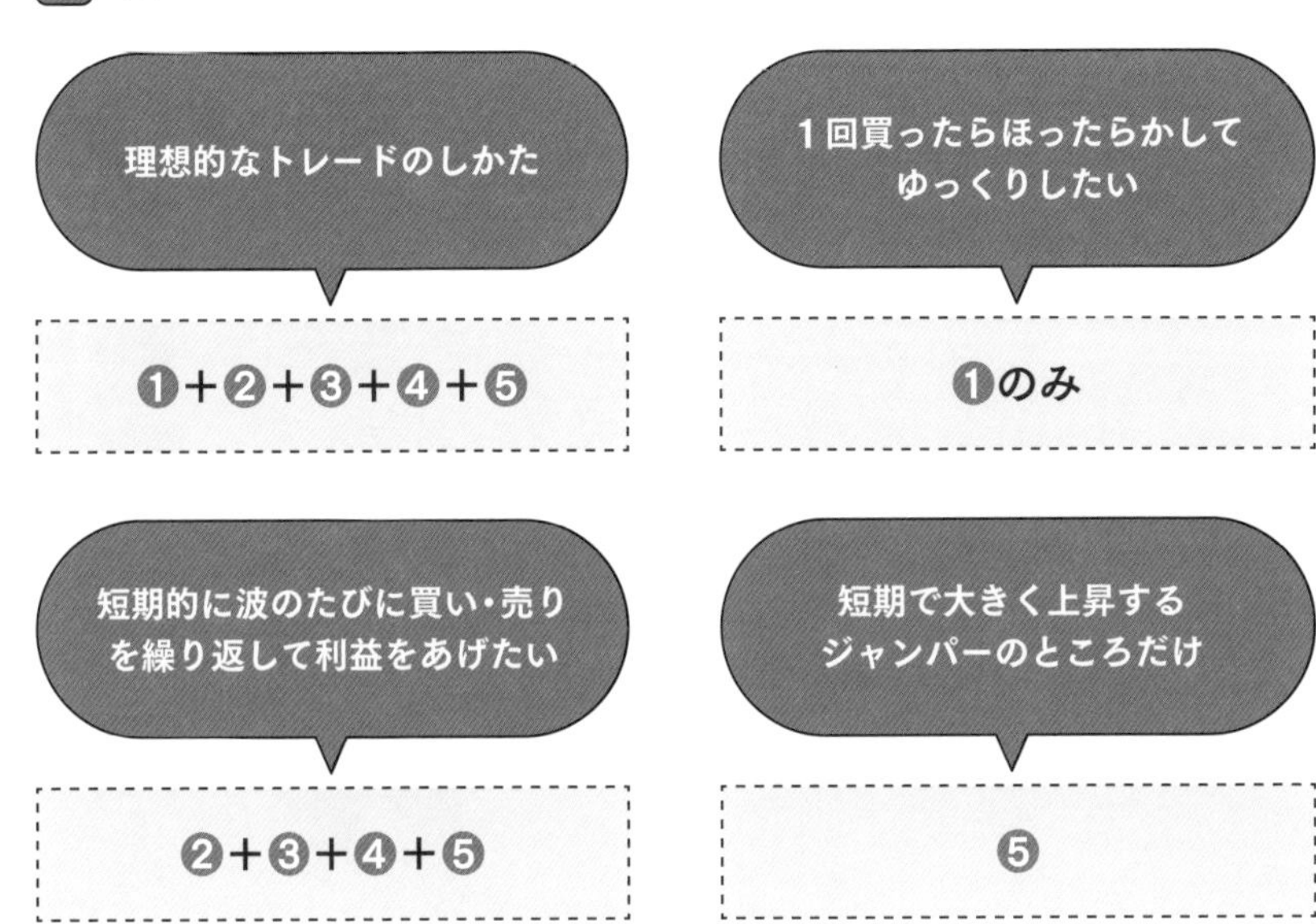

自分にあった戦略の組み方を選択する
理想的なトレードのしかた
❶+❷+❸+❹+❺
1回買ったらほったらかしてゆっくりしたい
❶のみ
短期的に波のたびに買い・売りを繰り返して利益をあげたい
❷+❸+❹+❺
短期で大きく上昇するジャンパーのところだけ
❺

しかし、「そんなに頻繁に取引する時間などない」と感じるなら、❶だけ、❷から❺は順調に上昇トレンドが続いていることを確認するくらいに留めてもいいでしょう。また、「優雅に構えるのは性格にあわない」「波ごとの利益を確実に取りながら進んでいきたい」と考える人もいるはずです。

または、天井に近い銘柄だけを集めて最後の急上昇局面を迎える❺だけをやって、ハイリスク・ハイリターンのトレードだけをやる人もいます。

もう一度強調すると、これは良し悪しの問題ではありません。**基本的なやり方を覚えたあと、自分にあうトレードを見つけて繰り返し実践、自分の得意なトレードをつくりあげていく**ということです。

要するに、❶と❷から❺、両方のやり方がわかるからこそ組みあわせを考えて選択できるのです。

売り戦略の考え方を理解したので、いよいよ実際の戦略に挑戦してみましょう。

02

7日目の❶-2

【売り戦略❶】頭としっぽ以外を取る

まず覚える戦略はトレンドフォローのトレードです。「トレンドがスタートするところから買い、トレンドが終わったことを確認したら売る、その間は何もしなくてもいい」これが基本的な戦略でした。普通はこれくらいの記述で終わりますが、これだけでは全然わかりませんね。そこで本書の強みが出てきます。「1円単位で売る位置がわかる!」です。

原則は頭としっぽは捨ててもいいと割り切ることです。

負け方 頭としっぽまで取る

せっかくはじめたトレードだから、最も安いところで買って、1番高いところで売りたい! これは誰もが思うことです。私も最初はそう思って完璧に天井と底を当ててくれる理論を探して手当り次第に本を読み、セミナーを受講しました。しかし、長い経験から出た結論はやはり「**頭としっぽはくれてやれ!**」でした。

いやいやそうは言っても、きっとどこかに頭からしっぽまで取れる理論があるはずだと思っていませんか? 探し回ることは自由ですが、まずは私の言うことを聞いてからにしてください。

底と天井は誰にもわからない

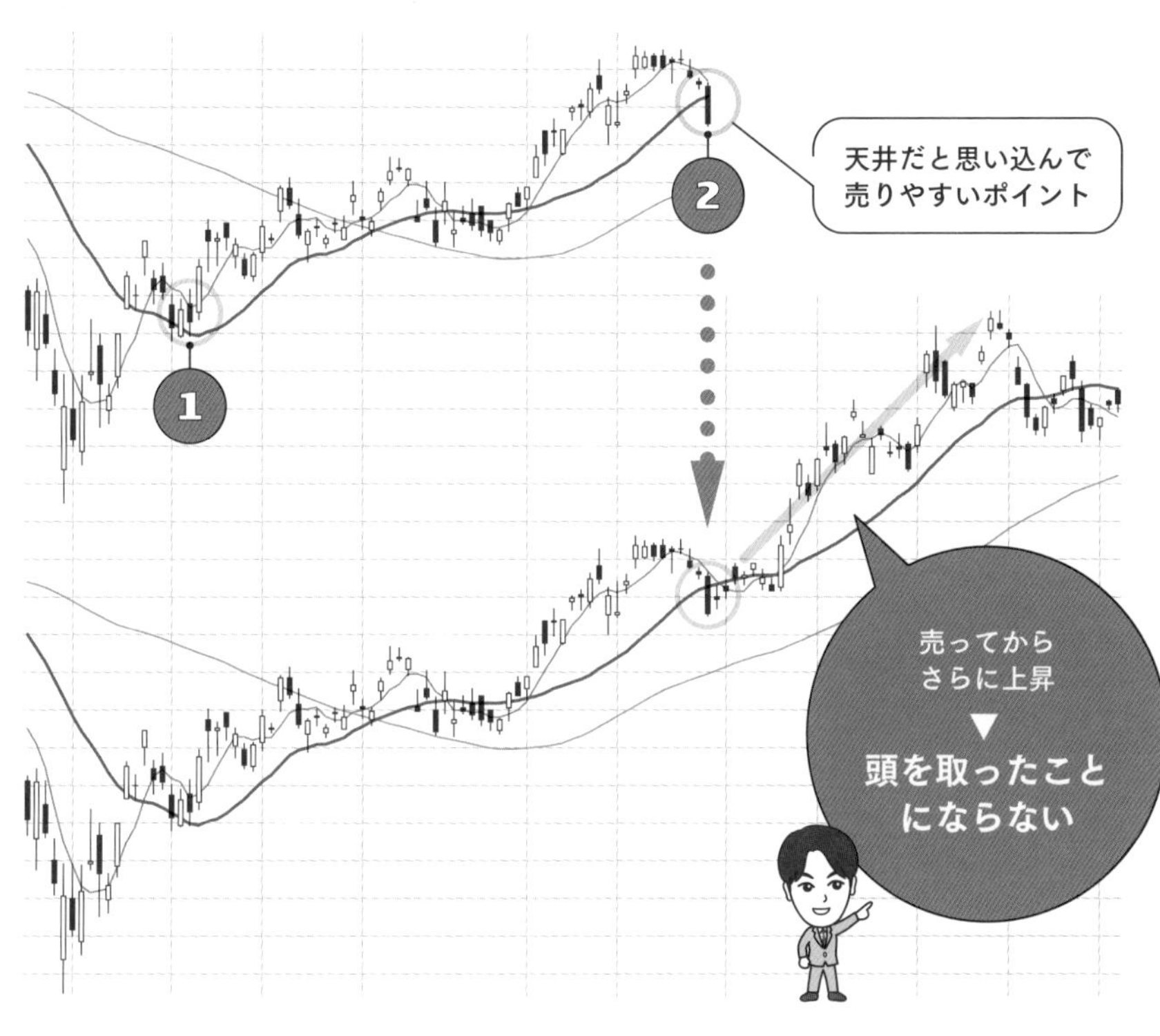

「天井を当てて1番高く売りたい」と思うことをやめてほしい理由は、逆説的ですが、**むしろ利益が小さくなる可能性のほうが高い**からです。

上図の上側を見てください。もう買いの理論は身についているので、パッと見た瞬間、❶でトレンド転換とともに買うべきだというのはわかるはずです。その後は順調に上昇して、20日、60日移動平均線が上向きに変わり、ずいぶんと利益も乗ってきました。このタイミングで最近の1から2カ月では見たことのない大きな陰線ができます（❷）。利益が減ってしまうので、怖いですね。

これは間違いなく天井をすぎたと思い込んで、利益確定をします。すると、次の日からグングン伸びて、ここまでの利益よりはるかに大きくなった利益を逃してしまいます。

こんな経験ありませんか？　経験者には「あるある！」ですね。結局、うまいこと天井で取ったぞ！と思ったことが、いつの間にか「なんて愚かなことをしたの！」と負けた気持ちに変わってしまいます。大丈夫ですよ、負けてないから。半分くらいの利益は取ったじゃないですか。と言われてもなんか納得いかないものですね。じゃ、どうすればいいのでしょうか？　これから勝ち方を覚えましょう。潔く頭の部分をあげてしまうことで、より大きな利益を取る方法です。

入口をひっくり返すと出口になる

トレンドフォローの売り方は、実はそんなに難しいことではありません。**入口をひっくり返してそのまま出口の理論に組み立てればいい**だけです。つまり、底を抜け出して、最初の買いをしていいのかというときに確認したことを反対にすると出口が見えます。言葉だけでは難しいので、実際のチャートを見ながら説明しましょう。

トレンドフォローの買いを入れてから利益が乗ってきて、ある程度時間が経ちました。毎日考えるのはこの銘柄のことばかりですね。そのときに、売りが近づいてきたことを次の4つのポイントで確認してください。

まず、株価の波を書いて、**❶高値の切り上げが3回以上続いたのか**確認します。天井に近づくときは少なくとも4から5回以上の切り上げが見られているはずです。これは高値の切り上げが続いている間は保持すべきだということも同時に教えてくれます。

次、**❷底打ちのあと、買いを入れたタイミングから3カ月以上、上げてきたのか**、確認します。1カ月から2カ月ではなかなか天井に到達しません。切

売りの戦略❶ 売りが近づいてきたことを確認する

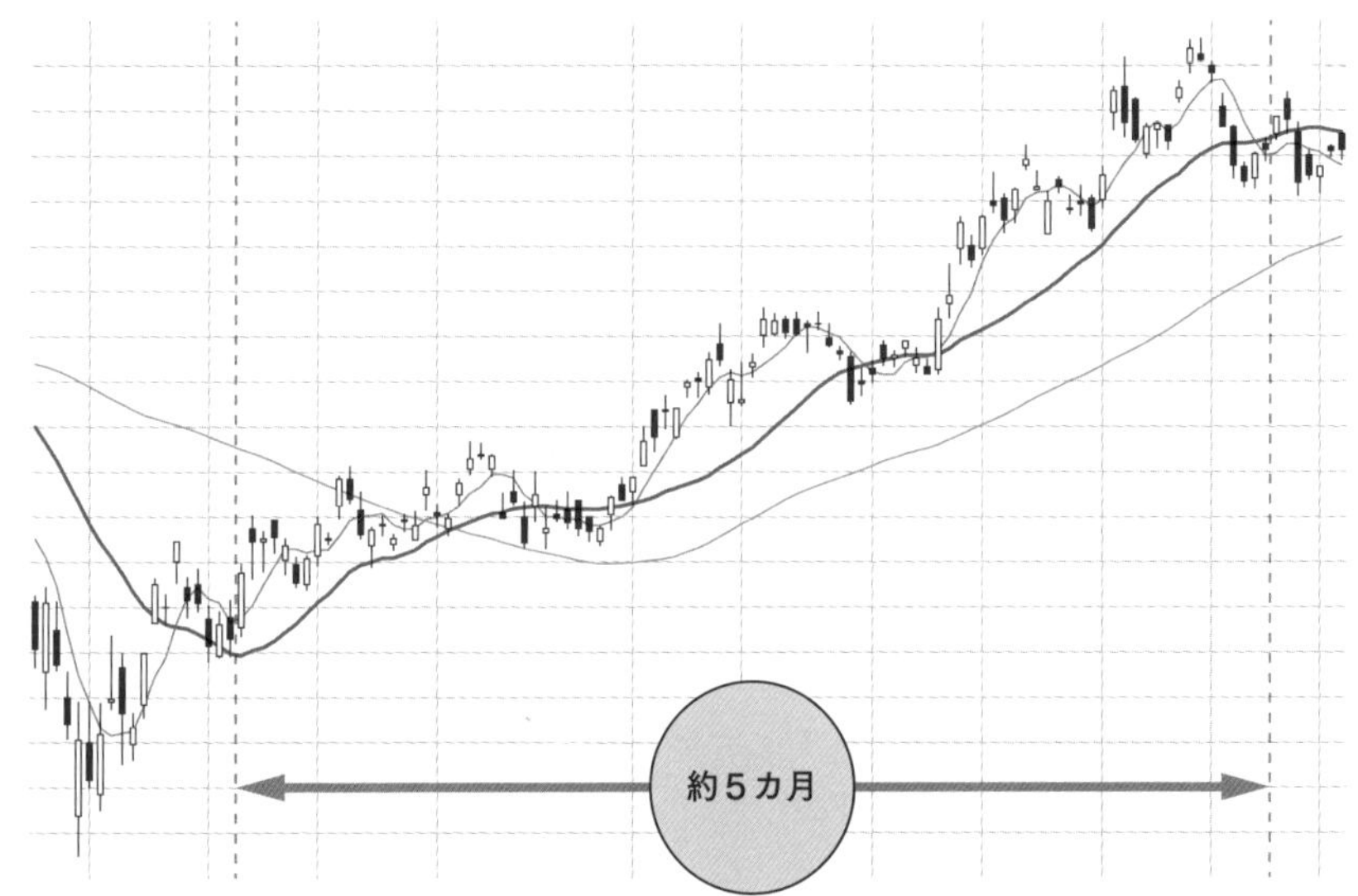

1. 高値の切り上げが3回以上
2. 底打ちのあと、上昇トレンドが3カ月以上
3. 変動性が高まる（日足の動きが激しい）
4. 高値の切り下げが確認される

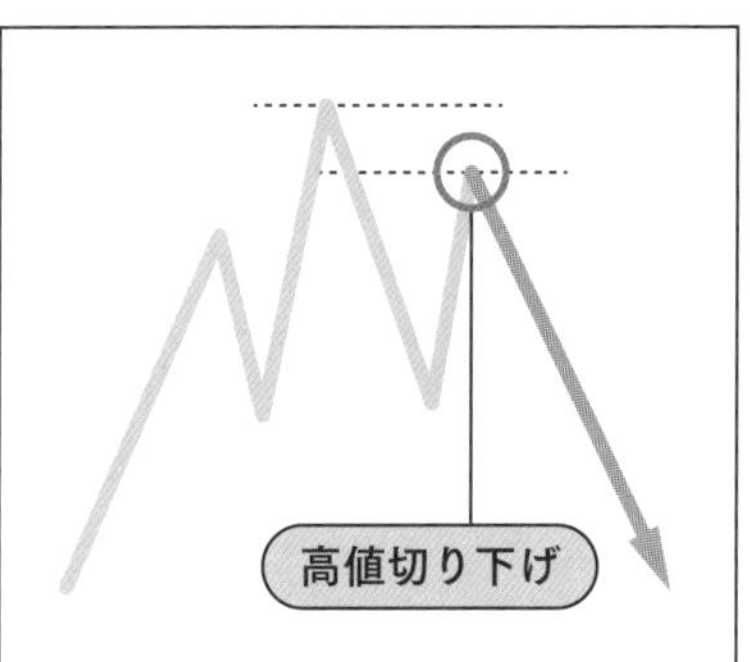

り上げが3回以上あると、ほぼ間違いなく3カ月以上にわたって上げてきているはずです。前頁図の場合は5カ月に渡って上げてきているのがわかります。

この2つの条件を満足しながら変動性が高まっていると、天井が近いということです。つまり、「ギャップを開ける回数が増える」「上げ方」「下げ方」が今までとは違って大きくなるといった現象がそれにあたります。

そして、最後に最も重要な確認事項、**❹高値の切り下げ**が確認できたかということです。切り下げが起きると、上昇トレンド継続の条件を満たさなくなったことになります。上昇トレンド継続の条件は？　高値の切り上げが続くことでした。

以上のことが確認できたら、この銘柄は天井をすぎている可能性が高いと判断できます。それでは早速売るかというと、もう一段確認することがあります。

これが1円単位で決められる出口理論

底打ちからの買いを思い出してください。底だと思われるところから安値が1度切り上げただけでは買っていません。もう一度底値を下に抜けて大きく下げることもあるので、**安値の切り上げを2回確認して、さらにトレンド転換するのを確認してから買いました。**

売りのロジックもまったく一緒です。上昇中は高値の切り下げが1回あってからもう一度前回の高値を抜けて上昇することもよく起こります。これを防ぐために、**高値の切り下げが2回現れるのを待ちます**（次頁図左）。なおさらいいのは高値の切り下げが20日移動平均線にぶつかってから起きたときです。20日移動平均線が抵抗になって高値の切り下げが2回目になり、その安値を次の日に下回ると売るようにします。例高値の切り下げが確認できた日

入口をひっくり返して出る

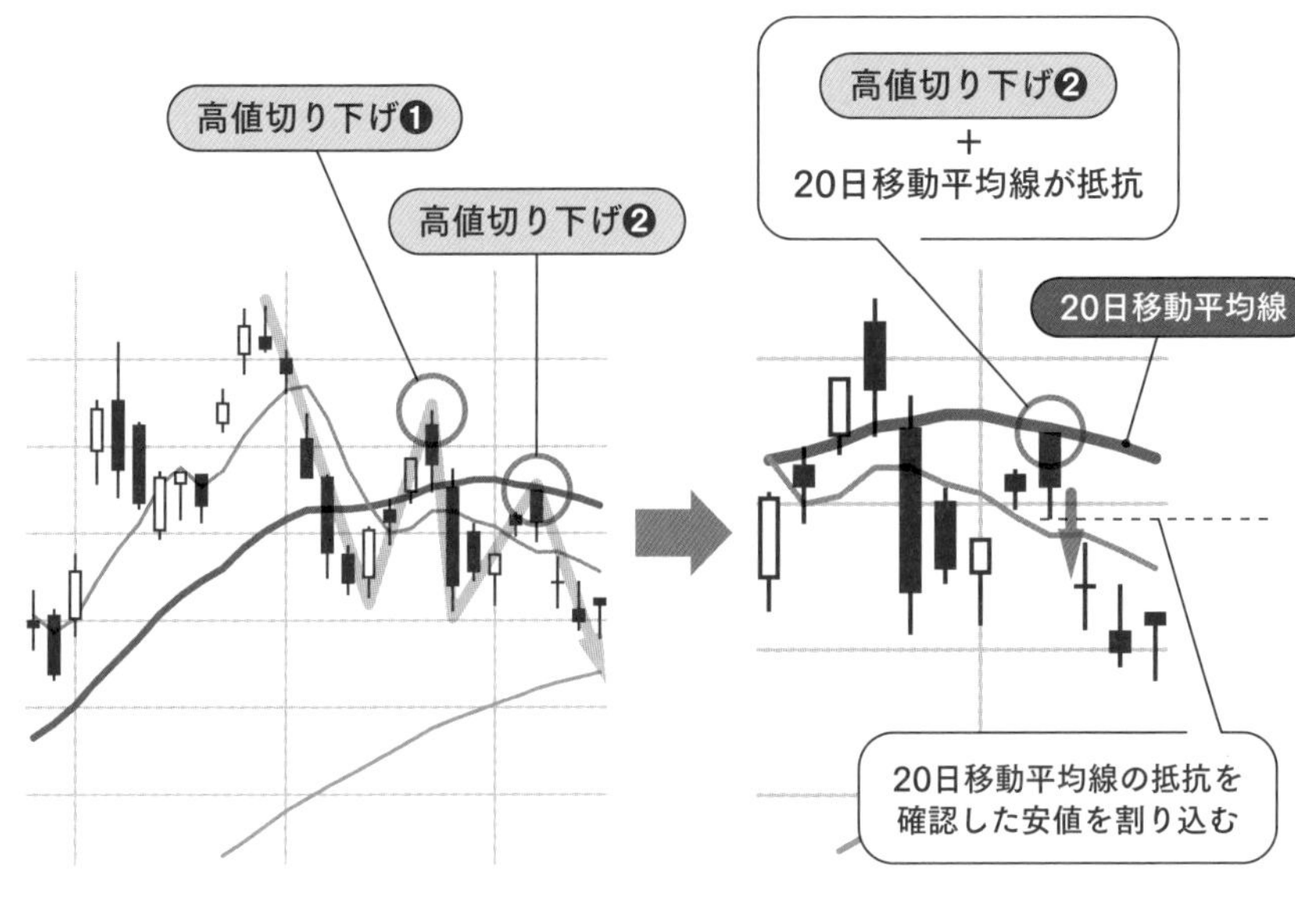

の安値が223円の場合、222円以下になると成行で売ります。

「20日移動平均線が抵抗」というのはあくまでもひとつの理想としての目安です。これにこだわるよりは**「高値切り下げ2回」**にこだわってください。それが20日移動平均線より少し上、または届かないところで起きたら、「20日移動平均線が抵抗じゃないからダメ」と言わずに売るようにしてください。

これでトレンドフォローのトレードは完成です。

しかし、これで終わりではありませんよ。実はローソク足の動き以外にもうひとつ天井を極めるコツがあります。次節で説明するスイングトレードの利益確定を使うと天井に近づくことがより早くわかる方法もあります。

03

7日目の1-3

【売り戦略②】テクニカル指標を2つマスターする

スイングごとに買って売るためには、明らかに異なる売りの方法が必要です。大きな違いは「より頻繁に高値圏を見極める」必要があるということです。例 下図の上昇トレンド中の5カ月間は、2週間に1度の波が7つもあります。つまり買ってから1週間から2週間で、売りのタイミングをキャッチする必要があるということです。優雅に波を追っていては話になりません。そこで登場するのがテクニカル指標です。

 上昇トレンド中は波が頻繁に出る

波に乗って利益確定をするには

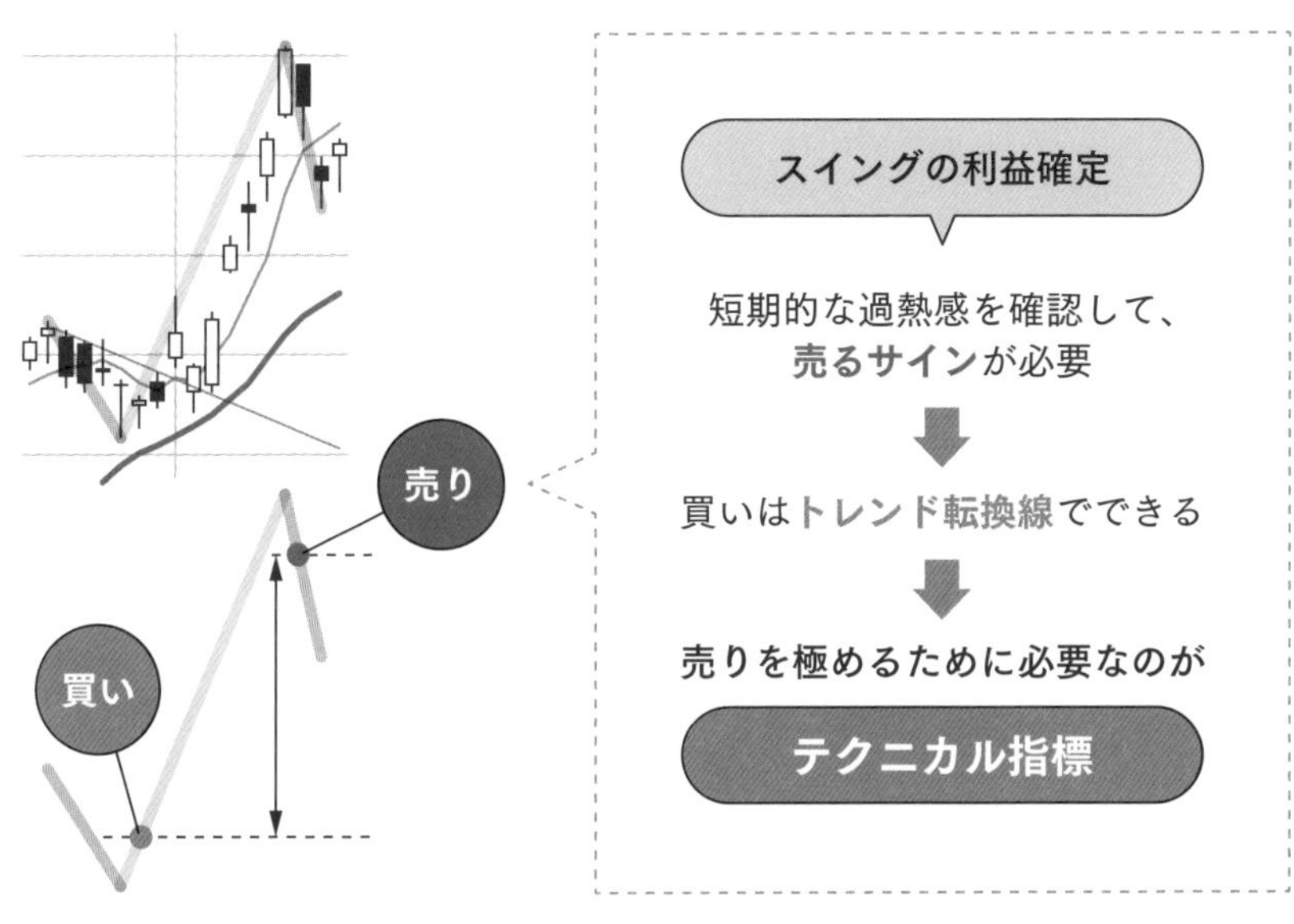

テクニカル指標の登場

スイングで売りのタイミングを図るときは、ローソク足に加えて、別の目印も加えて精度を高めます。その目印というのがテクニカル指標です。**テクニカル指標は「過去の価格や時間を決まった計算式にあてはめ、未来の価格やトレンドを予測するもの」**と定義することができます。ここからはテクニカル指標の使い方を丸暗記するに留まらず、正しい考え方も身につけながら売りを極めていきましょう。

過去に基づいて未来を予測するのがテクニカル指標

テクニカル指標は、要するに過去に起きたことの**傾向を把握して、未来を予測したいときに役立つ指標**です。過去のどのデータを使って、どのような数学的処理（計算式）をするかで、テクニカル指標の特徴が決まります。

テクニカル指標ってなに？

過去の価格や時間を
決まった計算式にあてはめ、
未来の価格やトレンドを予測するもの。
売買タイミング、
特にスイングトレードにおける
売りのタイミングを
見極めるために使う

Technical indicator

ここまで慣れてきた移動平均線も、実はテクニカル指標のひとつです。過去60日間の終値（データ）を使って、常に最新の値が反映されるように移動平均を計算（計算式）してチャート上に置くことで、最近のトレンドを把握して買うタイミングと売るタイミングを決める手法（使い方）です。

本書ではテクニカル指標の考え方を説明したあと、あえてひとつのテクニカル指標に絞って、それを深く理解していきます。それも、買いではなく主に売りのタイミングを精密にするために使います。

主に売りのタイミングに絞るのは、株価が下落傾向にあるときも指標だけは買いのサインを出すからです。そのサインにしたがって買ったところが、実は暴落のはじまりだったりするわけです。

「**単純に買いのサインが出たからといって買ってしまうのは危ない**」ということをしっかり覚えておいてください。また、指標をひとつだけに絞る理由は後ほど詳しくお話しします。

❶トレンド系指標

相場や価格の方向性を現す指標。
中・長期トレードの場合、細かい動きよりは方向性を
把握できるほうが重要。ここで活用できるのがトレンド系指標

➡順張り系指標という
➡移動平均線、ボリンジャーバンドなど

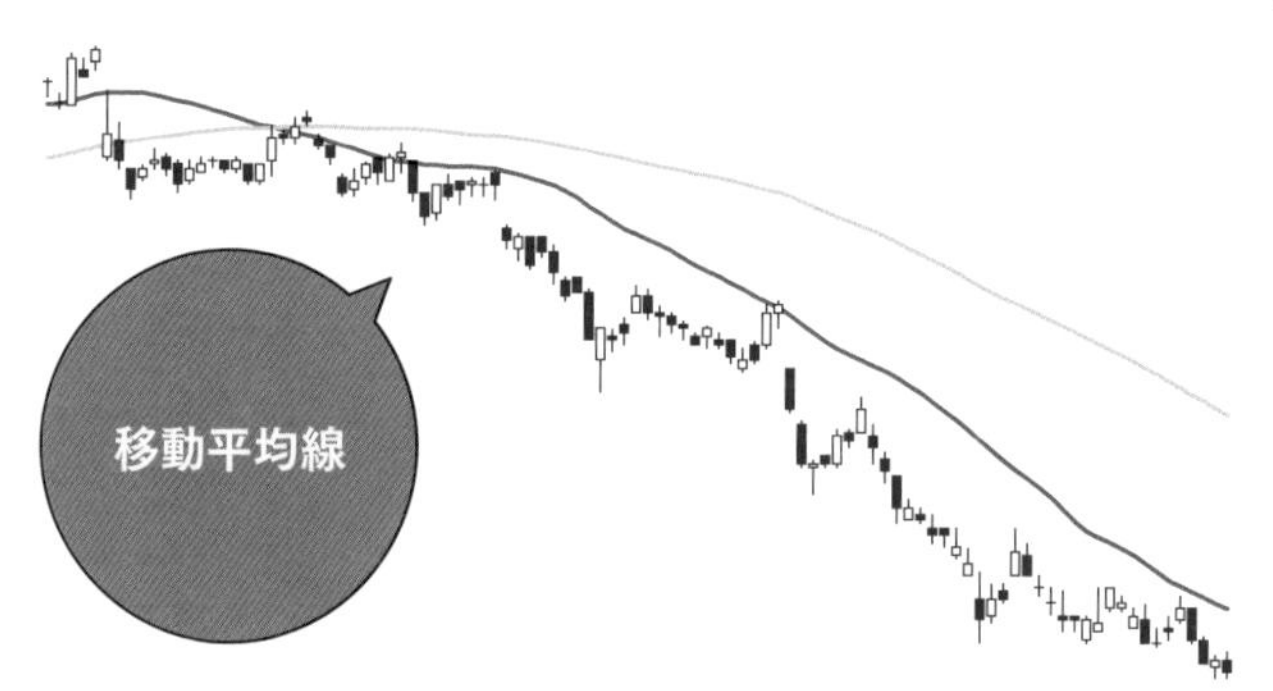

テクニカル指標の分類

テクニカル指標は、大きく分けて3つに分類することができます。それぞれの意味と使い方を理解することで、自分の目的によって使う指標を決めることができます。

❶トレンド系

相場や価格の方向性を表す指標群をトレンド系と呼びます。特徴は**ローソク足と同じチャート領域に描かれること**です。トレンドに素直にしたがってトレードする、つまり上昇傾向にあるときには買っていき、下落傾向にあるときは売ることを「**順張り**」といいます。トレンド系の指標は「**順張り系の指標**」とも呼ばれ、「**トレンドを把握してその方向にしたがう**」ときによく使われます。

代表的な指標は、移動平均線とボリンジャーバンドです。トレンド系は、このように**どちらかの方向**

❷オシレーター（振り子）系指標

買われすぎ、売られすぎといった市場の強さを表す指標。
トレンド系指標に比べて短期で変化して、
決まった範囲の中でしか変化しないのが特徴

➡逆張り系指標という
➡RSI、ストキャスティクスなど

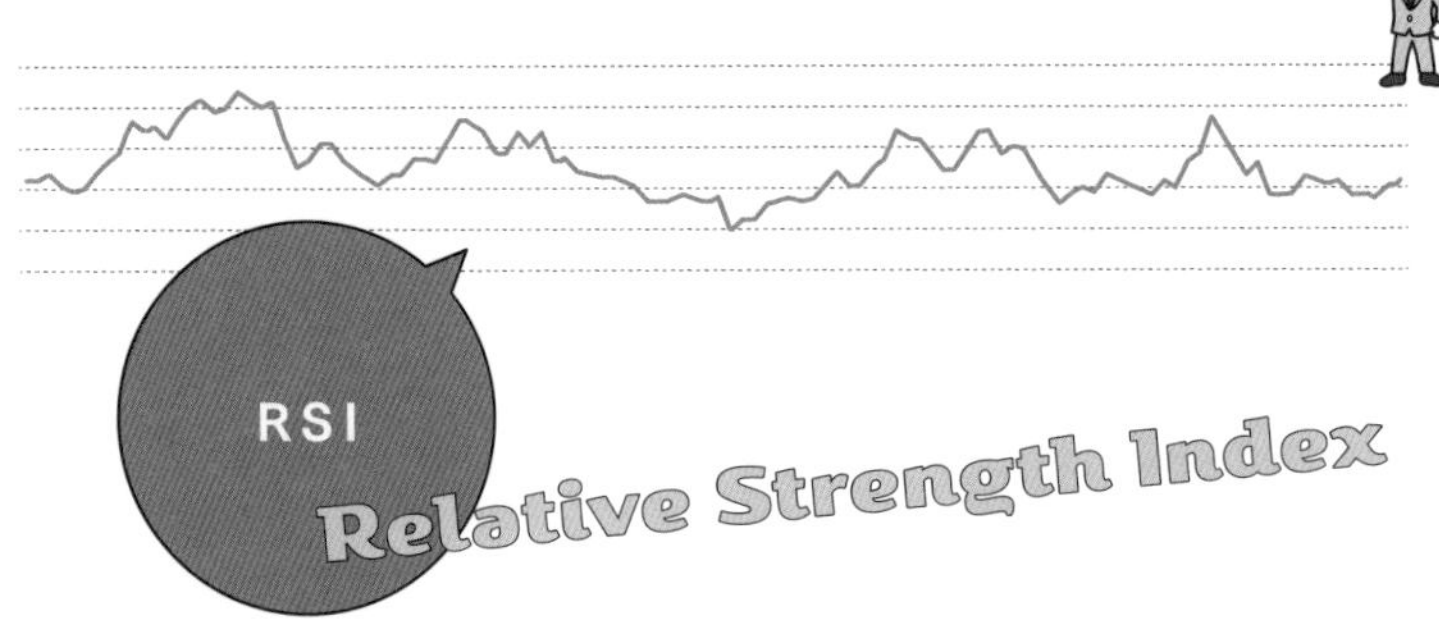

に向かって推移する線で、範囲が決まっていないというのがもうひとつの特徴です。つまり価格が上がれば上がるほど、移動平均線も一緒にどこまでも上向きになるということです。

❷ オシレーター系

オシレーターは言葉のとおり、振り子のことを指します。振り子が一定の範囲を上がったり下がったりするように、「**過去のデータに基づいて一定の範囲で上下する**」のがオシレーター系指標です。ローソク足とトレンド系指標が位置するチャート領域の下に表示されるのが特徴です。考え方は順張りの反対の意味を持つ「**逆張り系の指標**」で、「**市場の強さを示す**」指標です。

「上がっていく最中だけど、買われすぎのサインが出たらあえて売る」「下落しているが売られすぎのサインが出たので買い向かう」など、「**現在のト**

❸独自系指標

トレンド系指標・オシレーター系指標、両方の性格を持つ指標。
MACDが代表的な指標。
または独自の分析方法を持つ指標

➡初心者には難解に見える場合がある
➡MACD, ボリンジャーバンド、フィボナッチ分析など

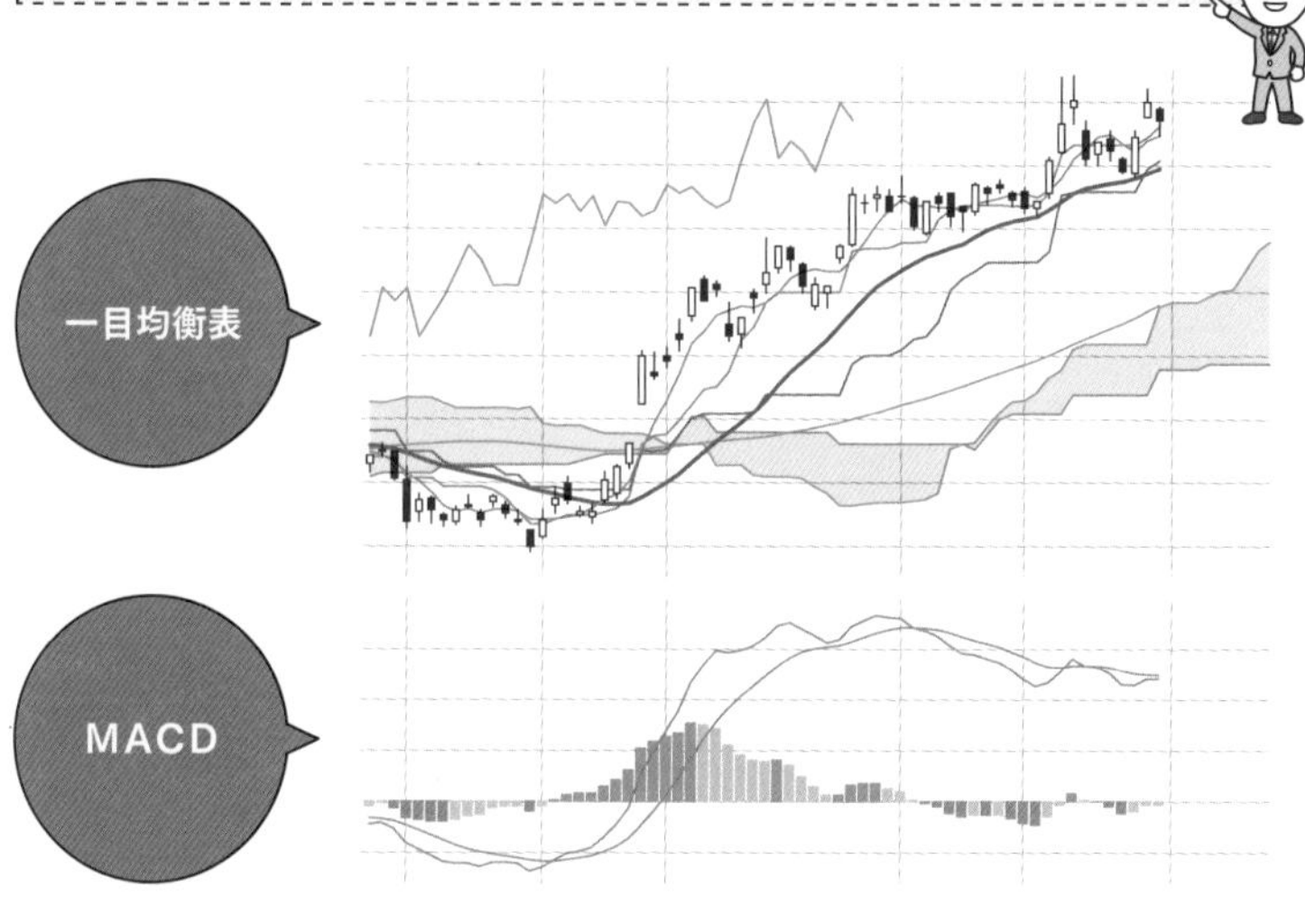

レンドとは反対のことをする際に参考にされる」指標です。代表的な指標としては、RSI、ストキャスティクスです。本書では投資家に最も人気のあるRSIについて詳しく勉強します。

❸ 一目均衡表、MACDなどの独自系

トレンド系、オシレーター系の両方の性格を持つ指標、どこにも属さない独自の計算ロジックを持つ指標たちをここにまとめます。両方の性格を持つ有名な指標としては「MACD」があります。厳密にいうと移動平均線を基本にしてつくられているので、トレンド系指標になりますが、両方の特徴を持つことから別に分類されることが多

いです。

独自のロジックと特徴を持つ指標として、日本発の**「一目均衡表」**があります。ほとんどの指標が価格の動きに注目する一方、**「時間の概念をチャートに表す」**のが一目均衡表です。サラッと説明されることの多い一目均衡表ですが、初心者が理解して使いこなすには相当な努力が必要です。

特典動画

- **チャート表示ツールを使ってテクニカル指標を表示する方法**
- **3つの分類による指標を説明する動画**

http://www.tbladvisory.com/members/register/booklecture1/

テクニカル指標の正しい選び方

テクニカル指標をインターネットで検索すると、軽く数十種類は見つかります。マイナーなものまで入れると実に何百種類にもおよび、個人投資家がすべての指標を使いこなすことは到底無理です。もちろん、その必要もありません。ここでは具体的な使い方ではなく、その前にテクニカル指標の正しい考え方と使い方を理解しましょう。

すべての指標を理解するのも難しいですが、それを使いこなすというのはまた別の話です。**「情報が多くなりすぎるとむしろ判断の妨げになり、行動できなくなってしまう」**ものです。「あれもこれもやってみたけど、結局わからない、もうダメ」と、情報過多になって放棄してしまう人をたくさん見てきました。

もうひとつ身動きが取れなくなる原因は、「指標間の矛盾」です。それぞれの指標は独自のロジック

テクニカル指標の選び方

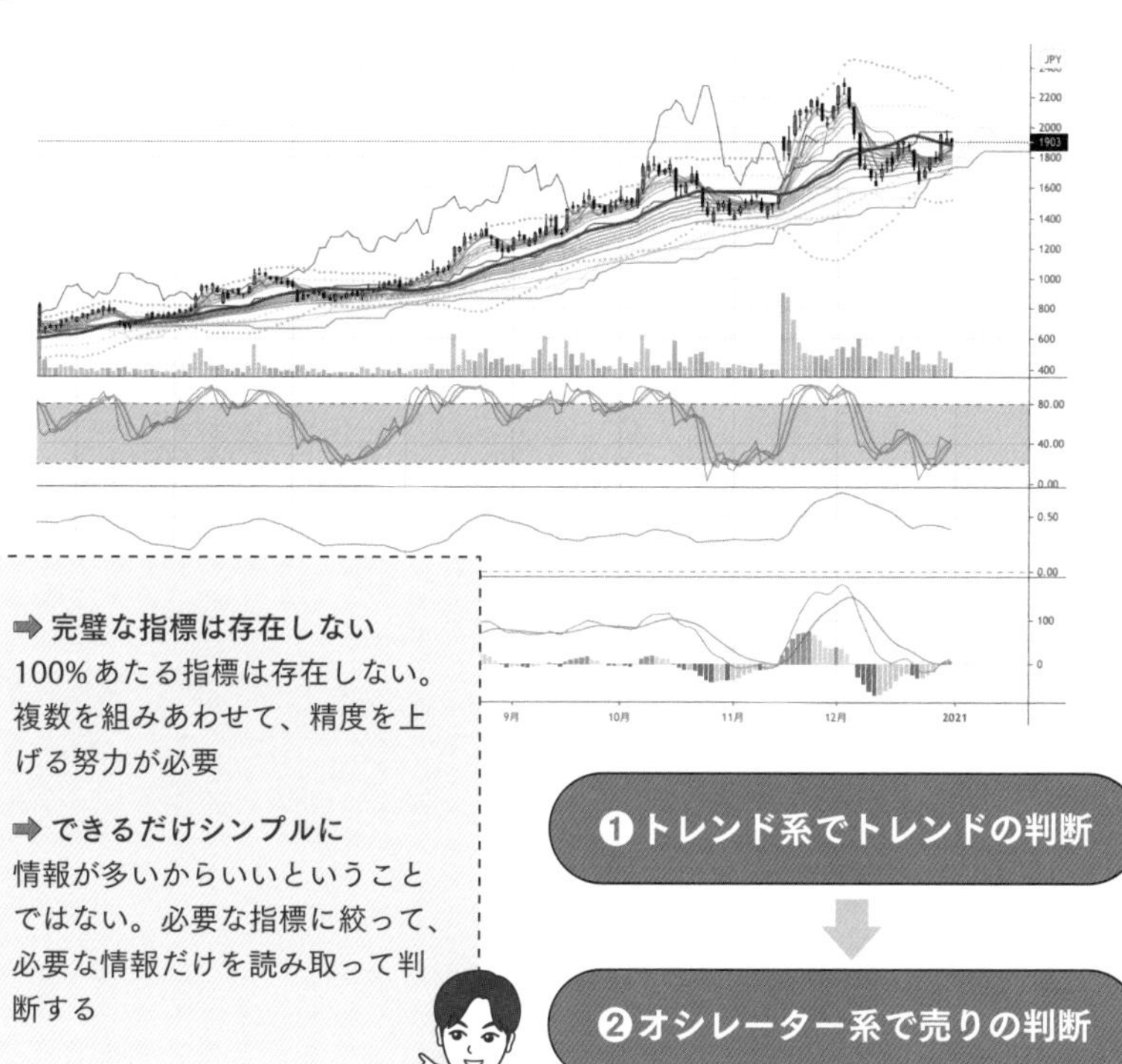

➡ 完璧な指標は存在しない
100%あたる指標は存在しない。複数を組みあわせて、精度を上げる努力が必要
➡ できるだけシンプルに
情報が多いからいいということではない。必要な指標に絞って、必要な情報だけを読み取って判断する
❶トレンド系でトレンドの判断
❷オシレーター系で売りの判断

を採用しているので、10個、20個と指標を増やしていくと、ほぼ間違いなくお互いに反対のサインを出す指標が出てきます。

それを解消しようと、さらに別の指標を取り入れても矛盾が増えていくだけで、結局身動きが取れなくなります。しかし1個だけ使うというのも根拠が弱く、偏見をもたらしかねないので考えものです。

経験とトレードの成績から考えると、**「トレンド系の移動平均線で位置とトレンドを把握して、オシレーター指標1つを使って売りを判断する。多くても2、3個ほどのテクニカル指標を組みあわせる」のが最も効果的です。**まず得意とする2、3個の指標をマスターすることが肝心です。

とにかく得意な指標を2、3個つくる

まず2、3個使ってみて基礎を学ぶというのは、小学生が算数を習っていく過程と同じです。足し算、引き算を先に勉強し、それをもとに説明すると掛け算と割り算も理解できます。四則演算を一気に教えようとすると小学生は混乱してしまい、理解できないどころか算数を嫌いになっていくでしょう。

テクニカル指標の習得も同じです。資料によっては、数十個の指標を並べて広く浅く説明して量で勝負しようとしますが、私はその反対のアプローチをお勧めします。**まず2、3個の指標を深く勉強して使い方まで習得したあと、実践で使ってみてください。**しかも、2、3個といいましたが、ここまでで1つはすでにほぼ完璧にマスターしています。そうです。移動平均線ですね。あと1個だけ極めるなら、少しは心が楽になりませんか？

ここで勉強する指標を「これは私の指標」というくらいまでのものにしたら、ほかの指標も突つきやすく、マスターしやすくなります。ひとつ注意したいことは、深く勉強しようと指標の計算式をすべて覚え、手で計算してみるといったマニアックなことまでは必要ないということです。**大事なことは計算式の考え方を理解して、この指標が何をしたいのかを理解すること、そして使い方と実践に徹すること**です。計算はパソコンとスマホがすべてやってくれます。

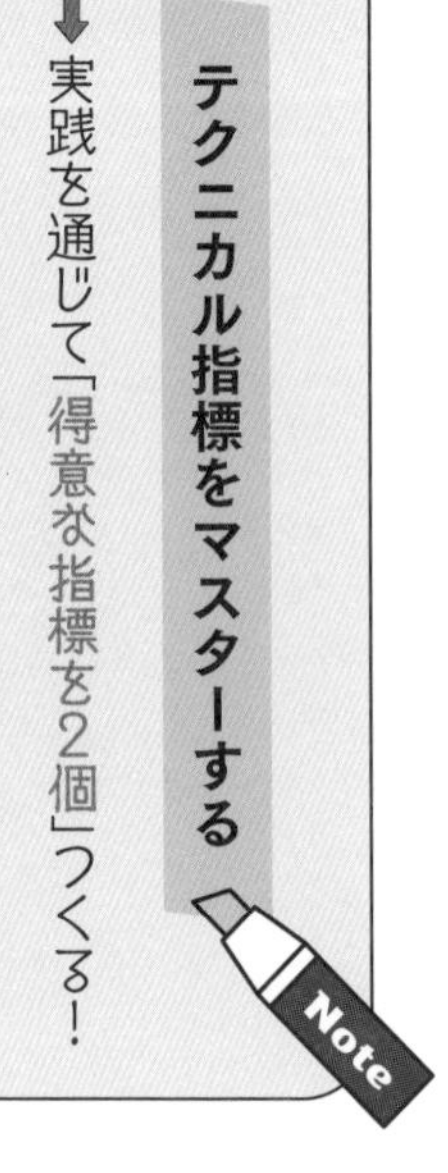

04

7日目の②-1

最も人気の高い指標ＲＳＩを制する

最初に勉強するのはＲＳＩです。「投資をはじめたらまずＲＳＩ」というほど最も人気の高い指標ですが、驚くほど間違った使い方をされる指標でもあります。本書でＲＳＩの裏側を覗いて、その定義から考え方をじっくり理解するようにします。すでに知っているので飛ばす！　と思ったあなた、いったん落ち着いて読んでみてください。騙されたと思って読んでみてください。世界ではこんな使い方をするんだと、納得できるはずです。

オシレーター系の代表ＲＳＩ

まず、ＲＳＩの一般的な定義と使い方を見てみましょう。ＲＳＩは過去Ｎ日（一般的に14日）の上げ幅（前日比）の合計を、同じ期間の上げ幅の合計と下げ幅の合計を足した数字で割って、１００を掛けたものです。

はい、わかります、その気持ち。「なんのこっちゃ？」ですよね。定義だけを見ると何を言っているのか、数学好きな人以外にはさっぱりわかりませんね。大丈夫です、あとで絶対わかりますから。

計算式を理解するのが面倒くさいので、使い方だけが広まり、そのわかりやすさもあってそのまま定着しました。次頁図の下に表示されているのがＲＳＩで、０から１００の間を往復するようになってい

最も人気の高いRSI

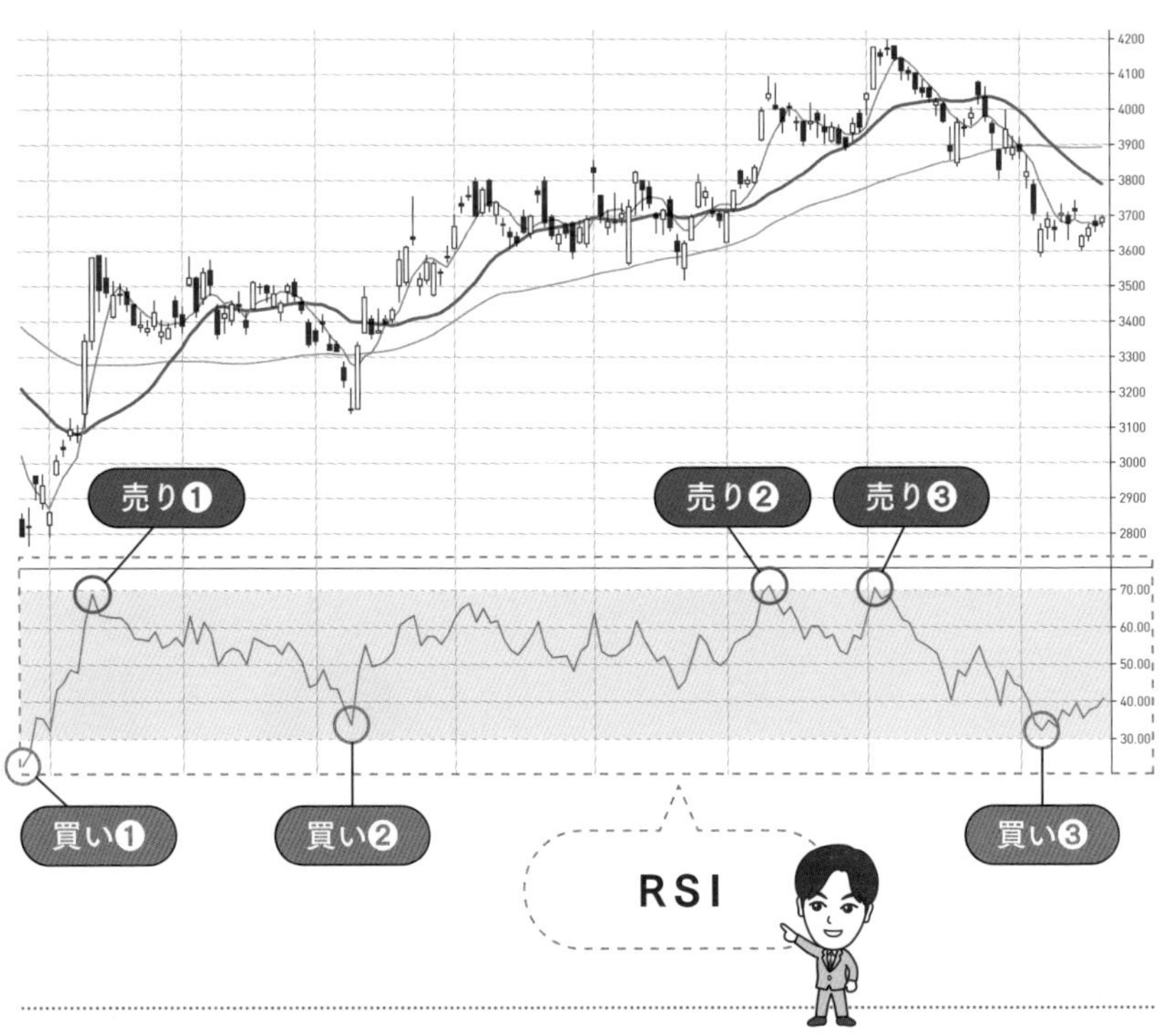

ます。

一般的に広がっている使い方はとてもシンプルで、0から100の間で動く線がRSIで、その線が「**70%以上になると買われすぎなので、売りのタイミングですよ。逆に30%以下は売られすぎなので、買ってくださいね**」と判断して、売り・買いをするという使い方です。これが間違っているということではありません。

確かに実際のチャートと照らしあわせて使ってみるとRSIは一般的な使い方でも力を発揮する場合が見られます。たとえば、買い❶で買って、70近くまで上がったあと、下に反転する売り❶で売れば、見事にこのスイングを取ったことになります。次の線はより大きな利益をもたらしてくれます。買い❷で買って、売り❷まで持って売れば、大きな上昇トレンドを取ったことになります。

もちろん売り③のように買いのサインもなかったのにいきなり売りサインを出したり、買い③のように下げトレンドが進行する時点で買わせてしまうような欠点もあります。

じゃ、買い①買い②、売り①売り②だけやって、売り③買い③はうまいこと逃げればいいのではないかと思うかもしれませんが、リアルタイムで取引をすしている最中に、「今はうまく逃げるタイミングでRSIを使うべきではない」というのがわかるでしょうか？　少なくとも天才ではない私にはわかりません。

場合によっては、売り③買い③の間違ったサインでここまで積みあげてきた利益をすべてなくしてしまうこともあります。この問題を見事に解決するとともに、なんとトレンドフォローにも使えるコツがあります。

それは**素直にＲＳＩの計算方法を覗く**ことです。

ＲＳＩの裏側を覗いてみると、意外とシンプル！

「えっ、はじめて見るテクニカル指標の計算方法まで覚えなきゃいけないの？」「なんか難しそう」心配ですよね。大丈夫です。ゆっくり紐解いていけばびっくりするほどシンプルです。私を信じてあと2分だけつきあってみてください。

次頁図で実際のデータを使って計算してみましょう。14日間の前日比の変動幅を記録した表です。たとえば、2日目は前日より20円上昇しています。このように上げ幅の合計を集計したのがⒶで、ここでは266円が上昇幅の合計です。同様に下げ幅を出して合計したものがⒷのマイナス130円です。

難しそうだと
最初から逃げずに
まず覗いてみて！
そのシンプルさに
びっくり！
そしてその効果
にもびっくり！

RSIの考え方

日数	1日	2日	3日	4日	5日	6日	7日	8日	9日	10日	11日	12日	13日	14日	合計	
上昇幅	30	20		10		40	50			20	15		60	20	265	A
下落幅			-25		-10			-50	-10			-35			-130	B

では、この14日間の純粋な価格の変動幅はいくらになるでしょうか？

単純に「２６５－１３０」と計算したらダメですよ。変動の幅なので、**絶対値を取って「２６５＋１３０」で計算するのが正解**です。つまり、14日間でこの銘柄は３９５円変動したことになります。

それに対して上昇幅がどれくらい占めているのかはどのように計算すればいいのでしょうか？

簡単ですね。上昇幅の合計２６５円を全体の変動幅３９５円で割って１００を掛ければすぐ計算できます。答えは、67％。

簡単ですね。これだけです。えっ、それだけ？　相対力指数（ＲＳＩの日本語名）とかあんな難しい名前をつけといて、計算はこれだけ？　はい、本当です。ＲＳＩは意外とシンプルという意味、わかりましたか？

では、ＲＳＩ67％の意味を考えてみましょう。14日間の変動中、上げ幅が67％、つまり3分の2くらいを占めているので、この銘柄は上がる傾向にあるのかなと、思いませんか？　実際に上昇トレンドが順調に進んでいるチャートを開いてみると、2日くらい上がって1日は下がり、また2日前進のような動きをします。つまり、**安定的な上昇トレンドに乗っていることを意味するのが3分の2くらいで70％に近づき**、**超えてくると上昇トレンドがますます強まる**ことを意味します。ということは、**70は買われすぎではなく、むしろ上昇トレンドが加速していることを意味する**のがわかります。

逆に、安定的に下がるときはどんな動きをするの

RSIの計算方法と意味

RSIの計算

$$RSI = \frac{Ⓐ}{Ⓐ + Ⓑ} \times 100 = \frac{265}{265 + 130} = 67\%$$

RSIの意味 ➡ 67％

直近の14日において、全体の変動幅の中で上昇幅が2/3にあたる67％を占める。買いが優勢で上昇トレンドにある。

50％ ➡ 売りと買いが拮抗
70％ ➡ 超えると上昇トレンドが加速
30％ ➡ 割り込むと下降トレンドが加速

か想像してみてください。上昇とは反対に下がるのが3分の2で、少し戻すのが3分の1くらいなら安定的な下降トレンドが進んでいると考えることができます。したがって**30を下回るのは下げが加速するというサインで、売られすぎの明確なサインにはならない**ということです。

RSIの本当の意味、わかりましたか？　では、これに基づいてRSIの本当の見方と使い方を覚えましょう。

これが本当のRSIの見方

今度は数字を変えて、50％について考えてみます。式の定義から考えて、RSIが50％になるためにはどのようになればいいでしょうか？　難しいことはないです。**上げ幅＝下げ幅になると、RSIは50％**です。つまりRSIが50というのは買い、売り、どちらにも優位性がなく拮抗していることを意味しま

RSIの本当の見方：上昇トレンド

す。**50を超えはじめると買いが優勢で、70を超えることで上昇トレンド加速。反対に、50を下回りはじめると下げが優勢で30を下回ることで売りが加速する**ことです。

この「50前後」の性質を利用すると、RSIのまったく異なる使い方が見えてきます。RSIが50を超える期間が長く続くというのは、何を意味すると思いますか？　**50を超えるのは買いが優勢ということなので、安定的な上昇トレンドが継続している**ことを意味します。RSIが「30、70をタッチすると売買する」という使い方だけをしてきましたが、トレンドフォローにも使えるということを意味します。

上図がそのいい例です。50を超えて上昇トレンドが継続する際は、70をタッチしようが超えようが構わずに保持していきます。いよいよ**RSIが50を割り込むところが長い上昇トレンドが終わるところとほぼ一致している**こと、おわかりいただけますか？

RSIの本当の見方：下降トレンド

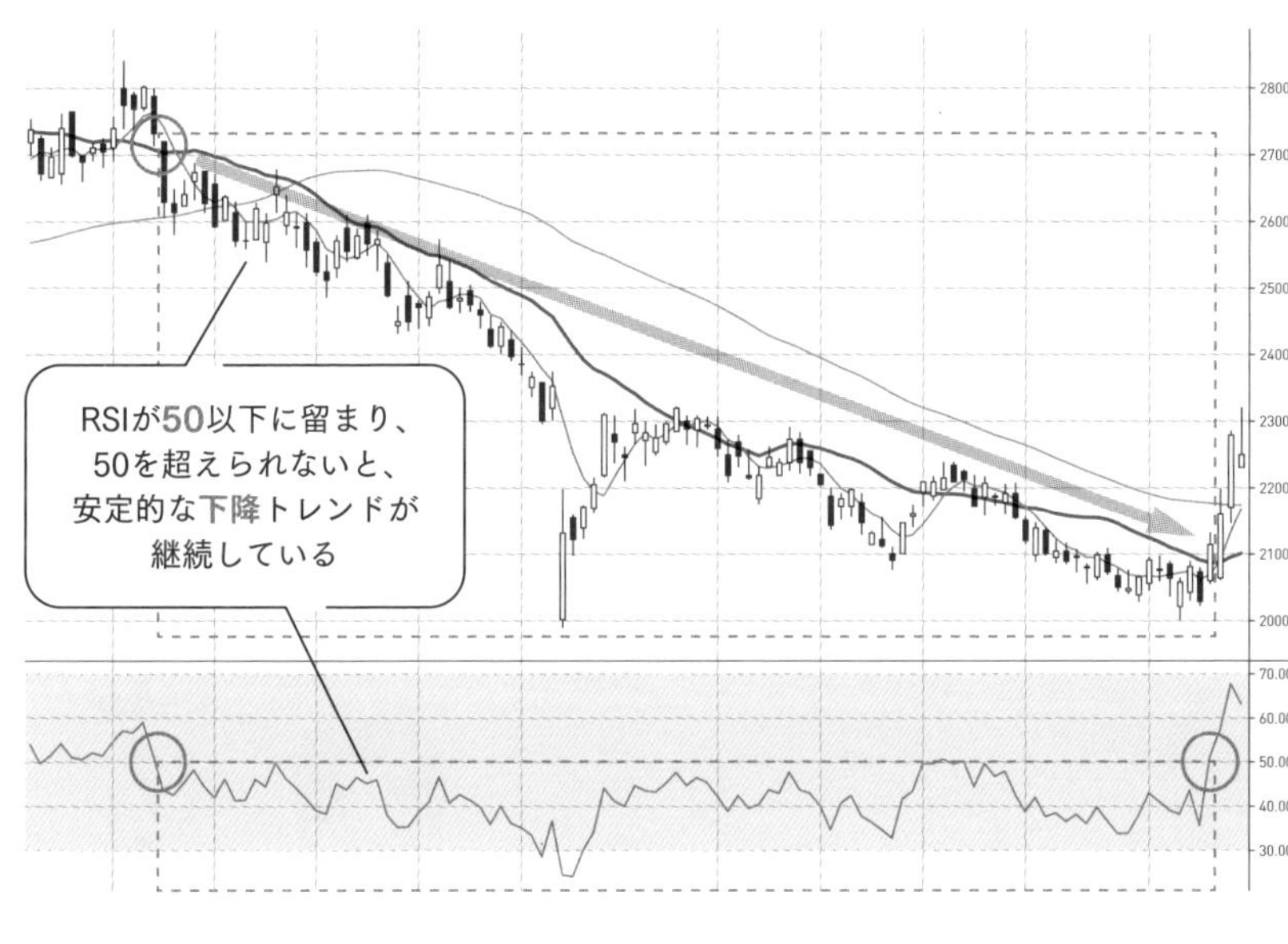

上昇トレンドがそうなら、下降トレンドでも使えるのでは？　もちろん、そうです。上図のように安定的な下降トレンドが続く間は、ＲＳＩが50をずっと下回っているのがわかります。やがて50を超えてくると、底打ちからの買いを検討していけそうです。

短期的な売買を中心に使っていたＲＳＩが意外にも長期的にも使えるのがわかりました。しかし、これだけではありません。ＲＳＩはまだまだ使い道がたくさんあるので、実際のトレードでどう使うのか、使い方を覚えましょう。

ほら、やはりびっくり！
50以上は長期的な
上昇トレンド。
50以下は下降トレンド。
RSIは長期でも使える
便利な指標でしたね！

05

7日目の②-2

RSIを利用したスイングトレードの戦略

RSIの一般的な使い方が、力を発揮する場面があります。それがスイングトレードのような短期トレードです。RSIはトレンドの状況にあわせて使い方を変えることで、もっと強力な武器にすることができます。しかも便利なのは、トレンドがない持ち合い相場（下記参照）でも力を発揮するということです。ここでは持ち合い相場、トレンドのあるスイング、トレンドフォローをすべてカバーします。

スイングトレードの戦略❶
持ち合い相場

次頁図のように、上と下、「一定の範囲の中でトレンドなしに動く相場」を「持ち合い相場」といいます。長い持ち合い期間の場合、RSIの70、30という数値を目安にする従来のやり方でトレードすることができます。ここでのコツは、持ち合い相場の特徴を理解して売買ポイントを少し変更させることです。70をタッチしたら売りではなく、70近くまで行ってRSIが下に転換すると売り、買いも同様に30をタッチしたらではなく、30近くまで下がって上に反転した時点で買うようにします。

次頁図で見ると、買い❶は30から抜け出すので、当然買いのポイント、買い❷は30近くまで下げ

RSIによる利益確定❶：持ち合い

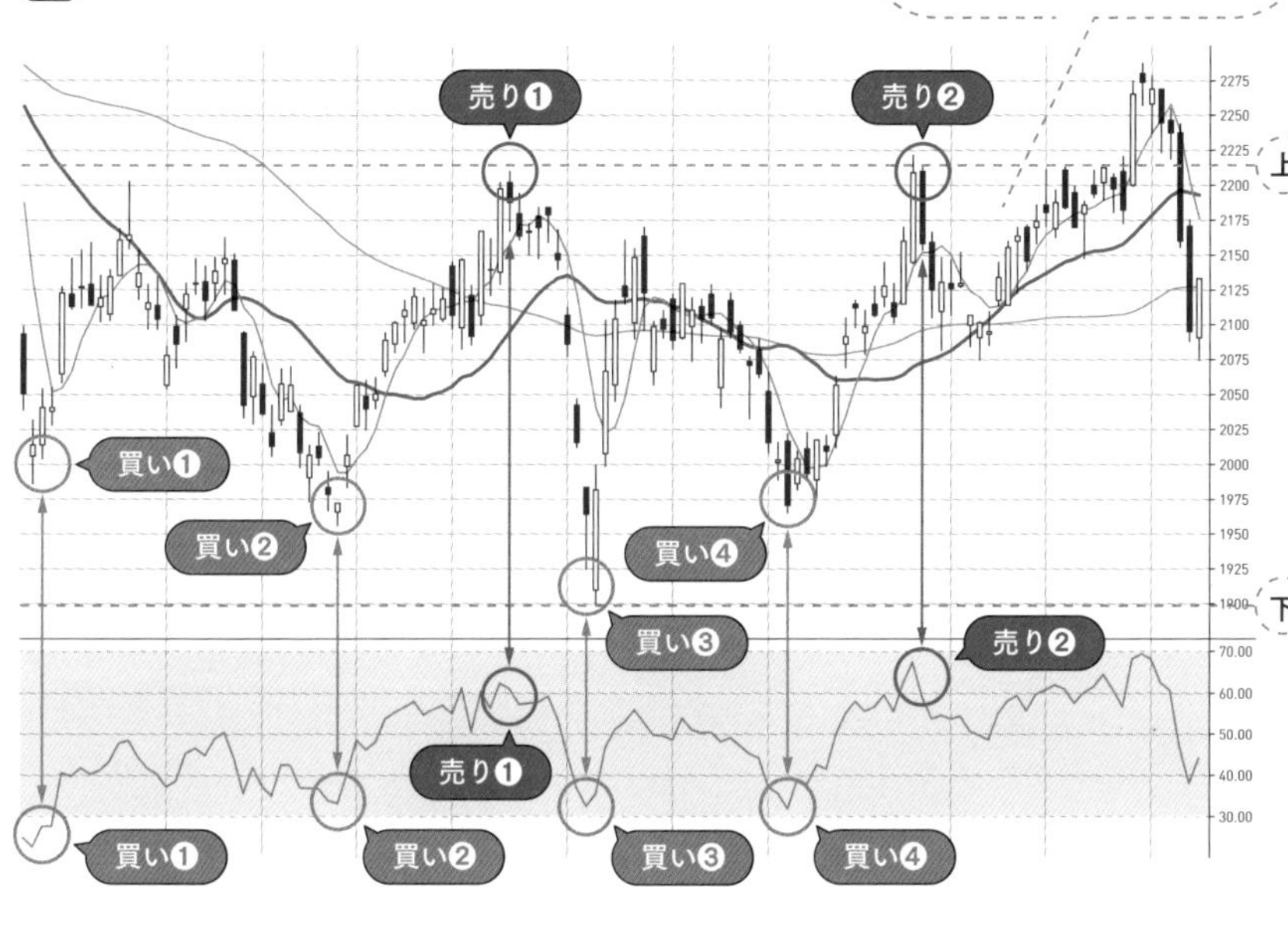

て、トレンド転換したので、買いのポイントになります。2つの買いポイントで買った分は売り❶まで進んで、RSIとローソク足が下に向かって転換したので売りポイントとなります。

同様に買い❸と、買い❹が次の買いポイント、この2つのポイントで買った分は売り❷で売ることで利益を確保することができます。

これは**持ち合い相場なので、70を超えるか30を下回ることが頻繁に発生しないことに着目した売買方法**です。

スイングトレードの戦略❷ トレンド相場

しかし、安定的な上昇トレンドが発生したときは話が変わります。次頁図のように明らかに上昇トレンドが発生した際の、ひとつのスイングを取りにいくとしましょう。

 RSIによる利益確定❷：トレンド発生時

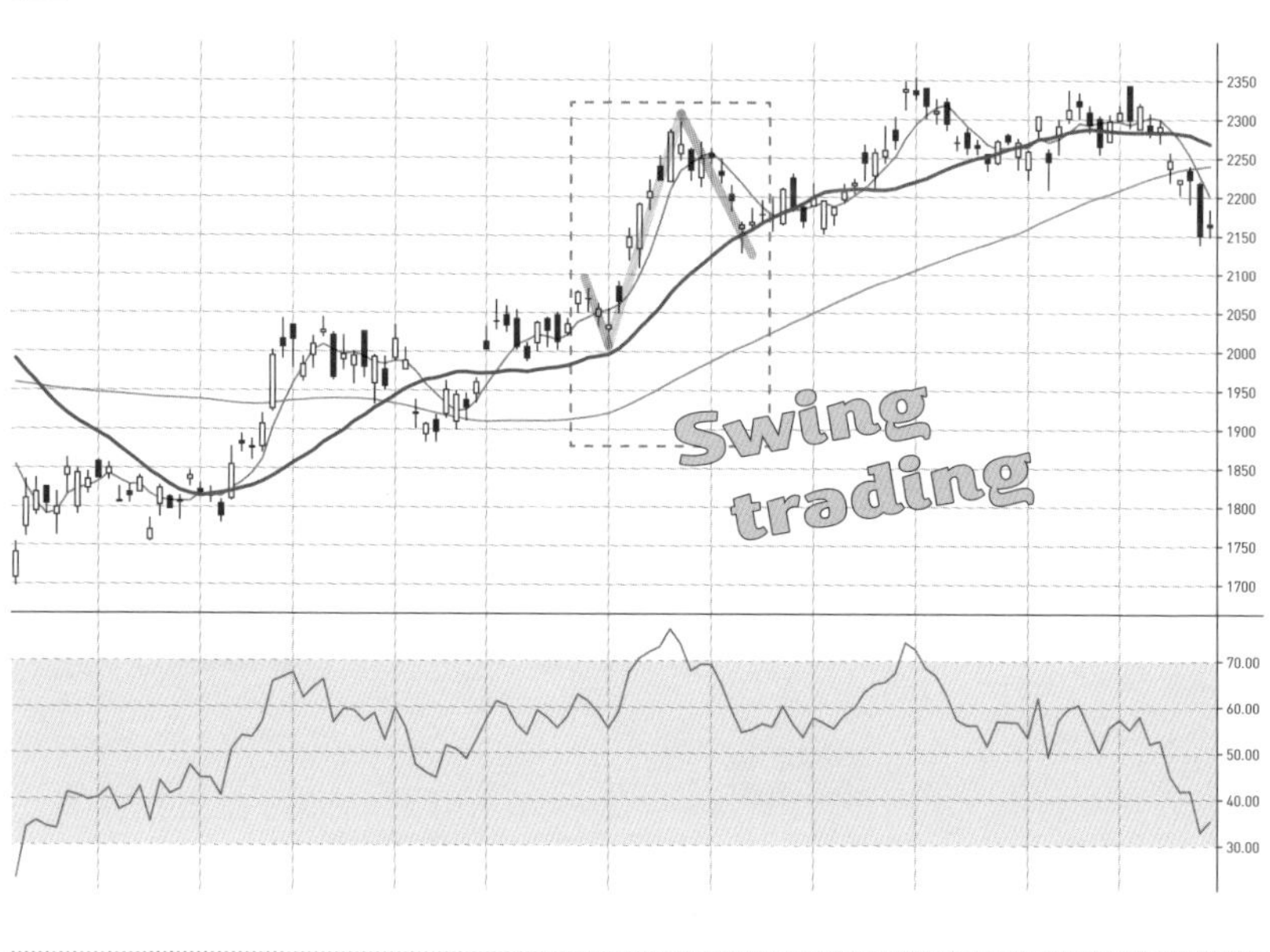

上昇トレンドが発生したときのＲＳＩの特徴、覚えていますか？　はい、50の上で推移するということでしたね。さらに上昇トレンドが強くなっているので、70を超えることは頻繁に起こります。したがって70をタッチする瞬間に売るのは、せっかく強くなった上昇トレンドの入口で売ってしまうことになります。実際のチャートでも70を超えたところから価格の上昇が加速していることが確認できます。では、どうすればいいのかというと、この上昇の勢いが失速しはじめるときに売るのがポイントです。**RSIが70を超えている間は保持して、70を割り込むタイミングで売ります。**

上図の点線部分をSTEPに分けたのが次頁図です。STEP❶からSTEP❹までを確認してみると、さすがに最高値では売れていませんが、ほぼ目先の天井付近で売ることができたのがわかります。

トレンド発生時のRSIの使い方 STEP❶ STEP❷

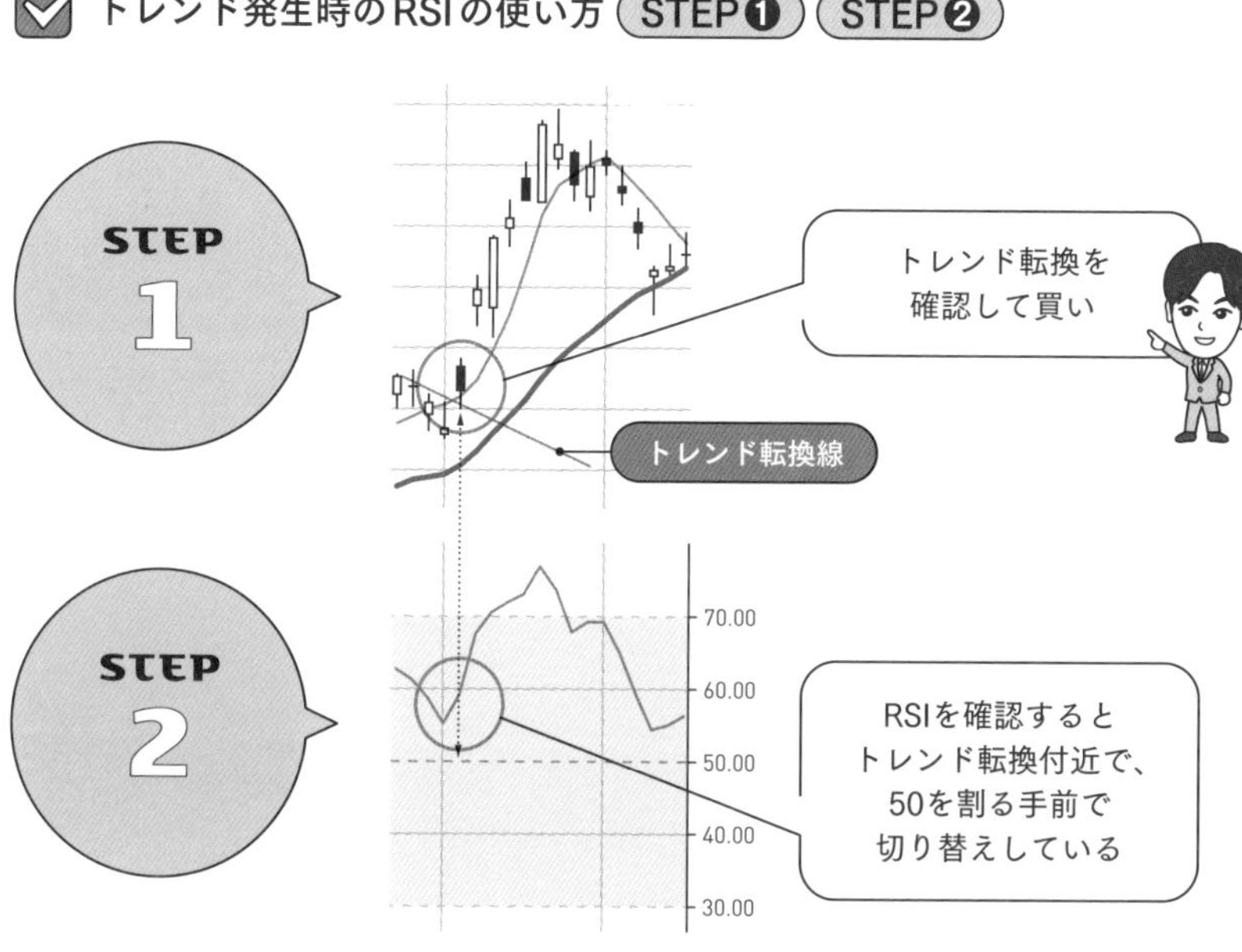

トレンド発生時のRSIの使い方 STEP❸ STEP❹

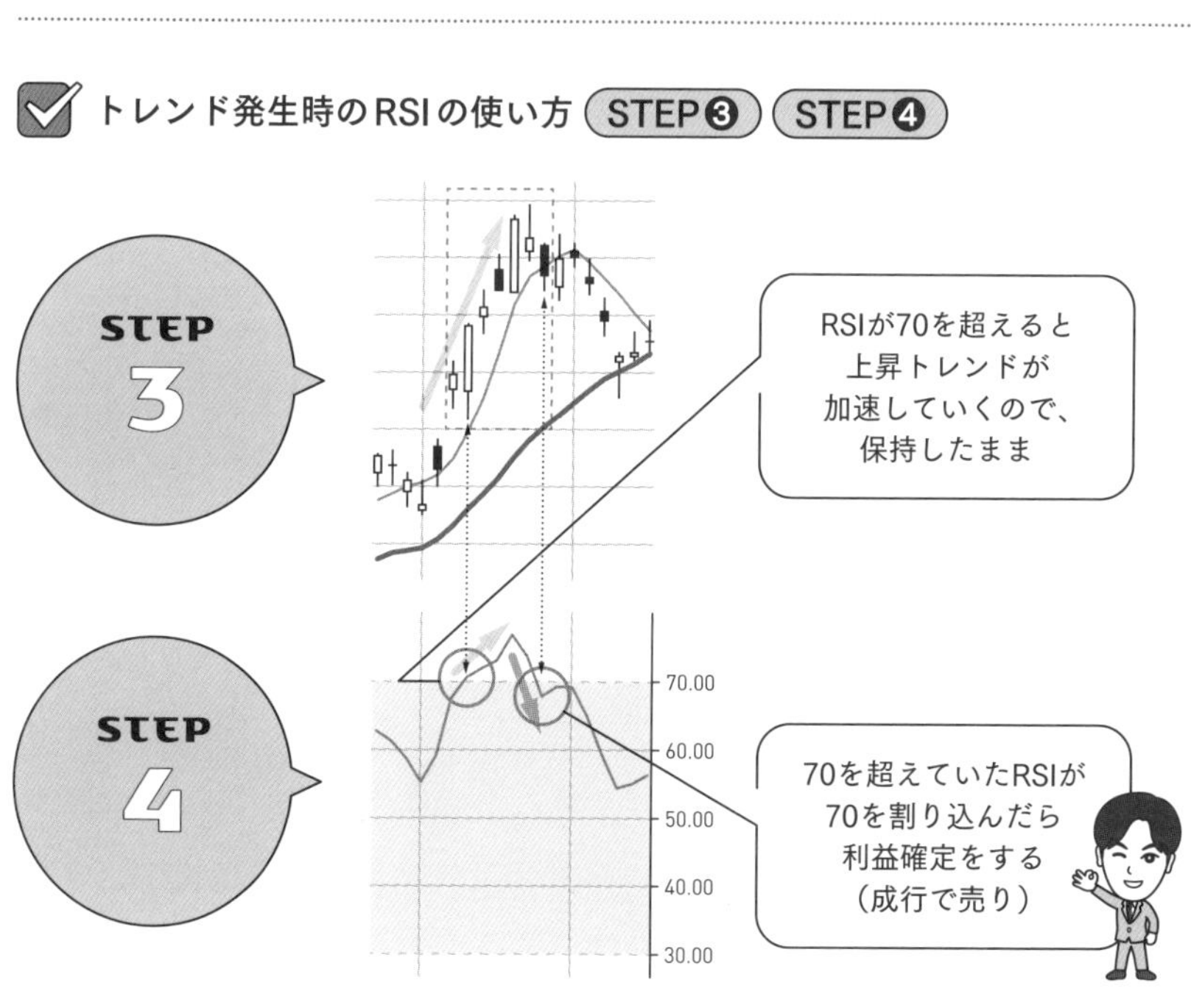

トレンド相場で利益確定したあとは？

ここで利益確定できたあとは、また次の波があるんじゃないですか？　はい、そのとおりです。**トレンド転換線を引きながら次の波が現れるのを待ってから買い、またRSIで利益確定する。**このプロセスを繰り返していきます。これで、スイングトレードでの売り方もばっちりです。

スイングトレードの戦略③ トレンドフォロートレード

50という数字を堺に、上昇または下降トレンドが継続しているかどうかがわかることで、RSIをトレンドフォローで使えることはすでにお話ししました。**トレンドの継続がわかるというのは、実はトレンドがいつ終わりそうなのかもわかる**ということを意味します。それが「**ダイバージェンス**」という現象です。

言葉ではとても難しいので、次頁図を見て直感的に理解してください。株価の動きを表すローソク足の波は、高値が抑えられる持ち合いが続きましたが、上に抜け出すとトレンドが強くなりました。高値が切り上がって天井に向かっています（上げⒶ）。高値の切り上げとともに、RSIの高点も切り上げて70を超えるところまで進んでいます（山❶）。そろそろ天井かな？　と思うような動きです。

その後もういったん調整に入りますが、トレンド転換すると高値の切り上げが激しくなります（上げⒷ）。当然RSIも高点を切り上げて天井に向かうと思いきや、あれ？　逆にRSIの高点は切り下げてしまいます（山❷）。**RSIが株価と逆の動きをする、これがまさしく「ダイバージェンス」です。**つまり、価格が上昇しているにもかかわらず、RSIは逆行しているわけです。これは天井付近で現れる現象で、RSIのみならず、MACD、ストキャスティクスなど、ほかの指標でも観察されるこ

RSI上級編：天井の確認

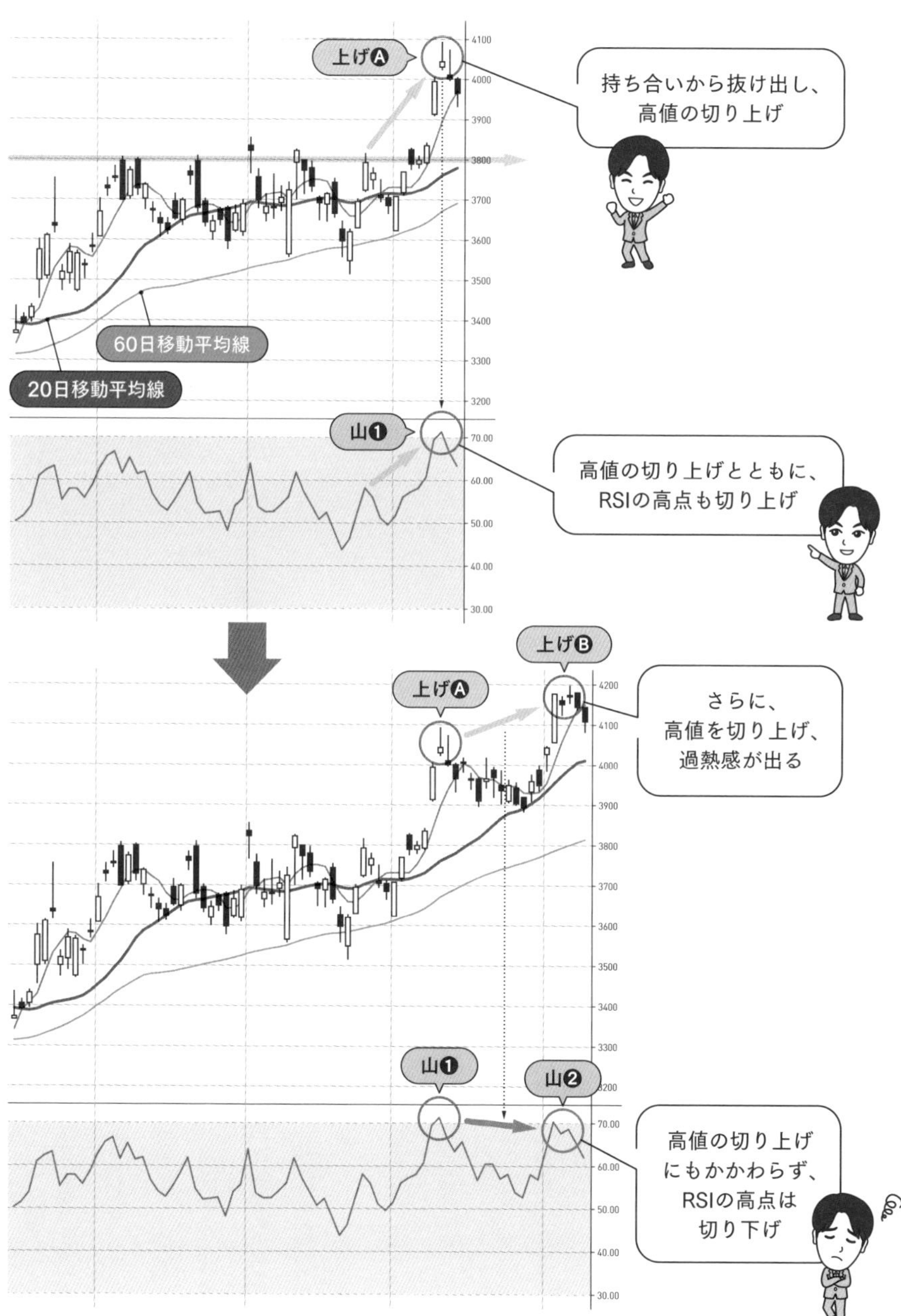

RSI上級編：天井の確認、トレンドの転換

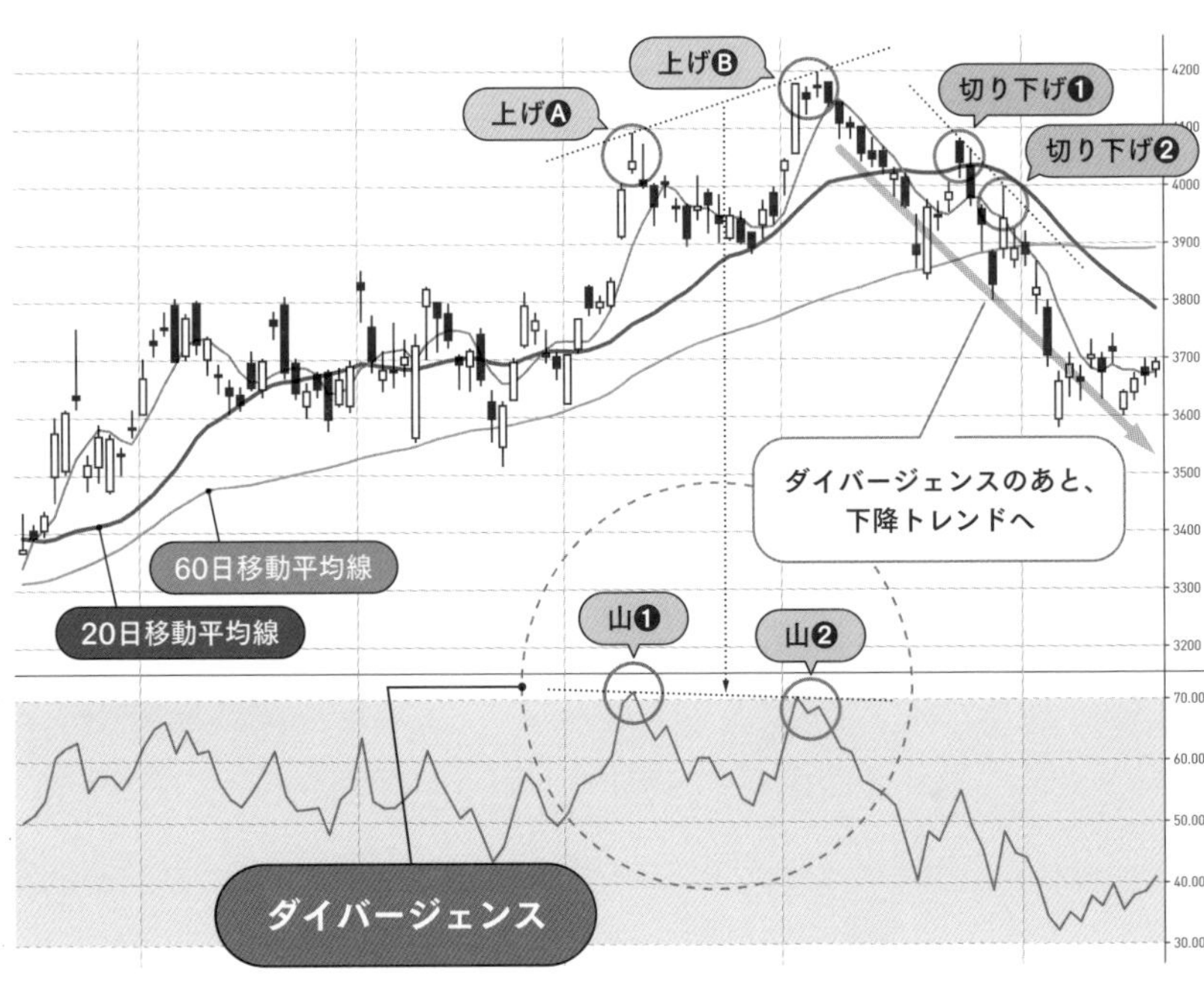

とです。

RSIの定義を思い出すと、ダイバージェンスが何を意味するのかが自ずとわかってきます。**天井付近で現れるこの現象は、前回の高値をつくりにいったときの力強さよりも強く、最後の上昇局面ではたしかに絶対的な価格水準は高いけれど、相対的な強さは弱くなったことを意味します。**

RSIが「相対力指数」という意味、これでわかりましたか？

その後の動きを上図で見ると、やはり高値を切り下げながら、20日線・60日線も割り込んで下降トレンドに変わっていきます。使い方は？　簡単ですね。高値の切り下げ2回目は60日線を割り込む直前に見えるので、トレンドフォローで買った分はすべてここで売って利益確定、という判断ができるわけです。

これだけでも十分強力ですが、さらに上級

RSIを使ったトレンドフォローの利益確定

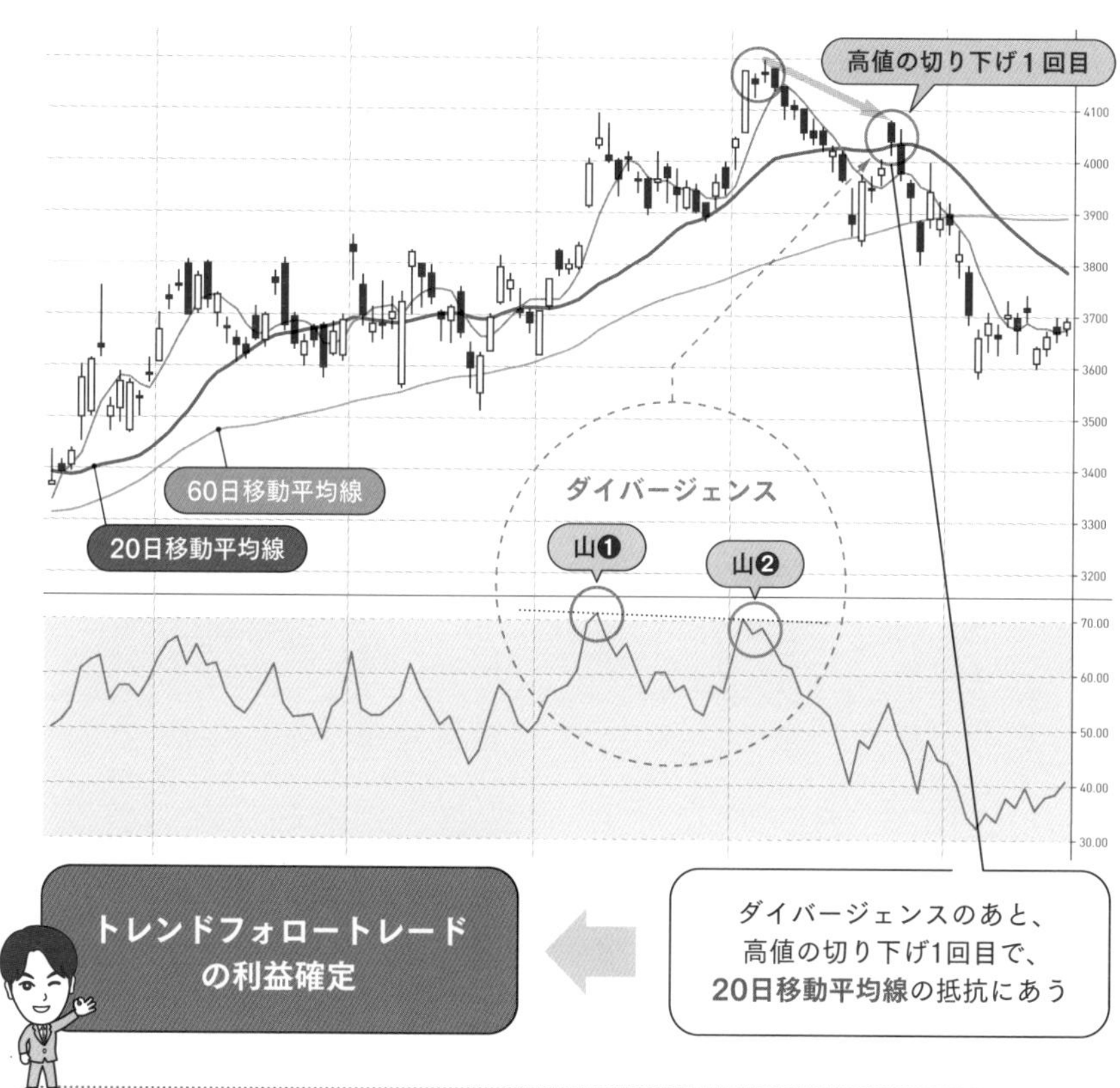

の使い方があります。知りたくありませんか？

答えは、**トレンドフォロートレードにおける利益確定のタイミングがより早くなる可能性がある**ということです。

「ダイバージェンスが現れた⬇そろそろ天井と意識する⬇**高値の切り下げ1回目が20日移動平均線の抵抗にあった**⬇利益確定」のようにするとワンテンポ早く利益確定ができるようになります。

同じ銘柄で検証してみましょう（上図）。

天井をつけたあと、高値の切り下げ1回目を見ると、20日移動平均線を抜け出そうとするにも抜けきれず、下に向かってトレンド転換して下げてしまいます。つまり1回目から20日移動平均線が抵抗になったわけです。これが確認されると、高値の切り下げ2回目を待たずにここで利益確定をします。

これはちょっと難しい上級者向けテクニックなので、せめて「**ダイバージェンスが現れた➡そろそろ天井と意識する**」まで、できるようになりましょう。そのあとは、じっくり高値の切り下げ2回目で利益確定をしてもいいでしょう。

RSIひとつをとってもこんなにも使い道があるし、しかも一つひとつが強力な力を持っているのがわかります。投資をはじめたころは、RSIを徹底的に極めることに時間を使ってもいいくらいです。

すでに気づいた人もいるかと思いますが、「天井のダイバージェンスがあるなら、底でも使えるのでは？」ということも考えられますね。はい、そのとおりです。自分でチャートを開いてぜひ検証してみてください。

これで5つの戦略中、「いつまで持つか」「いつ売るか」まで勉強しました。ここまでの戦略を覚えて実践するだけでも、十分な利益をあげることはできます。では、最後の戦略、投資するのに適した銘柄を「選ぶ」ことについて勉強し、5つの戦略を完成させましょう。

いつ買って、
いつまで持って、
いつ売るか？
タイミングはすべて
押さえました。
あとは
「何を買うか？」だけ。
これで5つの戦略が
完成！

Chapter

8日目

買ってもいい銘柄、買うべき銘柄の選び方

01

8日目の①-1

ファンダメンタルズ分析入門

投資家に必要な5つの戦略、ついに最後のステップまできました。ここまで本当によくがんばりました。あとひと踏ん張りです。

最後のステップは誰もが難しいと感じるファンダメンタルズ分析です。最後の戦略「選ぶ」を極めましょう。

まず、そもそもファンダメンタルズ分析とはなにかを説明して、本書でカバーする範囲を明確にします。

財務諸表はなぜ必要か？

銘柄を「選ぶ」ときに必要なのがファンダメンタルズ分析ですが、ここで質問です。「ファンダメンタルズ分析」といったら何を思い浮かべるか、パッと答えられますか？

セミナーなどでこの質問をしたら、不思議なことに世界共通で次のような答えが返ってきます。

「財務諸表を読むこと」

あなたもそう思いませんでしたか。この答えが間違っているとは言いませんが、ファンダメンタルズ分析を難しく感じさせる要因になっていることは事実です。では、質問を変えてみましょう。

財務諸表を読んでどうしますか？

うーん、答えに困りますよね。この段階ですでに

ファンダメンタルズ分析とは

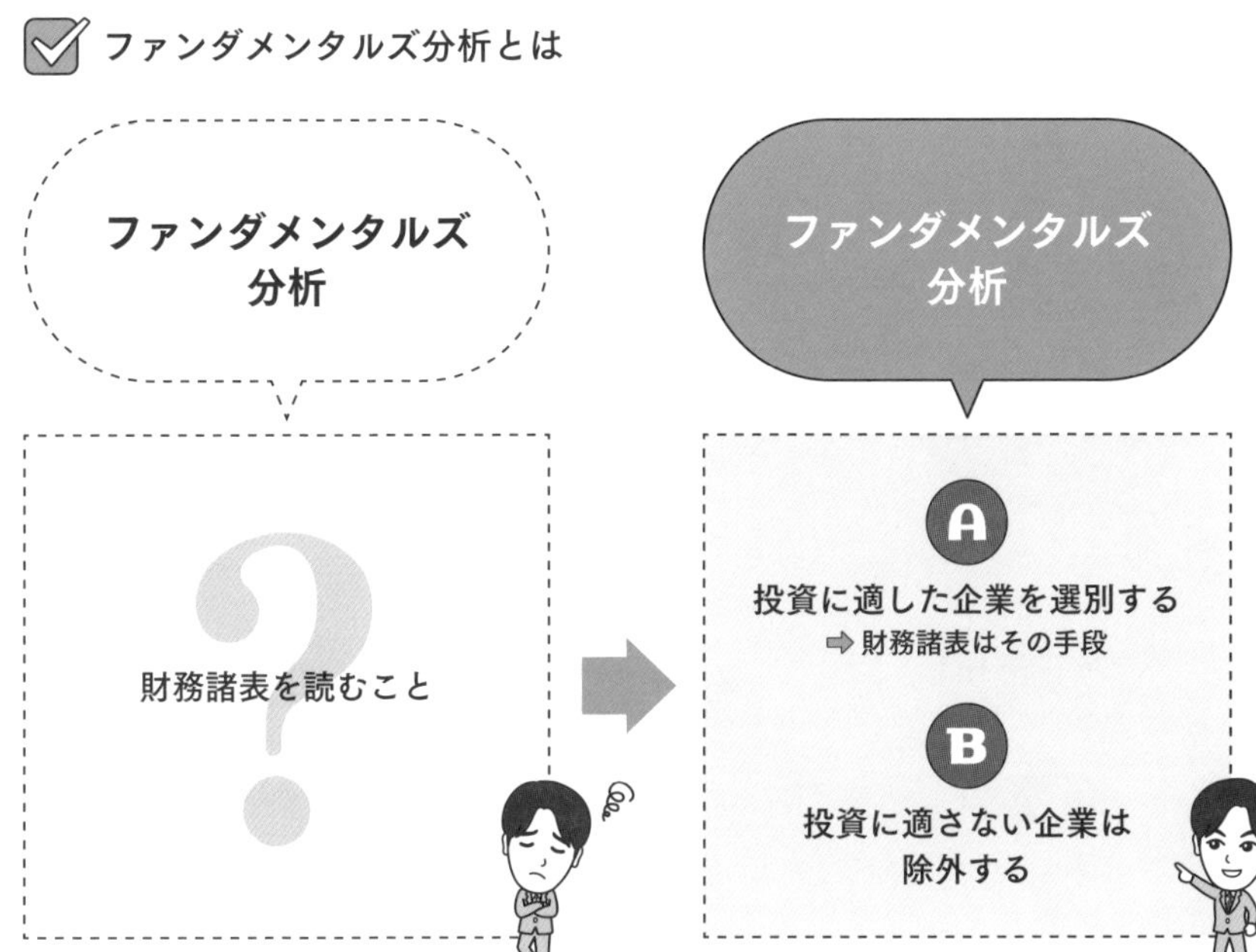

ファンダメンタルズ分析という言葉に行き詰まります。今までのイメージと概念は捨てて、ひとつだけしっかり覚えてください。

分析というのは「何かを知るために行う行為」なので、その目的が明確になっている必要があります。その目的は「**Ⓐ投資に適した企業を選別する**」ことです。シンプルですね。世の中で常識になっている財務諸表を読むというのはそれを実現する手段のひとつにすぎません。手段と目的が逆になっているので、ファンダメンタルズ分析の学習もブレてしまうわけです。Ⓐをひっくり返すと違う目的も見えてきます。「**Ⓑ投資に適さない企業をそもそも投資対象から除外する**」ことです。これが普通の本で説明しているファンダメンタルズ分析との違いです。

この考えをしっかり覚えたうえで、まとめてみましょう。

 ファンダメンタルズ分析でやりたいこと

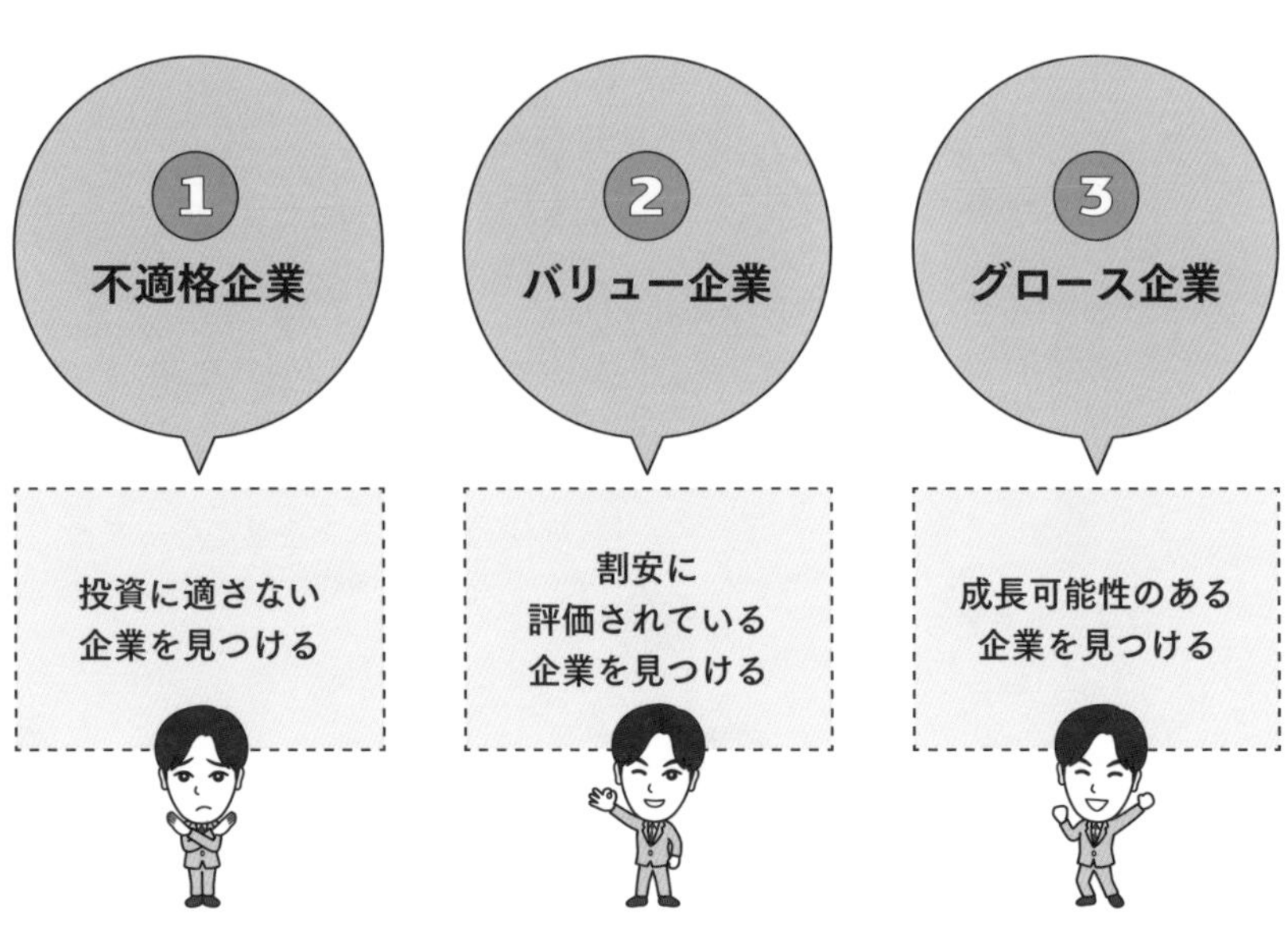

財務諸表がなぜ必要なのか？　それはファンダメンタルズ分析を実現するための手段で、その目的は3つの企業を見つけ出すことです。では3つの企業とは？

Ⓑの考え方に基づいて、投資に「❶不適格な企業」を見つけることがひとつ。そしてⒶを満たす2種類の企業を見つけることです。2種類の企業は「❷バリュー企業」と「❸グロース企業」です（上図）。

これで頭がすっきりと整理できますね。

財務諸表を読むとは、確実な業績と基盤を持っているけど株価がその評価に追いついてない「バリュー企業」を見つけること、成長が見込めて将来的に株価の上昇が期待できる「グロース企業」を見つけること、そして「投資に適さない企業」を見極め、投資対象から除外すること、この3つを実現することです。

本書でカバーする範囲は「**財務諸表の基礎をわかりやすく説明してさらなる学習の意欲に火をつける**」こと、そして「**その知識に基づいて不適格企業とバリュー企業を素早く見つけ出す**」ことです。もちろんこの2つだけでも、入門段階では十分すぎる知識なので安心してください。グロース企業の話は非常に範囲が広いので、別の著作を通じて詳しく説明することを約束します。

Note

本書流ファンダメンタルズ分析の目的

財務諸表の基礎をわかりやすく説明して
↓
さらなる学習の意欲に火をつける
↓
その知識に基づいて不適格企業と
バリュー企業を素早く見つけ出す

財務諸表は会社の3つの活動を表現する手段

「財務諸表＝難しい⬇なるべくならやりたくない」多くの人の頭の中はこうなっているはずです。「財務諸表＝難しい」となる要因は、いきなりBSの左側はこれで、流動資産には現金と当座預金なんとか……と、とっつきにくい概念と数字の塊として学んでしまうからです。

しかし、財務諸表がなんのために存在しているのか、何を表しているのかを理解して、すべての数字が必要でもないということがわかれば、驚くほど早く理解することができます。

財務諸表がなんのために存在しているのか？

それは、「**財務諸表は企業が行う3つの活動を表す手段として存在している**」これだけです。

企業が行う3つの活動とは、言い換えれば、企業はこの3つの活動を繰り返す組織という意味にもな

企業が行う３つの活動

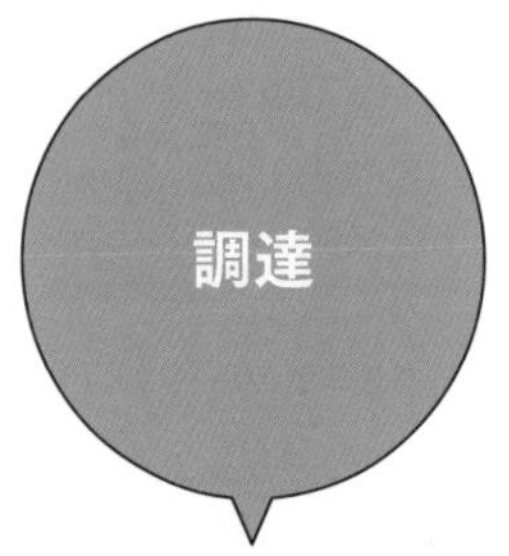

企業が活動開始するまたは継続するためには、資金が必要になる。最初の活動は「資金の調達」。詳細は、次節の貸借対照表のところ参照

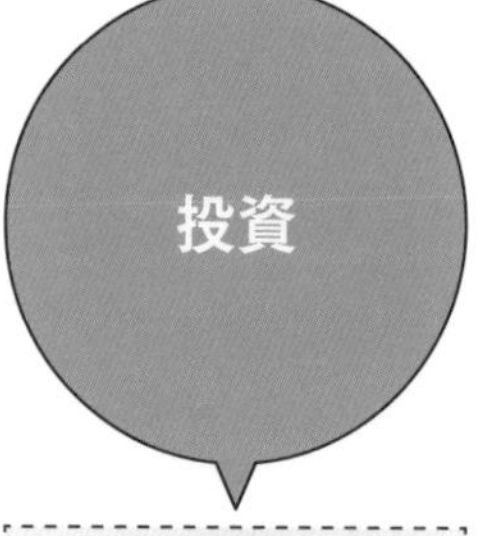

資金が調達できると、商品またはサービスが生産できる状態に投資を行う必要がある

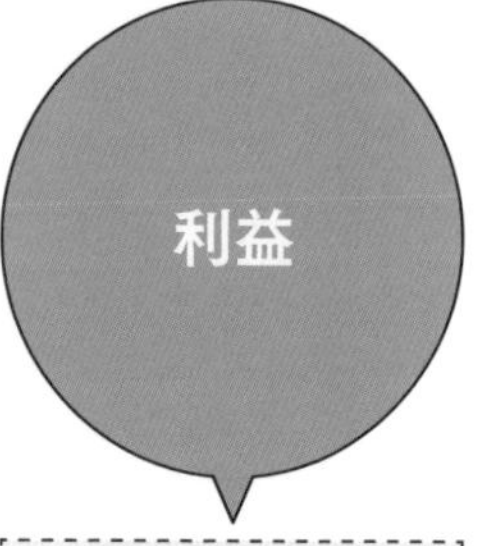

投資された生産設備やリソースを使って営業して利益を上げる。ここであげた利益の一部を企業の内部に留保して（調達）、さらなる成長のための投資源にする

ります。企業の活動にはいろいろありますが、「**資金の調達**」「**資金の投資**」「**営業で利益**」の3つで表すことができます（上図）。

そして、営業で利益を上げたら、再び調達……と繰り返していきます（次頁図）。

企業の活動は、社会貢献、従業員の成長などといろいろ言われますが、本質的に突き詰めればこの3つで表すことができます。

財務諸表で企業活動を理解する

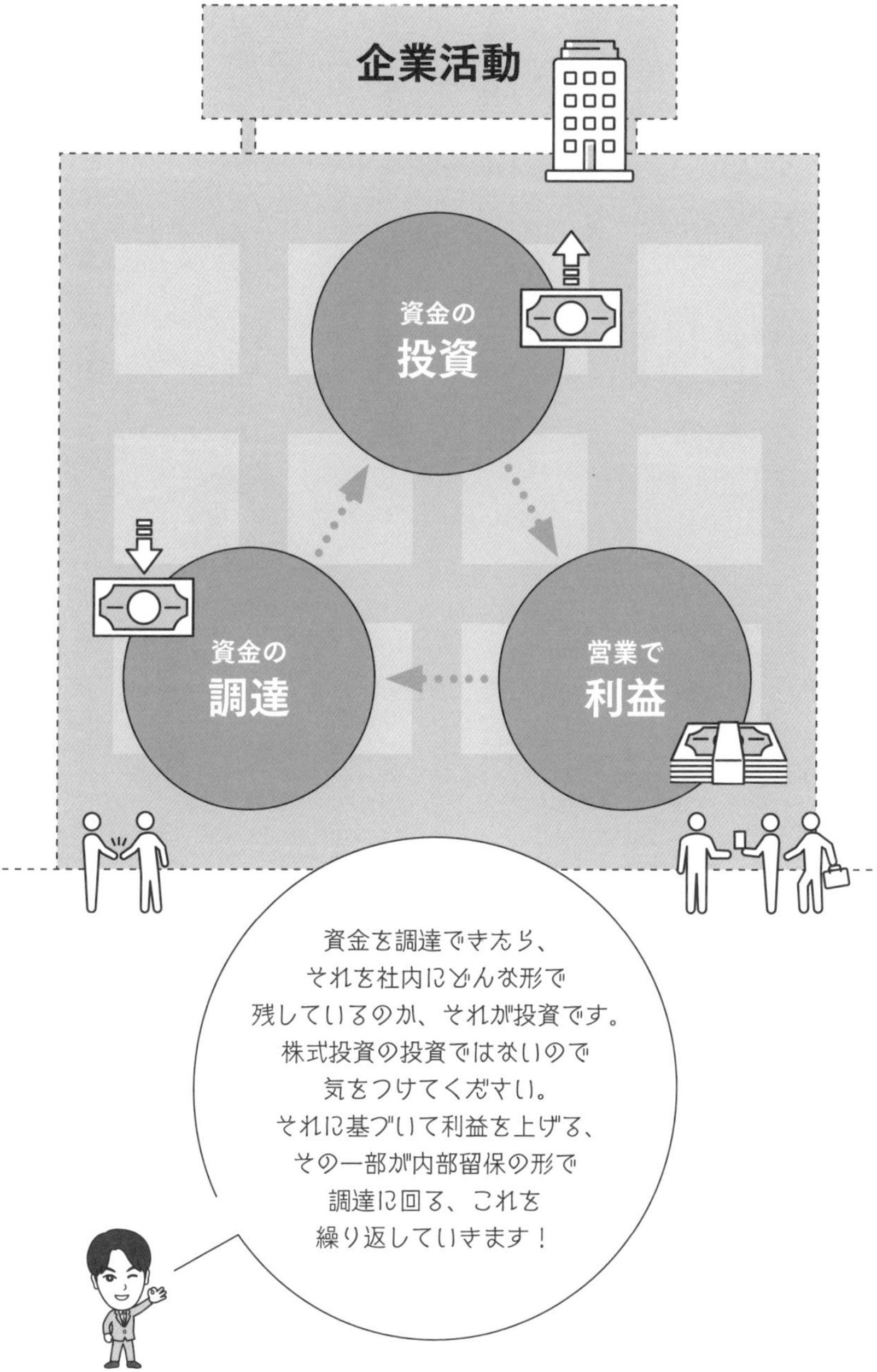

企業活動

資金の
投資

資金の
調達

営業で
利益

資金を調達できたら、
それを社内にどんな形で
残しているのか、それが投資です。
株式投資の投資ではないので
気をつけてください。
それに基づいて利益を上げる、
その一部が内部留保の形で
調達に回る、これを
繰り返していきます！

02

8日目の❶-2

財務諸表の概要とつながりを理解する

財務諸表は、企業の3つの活動を表すための手段です。そう考えると少しは楽になりませんか？

言い換えると、この3つを把握さえできればいいわけで、それ以外の細かい数字はマニアックな情報にすぎないということです。実際に後ほど説明するキャッシュフロー計算書（CF）も、一見複雑な計算をしているように見えますが、実はその項目は何ひとつ知らなくても大丈夫です。本当かよ？　本当です。

企業の3つの活動を財務諸表に置き換えてみる

まず、最終的な目標地点として、次頁図を見てください。今は全然理解できないかもしれませんが、あとで全部つながるようになります。**今の段階ではへーと見ておくだけで大丈夫です。**前節でお話しした企業の3つの活動を財務諸表に置き換えると、こんな風になります。

貸借対照表（BS）は会社の「今」の瞬間を示すスナップショット

財務諸表の説明で、損益計算書（PL）を先に説明しているのをよく見かけます。そして、貸借対照表を「決算日における企業の財政状態」を表し、会

企業活動と財務諸表のつながり

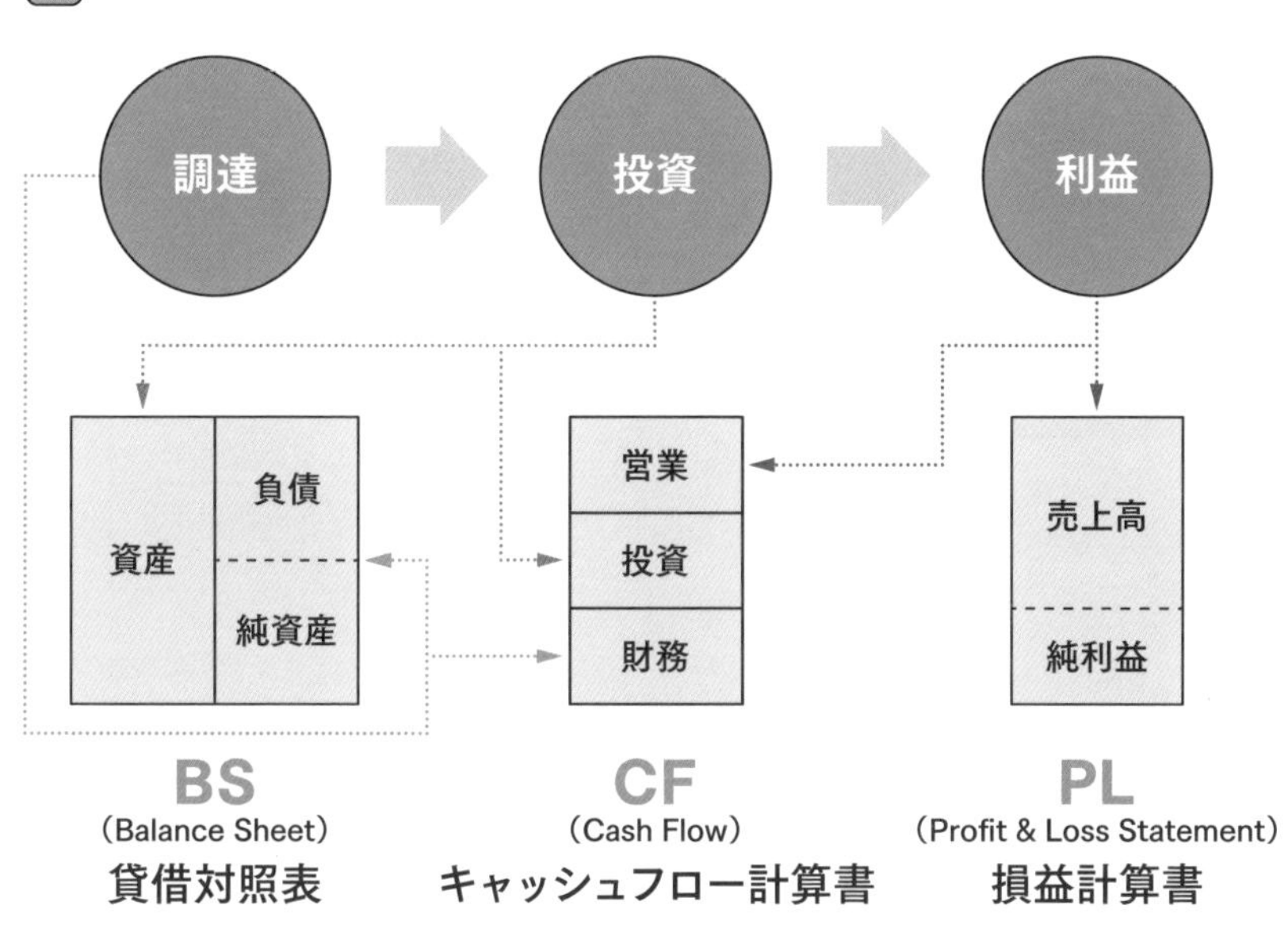

社が持っている「資産」が左側、返済義務のある「負債」と資産から負債を差し引いて残る「資本（純資産）」が右側に並ぶと説明されます。

これではわかるものもわからなくなり、この数行の説明を聞くだけで興味を失って逃げたくなります。ところが、この説明の順番をすべて逆にして、企業活動の順番と結びつけるとすんなりと理解できます。早速、試してみましょう。

企業の最初の活動はなんでしたか？

資金の調達でしたね。企業をスタートする際に、最初にやることは資金の調達です。お金を調達する方法は2つありますが、わかりますか？

まず「自分の貯金を叩いて資本を出す」「投資家にお金を出してもらうことで返さなくてもいい資本をつくる」ことです。これが**純資産（自己資本）**です。次頁図の貸借対照表の右下の部分で、言葉のとおり、自分たちの資本です。

お金を調達するもうひとつの方法は、「銀行から

〔貸借対照表〕は会社の健康状態を表す

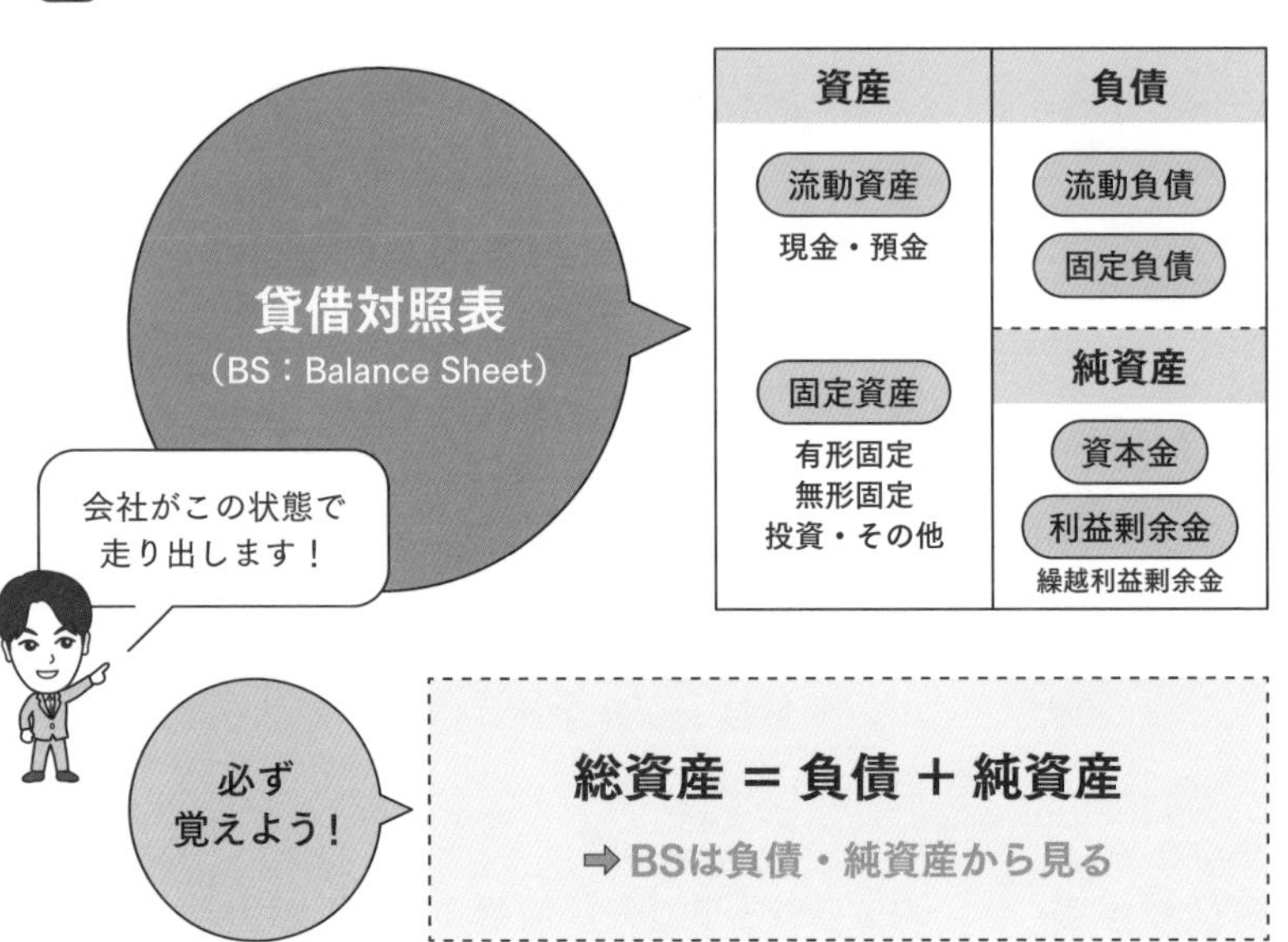

借りる」「社債を発行する」などして調達する方法です。

これは他人から借りてきたお金で、返さないといけないことから、「負債」以外に「他人資本」という言い方もします。

貸借対照表の右側は、このようにお金をどこから調達したかを表しています。これだけです。

では、調達してきたお金はどうしますか？　そのお金の一部は運転資金として取っておき（現金、預金）、商品を生産する工場を建てる、工場の中に生産設備を入れるなど、投資をする必要があります。

これが貸借対照表の左側にある資産（総資産）で、言い換えれば、**調達してきたお金がどんな形で会社の中に投資されて、残っているか**を表します。

つまり、**貸借対照表を見れば、その時点において会社がお金をどのように調達してきて、投資しているかがひと目でわかります。**いわば、会社の「今」の瞬間を示すスナップショットですね。調達したお

損益計算書の構成を思い浮かべられるようにする

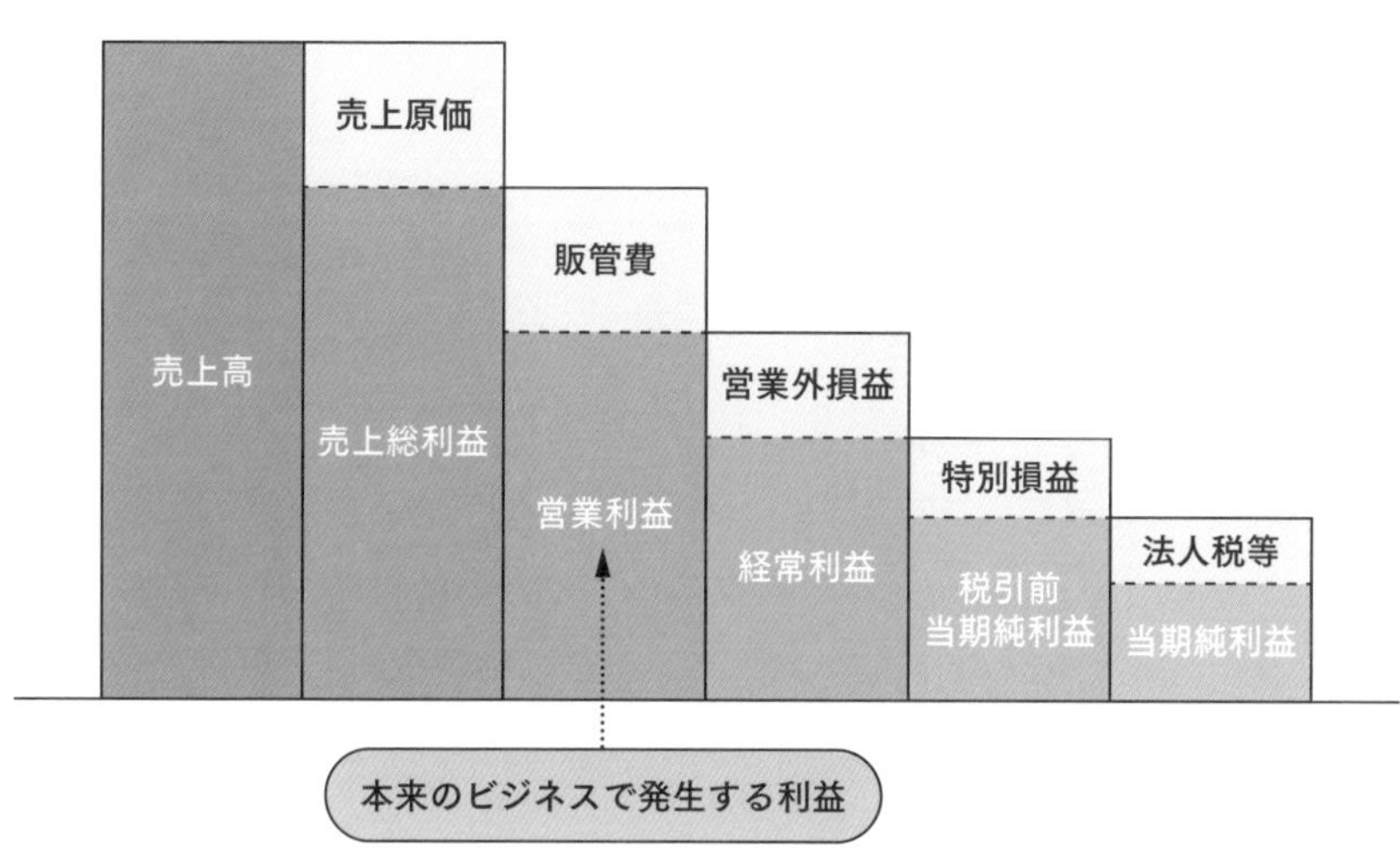

金は何らかの形で必ず投資されているので、左と右は必ず一致します。貸借対照表がバランスシート（BS）といわれる理由です。もうひとつ、大事なことを覚えてください。**貸借対照表は資産からではなく、負債・純資産のほうから見て勉強するのが圧倒的にわかりやすい**ですよ。

損益計算書（PL）は会社のがんばりを表す

3月決算の会社であれば、貸借対照表が4月1日の状態を表し、会社はここから生産、営業をして利益をあげる活動を1年間がんばるわけです。1年間の会社のがんばりを表すのが損益計算書で、ひと言でいえば**1年間でどれくらいの売上をあげて、そこから費用と税金を引いて、どれくらいの利益を残したか**を表します（上図）。これだけです。難しくないですね？　家庭でいうなら、1年間給料をもらって生活して、最終的にどれくらいの貯蓄ができたかです。

損益計算書の最終的な結果は「**当期純利益**」で、そこに至るまでの過程を表すのが前頁図です。損益計算書が出てきたら、まずこの図を頭に浮かべてください。

6つのパーツを見るとややこしいですね。次頁図に、できるだけわかりやすく6つのパーツを解説してみました。

「結局、何を見ればいいの？」と叫びたくなります。はい、わかります、その気持ち。利益だけでも5つの種類があって、費用の定義も全部違います。何をどう判断すればいいのかわからないし、これらがほかのものとはどうつながるのかもわかりませんね。もう少しわかりやすく見ていきましょう。

PLの評価とほかの財務諸表とのつながり

ひとつずつ考えていきましょう。

まず、何をどう判断すればいいのか見ていきます。

PLは3つの数字、「**売上高**」「**営業利益**」「**当期純利益**」に注目してください（次頁図）。細かい費用のこととかを気にしていると、前に進めなくなるので、まずはこの3つの数字を3年以上の推移で見ることからスタートします。

次の疑問、損益計算書とほかのものとはどうつながるのかです。いい質問です！

大事なポイントを2つ押さえてください。**当期純利益を出し続けるというのは会社が成長していること**を意味します。給料から生活費を引いた貯金が増えると、家計が豊かになっていくのと同じことですね。

では、それはどこに現れるかというと、**会社の純**

損益計算書の６つのパーツの意味

売上高	生産・営業活動を通じて得られた収益の総合計。会社がどれくらいの規模でビジネスを行っているのかがわかる最初の尺度
売上総利益	売上高から売上原価を差し引いたもので、「粗利（あらり）」とも呼ばれる。売上原価は生産に直接関わる原材料、人件費のこと
営業利益	売上総利益から販売費および一般管理費を差し引いたものが「営業利益」。「販売費と一般管理費」は商品やサービスの生産に直接関係ない費用で、営業の人件費や広告費、消耗品費など、仕入れ代金以外の費用を指す。営業利益を見ることで、核となる事業でどれだけ儲けているのかがわかる。つまり、本来のビジネスで発生する利益のこと
経常利益	営業利益に営業外収益を加え、営業外費用を差し引いたものが「経常利益」。経常（けいつね）と呼ばれて、毎年この項目までは必ず発生するという意味が含まれている。 「営業外収益」は、銀行預金の利息、家賃収入、配当金など、本業以外での収益を指す。また、「営業外費用」も本業以外での費用、借入金の利息支払いなどを指す。経常利益と営業利益の差から、本業以外でどれだけ儲けがあるのかが把握できる。たとえば営業利益では赤字だけど、経常利益が黒字になっている場合は、この企業は本業以外の副業でより利益を出していることを意味する
税引前当期純利益	経常利益に特別利益を加え、特別損失を差し引いたものが「税引前当期純利益」。「特別利益」「特別損益」は、土地など固定資産の売却、有価証券の売却など、いわば今回だけ特別に発生した利益や損失のこと。ここが膨らんでいると、会社は本業以外で無理やり利益をつくり出そうとしているという疑いがもたれる場合もある
当期純利益	税引前当期利益から、法人税、法人住民税といった税金関連を差し引いたものが「当期純利益」、今期の純粋に残る利益で、「純利益」とも呼ばれる。最終的には、純粋に企業に帰属する利益が当期利益で、この数字がマイナスであれば、最終損益が赤字ということになる

PLで押さえる３つの数字

売上高

売上高はビジネスの成長を表すものなので、当然数字として成長するのがいい

営業利益

営業利益は本来のビジネスでの実力を表すものなので、伸びていればその企業のコアとなるビジネスが成長していることを意味する

当期純利益

最後は何といっても当期純利益が赤字にならずに成長しているのか

資産が増えていくことで確認できます。今年の当期純利益はＢＳの純資産に「繰越利益剰余金」として加わります。これが積みあがった結果が「利益剰余金」で、純資産を押し上げる分、会社が成長することになります。難しかったら、今年の給料で生活費、税金まで払って貯金として残った分が利益剰余金に加わり、大きくなっていくと思ってください。

もうひとつのポイントが、ＰＬとＣＦのつながりです。実際の現金の流れを表すキャッシュフロー計算書は、次頁図のＰＬの❹税引前当期純利益をもとに計算されます。つまり、**キャッシュの流れを把握するのにＰＬは欠かせないものだ**ということです。

これで、先ほどの「企業活動と財務諸表のつながり」の図は大体繋がってきましたね。

それでは最後のキャッシュフローって何者？　どうしてそんなものが必要なの？　投資にはなんの関係もないんじゃない？　などなどさまざまな疑問に答えていきます。

PLとBS・CFとのつながり

当期純利益を出し続ける ⇨ 会社が成長している

＝

給料から生活費を引いた貯金が増える ⇨ 家計が豊かになっていく

会社の純資産が増えていく
⇨ 今年の当期純利益はBSの純資産に「繰越利益剰余金」として加わる

＝

今年の給料で生活費、税金まで払って貯金として残る

これが積みあがった結果が**「利益剰余金」**
⇨ 純資産を押し上げる分、会社が成長することになる

PL

PL
売上高
－売上原価
❶売上総利益
－販売費及び一般管理費
❷営業利益
＋営業外収益　－営業外費用
❸経常利益
＋特別利益　－特別損失
❹税引前当期純利益
－法人税など
❺当期純利益

BS

資産	負債
	純資産
	利益剰余金 繰越利益剰余金

CF

税引前当期純利益
営業
投資
財務

❹税引前当期純利益 → CF「税引前当期純利益」
❺当期純利益 → BS「繰越利益剰余金」

キャッシュフロー計算書（CF）は本当のお金の流れ？

CFは、言葉のとおり**キャッシュの流れを正確に把握する**ためのものです。あれ、BSとPLがあるからいいんじゃないのと思うかもしれませんが、実はこの2つだけでは会社にキャッシュがどれくらいあるのかは正確にわかりません。

たとえば、売掛債権のように、損益計算書に掲載される損益には時間のズレが存在します。つまり、収益としてはあがって利益になっているのに、その債権が回収されないと実際のキャッシュは入ってこないので存在しないわけです。**この時間差によるキャッシュの流れを正確に把握しないと、会社の安定性、危険度を測るのが非常に困難になります。**見かけ上は利益があるのに、支払いが滞ってしまい倒産してしまうようなこと（いわゆる黒字倒産）も実際に起こります。逆に、赤字続きでもキャッシュさえあれば会社は生き残れるわけです。

会社の安定性を確認するために、現金収支の流れを表したものがCFです。キャッシュの流れは、「❶営業活動によるキャッシュフロー」「❷投資活動によるキャッシュフロー」「❸財務活動によるキャッシュフロー」の3種類で考えることができ、実際のCFもこの3つで構成されています（次頁図）。次頁図を見てもわからないと思いますので、次々頁図でもう少しわかりやすく解説してみました。

この3つがどのようなパターンで構成されているかを見るだけで、その会社が成長中なのか安定した大企業なのかがわかります。

キャッシュフローのパターンを見るだけでその企業の状態がわかるという意味、伝わりましたか？

このことについてもうちょっと詳しくお話するので、財務諸表の知識を仕上げてしまいましょう。

CFも3つのキャッシュの流れで構成されている

Ⅰ. 営業活動によるキャッシュ・フロー（間接法）		
	税引前当期純利益	＋
	減価償却費	−
	受取利息及び受取配当金	−
	支払利息	−
	損害賠償損失	−
	売上債権の増加額	−
	たな卸資産の減少額	−
	仕入債務の減少額	＋
	その他負債の増加	＋
	小　計	
	利息及び配当金の受取額	＋
	利息の支払額	−
	損害賠償金の支払額	−
	法人税等の支払額	−
	営業活動によるキャッシュ・フロー	
Ⅱ. 投資活動によるキャッシュ・フロー		
	有形固定資産の取得による支払	−
	有形固定資産の売却による収入	＋
	投資有価証券の取得による支払	−
	投資有価証券の売却による収入	＋
	投資活動によるキャッシュ・フロー	
Ⅲ. 財務活動によるキャッシュ・フロー		
	短期借入れによる収入	＋
	短期借入金の返済による支出	−
	株式発行による収入	＋
	社債の発行による収入	＋
	社債の償還による支出	−
	配当金の支払額	−
	財務活動によるキャッシュ・フロー	
Ⅳ. 現金及び現金同等物に係る換算差額		
Ⅴ. 現金及び現金同等物の増加額		Ⅰ＋Ⅱ＋Ⅲ
Ⅵ. 現金及び現金同等物の期首残高		
Ⅶ. 現金及び現金同等物の期末残高		

キャッシュの流れは3種類で考える

1 営業活動によるキャッシュフロー

会社の営業活動から得たキャッシュの流れを表す。**その会社が本業でどのくらいのキャッシュを生み出しているかを示し、最も重要なキャッシュフロー。**

まともなビジネスをやっている成長・安定企業は、この項目がプラスになる。逆にここがマイナスになっているのは、何かが起きていることを意味するので、最も注意してチェックする部分。平たくいえば、「営業活動をやってキャッシュを生み出さないと、その企業の存在意義はどこにあるのか」ということになる

2 投資活動によるキャッシュフロー

事業を維持・拡大するためにした投資に関連するキャッシュの流れを表す。たとえば生産設備を購入した、株式などの有価証券を買うといった活動によるキャッシュの流れ。成長中の企業は投資を旺盛にやっているので、ここがマイナスになるのが普通。逆にここがプラスになっていると、何か生産設備を売るなど身を削っている可能性があるので、要注意

3 財務活動によるキャッシュフロー

短期の借入、社債の発行、償還など、**営業活動を維持し、必要な投資をするための資金の調達や返済など、財務活動に関するキャッシュの変動を表す。**

成長局面では積極的に投資をするために借入を活用することが多いので、プラスになる傾向がある。一方、優良企業は営業活動によるキャッシュで投資を行い、借入の返済までするので、マイナスになるのが普通

キャッシュフローのパターンで企業の状態がわかる

CFの細かい数字は置いておいて、パターンで判断してくださいといいました。パターンは次頁図の分析表を参照してください。難しそうですが、どうしてそのパターンになるのか要因を考えると自ずとわかってくることです。

たとえば**【パターン❸】**を見てみましょう。営業CFがプラスなので、本業でキャッシュをつくり出しています。次、投資CFがマイナスというのは積極的に投資をしてい

CFのパターン別分析表

	パターン	営業CF	投資CF	財務CF	会社の状況
正常	❶	＋	＋	＋	本業が好調で資金が潤沢、資金が必要ないのに借り入れを増やす。大型買収などの準備をするケース
正常	❷	＋	＋	－	本業が好調、資産の売却を行い借入の返済を行っているので、財務のスリム化、事業規模の縮小を行う
正常	❸	＋	－	＋	本業が好調、財務がプラスなので借り入れを行い、投資を積極的に行う成長企業に見られるパターン
正常	❹	＋	－	－	本業が好調、投資を行ながらも財務では返済を行う優良企業のパターン
警戒	❺	－	＋	＋	資産を売却して事業を縮小しながら事業は不調、借入を増やしている。要警戒
警戒	❻	－	＋	－	事業の不振で資産を売却して借入の返済に回している状態。資産がなくなると資金のショート可能性があるので要警戒
警戒	❼	－	－	＋	スタートアップ、ベンチャー企業のパターン。事業は赤字だが将来に向けて借入を行い、投資を積極的にしている
警戒	❽	－	－	－	通常はあり得ないパターン。事業が不調なのに投資を行い、借入も返済している。資金ショートの危険

て、それは借入をして（財務ＣＦがプラス）実施しています。成長企業によく見られるパターンです。ここで、財務ＣＦがマイナスになったのが**〔パターン❹〕**で、優良企業の例です。本業でキャッシュをつくり、投資を行い、借入も返済しているので、両方ともマイナスということになります。

一方**〔パターン❺〕**になると要注意です。営業では稼いでいないので、資産を売って（投資ＣＦがプラス）、借入もしている（財務ＣＦがプラス）ので、優良とはいえない状況です。

まとめると、**〔パターン❶〕**から**〔パターン❹〕**が正常な会社で**〔パターン❺〕**以下は警戒が必要な会社ということです。

特に**〔パターン❽〕**が現れたら、長期投資は考えないほうがいいでしょう。

8日目の❶-3

選んではいけない会社の見つけ方

財務諸表の基本を勉強しました。いかがでたか、意外と簡単ではありませんか？

基礎ができたところで、見つけたい企業3つの中でも、まずは「不適格企業」を見つけてみましょう。そもそも投資に適切ではない企業を選んで一生懸命テクニカル分析をしても時間の無駄になってしまいます。これをわからずに資金を投じてしまうと、お金を失うことにもつながります。

「継続前提」とはどういうこと？

投資に適さない企業を選別する最も簡単な方法は、「継続企業の前提に疑義あり」がついている銘柄を見つけることです。見つけるといっても難しいことではなく、会社四季報か、証券会社が提供している銘柄情報の中に書かれているので、これをチェックすればすぐわかります。またその会社の有価証券報告書にも書かれています。

次頁図に、継続企業の前提に疑義がついている例を示しています。上は証券の銘柄の情報を表示した例、下段は会社の有価証券報告書に掲載されている部分です。

それでは、そもそも継続前提とはなんでしょうか？　継続前提とは「企業は継続して存続する」と

「継続前提の疑義」が掲載されている例

銘柄名	(株) アプリックス
決算	12月
設立	1986.2
上場	2003.12
特色	祖業のソフト基盤技術から撤退。浄水器モニタリングシステム等ＩｏＴに資源集中し再起期す
連結事業	テクノロジー 100〈18・12〉
業種コード	5250
業種名	情報・通信業
解説事項	【赤字残る】ＩｏＴ分野の受託開発はネスレ日本などの大口顧客の開発案件が着実増。が、海外中心の水処理システムは軟調。高単価案件の獲得が不透明。人件費削減あっても研究開発負担が重く営業赤字残る。 【腐　心】水処理は欧州で案件受注。18年3月発行の新株予約権M-2回は1月末で行使率61％・調達7億円。当初行使価額で最大18億円の調達難航。継続前提に疑義注記。

証券会社の銘柄情報にも記載されている

（継続企業に関する重要事象等について）

当社グループは、総合エンターテインメント事業を中心とした事業から、スマー
やクラウドサービス開発等のIoTソリューションを中心とする事業への転換を行って
伴い、ゲーム、アニメーション及び出版の事業会社売却、旧来のソフトウェア事業を
算、非収益部門の廃止や本社移転等、様々な施策を行ってきたこと等により、令和元年12月期まで８期連続となる営業損失の計上が継続していたものの、前連結会計年度である令和２年12月期において営業損益を始めとして各損益すべてにおいて黒字化を達成いたしました。しかしながら、当第２四半期連結累計期間においては、前第２四半期連結累計期間と比較して売上高は1,809,570千円（前第２四半期連結累計期間の売上高1,372,848千円）と31.8％増加したものの、営業損失107,996千円（前第２四半期連結累計期間の営業利益75,076千円）、経常損失は108,862千円（前第２四半期連結累計期間の経常利益68,612千円）、親会社株主に帰属する四半期純損失は103,200千円（前第２四半期連結累計期間の親会社株主に帰属する四半期純利益66,083千円）といずれの損益についても損失を計上したこと等の理由から、依然として継続企業の前提に重要な疑義を生じさせるような事象又は状況が存在しているものと認識しております。

会社の有価証券報告書にも記載されている

いう前提を指します。つまり、企業は将来にわたって無期限に事業を継続することを前提として、ゴーイングコンサーン（going concern）とも呼ばれます。この情報の開示はわりと歴史が浅くて、日本においては2003年3月期から「継続企業の前提に重要な疑義を抱かせる事象または状況が存在する」場合には、財務諸表において「継続企業の前提に関する注記」を開示するのが義務づけられました。

難しことを並べましたが、要するに**売上高の著しい減少が続く、営業損失または営業キャッシュ・フローのマイナスが継続的に発生することによって、その企業が存続できるか疑問である状態**を表しています。

投資をするのに、いつ倒れるかわからない企業にお金を投じるのはナンセンスですね。

赤字続きの企業は長期的に投資をする銘柄ではない

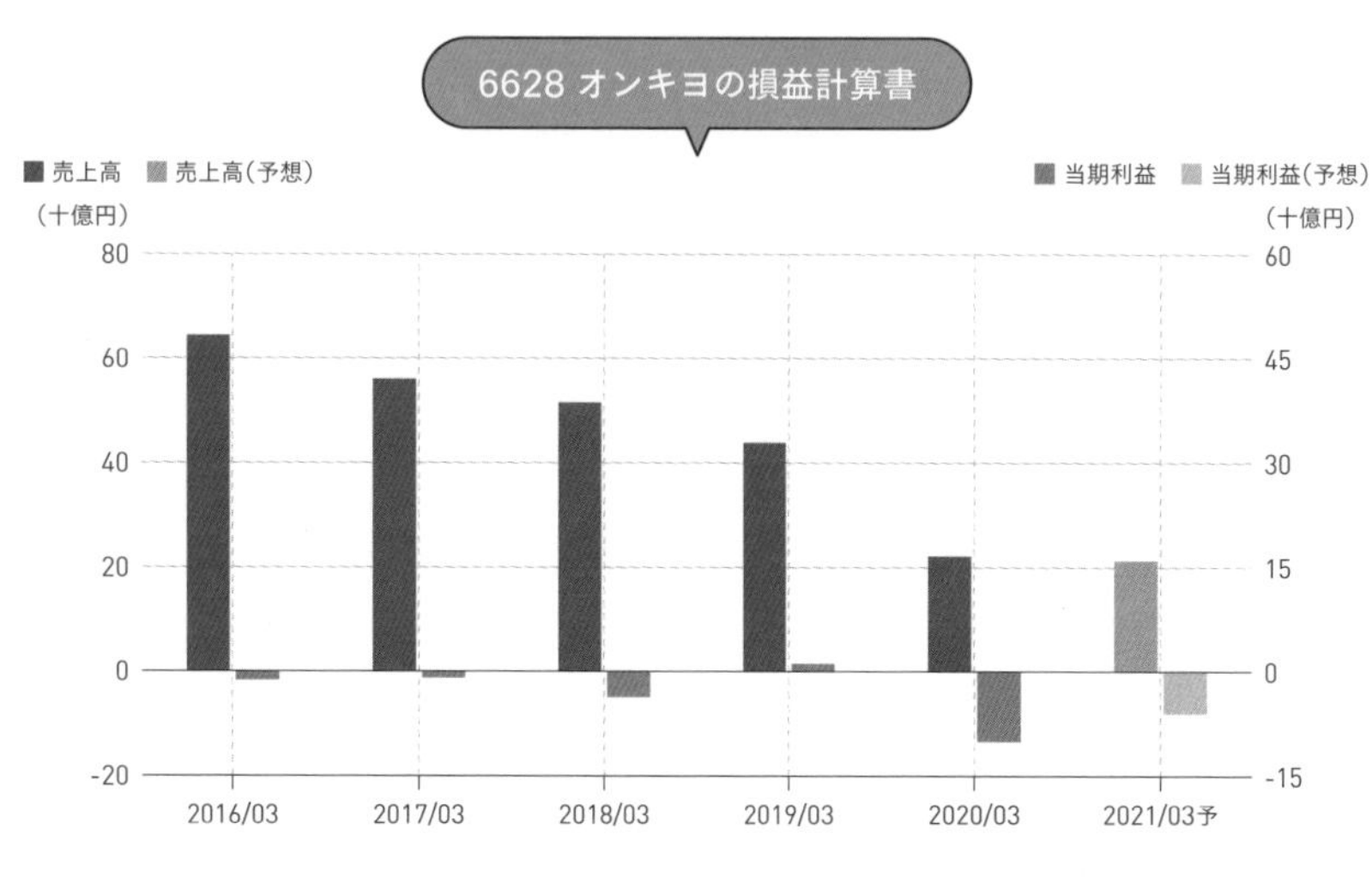

業績の低迷より悪いのはデコボコ

継続前提の疑義は理解できましたが、問題はどのような企業がこの事態に陥るかということです。すでにこの注記がついている場合は、投資することを避ければいいだけのことですが、自分が投資している銘柄がいつこのような状態になるかはわからないことです。いつなるかはわかりませんが、その前兆をつかむことはできます。

継続前提に疑義がつくようなところだとしたら、真っ先に何が思い浮かびますか? 間違いなく「赤字続き」「売上高が右肩下がり」といったところでしょうか。たとえ

赤字と黒字を繰り返すデコボコ企業は危ない

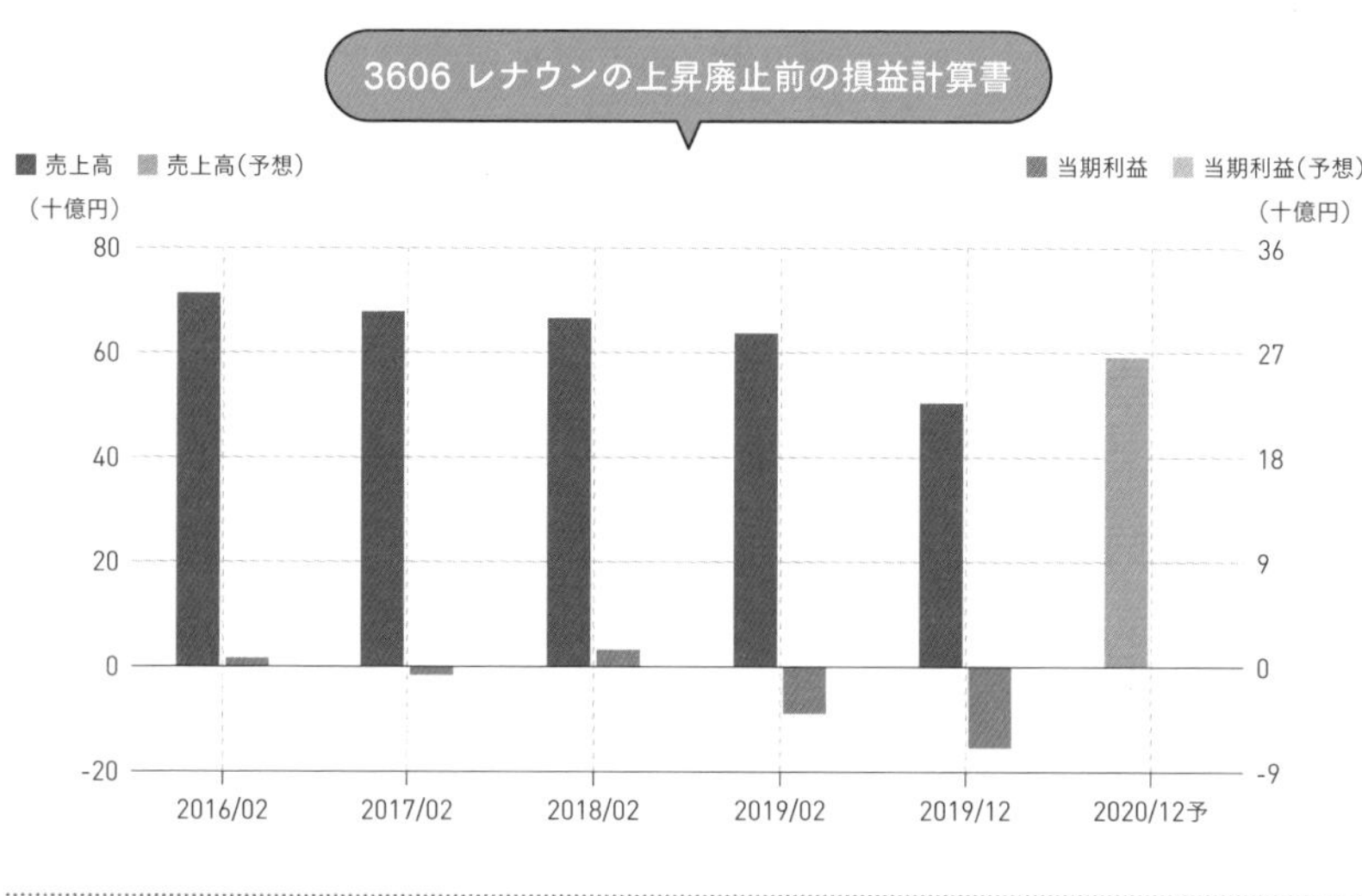

ば前頁図の損益計算書はある意味、判断がしやすいです。2019年に1回だけ小幅の黒字に転換したことはありますが、それ以外は一貫して売上高が減少しているし、赤字幅も拡大し続けています。長期的に投資をする銘柄ではないことは明らかです。

しかし、これよりよくないのは「デコボコ」した損益計算書です。上図は2020年に上場廃止されたレナウンの業績推移です。売上高は確かに減少していますが、注目すべきは当期利益です。小幅の黒字、小幅の赤字、また小幅の黒字など業績が安定しないのがわかります。赤字続きよりもデコボコのほうがよくないのは一貫性がないのに起因します。

赤字続きの場合は、生き残るために何かしらの施策を打ちます。業績を回復するためにいろいろな施策を実施する、それもできなかったらどこかと吸収・合併を模索するなど、自助努力をしている可能性が大きいでしょう。一方、赤字が出たけど、少し努力したら黒字に戻ってまた気が緩む、そしたらまた赤字。驚いて「大変、なんかするぞ!」

とまた1年間がんばる姿が、デコボコの企業からは見えてくるわけです。そして、２０１９年より本格的に赤字幅が拡大しはじめました。そこにコロナショック、これは危ないなと思っている矢先、案の定２０２０年5月15日、東京地方裁判所から民事再生手続開始の決定を受け、公式に倒産、上昇廃止が決まります。

投資している、または投資をしようと思っている銘柄がこのような状況になって、近年赤字拡大が出はじめたら要注意です。これにCFの動きを見るとより的確に不適格企業を見つけることができます。

選んではいけない会社の見つけ方❷

⬇ 赤字と黒字を繰り返している企業は避ける！

「銭残らず」を真っ先に避けよう

今度は違う例で、CFが何を語ってくれるのか考えてみましょう。難しい話をする前に、**CFの鉄則は「営業活動のCFがプラス」であること**です。一時的なマイナスは許すとしても、この傾向が続く場合は赤信号で真っ先に避けるべきです。

次頁図は、いきなりステーキで有名な、ペッパーフードサービス〈３０５３〉の２０１１年以降のCFをチャート化したものです。２０１８年の決算説明会で、「２０１９年12月期のいきなりステーキ事業は、２１０店の新規出店を計画」すると公言するほど破竹の勢いで伸ばしていきましたが、拡大一辺倒の戦略が行き詰まりのサインを出したのは２０１９年あたりからです。２０１８年までは毎年営業CFがプラスを維持し、その金額も大きくなるのがわかります。店舗の拡大によって投資額が大きくなるので、投資CFのマイナス幅は拡大、財務C

銭残らず：キャッシュフローは語る

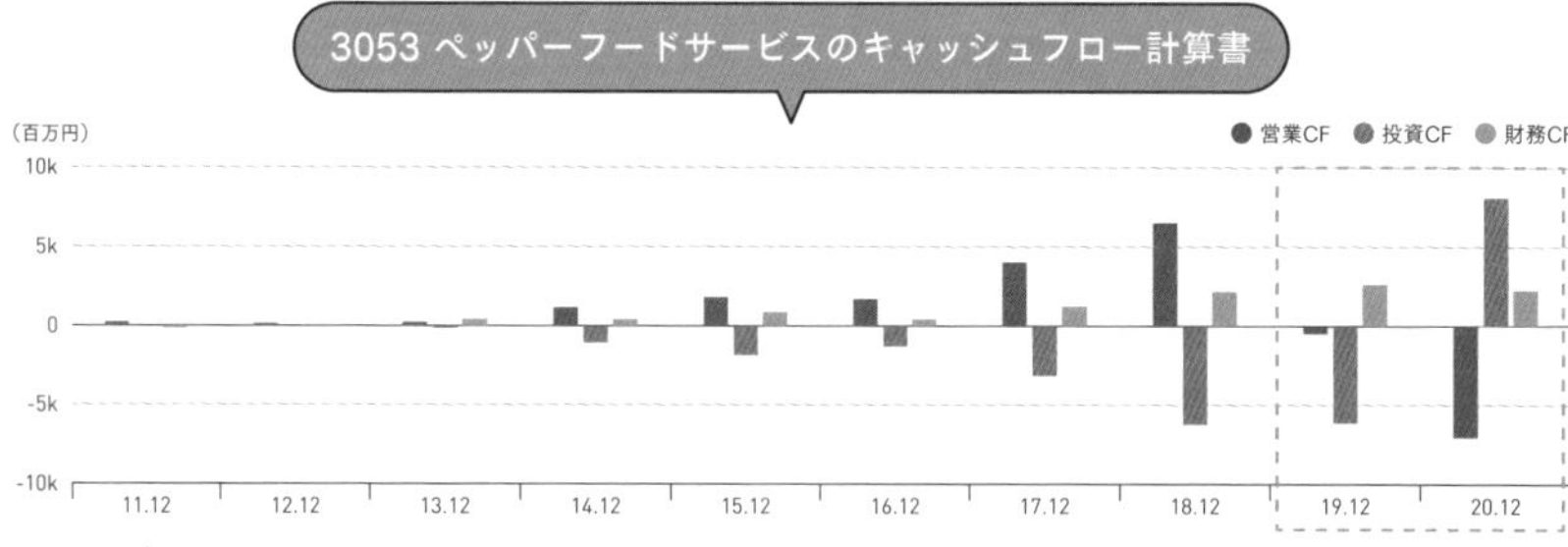

Fがプラスなのは資金を外部から調達してきたからです。

しかし、2019年度は急に営業CFがマイナスに転じ、それでも投資は増えています。2020年のコロナショックで営業CFは大幅なマイナス、財務CFが少し減っているのは、調達がうまくいかなくなった可能性があることを示しています。そして、足りないキャッシュは資産を売ることによって投資CFが大幅なプラスに転じて賄っています。これは危ないサインです。

もちろんこの2年の推移だけで、この会社がすぐ倒産するとはかぎりません。ただ、**営業してキャッシュをつくり出せず、投資CFが大幅に増加することは警戒しないといけません。**

ここまで財務諸表の基礎から、分析のしかたまでを勉強しました。ここまでわかると、投資指標を活用してバリュー株を見つけることができます。

選んではいけない会社の見つけ方❸

⇩ スタートアップの企業を除いて、営業CFが3年連続でマイナスを記録したら投資対象から外す

Note

8日目の②-1

世界一わかりやすいファンダメンタルズ指標の説明

株式投資をはじめようと勉強をはじめると、いきなり多くの専門用語があたりまえのように並びます。特に初心者を惑わせるのは、意味不明な横文字3文字です。PER、PBR、EPS、ROE、ROI……。投資情報番組を見てもあまりにも自然に出てくるので、聞いてはいけない雰囲気満載。書籍の説明を読んでもわからない。そんな投資指標をここでしっかり理解してしまいましょう。

投資指標は財務諸表と株価の関係を表す

ここで2つだけ覚えておきましょう。

バリュー株を判断するPER、PBRといった「投資指標」の代表的なものは、財務諸表と「株価」の関係を表します（次頁図）。投資指標が「株価指標」という名前で呼ばれるのは、この理由です。

一方、株価とは関係なしに純粋に財務諸表の中だけで計算されるのが「経営指標」というもので、ROEが代表的な指標です（次頁図）。

ここからは、割安なバリュー株の発掘で役立つ投資（株価）指標について見ていきます。

投資指標と経営指標

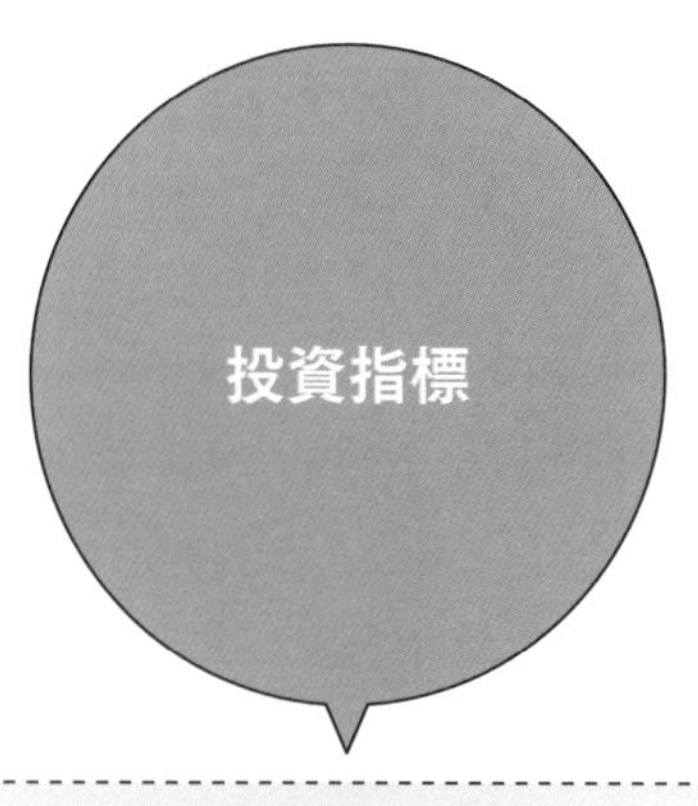

財務諸表と株価の関係を読む
（PER、PBR）
↓
バリュー株を見つける

財務諸表を読む
（ROE）

投資指標はセットで覚える！

次頁図は、会社情報を検索したら表示される銘柄詳細情報の例です。「時価総額」「発行済株式数」などは日本語なので何とかなりそうですが、「PER」「PBR」「EPS」「BPS」など、意味不明な横文字が並んでいる時点で逃げ出したくなります。しかもこの横文字指標の数、これが一部にすぎないというから恐ろしいですね。

そこでこのページを見て見ぬ振りをしますが、逆にこれらの用語の関連性と意味がわかると、これだけのものを1個所に集めてくれて本当にありがとうと言いたくなります。

なので、安心してください。覚えられないあなたが悪いのではなくて、わからないように教えて、無理やり覚えろ！　という教え方が悪いだけです。

これから世界一わかりやすくこの横文字君たちを味方につけます。コツは「**セットで覚える**」これだけです。

銘柄情報に掲載されている各種の参考指標

参考指標	
時価総額 用語	26,616,271百万円（15:00）
発行済株式数 用語	3,262,997,492株（03/25）
配当利回り（会社予想） 用語	---（--:--）
1株配当（会社予想）	---（2021/03）
PER（会社予想） 用語	（連）12.00倍（15:00）
PBR（実績） 用語	（連）1.05倍（15:00）
EPS（会社予想） 用語	（連）679.77（2021/03）
BPS（実績） 用語	（連）7,798.45（2021/03）
最低購入代金 用語	815,700（15:00）
単元株数 用語	100株
年初来高値 用語	8,712（21/03/19）
年初来安値 用語	5,771（20/03/13）

PER

「同業他社と比べて割安か割高か」を見る指標

最初の指標は「ＰＥＲ」です。日本語では「**株価収益率**」と訳されます。名前の中に確かに「株価」が入りますね。

こちらは会社の利益に着目して、「**割安性を図る指標**」として使われます。数ある指標の中で、特にＰＥＲは代表的で人気の高い指標です。投資家の間でも「それ、ＰＥＲは何倍？」というのはあたりまえのように使われます。投資指標といえば、まずこの指標を基準に入れるくらいです。

投資指標セット❶

EPS＋PER

「**ＰＥＲの計算にはＥＰＳが入っている**」ので、この2指標の意味と関係性がわかると非常に覚えや

EPSの求め方

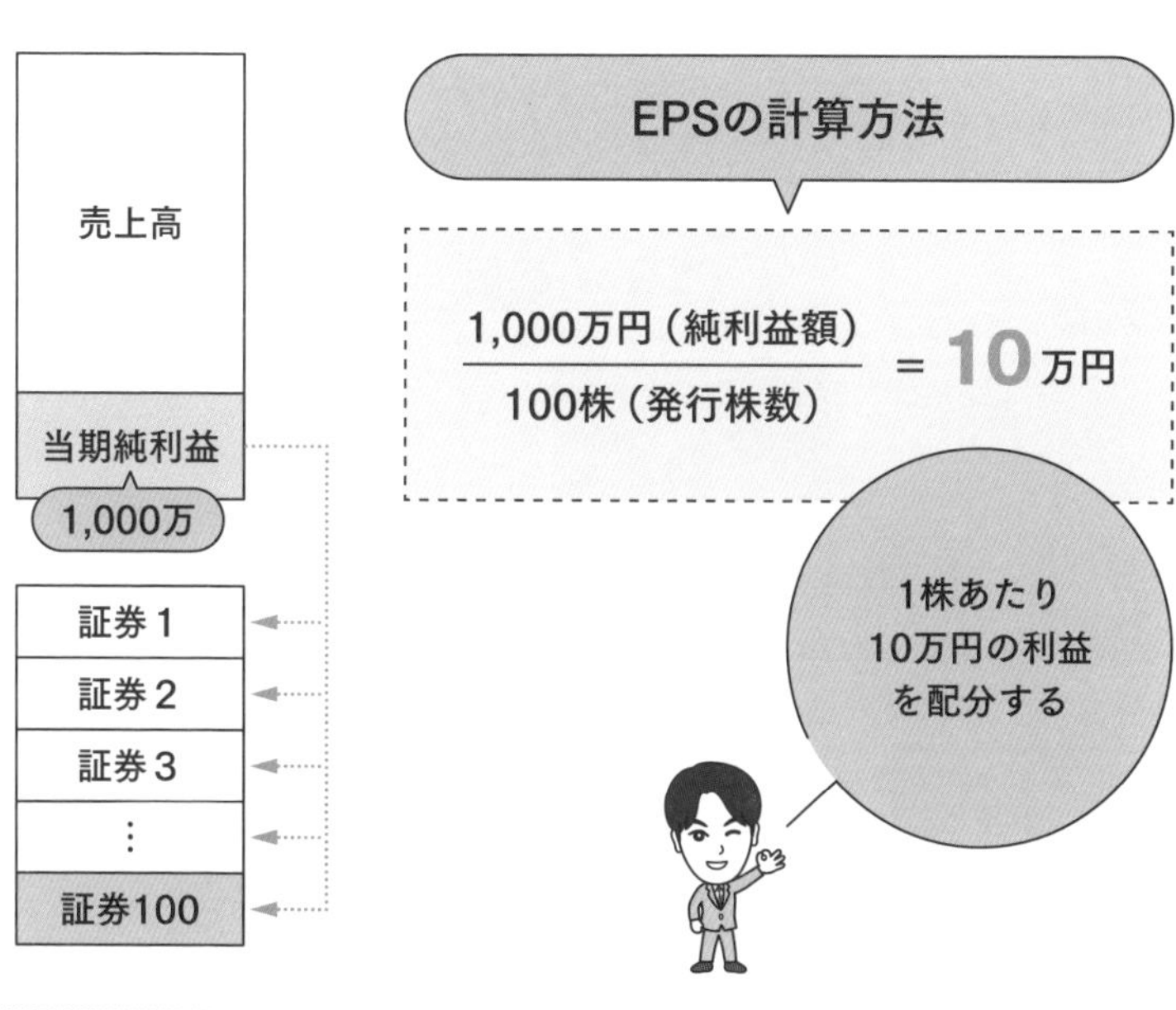

すくなります。まず、ＥＰＳの意味から理解しましょう。

たとえば、会社Ⓐは今年１０００万円の利益を出しました。会社Ⓐの発行済株数は１００株で、１００人が1株ずつ所有しています。あなたも1株持っているとします。理論的に株主に今年の利益をすべて分配するとするなら、あなたはいくらの利益を受け取ることができるのでしょうか？　簡単ですね。１０００万円を１００で割った、10万円があなたの分です。この10万円が**1株当たりの利益(Earnings Per Share)、略してEPS**です（上図）。

つまりこの株を持っていると1株あたり10万円の利益を生み出してくれる会社ということになります。投資家の評価は？　当然、**EPSが高くなればなるほど評価も高くなります。**

ＥＰＳが10万円のときに、株価が１００万円だとしましょう。市場では1株の価格を１００万円と評価していますが、実際は10万円の利益を生み出して

PERの求め方

PERの計算方法

PER ＝ 株価 ÷ EPS

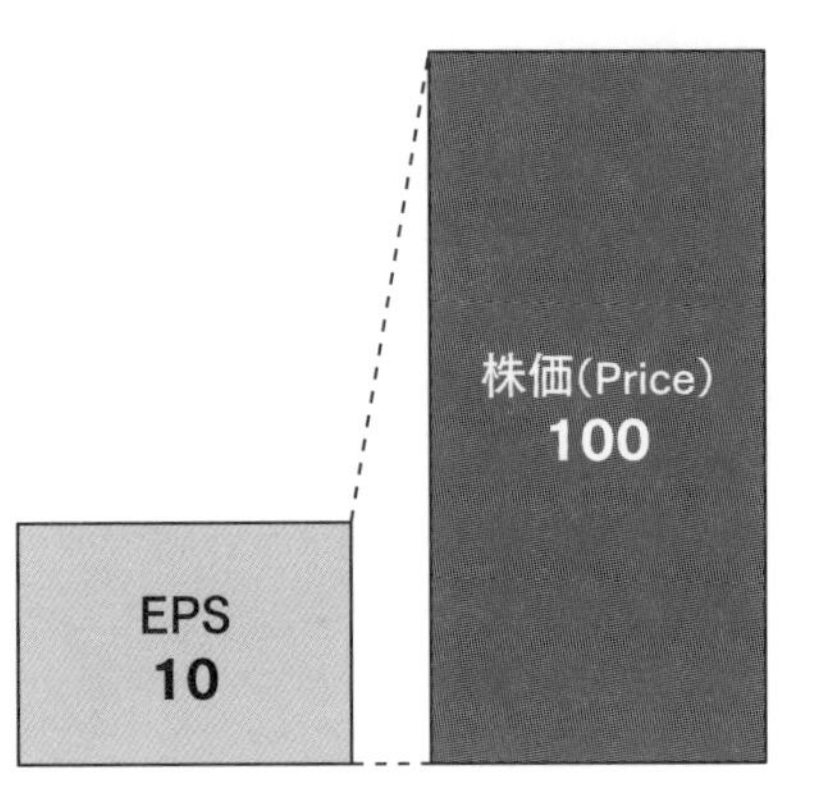

います。つまり市場はEPSの10倍、この会社を評価しているわけです。この話が難しかったら別の観点で考えてみましょう。

この株式は100万円で買えるものです。今年1株あたり10万円が配分されるので、このままいくとあなたが投資した100万円を配分で回収するには何年かかりますか？　簡単ですね。100万円を10万円で割ると10年です。

この10年という数字に「倍」の単位をつけたのがPERです。つまり「PERが10倍」とは、「会社が生み出している1株あたり利益の10倍の値段がついている」ことを意味し、投資の回収には10年かかるということです（上図）。

PERの割高、割安はどうやって考える？

では、PER10倍というのは、一体割高なのか、それとも割安なのでしょうか？

「PERが高い」の意味と使い方

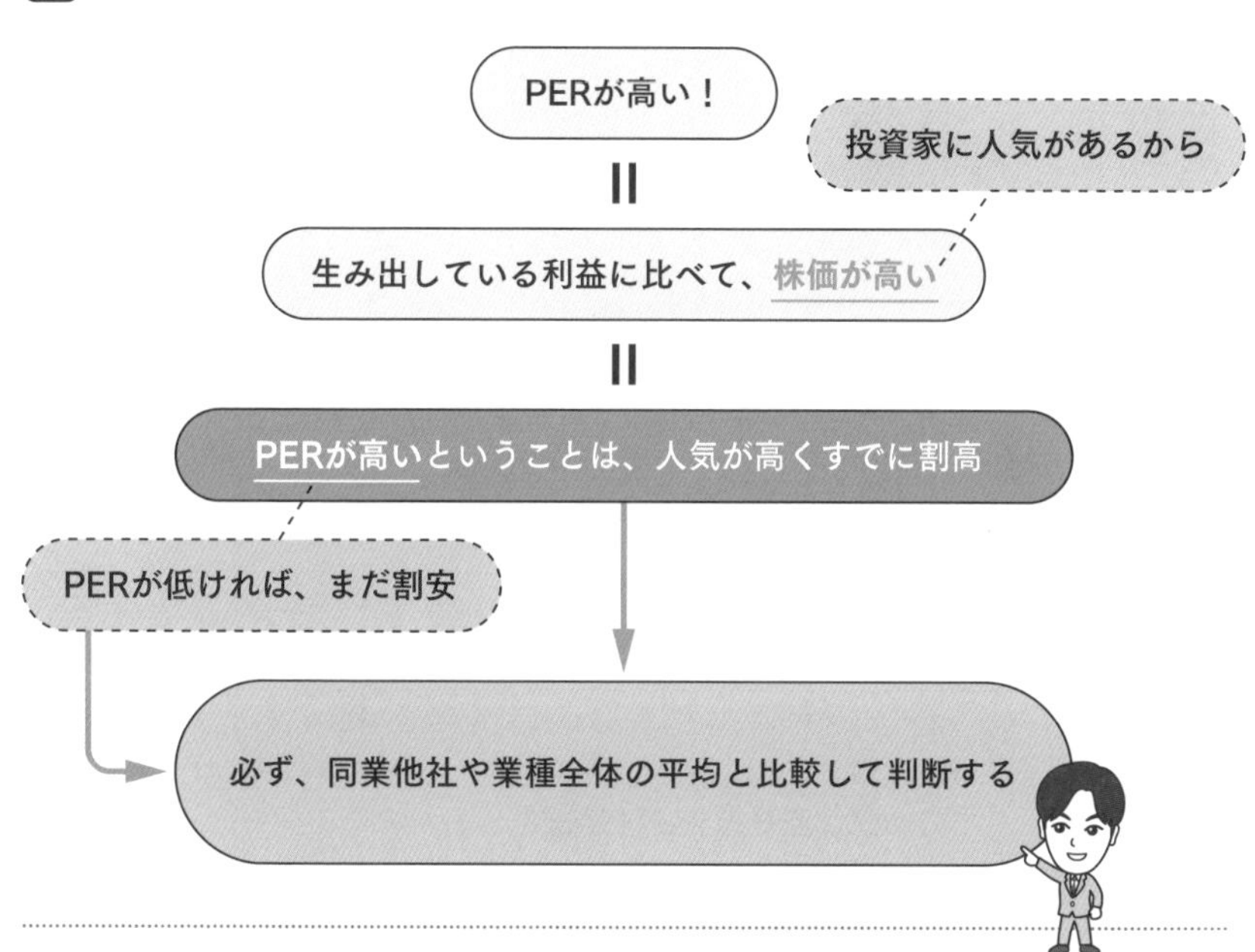

答えは「この銘柄だけでは決められない」ということです。さて、これはどういうことでしょうか。

あなたがスニーカーを買いに行ったとします。その店には1種類のスニーカーしかなく、1足2万円だったとします。高いですか？　安いですか？　それだけでは当然わかりませんね。似ている素材やデザインのものがいくつかあって、それぞれに値段がついていることで、そのスニーカーが安いのか高いのかがわかります。株も同様です。

そこで、今度はPERと株価の関係について考えてみましょう。ここが重要なので、あと一歩がんばってください。

PERが高いというのは何を意味するのでしょうか？　分子にあたる株価に注目して考えると、「**生み出している利益に比べて、株価が高い**」ということです（上図）。どうして株価が高いかというと「**投資家に人気があるから**」です。今は利益が少ないけれど、成長性が見込まれるなどの理由で買われているわけです。ベンチャー企業が、たまに驚くほどのPERを持つのはこの理由です。

別の言い方をすると、「**PERが高いということは、人気が高くすでに割高**」になっている可能性があるということです。逆に「**PERが低ければ、まだ割安**」だと判断できるので、買いが集まりやすいといえます。しかし、単純にPERの数字だけに注目すると大きなワナが待ち受けています。「スニーカーが2万円です」と同じですね。単純にPERが30倍以上なら割高だと判断する資料がありますが、これは正しい判断とはいえません。PERが100倍でも割安な銘柄は存在します。たとえばパナソニックのPERが100倍だとします。この判断基準からすれば間違いなく割高です。しかし、ソニーのPERは200倍で、三菱電機は300倍、「電気機器」という業種全体の平均が250倍だとすると、パナソニックの100倍のPERは、同業種の中では割安となります。

つまり、PERを単純比較するのは意味がなく、「**必ずライバルと思われる同業他社と業種全体の平均とも比較することが欠かせない**」ということです。

PBR 「安定した会社が割安で手に入るか」がわかる

次の指標は、今年はしっかり稼いだけれど、隠れた借金だらけで危ない会社ではないか、つまり「**安定性を判断する**」ものです。安定性なので、今年の利益などの短期的な成績ではなく、「会社が長期間蓄積してきた純資産」に注目することになります。

投資指標セット❷ BPS＋PBR

「PBRはBPSとセットで覚える」とわかりやすく理解も早くなります。

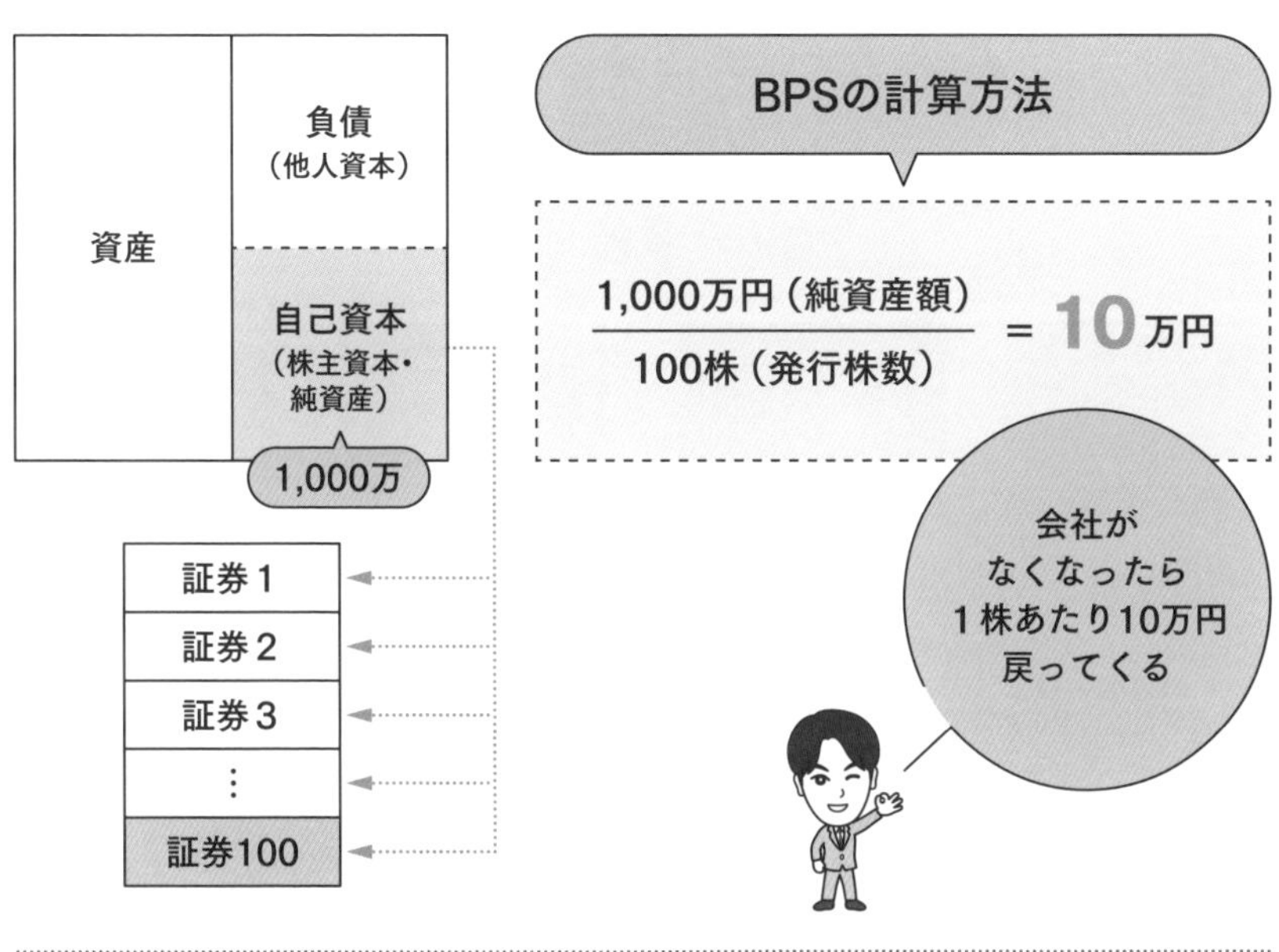

今回も、先ほどの会社Ⓐの例を使ってお話しします。会社Ⓐは、保有する純資産と呼ばれる株主に配分する株主資本を合計した金額が1000万円です。そして発行済株式数は100株で、あなたも1株持っています。この会社が突然解散することになると、株主のあなたは残りの財産に対していくら請求することができるでしょうか？　つまり「**会社がなくなるといくら戻ってくるか**」です。計算は簡単です。純資産1000万円を株数で割った10万円を請求することができることになります（上図）。この10万がBPSになります。「**BPSが高いというのは、純資産が分厚い**」ということです。会社が安定しているかを知ることができるのはこの理由です。

ここで、あなたは会社Ⓐの株式を1株8万円で買いました。この価格は損でしょうか、得でしょうか？数字の意味をよく考えると答えが見えてきます。8万円で買った会社Ⓐが今すぐなくなったら、あな

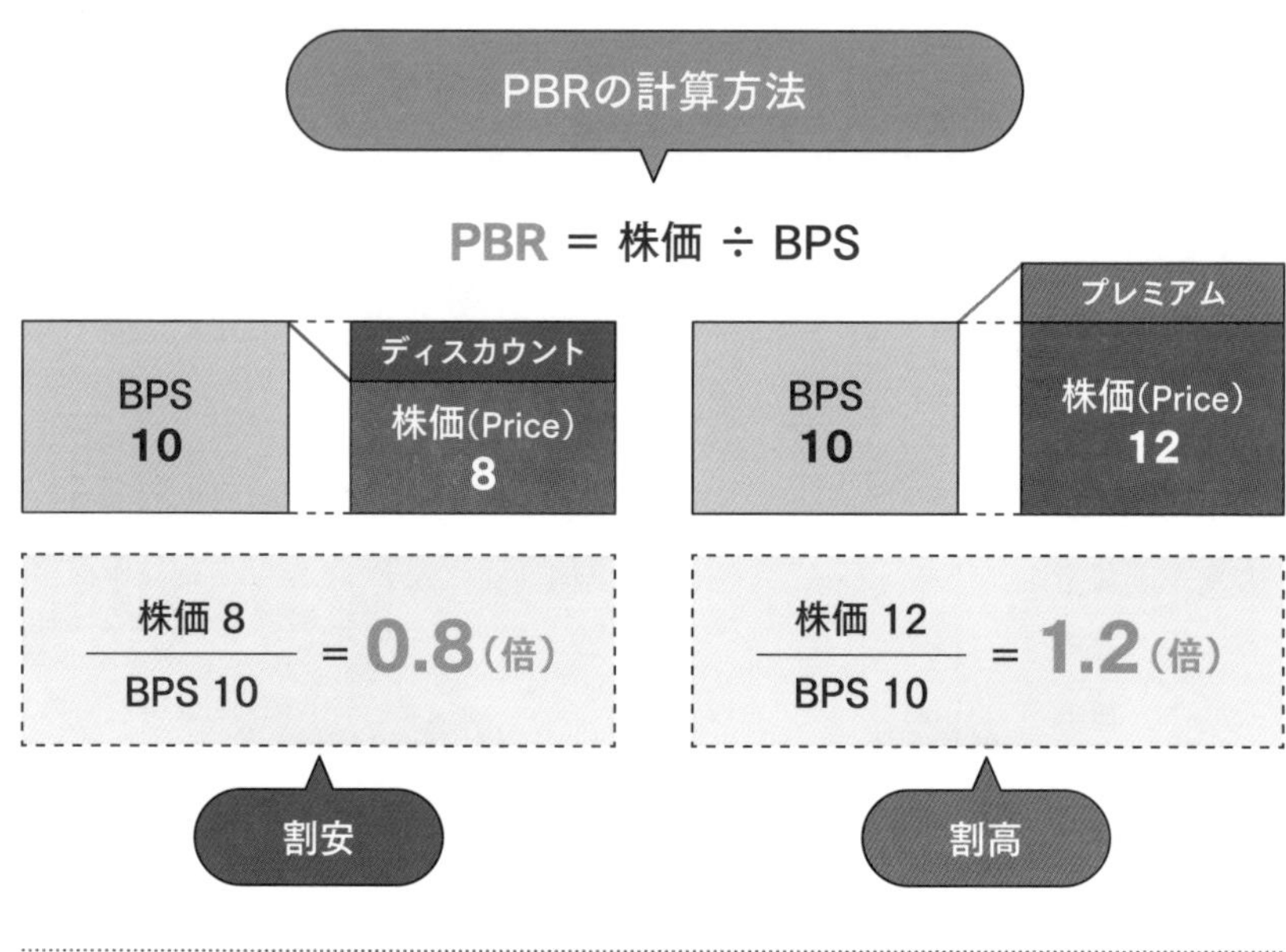

たが受け取れる金額は10万円です。買値の2割アップも請求できるので、これはかなりお得だということです。**株価をBPSで割ると0・8ですが、**「**0・8はつまり株価の2割お得**」なので、心配いりません。安定的ということを意味しています。「**この0・8がPBR**」です（上図左）。

つまり、「**PBRが1以下なら、お買い得**」ということです。

では、PBRが徐々に増えて1に到達すると何を意味するのでしょうか。株価とBPSが同じ値だと1になる、つまり会社が解散したらちょうど投資した金額と同じ金額が戻ってくるので損も得もない状態です。これをよく「**解散価値**」と呼びます。「**PBRが1を超えてくると逆に損失が発生する**」ことになります。「**自分が投資した分より少ない金額が戻ってくるので、安定性に欠けている**」という意味です。

したがって、一般的にPBRが1以下だと割安で

「PBRが1以下なら、お買い得」の意味と使い方

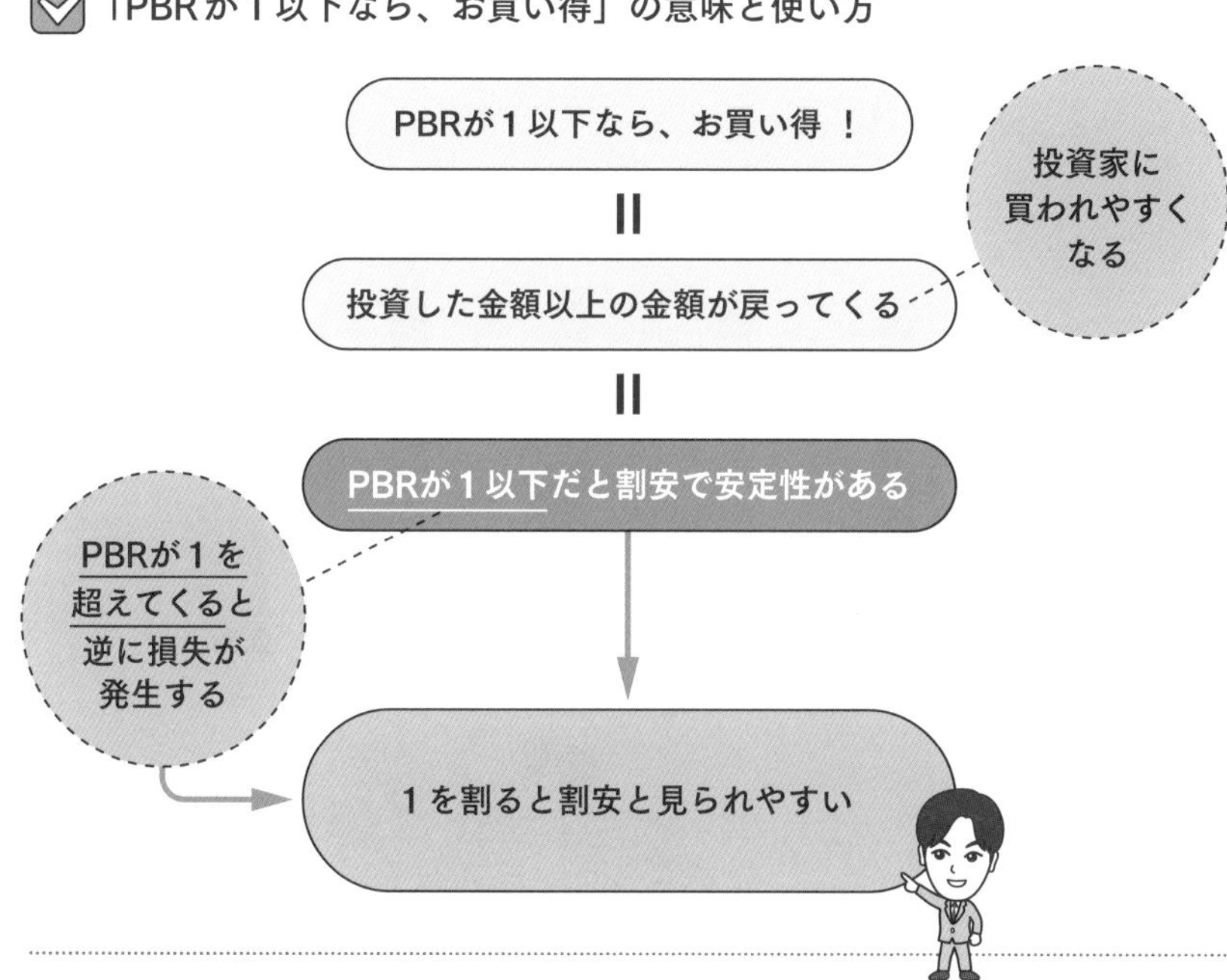

安定性があると思われるので、投資家に買われやすくなります。一方、1以上になり、徐々に大きくなってくると安定性に対する信頼が揺らぐので、割高だと判断されやすくなります（前頁図右）。

実際は1を超えている企業が多く見られますが、「1を割ると割安と見られやすい」ということだけはしっかり覚えておきましょう。

【予想増益率】「これからもしっかり稼いでくれるか」がわかる

まだ同業他社と比べて割安で、資産的にも安定しているなら問題なさそうですが、**企業はやはり稼ぐ力が大事**です。稼ぐ力は決算書類を見て、利益を生み出しているか、利益率はいいかといった点でチェックすることもできます。

しかし、利益率だけ見ても、それは今この瞬間の

理想的な増収増益の姿

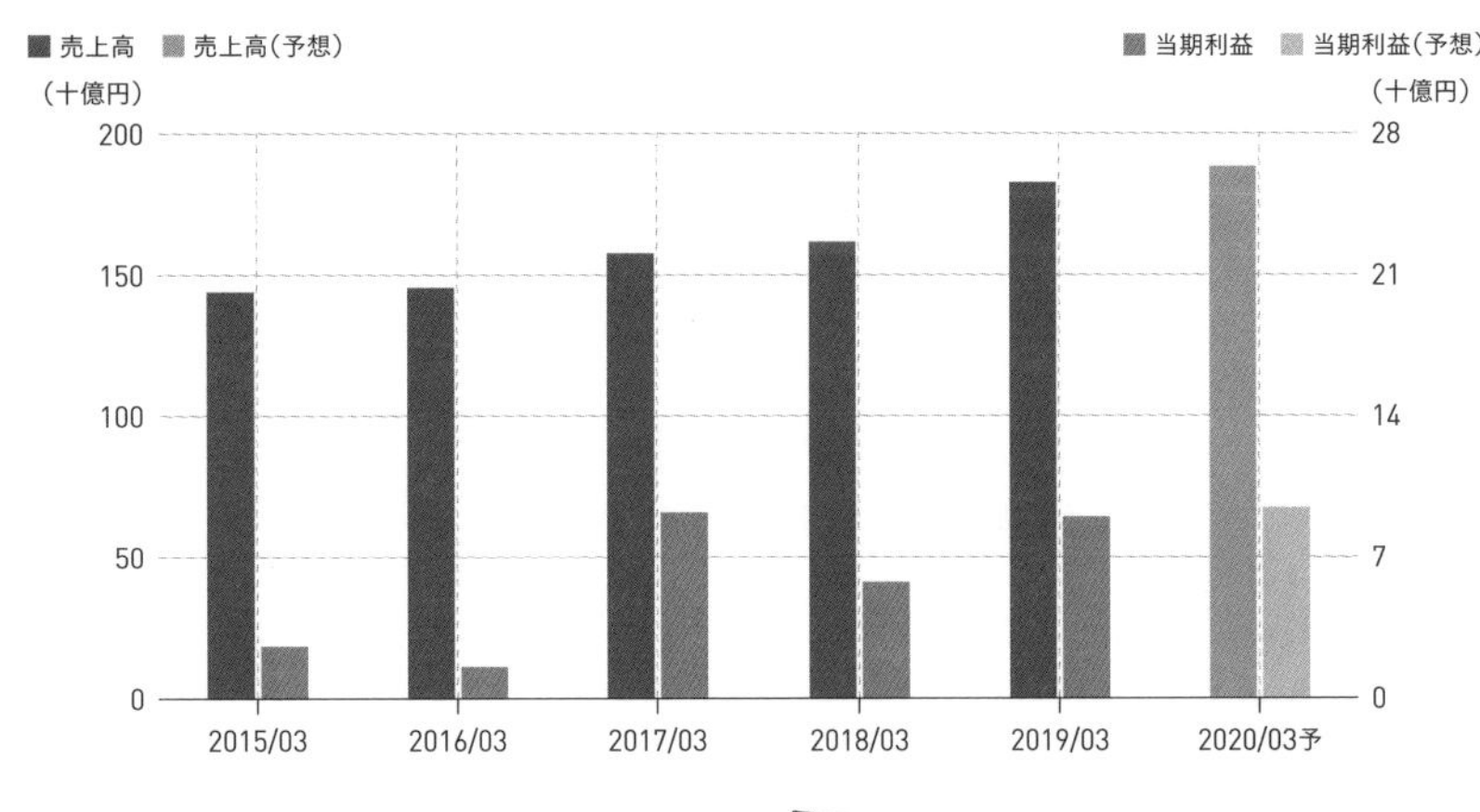

話であって、それが将来も続くかは不明です。これからも伸び続けられるかを確認するのに大変有用なのが、**「増益の推移」**です。増益の推移は言葉どおり、**「現在までの増益と将来も利益が増えるか」**を表す指標です。この推移を同業種と比較したり、市場全体の推移と比較することで、その会社の将来性を図ることができます。

「増益の情報」と「業種の中での比較」は、細かく数字を並べてみるのもいいですが、**直感的にグラフで並んでいる資料を見て判断する**ことをお勧めします。

たとえば上図の会社は、２０１９年まで順調に増収増益を続けているだけでなく、２０２０年の予想も増収増益と、理想的な姿が描かれているのがわかります。まさしく理想的な推移ですね。ＰＥＲ、ＰＢＲなどの指標のみならず、増収増益の推移が最も理想的なのはいうまでもありません。

ただし、ここでひとつ注意してほしいことがあり

増収増益が理想的ではあるが、一時的な要因が入っていないかをチェック

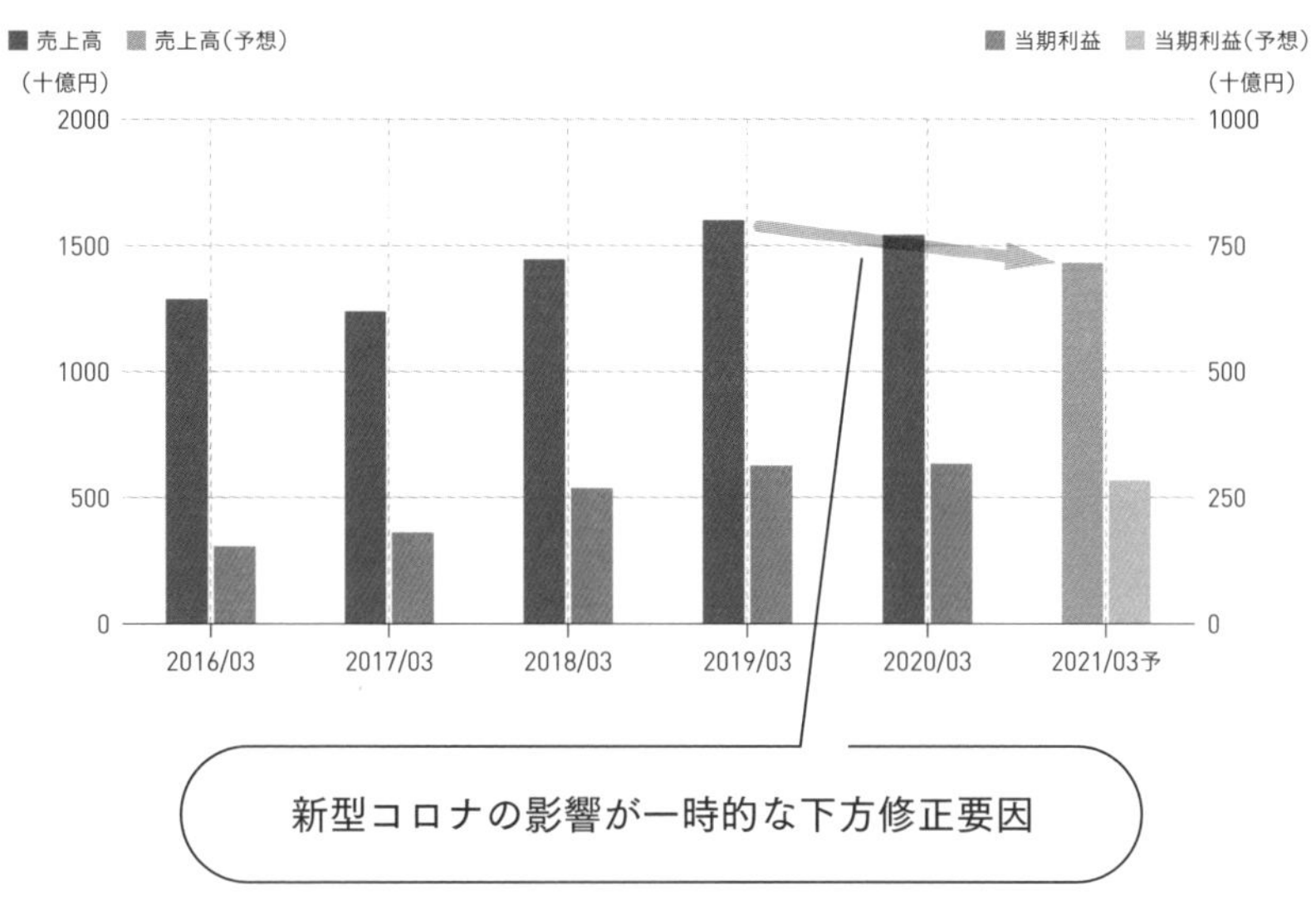

ます。

増収増益を続けてきた企業でも、一時的な要因によって業績が下方修正されることがあるということです。特に、リーマンショックや2020年の新型コロナウィルスショックなど、**全世界が打撃を受けるショックの際は判断の目を緩める必要があります。**

では、別の企業の1年後の業績推移を見てみましょう（上図）。2020年3月期から2021年は減収減益と予想しています。これでこの企業の成長が止まってしまったと判断するのは早計です。新型コロナウィルスの影響を考慮して、**一時的な要因である可能性が高いと判断するのが妥当**でしょう。

もちろん長期投資をする場合は、翌年の業績も見て、市場全体の回復にあわせて本来の姿に戻っているのかを確認する必要があります。時世を踏まえたジャッジも必要になってくることを覚えておきましょう。

05

8日目の②-2

ファンダメンタルズ情報の集め方と分析のしかた

チャートで判断することもできる、ファンダメンタルズ情報で分析をすることもできる、ここまでくるとも う怖いものなしですね。しかし問題はこれだけの情報をどのように効率的に集めて、短時間で分析するのかです。増収増益がいいのはわかるけど、会社四季報を引きながらそれにあたる企業を探すのは大変な作業です。ここからは、ファンダメンタルズ情報を効率的に集める方法について見ていきます。

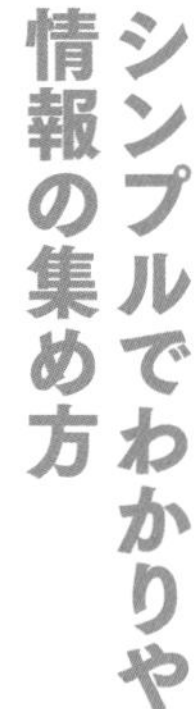

シンプルでわかりやすい情報の集め方

情報があふれている現代、インターネットには必要な情報がさばき切れないほど流れています。一方、それをいかに効率的に集めてくるかを目的にしたツールももちろん存在します。投資に関する情報も、インターネット証券が出はじめたころに比べると驚くほどの進化を遂げています。この流れはこれからも止まることはないでしょう。

ファンダメンタルズ情報の分析でお勧めするのは、あれこれ探すより**自分が口座を開設している証券会社のスクリーニング機能を活用することに慣れる**ことです。情報を集めて提供してくれるようなサイトにわざわざお金を払う必要はなく、まずは自分が持っているツールを最大限活用してみましょう。

情報を集めて分析する際に特に重要な心得を覚えてください。「**100%の情報はあり得ないし、必要でもない**」ということです。今自分が集めた情報よりももっといいものがあるはず、このように思って不安になったことありませんか？ 楽天市場で買い物するにしても、「この店はほんとに最安値なのか？」となります。さらに安いところを探し回ろうとするとキリがありません。必要な情報を100%集めることは不可能だし、それを達成しようとすると無駄な時間と費用が発生します。

まず**は自分が持っているものを、100%使いこなせるようになることを目指してください**。ありふれていると思いがちな証券会社のスクリーニング機能も、うまく活用すれば莫大な利益をもたらすお宝に変わります。

ここでは強力なスクリーニング機能を活用して実際の銘柄を抽出するプロセスを見ていきます。スクリーニング機能ならもう知っているよという人も、ぜひ一度一緒に実践してみてください。

「いろいろなものを知っているよ」よりは「ひとつを深く知っているよ」のほうが大事。自分のツールをまず使い倒せるようになりましょう！

ファンダメンタルズ情報の集め方

Note

⇩100%の情報は必要ないので、自分が口座を開設している証券会社のスクリーニング機能を100%使いこなせるように活用する！

最強のスクリーニング機能をマスターする

ここで紹介するのは**マネックス証券が提供する「銘柄スカウター」**の機能の中でも、さらに強力なツール、「**10年スクリーニング**」機能です。スクリーニング機能は毎年のように進化していきますが、このツールは**長期的な観点からもしっかりしている銘柄を選別するのに、非常に大きな力を発揮してくれます。**

たとえば、「本当に達成するところがあるかな？」という厳しい条件を、しかも10年間続けている企業を想像してみましょう。❶**10年間成長率が10％以上、❷10年間の営業利益率が10％以上**、これくらいならどうでしょうか？　経済が停滞しているといわれているこの日本に、そんな企業が本当にあるのか疑いたくなりますね。では、実際に探してみましょう（次頁図）。

検索すると、次々頁図のようなスクリーニング結果が一覧で表示されます。この厳しい条件をクリアした銘柄が、こんなにもありますね。日本の力はまだまだ強いとわかります。一覧には親切にもＰＥＲ、ＰＢＲも一緒に表示されるので、「**スクリーニングで抽出された銘柄の中でもPBRとPERが割安な銘柄**」を瞬時に見分けることができます。

銘柄の名前には、チャートも見られる詳細情報へのリンクが設定されているので、クリックすることですぐチャートを確認することもできます。いい形のチャートが見つかれば、「**厳しい条件をクリアした銘柄＋割安＋チャートもいい位置にある**」銘柄である可能性が高いといえます。

これは便利ですね。あくまでもひとつの例にすぎないので、もっといろいろな条件を設定して試してみてください。また、どこの証券会社でもスクリーニング機能を提供しているので、あなたが口座開設している証券会社のツールもぜひ試してみてくださ

最強のスクリーニングを実践する（マネックス証券・銘柄スカウター）

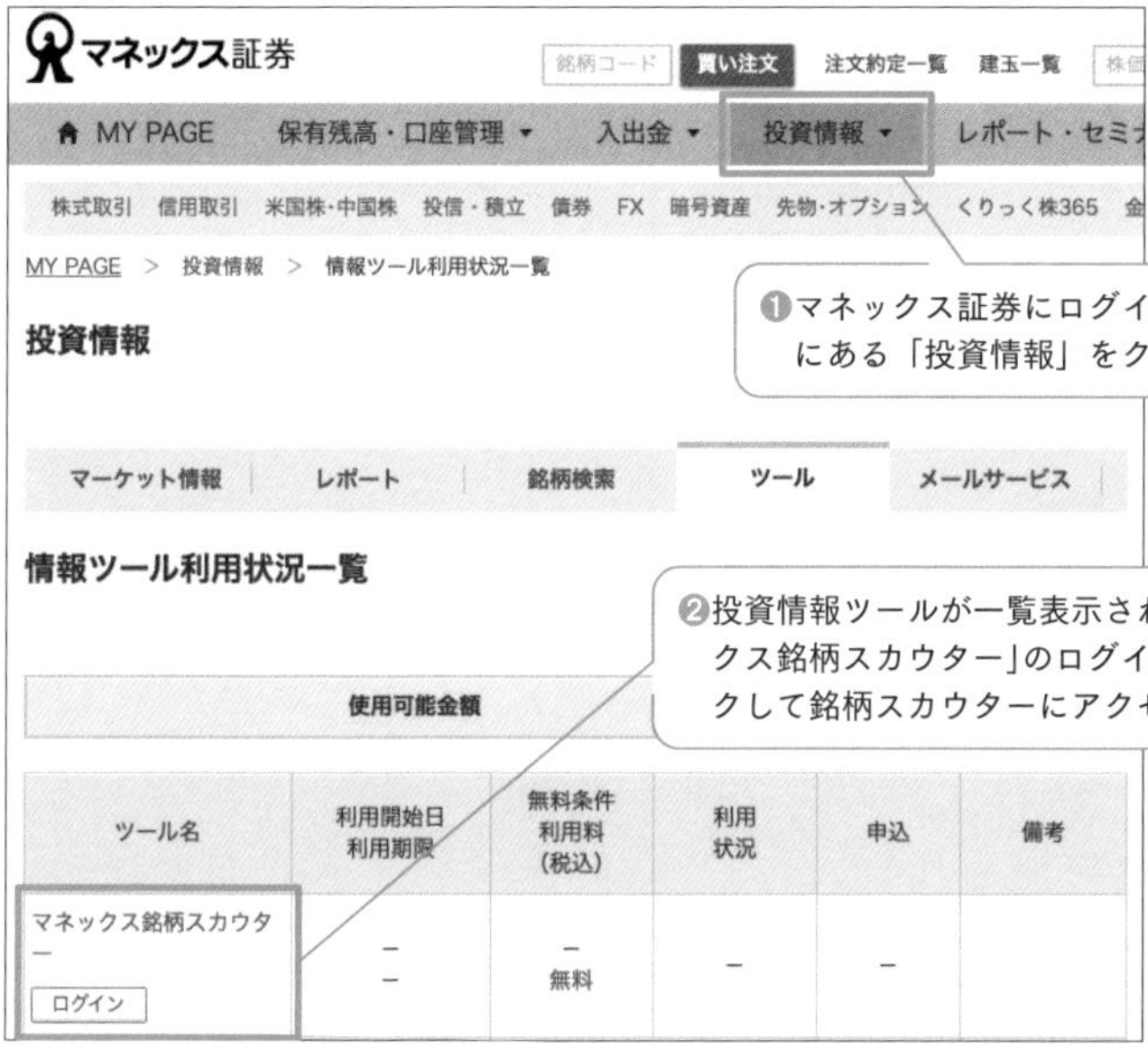

マネックス証券
銘柄コード　買い注文　注文約定一覧　建玉一覧
MY PAGE　保有残高・口座管理 ▾　入出金 ▾　投資情報 ▾　レポート・セミナ
株式取引　信用取引　米国株・中国株　投信・積立　債券　FX　暗号資産　先物・オプション　くりっく株365
MY PAGE ＞ 投資情報 ＞ 情報ツール利用状況一覧

投資情報

マーケット情報　レポート　銘柄検索　ツール　メールサービス

情報ツール利用状況一覧

使用可能金額

ツール名	利用開始日 利用期限	無料条件 利用料 （税込）	利用 状況	申込	備考
マネックス銘柄スカウター ログイン	－ －	－ 無料	－	－	

❶マネックス証券にログインしたら、バナーにある「投資情報」をクリックする

❷投資情報ツールが一覧表示されるので、「マネックス銘柄スカウター」のログインボタンをクリックして銘柄スカウターにアクセスする

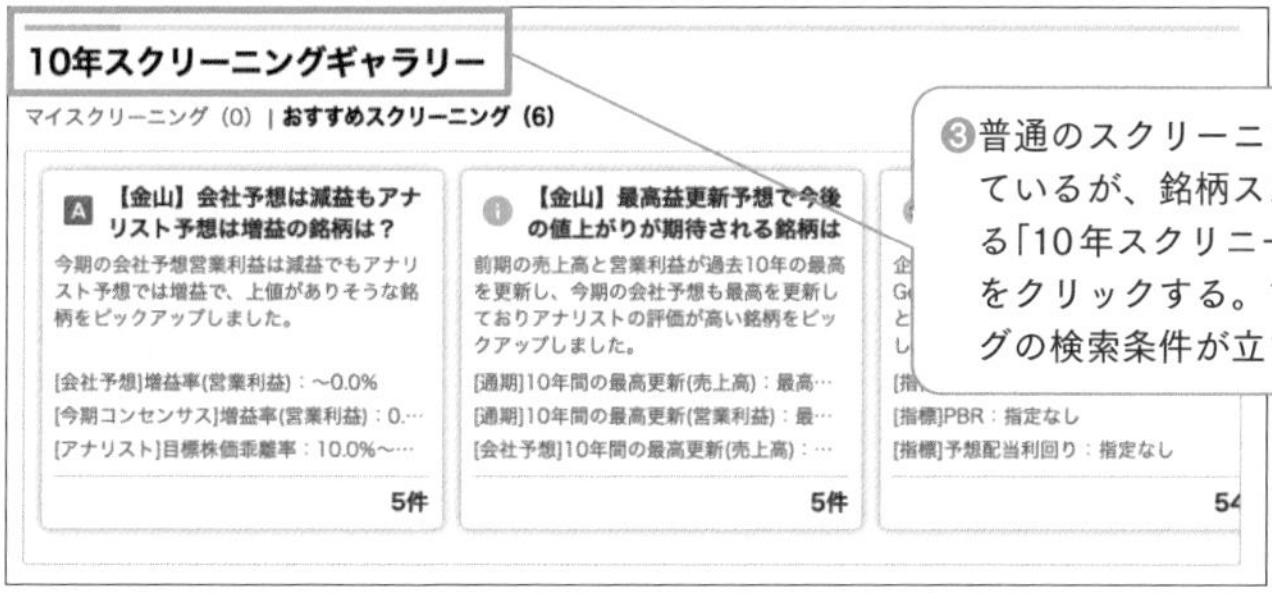

10年スクリーニングギャラリー
マイスクリーニング（0）｜おすすめスクリーニング（6）

【金山】会社予想は減益もアナリスト予想は増益の銘柄は？

今期の会社予想営業利益は減益でもアナリスト予想では増益で、上値がありそうな銘柄をピックアップしました。

[会社予想]増益率(営業利益)：～0.0%

[今期コンセンサス]増益率(営業利益)：0.…

[アナリスト]目標株価乖離率：10.0%～…

5件

【金山】最高益更新予想で今後の値上がりが期待される銘柄は
前期の売上高と営業利益が過去10年の最高を更新し、今期の会社予想も最高を更新しておりアナリストの評価が高い銘柄をピックアップしました。

[通期]10年間の最高更新(売上高)：最高…

[通期]10年間の最高更新(営業利益)：最…

[会社予想]10年間の最高更新(売上高)：…

5件

[指標]PBR：指定なし
[指標]予想配当利回り：指定なし

❸普通のスクリーニング機能も充実しているが、銘柄スカウターの中にある「10年スクリニーングギャラリー」をクリックする。10年スクリニーングの検索条件が立ちあがる

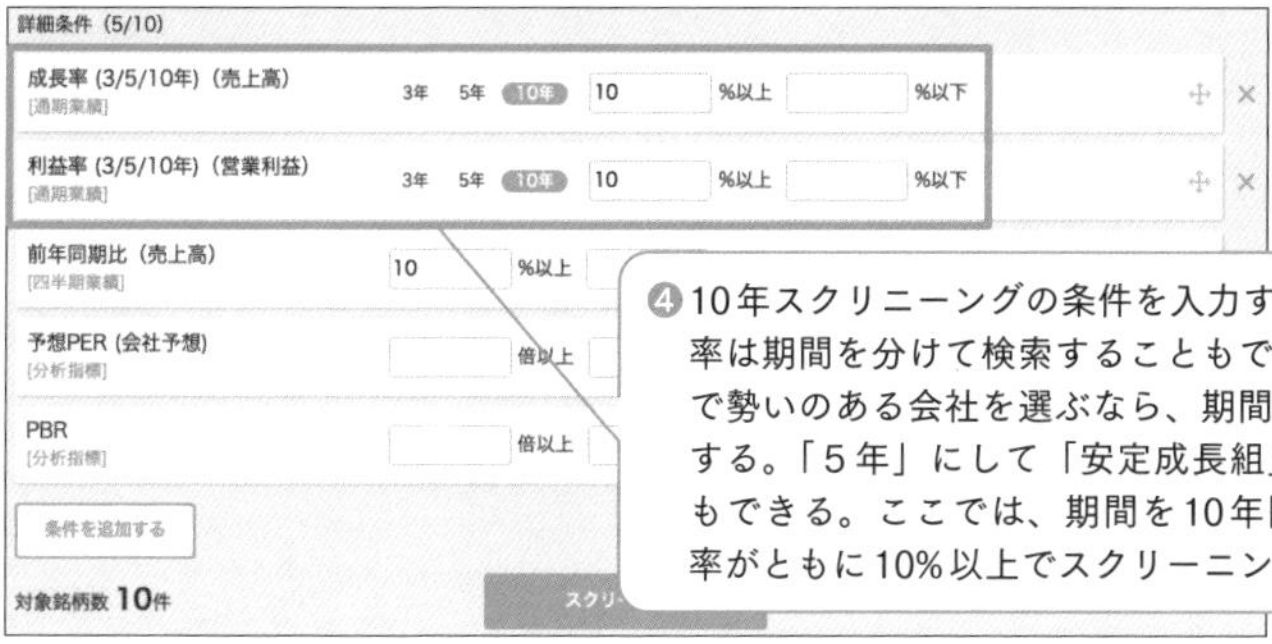

詳細条件（5/10）

条件			
成長率（3/5/10年）（売上高）［通期業績］	3年　5年　10年	10 %以上	%以下
利益率（3/5/10年）（営業利益）［通期業績］	3年　5年　10年	10 %以上	%以下
前年同期比（売上高）［四半期業績］		10 %以上	
予想PER（会社予想）［分析指標］		倍以上	
PBR［分析指標］		倍以上	

条件を追加する
対象銘柄数 10件
スクリ…

❹10年スクリニーングの条件を入力する。成長率、利益率は期間を分けて検索することもできる。例直近3年で勢いのある会社を選ぶなら、期間を「3年」に設定する。「5年」にして「安定成長組」を検索することもできる。ここでは、期間を10年間、成長率、利益率がともに10%以上でスクリーニングを実施する

スクリーニングの結果

銘柄情報にリンクされている

PER、PBRも表示される

銘柄	終値(12/30)	時価総額	10年成長率(売上高) [通期]	10年利益率(営業利益) [通期]	前年同期比(売上高) [四半期]	予想PER (会社予想) [指標]	PBR [指標]
☆ ディア・ライフ 3245 東1 不動産業	410円	167億円	35.9%	11.5%	27.7%	8.0倍	1
☆ 日本商業開発 3252 東1 不動産業	1,677円	307億円	25.0%	16.1%	24.7%	21.1倍	1
☆ KLab 3656 東1 情報・通信	897円	344億円	28.3%	10.1%	37.6%	38.0倍	2
☆ ULSグループ 3798 東JS 情報・通信	3,635円	224億円	14.8%	15.0%	13.7%	31.3倍	3
☆ CTS 4345 東1 サービス業	958円	416億円	10.2%	15.4%	11.2%	33.2倍	4
☆ モーニングスター 4765 東1 サービス業	459円	412億円	11.2%	26.6%	12.9%	ー倍	4
☆ E・ガーディアン 6050 東1 サービス業	3,015円	314億円	19.3%	12.3%	25.4%	29.3倍	7
☆ マルマエ 6264 東1 機械	1,351円	176億円	16.7%	16.0%	12.6%	32.1倍	3
☆ 岩井コスモH 8707 東1 証券・先物	1,311円	328億円	12.2%	12.4%	16.7%	ー倍	0
☆ サンフロンティア 8934 東1 不動産業	892円	435億円	17.6%	21.4%	131.6%	10.6倍	0

い。

長い道のり、お疲れ様でした。最初の地図に戻ってみてください。成長プロセスでいつの間にか「株で負けない私」をマスターして、5つの戦略も身につけることができました。ここまで辿りついただけでもあなたはすでに株で負けない投資家に成長しています。そしてもう一歩進んで、最も危険な落とし穴を学んだら、「株で勝てる私」を勝ち取ることができます！

いよいよ最終ゴールに向かって踏み出す時間です。実践して「株で勝てる私」になる、旅の最終目的地に向かっていきましょう！

☑ あなたは「株で負けない私」になっている

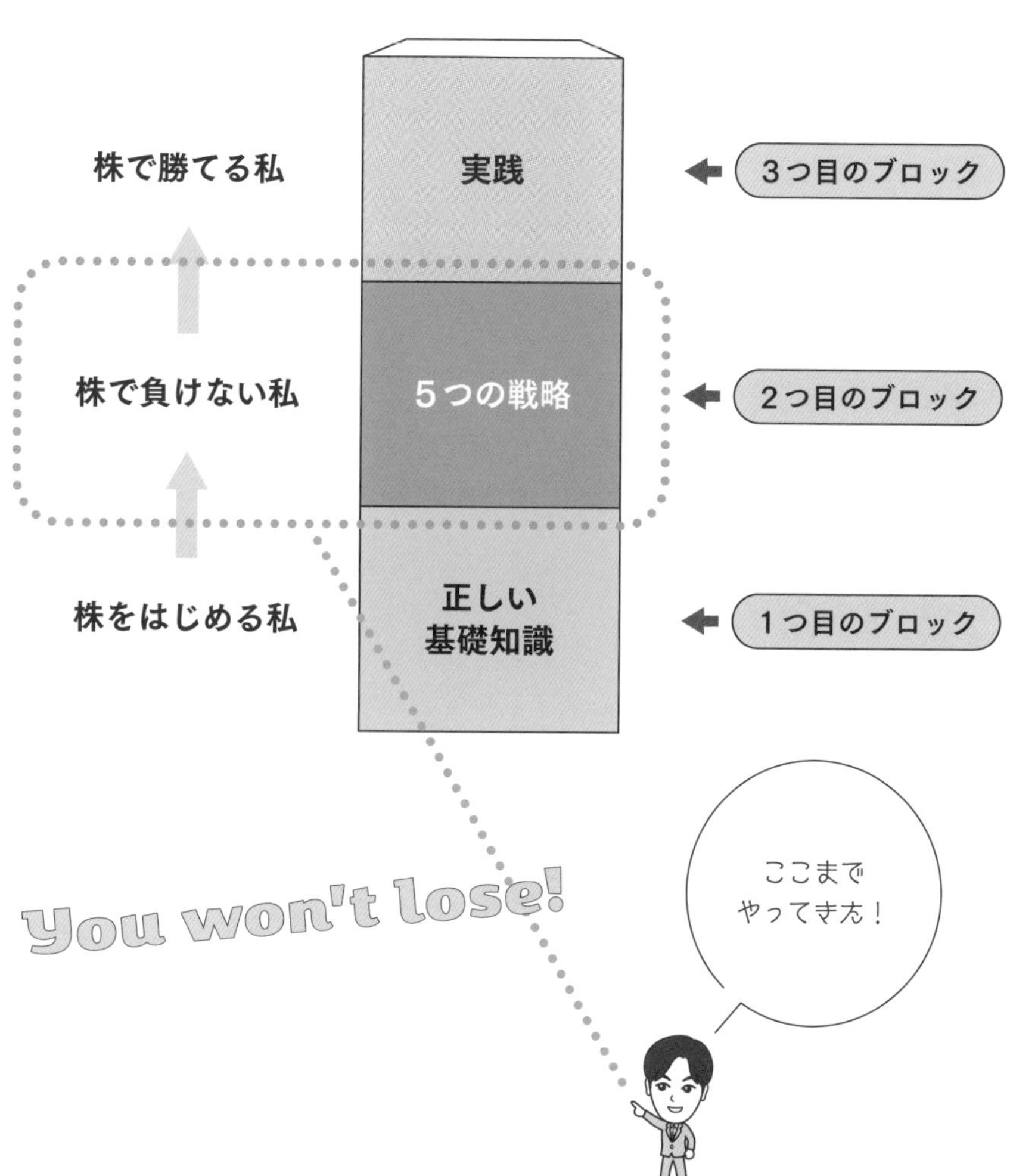

今、もっと勉強したいと
心に火がついていますか？
燃えあがる準備をするところまでが
8日目の役割です。
完成ではありませんが、
このスタートラインに立っただけでも、
負けない自分は完成しています。
火がついているなら
もっともっと勉強していきましょう！
どこまでも応援しますよ！

Chapter 9

株の投資力の鍛え方

01

9日目の①-1

〔危険な落とし穴①〕パニック相場は必ず起こる

8日目までの内容を忠実に実践するだけでも、投資の世界で生き残り利益をあげることが可能です。

最後となる9日目は、気をつけないと吹っ飛ばされてしまう「危険な落とし穴」とその攻略法を見ていきます。実践するときには必ずぶつかる問題なので、トレードにある程度慣れてきたなと思ったら、または困ったなと思ったら、いつでもこのページに戻ってきてヒントを得てください。

株式投資をやっていれば、かならずやってくる落とし穴

2020年の新型コロナにより、市場が暴落したいわゆる「コロナショック」。さかのぼれば2008年の「リーマンショック」、2000年前後の「ITバブル崩壊」など、市場には常に投資家が恐れる暴落の危険が存在しています。これから投資をはじめるあなたも、短期的に大儲けをしてサッと市場を去ってしまわないかぎり、このようなパニック相場に遭遇する可能性があります。最初の落とし穴は、すべての投資家を震えあがらせるパニック相場の真相とその対処法について考えることにしましょう。ITバブルからコロナまで、数々のパニッ

2000年以降の主な暴落相場

ショック相場	スタート（天井）	底値到達の日付	下落期間	下落率
ITバブル崩壊	2000/4/12	2001/3/13	226日	-43.3%
リーマンショック	2008/6/6	2009/3/10	185日	-51.3%
チャイナショック	2015/6/24	2016/2/12	155日	-28.3%
コロナショック	2020/2/12	2020/3/19	25日	-30.6%

クを乗り越えてきた経験から言えることを惜しげもなく伝えます。

パニック相場の癖をつかむ

２００８年のサブプライムローン市場の崩壊を発端に、アメリカのリーマン・ブラザーズ証券が破綻することで発生したリーマンショック。「１００年に1度の金融危機」と騒がれたこのショックは、アメリカのみならず全世界の経済に多大な影響を与えました。いまだに記憶に鮮明に残っている人も多いでしょう。

「１００年に1度なので、運がよければ私はこんなショックにあたらないかも」と思いますか？　それなら、今すぐその考えを改めましょう。あなたが投資を続けていけば、ほぼ確実にパニック相場に会うし、たとえ投資をしないとしても金融危機は必ず現実の経済にも影響を与えます。運よく避けたいではなく、まず**「パニック相場は必ず起こる」**と思ってください。

上図は、２０００年以降に発生した主な暴落相場の発生時期と下落期間、下落率をまとめたものです。２０１１年3月11日の東日本大震災のような短期的なショックは除いた数なので、実際はより多く存在します。２０００年から２０２１年の約20年間、主なパニック相場だけでも4回。**単純計算すると5年に1度は大きなショックが起きている**のがわかります。

つまり、5年以上相場にいると何かしらのショックにぶちあたる確率が高いということです。

では私たちにできることは何かというと、パニック相場、〇〇ショックが起きないように祈ることではありません。まず、パニック相場は必ず起こると想定する必要があります。日本に住んでいるかぎり、自分の周りに地震がこないように望むことはほぼ不可能です。パニック相場も地震も一緒。では、必要なことは？

はい、**パニック相場が起きたときにどのように対処すればいいのか、行動の指針と手順を明確に決めておく**ことです。そして実際にパニックが起きたときに、指針どおりに行動することです。

「パニック相場が起きませんように！」これはお祈り。必要なのはお祈りではなく、「起きたときの対処法」です！

【パニック相場への対処法】まず共通点を探す

震災大国と呼ばれる日本において、災害現場で救助活動にあたっている救助隊員たちの活躍をテレビなどで目にする機会はたくさんあります。現場に入った救助隊員たちが一瞬の迷いもなくテキパキと動く姿に感動した人も多いことでしょう。なぜ救助隊員たちはテキパキと動き回ることができるのでしょうか。生まれながらに救助隊員としてのＤＮＡを持っているから？　違いますね。それは日ごろから「震災は必ず起きる」という前提で、そのときの行動手順を明確にして、そのとおり訓練しているからに他なりません。

相場で起きるショックへの対応もまったく一緒です。自分はパニック相場を救う救助隊員だと思ってください。やるべきことは？　ショックが起きたときに行動ルールを明確に決めて、そのとおり動くの

ショック相場のチャート

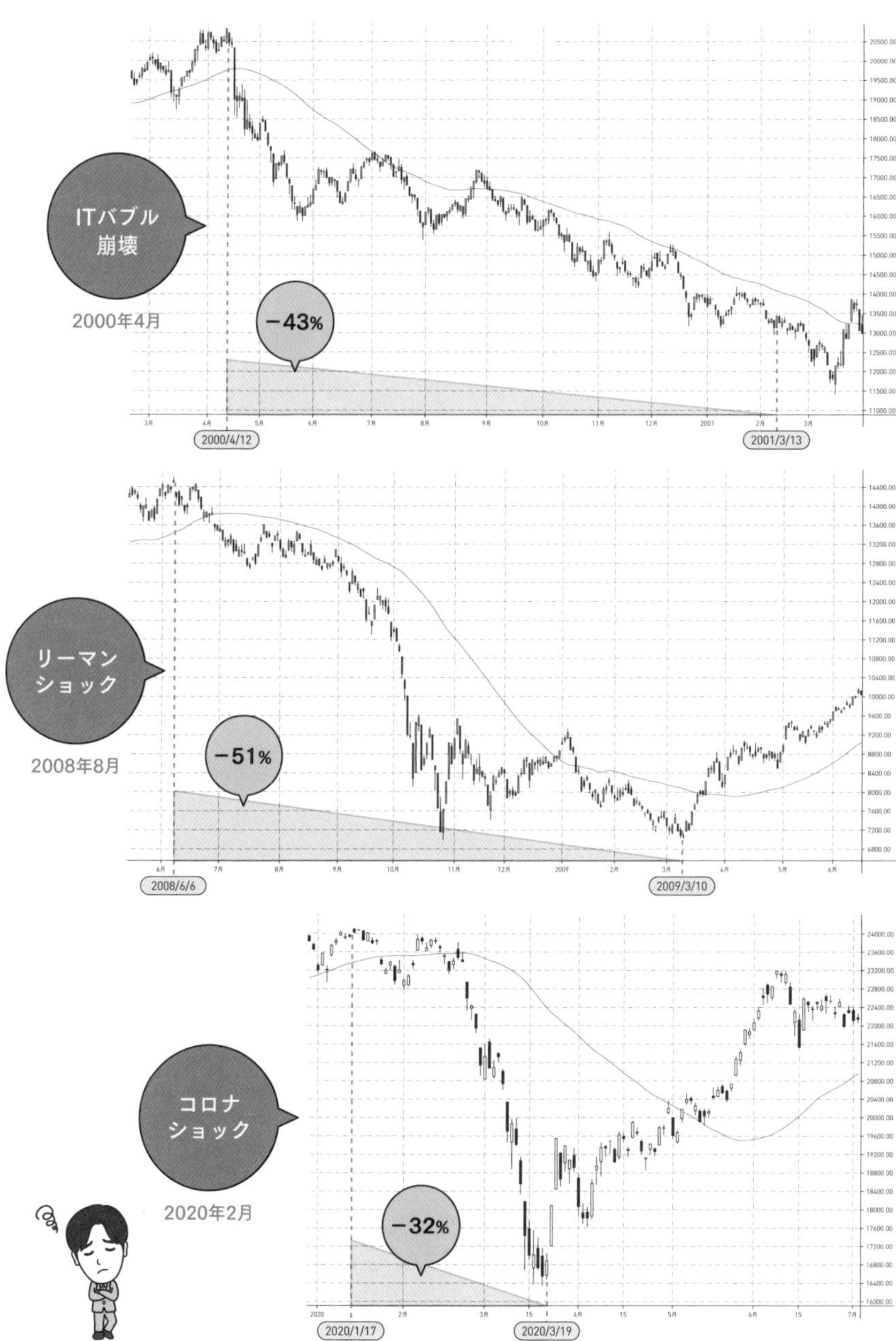

パニック相場における共通点

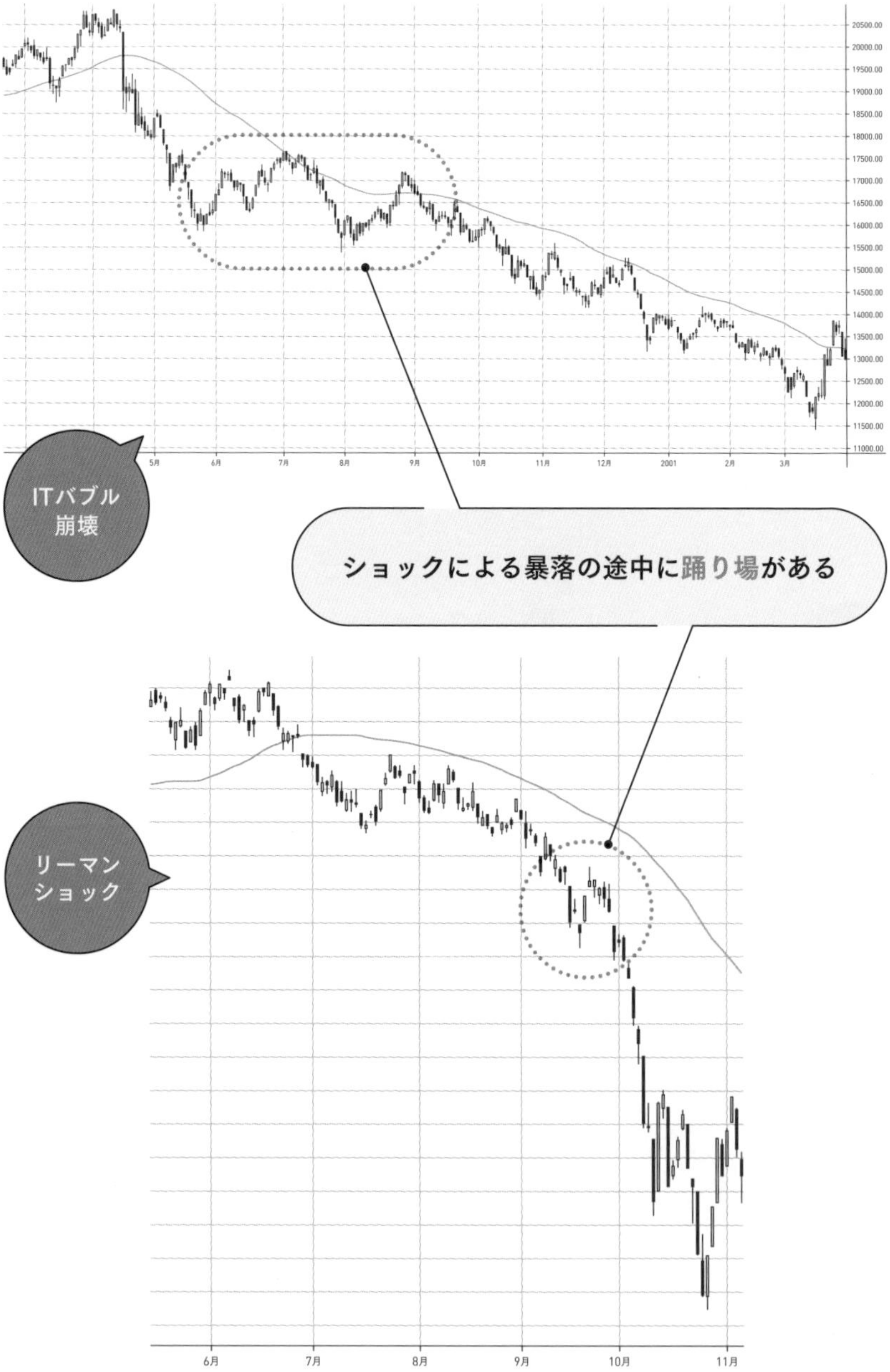

ITバブル崩壊

ショックによる暴落の途中に踊り場がある

リーマンショック

みです。では、パニック相場への対処法を具体的に見ていきましょう。

頻繁に起こらないけど1回発生すると大きな被害をもたらすショックに対処する効果的な方法は、共通の事項を見つけて、パターンを導き出すことです。パターンが明確になれば、それを防ぐ方法を考えればいいわけです。

前々頁図は各ショック時のチャートになります。何か共通する点、見えますか？　下落のスピードと幅がすさまじいこと？　もちろん、「ショック」なので、当然すさまじい下落があります。ヒント！下落する動きの途中をよく見てください。見てるよ！　ですって？　あまりヒントになっていませんかね。

共通しているのは、一直線で下がるように見えるショック時にも、1度下げ止まる踊り場のような動きがあります（前頁図）。最近のショックになればなるほど下落のスピードが早くなり、踊り場も短くなりますが、必ず1回下げ止まりそうなポイントがあるのは共通することです。

この小さい事実が、実は投資家を破滅に追い込むトラップです。短くてかわいいトラップに見えるかもしれませんが、このパターンに対処できないと毎回のショックで資金をすべてなくします。

コロナパニックで何が起きたのか

2020年、新型コロナの蔓延は計り知れないほどの影響を人類に与えました。投資をしていた人はもちろん、新たに投資に参入する人も増えて、株式市場は一変しました。2月12日まで耐えていた株価は大きな陰線が出ることによって暴落をスタートさせました。そして**2月の終わりから3月の初旬にかけて下げ止まったかのような動きを見せます。これが踊り場**です（次頁図）。

コロナショックのときの踊り場が出現したタイミング

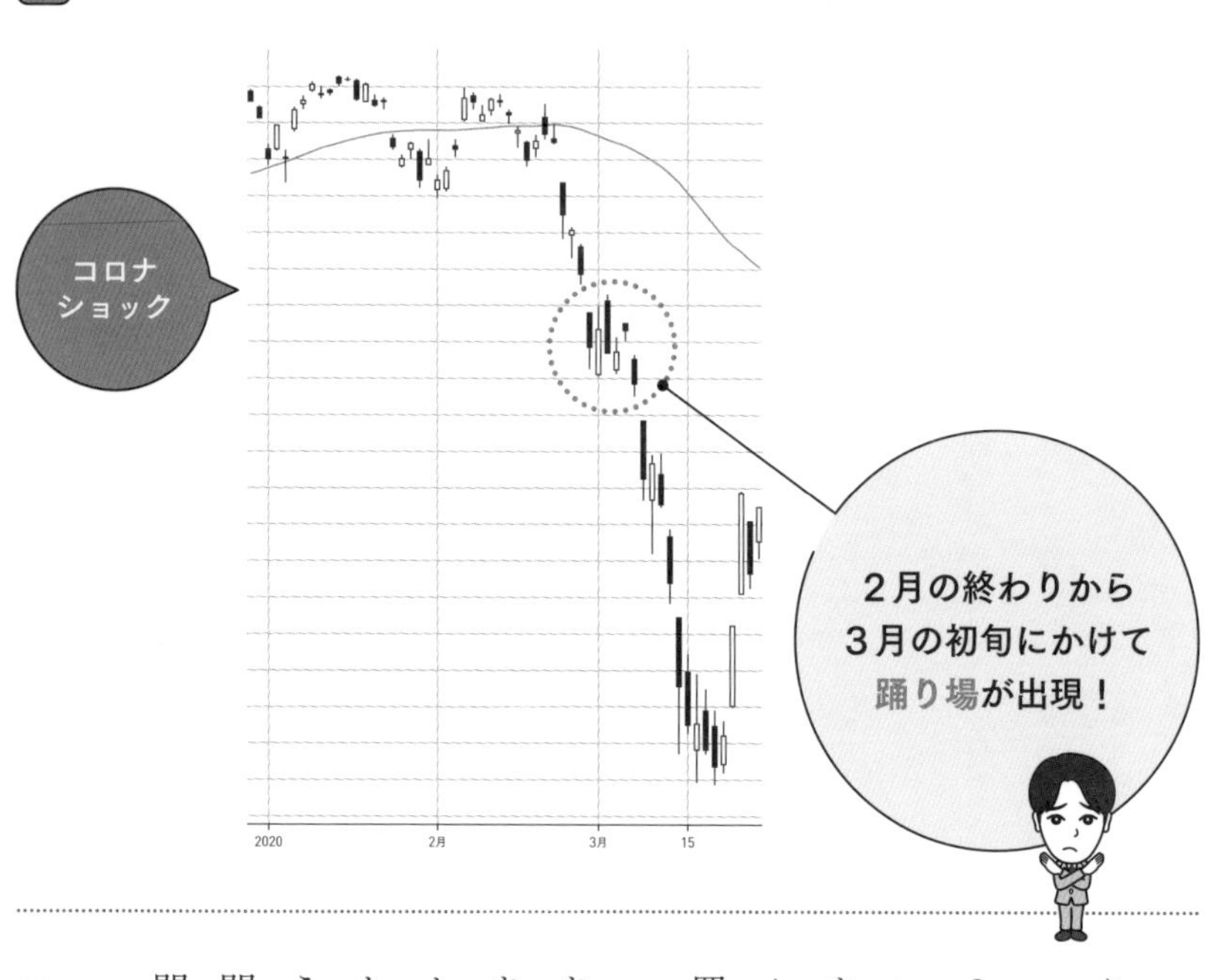

このときに相場にいた人は、そのときの心理を振り返ってみてください。

「2万4000円から2万1000円台まで3000円も下げたし、そろそろ下げ止まりじゃない？　早いうちに買っておこうかな」と思ったことありませんか。その心理はあなただけではありません。その時どきのTwitterやSNSは、〝早いうちに買った自慢〟で溢れていました。

「早いうちに仕込み完了！」「日経2万割れなんかある？　ないよ！　今が買いだよ」「全力で買った。あとは上がるのを待つのみ」などなど、見ていてこちらが冷や汗をかくような書き込みが散見されました。私が代表を務める投資アカデミーの受講生も「どうして早く仕込むように発信しないのか？」という問いあわせがあるほどでした。しかも、海外でも展開しているので、英語でのツッコミも満載！

しかし結果はご存知のとおり、まさかと思われていた2万円もあっさりと割れ、さらに大きく暴落しました。慌てて買った株を処分すると売りが売りを呼ぶ展開でさらに下落、もはや収拾がつきません。

あれ、ちょっと待ってください。これ、どこかで見た覚えありませんか？

はい、今すぐ 5日目 の「ダイブ中にランナーにはなれない」を振り返ってみてください。ほぼ同じことが個別の銘柄でも起きていることがわかります。日経225指数は個別の銘柄が集まって形成されるものなので、同じ現象が見られるのも無理はありません。

「まさかそこまで下がる？」
「ここまで上がることはないでしょう」
投資に「まさか」はいりません。
起きたときの対処があるのみ！

Note

株式市場がパニック相場＝ほぼ同じことが個別銘柄でも起きている

⬇パニック相場のときは、個別の銘柄でも同じ失敗を繰り返す投資家が圧倒的に多いので、市場全体としても踊り場で踊らされる現象が見られる

02 9日目の1-2 パニック相場になったときに負けない行動ルール

前節でお話しした相場は、毎回「ショック」とか「パニック」と呼ばれるときに必ずといっていいほど起きる現象です。
パターンがわかったので、あとは回避方法を考えて、しっかり実践するだけです。つまり「やってはいけないこと」をやめて、負けなくなることです。負けの原因は至って簡単で、「人間は常に頭としっぽまでほしがる」からです。

結局、頭としっぽにこだわるから痛い目にあう

下げ切ったことを確認してから買っても全然遅くないのに、少しでも早く、安く買って10円でも利益を伸ばしたいと考える心理が、落ち切っていないナイフをつかんでしまう原因となります。その反対にロスカットして10円でも損失を減らさないといけない場面では、それを嫌って「戻れ！」と神頼みしてしまいます。

そうならないように、ここでパニック相場における行動ルールを明確にしておきましょう。

ルール❶ 逃げるときはしっかり逃げる、逃げるは恥ではない！

「逃げるは恥だが役に立つ」というドラマもありましたが、相場において逃げるのはまったく恥ではありません。**暴落がはじまる、はじまらないこととは関係なしに、決めていたロスカットポイントに到達するといかなる場合でもロスカットをして逃げておくのが大原則です。**コロナショックのようなパニック相場が発生すると、買っていた銘柄は大体ロスカットラインをすぎてしまいます。**「徹底的に逃げておく」それが生きる道です。**

ルール❷ 落ちるナイフに手を出さない

きちんとロスカットはできましたか？　それでは、次は買いのポイントですが、まず買ってはいけないポイントから明確にしましょう。暴落の終わりは誰にも予測できないし、予想して当てる必要もありません。当てようとする心理はむしろ判断力を崩す原因となります。**下げが終わったと思って買おうとする前に、1回立ち止まって今が本当に終わりなのかを確認しましょう。**

確認のポイントは5日目の「ランナーの戦略詳細」でお話ししたとおり、**最低でも安値の切り上げを1回確認すること**です。銘柄も指数も結局は一緒。必ず確認してから買うようにしましょう。

ルール❸ ナイフが落ち切るとチャンス、積極的になる！

今度は慎重になりすぎないように、大胆に行動する必要がある場面です。毎日のように暴落の流れを見ていると、永遠に終わりが来ないような感覚に陥ります。そして、安値が切り上がって底を抜け出し

パニック相場における心得と行動ルール

ルール1
逃げるは恥ではない

暴落がはじまることとは関係なしに、決めていたロスカットポイントに到達するといかなる場合でも逃げておく

ルール2
落ちるナイフに手を出さない

暴落の終わりは誰にも予測できない。終わったと思ったところが本当に終わりなのかを確認しよう

ルール3
ナイフが落ち切るとチャンス

落ち切ったナイフを取りにいくときは、慎重かつ大胆に行動する。もう遅いと思うところにチャンスはある

たのを見たにもかかわらず、なかなか買っていけないというようなこともよく起こります。

落ち切ったナイフを取りにいくときは慎重かつ、大胆に行動する。もう遅いと思うところにチャンスはあります。しっぽはくれてやっても全然構わない、**ここぞ！　というときはロスカットをきちんと設定して積極的に買っていきましょう！**

パニック相場の行動ルール、明確になりましたか？　このルールを使うのが10年先になるのか、明日になるのかは誰にもわかりません。**ショックが実際に発生したときは、必ずこのページに戻ってきて「行動のマニュアル」にしてください。**

これで、パニック相場でも生き残れると思えてきましたが、暴落というのは本当に悪いことだけでしょうか？　実は、パニック相場にはメリットも存在します。これはルール❸にもつながる重要な側面なので、パニック相場への対処を締めくくるここでお話ししておきます。

パニック相場にはメリットもある

パニック相場だからといって、必ずしも悪いことばかりが起こるわけではありません。もちろん大きな損失を抱えてしまった投資家にとっては悪夢のような時間ですが、行動要領にしたがって損失を最小限に留めた人には、むしろチャンスになる可能性もあります。

それは、**通常の数倍の速さで下落するというパニック相場の特徴から起因するメリット**です。パニックで暴落した銘柄は、数カ月かけて終わるのを待たなければならない下降トレンドの期間を短縮させてくれます。**底に到達したことさえ確認できれば、買いのポイントで買ってじっと持っているだけでも利益が発生**します。言葉では難しいので、日本を代表する銘柄の例を見てみましょう。

次頁図はコロナショック前後のトヨタ〈7203〉のチャートです。2018年12月を底値にして、そこから実に1年2カ月かけて大きな上昇トレンドを形成します。トヨタのような大型株がこれだけの期間をかけて上昇した場合、下降トレンドもゆっくり進む可能性が高くなります。通常の場合、早くても3カ月以上の時間をかけて下降トレンドを形成するのが一般的です。

しかし、コロナショックで2020年2月中旬から暴落をはじめ1カ月ほどで下降トレンドは終わってしまいます。3月19日、トヨタをはじめ日経の多くの銘柄が底をつけてから上昇に転じます。その後は1回も底値を下回ることなく、2021年5月まで再び1年以上上昇し続けます。

セミナーでもよく話すことですが、コロナショックのあと、私が本気で買った最初の銘柄はトヨタでした。それができたのは経験があるからです。

2008年のリーマンショック後、私が最初に買った銘柄は？　はい、もちろんトヨタです。リーマンショックで最初の底をつけた2008年12月に

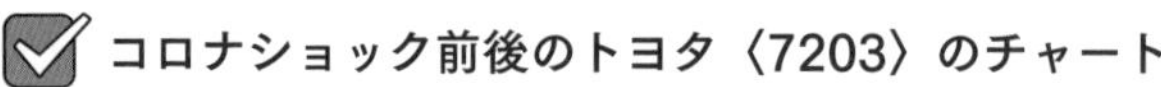

コロナショック前後のトヨタ〈7203〉のチャート

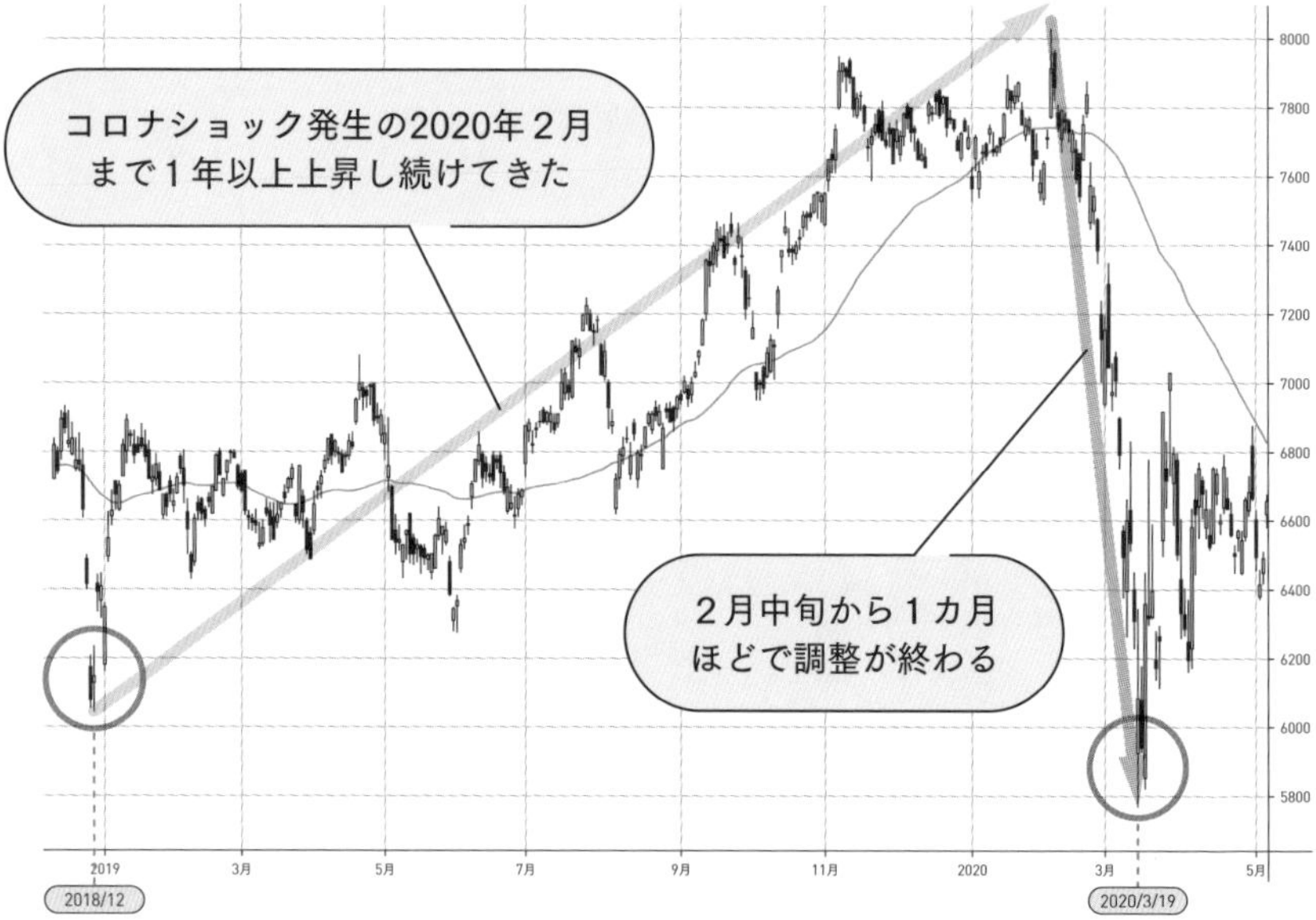

コロナショック発生の2020年２月
まで１年以上上昇し続けてきた

２月中旬から１カ月
ほどで調整が終わる

2018/12

2020/3/19

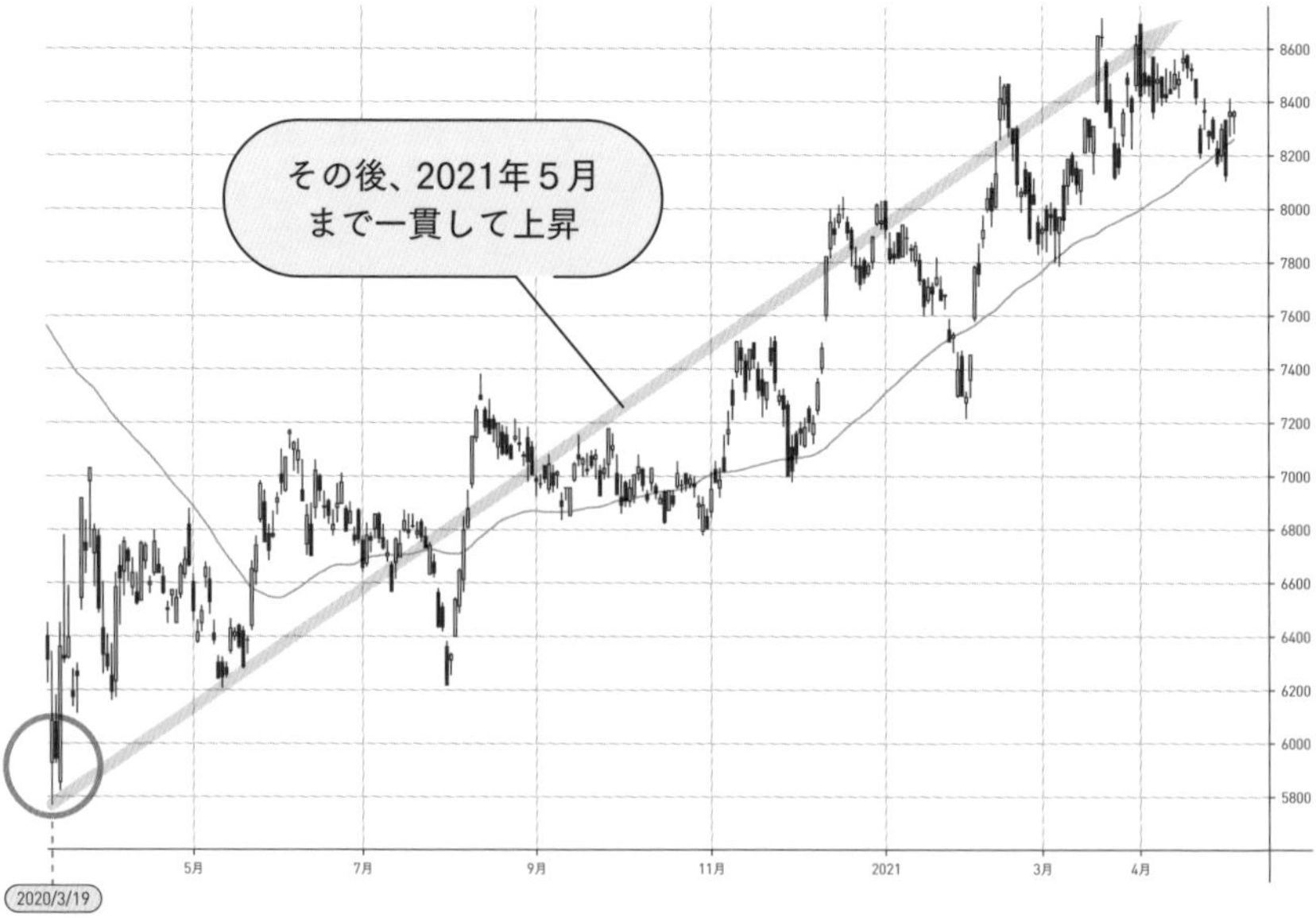

その後、2021年５月
まで一貫して上昇

2020/3/19

リーマンショック時のトヨタ〈7203〉のチャート

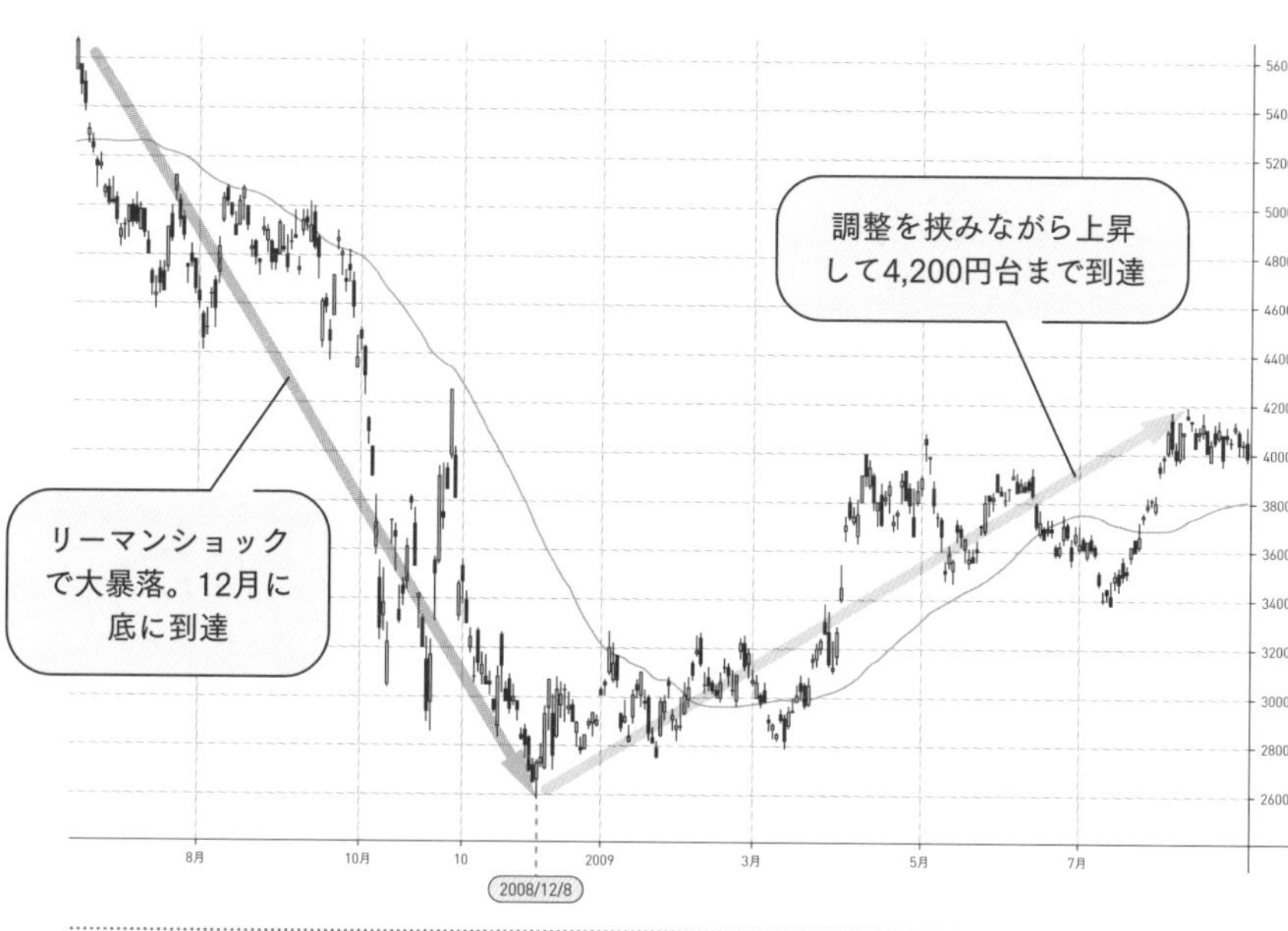

おいて、トヨタの株価2600円台はどう考えても安すぎたからです。底を抜け出したことを確認しては買い、調整を挟みながら上昇して翌年の8月には4200円台まで到達しています。

大きなショックがあるたびにトヨタは私に大きな利益をもたらしてくれました（秘密 私がトヨタの車に乗り続ける理由でもあります。ささやかな恩返しです！）。これは行動要領をしっかり身につけていれば、誰にでも再現できることです。

Note

誰もが恐れるパニック相場は怖くない

ここで説明した正しいルールを設定する
⬇
そのとおり実践する
⬇
どんな相場でも生き残って、乗り越えられる

03

9日目の②-1

〔危険な落とし穴②〕ニュースに踊らされる

次の問いに答えてみてください。

● 決算結果がよければ株価は上がる（Yes）or（No）

ここまで読んできた人なら、答えが（No）というのはわかっているはずです。決算を含めて、その銘柄に関連するニュースが出ると、人間の心理は踊り出します。そして、常識では理解できないことが起きたりします。〔危険な落とし穴〕の2つ目は、ニュースによる株価の動きと対処法をマスターします。

ニュースは毎日起きている

買った株が悪材料にあって暴落してしまった。偶然買った株が好決算を発表して暴騰した。このような経験を持つ投資家は多いはずです。「私がトレードしている間だけでもニュースが出ないように！」と祈る場合もあります。そんな風に祈っているなら、今すぐやめなさいというアドバイスしかありません。

相場には毎日ニュースが出ています。あなたが持っている銘柄に関連するニュースも好材料であれ、悪材料であれ、いつでも出てくる可能性があると覚悟を決めてください。

日本電産〈6594〉の決算報告

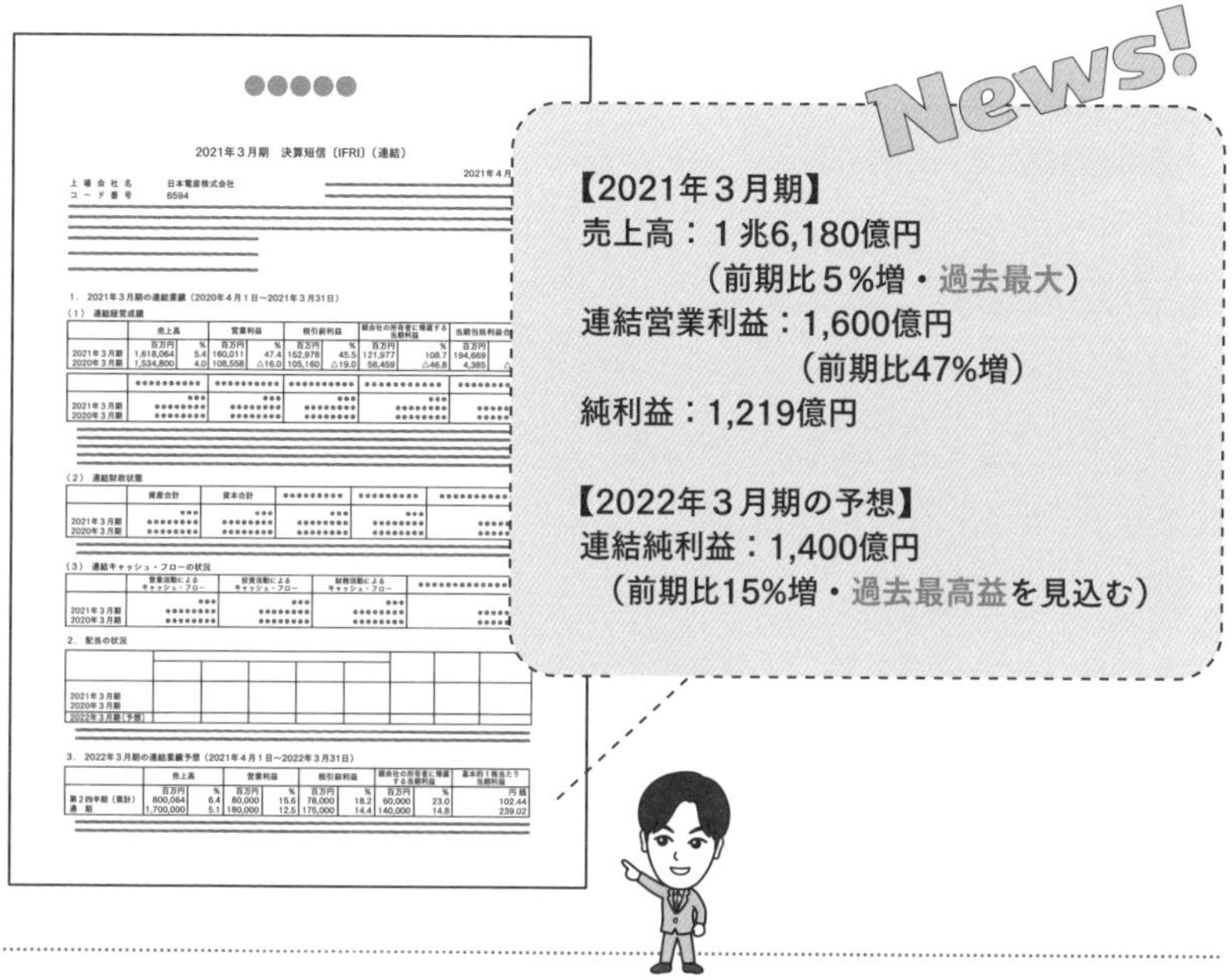

2021年３月期　決算短信〔IFRS〕（連結）

News!

【2021年３月期】
売上高：１兆6,180億円
（前期比５%増・過去最大）
連結営業利益：1,600億円
（前期比47%増）
純利益：1,219億円

【2022年３月期の予想】
連結純利益：1,400億円
（前期比15%増・過去最高益を見込む）

パニックとニュースは避けて通れない

ニュースが出ないように！　と祈っても無駄ということです。それよりは**ニュースが出たときの判断法と行動のルールを決めて、それに沿って行動することが大事です**。ニュースよりも大きい影響を与えるパニック相場ですら、実は１００年に１度ではなく、数年おきに起きていることはもうすでに前節で理解しました。

これがさらに厄介なのは、理論と理性だけではその結果が予測不可能で、自分が考えている行動ルールだけでは対処が難しいということです。

わかりやすく、ひとつのニュースを見てみましょう。２０２１年4月22日、日本を代表する電子部品メーカー日本電産〈６５９４〉は、上図のような年度末決算を発表しました。

立派な結果ですね。コロナ禍でも、過去最大の売

日本電産の決算発表の翌日、株価が暴落した

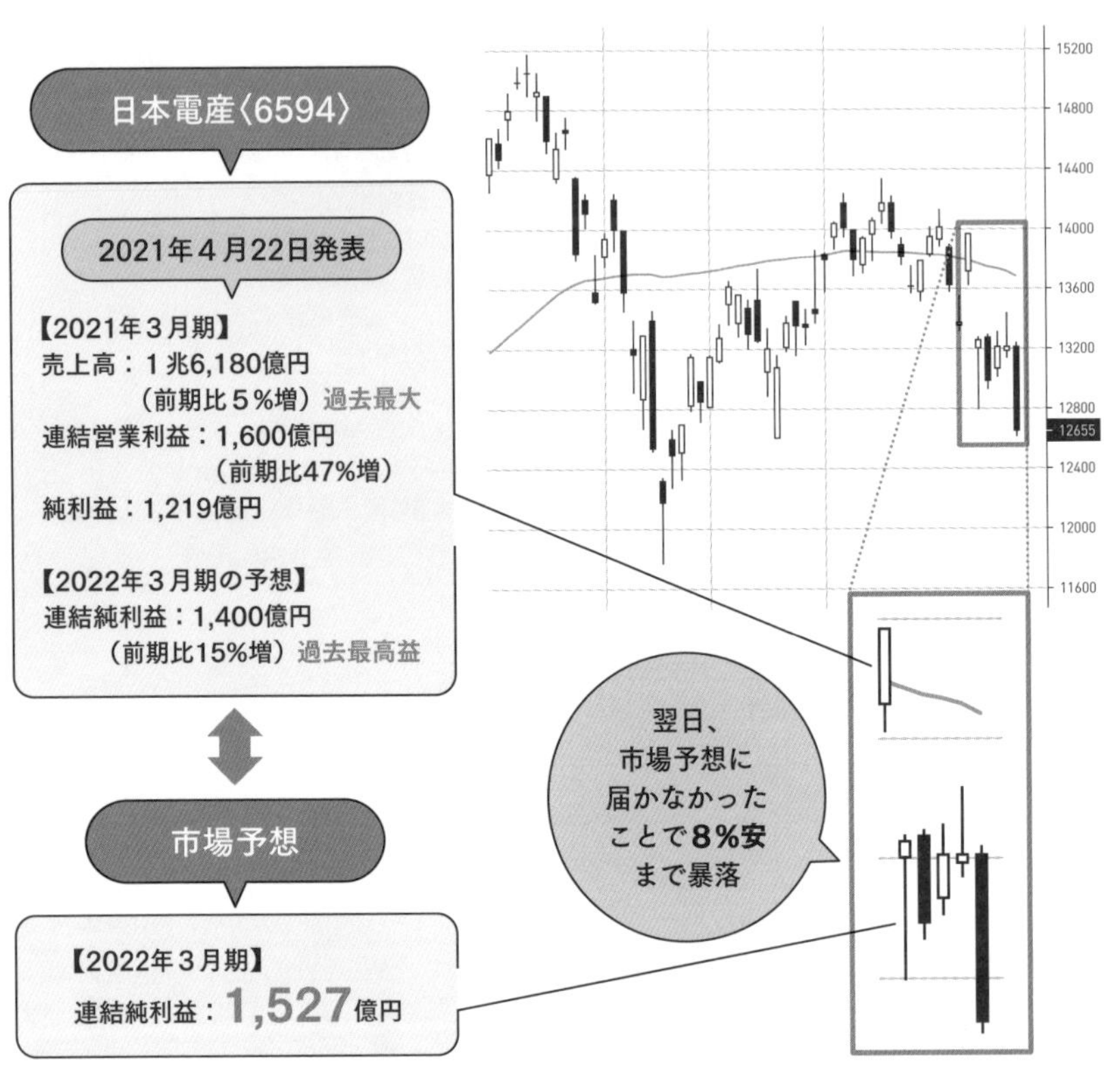

上高と前年比47％の増益。しかも、２０２２年の利益はさらに増えて、過去最高益を見込んでいます。これは素晴らしい、さすが日本電産！

株価が暴騰するのは間違いなし、買っておいてよかった！　と思っていると、翌日はマイナス8％と、暴落してしまいます（上図）。

一体何が問題？　過去最高益で何が不満なの？　と叫びたくなります。

市場が反応したのは、実は来期予想のほうです。市場予想が１５２７億円だったのに対し、会社が発表した数値は１４００億円。予想に届かなかったことを悪

材料と捉え、売りが殺到したわけです。

会社でがんばっている従業員や経営陣、既存の株主にはたまったものではありません。こんなにがんばって最高益を出したというのに、何がいけないのかと言いたくなりますが、人の心理が反映される以上、避けて通れない出来事です。

ニュースの種類と影響範囲

決算以外にも、投資家たちの注目を集めるニュースは常に市場に出回っています。確認されてない噂レベルの話まであわせると、毎日なんらかの材料は必ずあると思ったほうがいいでしょう。その一つひとつに気を取られて右往左往していると、まともな投資はおろか平穏な日常生活すらできません。

ここで**ニュースの種類を明確に認識して、行動ルールをしっかり身につけてください。**何かニュースが出たら、こちらの〔**危険な落とし穴❷**〕に戻る！と覚えておいてください。

ニュースは大きくカテゴリ分けすると、次の2つに分けられます。

❶ 市場全体に影響するニュース
❷ 個別の銘柄に影響するニュース

個別銘柄に関するニュースは、影響の大きさによって、さらに2つに分けられます。

❷-1 会社の存続に関わるニュース
粉飾決算、リコール隠し、情報隠蔽など人命、会社の信頼に大きく関わる事故

❷-2 一時的で長期にはおよばないニュース
自社株買い、メディアの紹介などで一時的に買い・売りが殺到するパターン。決算好調でも市場予想に届かず暴落

ニュースの種類と行動ルール

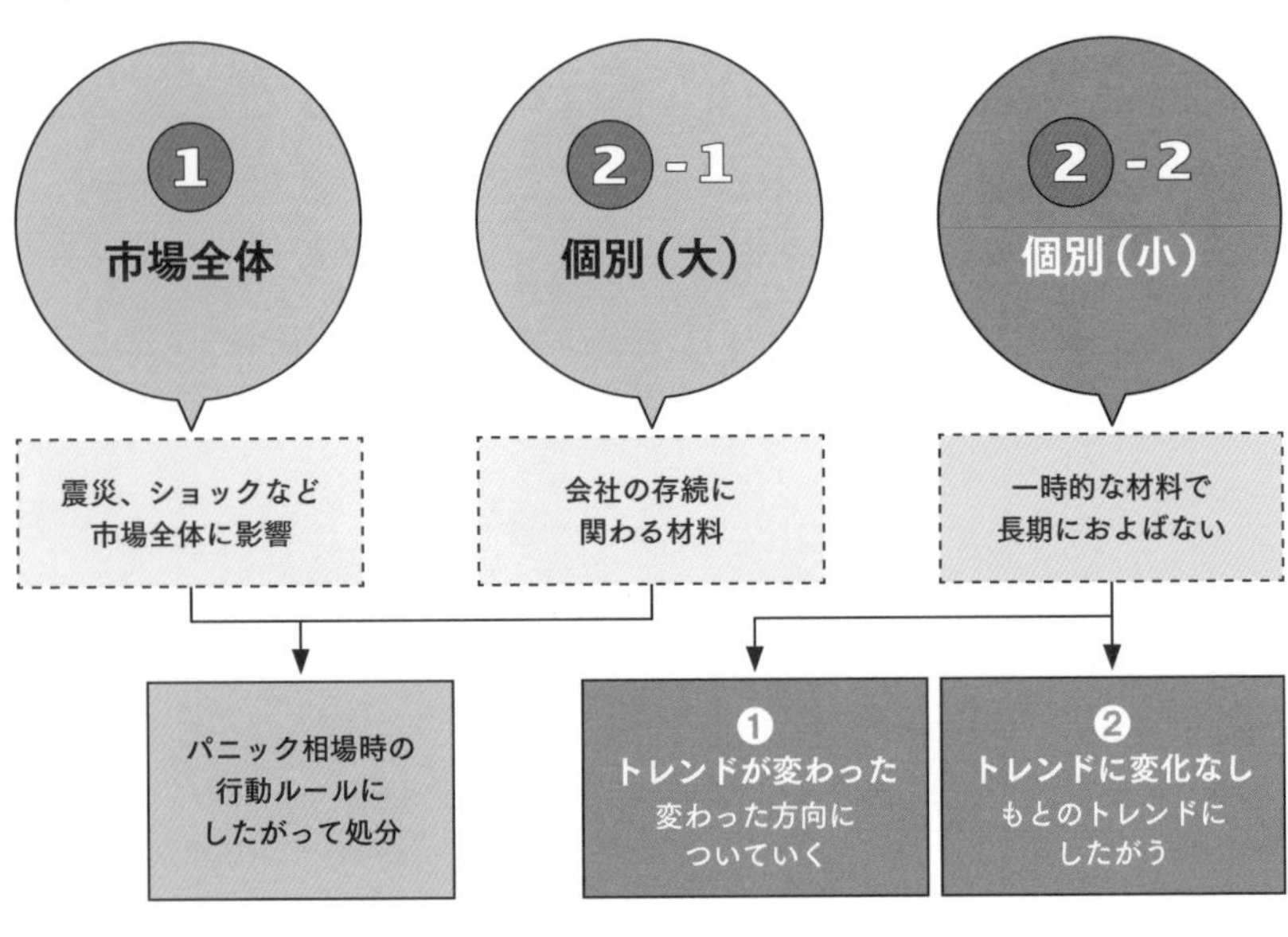

ちなみに、先ほどの日本電産〈6594〉の例は❷-2になります。

こうやって整理してみると、スッキリしますね。何かニュースが出た場合は、頭の中ででもいいので、上図を参照にパターン分けをしてみてください。そして図の下側の各パターンの行動ルールにしたがうと覚えてください。詳しく見ていきましょう。

ニュースへの対処法

ニュースへの対処法、意外と簡単そうですね。シンプル・イズ・ベスト。まずは簡潔に整理したうえで、ルールを覚えることが肝心です。

❶と❷-1のような大きな影響を与えるニュースへの対処は、**【危険な落とし穴❶】**でお話しした行動ルールにしたがってください。つまり、**「ニュースが出た!」**と思ったら、**「即処分して逃げる」**ことです。

❶の市場全体を揺るがすようなニュースは、結局はパニック相場のことなので、改めて説明する必要もないでしょう。❷-1も結局は同じ観点で対処すべきです。三菱自動車の数回に渡るリコール隠し、東芝の粉飾決算など、市場に対して信頼を失うような大事件のときは例外なく、「持っていますけど、どうしましょう？　待っていればなんとかなりますか？」という質問をいただきますが、私の答えはいつも一緒です。

「即、売ってください。そして2度と近づかないでください」

あとでなんとかなったとしても、**悪質な企業はまた同じことを繰り返します。未練なしにロスカットして、投資家を裏切った会社には2度と近づかないこと**です。

わかりにくいのは、個別銘柄に一時的な影響を与えるニュースです。それに関しては、「**3日待て**」の法則を使います。ニュースに強くなる「3日待て」の法則とは？

個別銘柄に一時的な影響を与えるニュースは「3日待て」

言葉どおり、今起きたことに対するパターン分けができたら、1日冷静になって待ち、さらに2日くらい経過を見てから投資判断をするということです。簡単にいえば、**ニュースが出たからといってその日に行動を起こして飛び込まないこと**です。このときに重要なのは、ファンダメンタルズとテクニカル分析を組みあわせることです。

前頁上図の右下を見ると、2つの行動ルールに分かれています。次の手順で対応します。

一時的なニュースの場合、3日後くらいには大体落ち着いて次の方向性が見えてきます。**原則は3日後のトレンドにしたがう**ことです（次頁図）。

言葉だけでは難しいので、先の例を使って実際の投資判断プロセスを追いかけてみましょう。

次々頁図で4月22日の決算発表前のトレンドを見

❷-2 個別銘柄に一時的な影響を与えるニュースが出たときの対処法

手順❶ ニュースが出て、一時的な材料だと判断できた

手順❷ その銘柄のチャートを見て、そのときのトレンドが上向きか下向きかを確認する

手順❸ 3日間待ってからもとのトレンドに戻ったのか、逆に変わってしまったのかを確認する

対処法❶ 3日すぎてトレンドが変わったと判断できたら、トレンドに対する目線を入れ替えて変わった方向についていく

対処法❷ 反対にもとのトレンドに戻った、または継続すると判断できたら、その方向にあわせていく

ると、すでに天井をすぎて下降トレンドに移行中でした。天井から高値が切り下がっているのがチャートで確認できます。決算発表後は暴落、上昇、上ひげの長い上昇など波乱の動きが続きますが、再び3日目に大きな陰線が現れ、下降トレンドが加速します。つまり、**もとのトレンドに戻ったパターン**です。

このときは「最高益という結果が出ているし、これで株価が下がる現実がおかしい。絶対買い！」といった逆の判断をしないでください。好調な決算内容とは関係なしに下降トレンド継続になった、いや、この場合はむしろ下降トレンドが加速してしまいましたね。**ここは素直にトレンドが進む方向に沿ってロスカットをするか、空売りを実行**してください。空売りがよくわからない場合は、「何もしない」と割り切るだけで損失にはなりません。

最も大事なことは**トレンドと逆の判断をしないこと**です。

反対の場合もそうです。決算内容が悪いけど、「こ

株価暴落後の日本電産

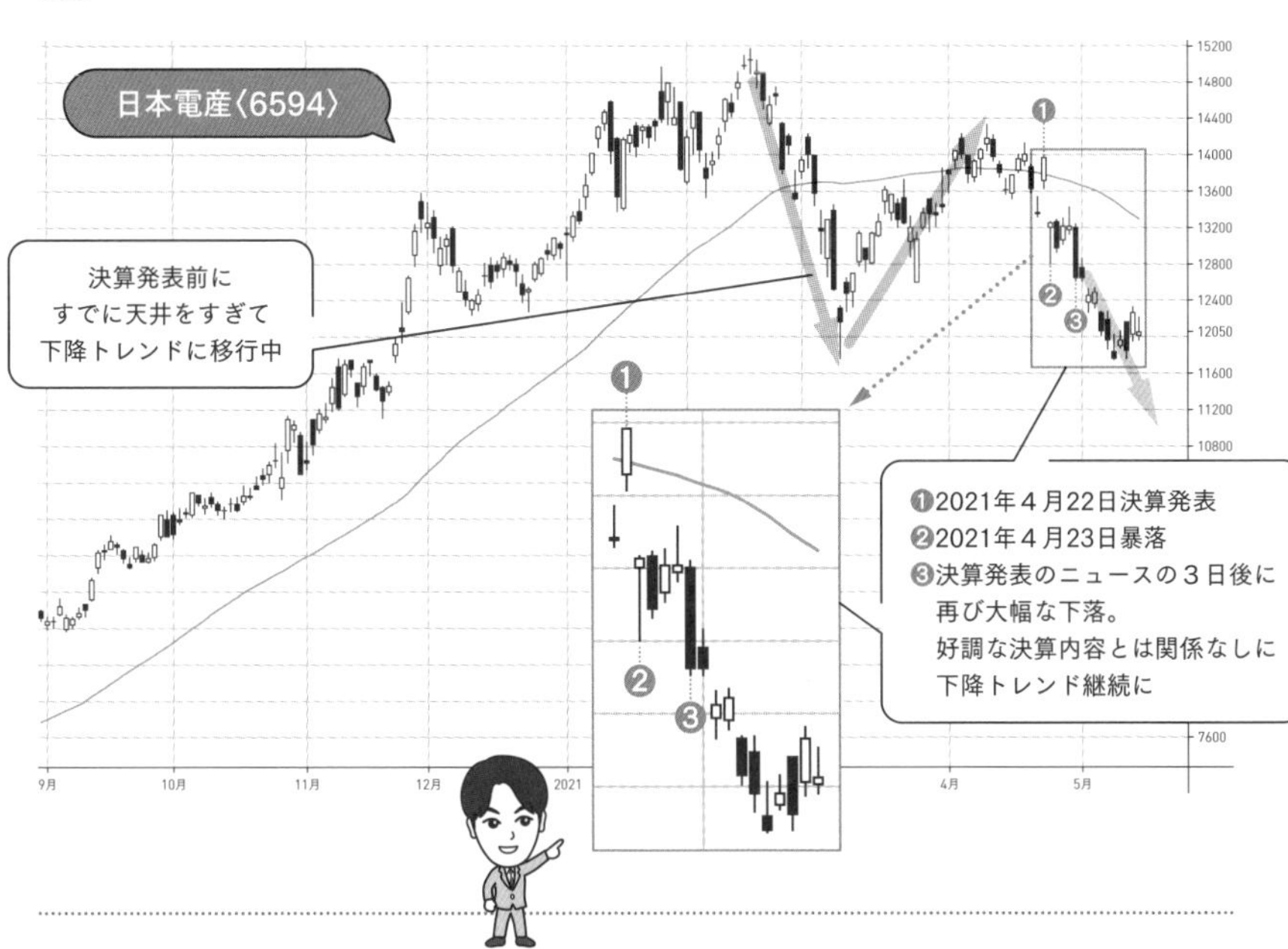

れ以上悪いことはないでしょう」と逆に株価が上昇トレンドに変わる場合があります。「悪材料出尽くし」という現象です。ここでも「業績が悪いのに上がるなんてケシカラン！」と言わずに、「テクニカルで利益を取りにいく」と割り切って上昇のほうについていってください。

あえてニュースを遮断する

これでニュースへの対処はばっちり、もう何が起きても落ち着いて対応ができそうです。最後に私からひとつアドバイスがあります。常識から少し離れるかもしれないので、既存の考え方に固執せずに読んでみてください。

ニュースが気になりすぎる場合は、あえてニュースを遮断するのも必要だということです。

ＦＸを専業とする知りあいの外国人トレーダーの場合、本当にキツイと思うときがあります。ご存知ないかもしれませんが、ＦＸはほぼ24時間トレードすることができます。トレード時間が長いというメリットがありますが、逆にいえば気にしだすと24時間気が休まる時間がないということです。そのトレーダーは一緒に座って食事をしている間、お茶をするときもひっきりなしに入ってくるニュースをチェックして、設定をし直して、これをずっと繰り返しています。話の途中でも「ちょ、ちょっと待って！　これは大事、今すぐ売らないと！」と、スマホとタブレットを覗き込みがちです。

数分おきにその行動を繰り返すので、もちろん話が続くことはなく、食事が終わって帰ってきても「あれ、今日はなんだったっけ」となってしまいます。

あなたの周りにもそんな人はいませんか？　もしかしたら、あなた自身がそんな人になっていませんか？

私たちが投資という旅をはじめた目的を忘れないでください。**投資を通じて実現したいことは時間とお金から自由になり、豊かな人生を手にいれること**です。投資のために自分の時間と家族、友人との大事な関係を犠牲にするなら本末転倒です。**ときにはニュースを敢えて遮断して、客観的な視点に立つことが必要です。**

Note

ニュースを遮断する勇気を持つ

投資をする目的

⬇ 時間とお金から自由になり、豊かな人生を手に入れること

✕ 自分の時間、家族や友人との大事な関係を犠牲にしてはいけない

○ ときにはニュースを遮断する

⬇ 客観的な視点に立ってみる

9日目の②-2 本書の総まとめ

ここまで、お疲れ様でした。名残惜しいですが、ここまでがんばってきて、これから大きな一歩を踏み出すあなたに送る最後のプレゼントです。ここまでの流れはすべて頭の中に入っていますか？ 1回読んだだけではなかなかマスターしきれていないこともありますね。総仕上げとなるここでは、取引の全体プロセスを俯瞰して、実際のトレードに生かせる取引のプロセスチェックシートをプレゼントします！

全体の取引プロセス 銘柄の選定から取引実践まで

トレードを実行する際のプロセスを次頁図にまとめました。「これが完璧なものです」とは言いませんが、最小限の時間をかけて、経済的な自由を実現してその生活を維持するのに必要十分なプロセスです。また、これは**私がトレードをする際に、必ずチェックするプロセス**でもあります。つまり、私の頭の中です。このプロセスを土台にして、あなたがさらにほしいと思う情報はどんどん追加してください。

このプロセスを眺めるだけで、本書を通じて勉強してきたことが順番に並んでいるのがわかります。難しい言葉はありませんが、具体的にこの7ステップを実行したかをチェックするツールがほしいと思

取引の全体プロセス

区分	STEP	プロセス	内容
取引準備	STEP 1	市場の環境認識	日経を含む市場全体の動きと状況を確認する
取引準備	STEP 2	銘柄選定：テクニカル	取引タイミングにあう銘柄を選定する
取引準備	STEP 3	存続可能性のチェック	継続前提をチェックして、倒産の可能性を排除
取引準備	STEP 4	銘柄分析：ファンダメンタルズ	ファンダメンタルズ分析で買われやすい銘柄を選定
取引実践	STEP 5	売買戦略の立案	売買ポイント、ロスカットポイント、取引単位などを決める
取引実践	STEP 6	戦略の実行・修正	戦略を実行して、取引のポイントを常に見直す
取引実践	STEP 7	売買結果の振り返り	トレードが終わったら、その結果を検証して、改善点を洗い出す

うかもしれません。
そのために、各プロセスを書き込めるチェックシートを準備しました。

これで万全！取引プロセスチェックシート

取引プロセスチェックシートを載せておきます。これから取引をはじめるときは、このチェックシートに書き込んでみてください。アナログが好きな人はこのページを何枚もコピーして丁寧に書き込むのがいいでしょう。デジタルが好きな人は読者特典のサイトにチェックシートをエクセル形式で準備しました。チェック

特典
Excel

取引プロセスチェックシート
http://www.tbladvisory.com/members/register/booklecture1/

トレードプロセスチェックシート

ステップ		実施内容	実施
Step 1	市場全体のトレンドを把握。日経225の現状を確認する		
	1	月足：	
	2	週足：	
	3	日足：	
	概況分析		
Step 2	銘柄の選定：テクニカル分析		
	1	見つけたところ：	
	2	選定理由：	
	3	日足での判断：	
	戦略種類		
Step 3	ファンダメンタルズ分析：存続可能性のチェック		
	1	継続前提に疑義：	
	2	キャッシュフロー：	
	分析結果		
Step 4	銘柄の分析：ファンダメンタルズ分析		
	1	収益（増益率）：	
	2	割安さ（PER）：	
	3	安定性（PBR）：	
	分析結果		
Step 5	売買戦略を立てる		
	1	買い・売りの根拠：	
	2	買い・売りの価格：	
	3	株数：	
	4	利益目標：	
	5	ロスカットポイント：	
	6	ロスカット後のフォロー方針：	
Step 6	売買戦略の実行・修正		
	1	取引の約定日：	
	2	利益目標・ロスカットポイント検証：	
	3	修正後の売買ポイント：	
Step 7	売買結果の振り返り		
	1	取引の終了日：	
	2	トレードの結果：	
	3	トレード結果の教訓：	

トレードプロセスチェックシート記入サンプル

ステップ		実施内容	実施
Step 1	市場全体のトレンドを把握。日経225の現状を確認する		
	1	月足：30年振りの高値更新	✓
	2	週足：３万円が抵抗になり高値を切り下げ中	✓
	3	日足：日足では天井をすぎて下降トレンドに入っている	✓
	概況分析	３万円台に向けて上昇中であるが、調整気味	✓
Step 2	銘柄の選定：テクニカル分析		
	1	見つけたところ：上昇率のランキング	✓
	2	選定理由：　上昇トレンドが進行中	✓
	3	日足での判断：　直近の高値を超えて、前回の天井に向かって上昇	✓
	戦略種類	トレンド転換して前回の高値を超えてきたので、高値抜きで買いを実施	✓
Step 3	ファンダメンタルズ分析：存続可能性のチェック		
	1	継続前提に疑義：　継続前提に疑義注記はなし	✓
	2	キャッシュフロー：パターン４、大企業のパターンなので問題なし	✓
	分析結果	安定した大企業で倒産の可能性は極めて低いと判断	✓
Step 4	銘柄の分析：ファンダメンタルズ分析		
	1	収益（増益率）：コロナの影響で減益になっていたが、急速に回復している	✓
	2	割安さ（PER）：業界15倍に対し、13倍で割安圏	✓
	3	安定性（PBR）：業界1.7倍に対し、1.2倍で安定	✓
	分析結果	収益性が業界平均以上で、株価が割安の可能性。買いは可能と判断	✓
Step 5	売買戦略を立てる		
	1	買い・売りの根拠： テクニカル的に上昇継続、ファンダメンタルズとして割安の可能性	✓
	2	買い・売りの価格： 9,190円以下で買い。新高値更新に期待	✓
	3	株数： 500株。初心者段階なので、少ない株数で訓練を積む	✓
	4	利益目標： 抵抗が予想される１万円を目指す	✓
	5	ロスカットポイント： 8,000円が下の目処として意識されるので、7,900円を下に抜けるとロスカット	✓
	6	ロスカット後のフォロー方針： まだ上昇の可能性があるので、もう一度取引するために観察し続ける	✓
Step 6	売買戦略の実行・修正		
	1	取引の約定日： ５月31日に高値を超えて約定	✓
	2	利益目標・ロスカットポイント検証： 8,000円割れは損失が大きすぎるため、8,100円まで引き上げる	✓
	3	修正後の売買ポイント： 約定するときの勢いが強かったので、１万円以上に上昇する可能性に注目	✓
Step 7	売買結果の振り返り		
	1	取引の終了日： ６月18日に利益確定	✓
	2	トレードの結果： １万円に到達する直前に9,900円で売却	✓
	3	トレード結果の教訓： トレンド分析後、実際のトレードでさらに買うポイントを探す	✓

シートファイルの中にサンプルも一緒に添付しておいたので、ぜひ有効活用してください。

すべての答えはあなたの中にある

最後の授業を終えることで、あなたは初心者の領域をすでに抜け出しています。ここで示した7つのステップは、嘘偽り一切ない、私の頭の中そのままです。

いちいち記録するのは面倒臭い、そんな時間がないという場合でも、せめてこのステップに沿って行動してみてください。実践するかしないかも結局はあなた次第ですが、**これを実践することであなたの投資が安定してくることは間違いありません。**

そうです、いつでも、どんな場合でも答えはあなた、自分自身の中にあります。

投資も、人生の大事な決断も、すべては自分の中にあります。

本書は、あなたの楽しい仲間になりたい一念から生まれたものです。しかし、あなたの代わりにはなれないし、そうなるべきでもありません。いつまでもあなたの側にいますが、主人公はあなたで、すべてはあなたの中にあります。

大事な仲間「ジョン」がいることだけは絶対に忘れないでください。ジョンが新たな授業を用意して、またあなたに会いにいきます。投資上手になっているあなたに再会することを楽しみにしています。

最後まで読んでいただき、本当にありがとうございました。

●カバーデザイン　三枝未央
●イラストレーター　佐とうわこ
●本文デザイン・DTP　小石川馨

世界一楽しい　株の授業

2021年11月18日初版第1刷発行
2024年5月16日初版第5刷発行

著　者　ジョン・シュウギョウ
発行人　片柳秀夫
編集人　福田清峰
発　行　ソシム株式会社
https://www.socym.co.jp/
〒101-0064 東京都千代田区神田猿楽町1-5-15 猿楽町SSビル
TEL：03-5217-2400（代表）
FAX：03-5217-2420
印刷・製本　中央精版印刷株式会社

ISBN 978-4-8026-1327-9